财经应用型大学规划教材

新商科企业运营仿真实训

（第二版）

王俊籽　主编
吴美典子　付全通　副主编

中国财经出版传媒集团
经济科学出版社
Economic Science Press
·北京·

图书在版编目（CIP）数据

新商科企业运营仿真实训/王俊籽主编．--2版．--北京：经济科学出版社，2023.11（2026.1重印）
财经应用型大学规划教材
ISBN 978-7-5218-5378-0

Ⅰ.①新… Ⅱ.①王… Ⅲ.①企业经营管理-仿真系统-应用软件-高等学校-教材 Ⅳ.①F272.7

中国国家版本馆CIP数据核字（2023）第228202号

责任编辑：宋　涛
责任校对：刘　昕
责任印制：范　艳

新商科企业运营仿真实训（第二版）
王俊籽　主编
吴美典子　付全通　副主编
经济科学出版社出版、发行　新华书店经销
社址：北京市海淀区阜成路甲28号　邮编：100142
总编部电话：010-88191217　发行部电话：010-88191522
网址：www.esp.com.cn
电子邮箱：esp@esp.com.cn
天猫网店：经济科学出版社旗舰店
网址：http://jjkxcbs.tmall.com
三河市龙林印务有限公司印装
787×1092　16开　19.75印张　492000字
2023年11月第2版　2026年1月第2次印刷
ISBN 978-7-5218-5378-0　定价：65.00元
（图书出现印装问题，本社负责调换。电话：010-88191545）

第二版前言

“实施科教兴国战略，强化现代化人才支撑”，党的二十大报告将教育、科技、人才“三位一体”统筹安排、一体部署，明确了科教兴国战略在新时代的科学内涵和使命任务。深入实施科教兴国战略，必须扎实做好优先发展教育事业，推动高等教育提质增效。科教兴国战略与高等教育的“新工科、新医科、新农科和新文科”（简称“四新”）建设紧密关联，彰显了高等教育新阶段的历史任务。“新商科”在“新文科”建设中占据重要地位，是在“新文科”理念下开展经济与管理类教育的新概念，即在现有商科发展基础上，为回应科技、社会、经济带来的新挑战，对传统商科进行学科重组交叉，将新技术融入商科课程，用新理念、新模式和新方法为学生提供综合性、跨学科教育，是突出中国理论与方法的商学教育，是产教深度融合的全新培养模式，是商业文明新规律的体现，相比传统商科对人才能力的要求更趋于复合型、融合型、创新型，更符合科教兴国战略对人才的要求，因此，高校在“新商科”专业建设、课程体系、人才素质、知识结构和技能训练等不能再维持在原有的框架内，需要重新审视并作超前调整，以为新历史阶段的发展提供适时对应的人才储备。为此高校人才培养将更加关注创新精神与创业能力、道德情商与人文素养等方面，时代的发展赋予了高校人才培养更高、更迫切的历史使命。

我国已全面开启建设高等教育强国新征程。在此背景下，高校实践教学作为实现高校人才培养目标的重要途径，需要在党的二十大报告精神的指引下，对科教兴国战略下全面落实立德树人的教育方针、培养目标、教学内容和教学模式进行重新审视，通过实践教学改革创新和对专业育人、思政育人等课程目标的重新定位，真正将专业知识、实践技能训练与创新创业精神融入课程设计和专业教学中，真正培养出能够适应时代发展变化和经济社会发展实际需求的数智化、高技能、应用型的专业人才，以满足发展教育强国的基本要求。本教材的修订正是基于这一前提。

本教材修订延续了第一版的编写框架、内容和特色，着重在以下三方面进行了深化与拓展：

1. 体现党的二十大精神对人才培养的更高要求。在本教材修订中，注重突出党的二十大报告中关于高等教育发展的重要指示精神，将党的二十大精神与本教材内容、办学定位、人才培养目标合理融入，并遵循高等教育教学活动的一般规律，以及实践教学对人才培养发挥的重要作用，在部分章节中增设了与本章相关的党的二十大报告内容，以加深对二者的理解；并对部分章节中的“引言”“知识拓展”等做了更新，以体现专业教学与思政教学在人才培养中同等重要的教育理念。

2. 适应“新商科”需求融入“双创”教育。本教材内容突出的特色是以项目任务为载体拓展教学内容，提供适应“新商科”新业态的职业需求多样性的学习内容，注重学生实践动手能力和职业素养的培养，以提高学生的专业认知和职业操守。同时借助于企业运营的仿真操作训练，恰当融入“双创”教育，助推学生提高创新创业能力，引导学生关注国家最新政策，如党的二十大报告精神，通过关注并参与“双创”，培养学生正确的人文精神和价值观念。

3. 注重教材内容的实时更新。为了帮助学生对“新商科”发展趋势和市场需求有更深入的理解和掌握，本次修订在内容安排上，优化了依据最新《公司法》《税法》《企业会计准则》等对应的规则和实验内容，增设了企业的数据分析和展示内容，使教材更具实用性和适应性。

参加本次修订的有：山东财经大学王俊籽教授担任主编并统纂定稿，编写了本教材第一章；山东财经大学燕山学院吴美典子、付全通担任副主编并负责校订。山东财经大学燕山学院亓涛编写了第二章；吕素佼编写了第三章及第十章的第二、第三节；付全通编写了第四、第五章；李颖编写了第六、第七章；吴美典子编写了第八、第九章及第十章第一节。

本次教材内容的修订展示了最新的国家政策和相关行业最新规范，更贴近企业运营实际。修订后，将比前一版内容更加严谨、充实，编者将以更高水准、更专业的态度回馈读者，以不辜负广大读者对本教材的期许与厚爱。

编者

于 2023 年 6 月

前　言

21世纪人类进入“互联网+”时代，随着互联网与传统产业的深度融合和人工智能、大数据、云计算等新技术的发展，新零售、新金融、智能制造、数字化管理等各种新业态、新模式相继出现，对传统经管类高等教育提出了新的挑战，进而催生了“新商科”。“新商科”泛指适应互联网时代新经济的发展，围绕信息、商品、资金的流动方式，运用新思想、新模式、新方法、新技术，跨界交叉融合新知识、新技能、新思维与新方法，是商业文明新规律的体现。“新商科”相比传统商科对人才能力的要求更趋于复合型、融合型，其人才需求的内容发生了很大改变，高校人才培养模式也要随之改变：从单一技能型向复合型转变；从专业素质型向交叉型、综合素质型转变。人才培养将更加关注道德、情商等思政与人文素养、创新精神和创业能力的方面，以及培养具有国际化视野的高级商业人才。

在此背景下，经管类高校作为培育“新商科”人才的摇篮，首先要客观审视自身，合理定位，依据当地经济与特色专业制定科学的人才培养目标；其次要深度调研新经济、新业态发展所需人才特点，合理调整院校课程结构体系，增设跨学科、跨专业实践类课程；最后要利用“新商科”的发展机遇，寻找以新科技、新方法、新平台搭建的教育资源，密切与高水平院校、企业之间的合作，积极构建高效协作的新商科育人环境，推动高等教育提质增效，内涵式发展。基于此，作为高校应用型、复合型人才培养的主要教学模式，实践教学将受到高校的普遍重视。实践教学能够在高校与实体企业之间架接起桥梁，实现“把企业搬进校园”的愿景，在虚拟商业社会环境中给学生以体验、知识与实践的一体化的实践锻炼，使学生通过实践教学真正体会并把握新商科人才需要的核心技能，从而在新商科人才培养中发挥重要作用。本教材就是在此背景下，作为跨专业综合实践课程的配套教材而组织编写，适用于高等院校经管类学科本科专业综合仿真实习、实训课程的指导教材，也可作为企业管理人员培训教材和参考资料。

本教材以新商科背景下企业综合运营所构建的虚拟商业社会环境为系统框架，设计了企业经营真实环境的基本要素和典型特征，将其置于仿真的制造中心、政务中心、决策中心、招投标中心等创新型实训活动中，根据真实企业及其商业环境组织的职能设置、岗位胜任力要求，由参与者扮演不同角色，以团队运作为组织形式，按照业务流程和运营规则开展规模化、全方位的企业运营综合仿真实训。在设计教材内容时，我们紧扣企业经营管理中各项业务活动的主线，重点介绍制造企业、贸易企业、金融服务机构、工商服务机构、物流公司、国际货代公司等业务规则及实验流程内容。本教材的实验软件依托北京方宇博业技术公司开发的"跨专业虚拟仿真综合实训平台"，该平台提供了模拟经营教学的组织工具系统和相关教学环境，是一套面向经管类相关专业实验、跨专业实训的虚拟仿真系列课程的支撑工具，旨在培养学生的专业素养、职业能力与实际操作能力。

在本教材编写过程中，注重突出与办学定位、人才培养目标的一致性与适应性，遵循高等教育的一般规律，按照经管类专业教学的特殊要求，科学安排教材内容。本教材具有以下特色：

1. 突出专业知识的应用性。本教材在对知识内容的设计中，既注重作为经管类专业知识的完整性与连贯性，又强调课程内容要反映新商科下专业知识应用性的需求，因此，设计知识点时重点内容突出介绍，一般内容点到为止。知识点的数量和宽度以"够用"为标准，不求面面俱到，从而使专业知识的阐述更具应用性和针对性。

2. 强调掌握知识的规律性。作为高校综合实践课程学习使用的教材，本教材侧重从学生学习知识点，掌握操作技能角度编写内容，阐述业务规则和流程。为了便于学生掌握，编者在写作方法上力求言简意赅、深入浅出，在内容安排上遵循学生掌握实训内容的规律性，采用了较多的图、表等工具，尽量做到由浅入深、循序渐进，符合学生学习的认知规律。

3. 注重教材内容的实用性。为了有助于学生对各章节内容的理解和掌握，本教材在篇章安排及体例设计方面融合了国内外相应领域优秀教材的编写方法，每章开头提示"本章要点"，结束进行"本章小结"，前后呼应，并根据章节重点内容设计相应的思考题与练习题，便于学生检验知识掌握、应用的程度。该教材在使用范围和地域上，具有广泛的适应性。

本教材共分为十章，山东财经大学王俊籽担任主编，主要负责拟定总体大纲、编写原则与体例，以及统纂定稿，并编写了教材的第1章；山东财经大学燕山学院吴美典子担任副主编。山东财经大学燕山学院的教师参与了教材其他编写工作，具体分工为：第2章由亓涛编写；第3章、第10章的第2、第3节由吕素佼编写；第4章、第5章由付全通编写；第6章、第7章由李颖编写；第8章、第9章、第10章第1节由吴美典子编写。

本教材由多年在一线从事教学实践的教师编写，是在参阅大量国内外书籍、杂志、网站等的文字资料的基础上对公司金融的总结和升华，在此，特向所有的原作者致谢！由于编者业务知识和所掌握的资料有限，书中难免有错误、遗漏之处，恳请各位专家和读者批评指正。

编者

2020 年 8 月

目　录

第一章　新商科企业运营仿真实训概述

［素养目标］

☆了解实施科教兴国战略的意义

［知识目标］

☆了解新商科的起源与内涵

☆理解新商科教育的背景及意义

☆掌握跨专业综合实训的目标与意义

☆了解跨专业综合实训的发展特点

☆理解新商科跨专业仿真实训的基本模式

☆掌握新商科跨专业仿真实训的学习思路

引　言

新商科企业运营仿真实训是在现有商科教育的基础上，将新技术、新方法融入商科课程，用新理念、新模式为学生提供跨专业、综合性的实践教学课程。它突破传统教学组织形式，实现了多专业交叉融合，通过呈现真实商业运营环境供学生实操训练，有助于提高学生的培养质量。

第一节　新商科的起源与内涵

一、“新商科”的起源

（一）“商”与“商科”的发展

自从人类社会开始摆脱自给自足的状态，商业就产生了。我国早在2 500多年前的春秋时期，《管子·小匡》中就有“士农工商四民者，国之石民也”的记载，明确了商业在社会、产业中的分类及其地位；《史记·货殖列传序》中称“商不出，则三宝绝”，说明了商业的特性及其重要地位。在我国历史上，无论是早期的丝绸之路还是中后期的郑和下西洋，经济繁荣都离不开商业的支持，商业在经济社会中占据着重要地位。

商业的大发展是在工业革命之后。近代工业化实际上是通过技术进步，细化和深化了社会化分工，大大提高了人类的生产力水平，再借助市场交易，提高了资源整体配置的效率。在人类赖以生存的各种商品从生产到消费的过程中，物权、空间、时间、属性等经济性、社会性的隔阂日益扩大，从而使商业承担起联系生产与消费的桥梁作用，通过发挥商品流通功能完善了经济循环体系。商业作为农业、工业之外特殊的生产活动，通过协调生产与消费，提高商品的效用，实现并增加了商品的价值。

随着经济社会全球化、信息化、市场化的发展，市场交易形式更为复杂，产业分工的边界逐渐模糊，商业范围和领域正在迅速提升和扩大。现代商业除了包括贸易在内的批发零售业，即商品市场上直接承担有形资产分配机能的产业之外，还扩展到其他市场：凡是涉及服务、货币、资产、权利等市场交易或社会移动的产业，如银行业、保险业、运输业、仓储业、广告业等，都被作为商业的辅助性产业纳入了现代商业的范畴。

（二）“大商科”的起源与发展

对商业的研究可以追溯到11世纪商贸业较为发达的中东地区，古代阿拉伯学者提出了关于商业和贸易的基本思考。到了18世纪，德国学者们将前人对商贸业的研究完善成理论，逐渐形成了独立的商学理论体系并冠以商学的名称。商学与经济学、管理学及其他社会学科具有的关联性如下：

1. 商科与经济学、管理学是近缘学科

经济学是商学的重要理论基础，经济学科所研究的经济形态、体制、运行、发展的规律、理论和政策等，与商科主要研究的企业商务活动的运营和操作，实际上具有密切的联系。管理学与商学的关系，是一种交叉互渗、互融的关系。商务活动的开展，必然依托于有效的管理。因此，产生了“商务管理”的概念，商务管理既是商科概念的核心内涵之一，也是商科外延拓展的体现，以商务管理为教研核心之一设立了“管理学院”；与此相联系，由“工商管理”学科设立了“工商管理学院”，这些都是现代大学建制的重要学科。

2. 商科与理、工、文、法等学科相互关联

现代商务活动已经全方位融入社会活动的各方面。不仅现代商务的基本要素常常就是理工科技产品，其活动运行的全过程都紧密依托于科技的支撑，商务活动顺利实施必须依法运行，而且商业文化、商业历史更成为现代商务的朝阳产业。在这样的背景中，商科与理、工、文、法等学科的交融互渗，共赢发展。

在高等教育体系中，我国早在清朝光绪年间钦定的《高等学堂章程》就将当时的大学教育分为：文学、格致学、医学、经学、政法学、农学、工学以及商学。1912年民国初期的《大学令》采用了当时欧美的教育模式，规定商科为文、理、法、商、医、农、工七学之一，并一直延续到新中国成立。此后，历经多次专业目录调整，商科被集中调整到管理学下设的“工商管理”学科中，当然在其他学科中也有商科的成分。我国的商科教育以现代商业为研究对象，在整个高等教育体系中占据着举足轻重的地位。它既不是经济学、管理学的附属学科，也不是传统意义上专门为具体产业或行业培养应用型人才的专业学科，而成为培养以现代市场体制为基础，促进现代经济社会全面发展的、基础性的社会科学学科。

（三）从“大商科”到“新商科”的发展

1. “大商科”概念的提出

联合国教科文组织制定的国际教育标准分类中，商科（商学）被表述为“Commercial and Business Administration”，是指研究市场交易以及商业运行机理的学科专业和学问。

狭义的商科是指在市场经济体制下，围绕商品市场，对商品、物资配给的商业机能所展开的研究。该商业机能可以有效地消除市场的社会、经济隔阂，狭义商科的相关学科主要包括流通理论、企业管理以及市场营销等。

广义的商科是指以商品市场为核心，针对商品市场和其他要素市场的市场行为及市场环境，进行综合性研究的学问。随着现代经济的市场主体及其功能不断分化，除了商品市场之外，还衍生出金融市场、信息市场、人力市场等辅助市场，加上现代市场的交易对象、交易方式逐渐多样化、复杂化，信息技术与技术工具的充分运用，从而使商科的外延涵盖了经济学、管理学、法学等社会科学，以及信息科学等自然科学。现代商科作为经济学和管理学的交叉学科，同时与文科、法科、理科、工科等具有密切联系和交融互渗的关系。这是提出“大商科”概念的依据。

所谓“大商科”，是一种以开放的思维、国际化的视野，以社会营利组织商务活动为主要研究对象，在商务活动的基础上建立的社会联系广泛、影响深远，在商科与文科、法科、理科、工科等相关学科彼此互动交融中，形成以重点明确、辐射广泛、注重协同与联动为主要存在特点和发展愿景的现代学科。简言之，“大商科”是指围绕现实世界商务活动所有直接和间接的需要，高校倾其所能为其培养人才、拓展知识、提供服务、传承文化而形成的办学特色。

“大商科”的外延体现在各学科的交叉融合、协同发展上：①管理学和经济学是“大商科”的核心学科；②工学、文学、法学、理学则是“大商科”的重要支撑性学科；③历史学、哲学、艺术学等则是支撑“大商科”发展的素养型学科。总之，“大商科”是针对具有一定文理或综合实力的财经类高校的办学传统和现有基础，面向我国商务发展前景和国际化办学需要而提出的一个概念。

2. “新商科”的提出与发展

随着技术进步和经济社会的变迁，“+互联网”和“互联网+”为核心的数字经济蓬勃发展，新一轮的科技革命和产业革命正在进行，互联网、云计算、大数据等新型技术与模式正深刻改变人们的思维、生产、学习方式。我国在2017年提出“新工科”之后，为了满足数字经济发展的需要，在现有商科的基础上，提出了“新商科”的概念。“新商科”这一概念是针对传统商科而言的，它以“大商科”为基础前提，体现了以传统商科为主体，多学科兼容并包、交叉融合发展的特点。

传统的商科教育至今已经走过了将近140个春秋。其间，为了不断适应社会经济的发展，商科教育的调整与适应从未停止过。然而，相对于工业时代有形物质商品的生产组织方式，无形的数字经济呈现出完全不同的生产方式、组织形态、商业模式、金融范式、商务规则，这显然不是通过修正就能解决的问题，而是一场范式转变，是一次全新变革。产业界最早洞察到这一改变，并向大学提出了加快在“新经济、新管理、新金融”下人才培养的命题。

2018 年，以全国教育大会为契机，新工科、新医科、新农科、新文科以及国际认证工作逐步开展，“新商科”也提上了议程。虽然“新商科”概念提出时间不长，但很快在业界产生了共鸣，也对我国高等教育领域产生了巨大影响。作为高等教育中与社会发展、市场需求结合最紧密的领域，新商科教育在高校人才培养中具有极为重要的地位。可以说，新商科建设是当前商科类高校普遍面临的时代命题，是我国商科教育主动服务于新经济的战略性调整，更是促进我国从商科教育大国走向商科教育强国的战略举措。新商科建设是一项商科教育重塑性的变革工程。

二、“新商科”的内涵

（一）新商科的概念及本质

党的二十大报告把教育、科技、人才进行“三位一体”统筹安排、一体部署，为加快推进“双一流”高质量建设提供了根本遵循，意义深远。教育支撑人才，人才支撑创新，创新服务于国家经济建设和综合国力提升，推进新工科、新医科、新农科和新文科关键领域核心课程建设进入快车道，“新商科”就是在“新文科”理念下开展经济管理类教育的新概念。

“新商科”泛指适应互联网时代新经济的发展，围绕信息、商品、资金的流动方式，运用新思想、新模式、新方法、新技术，跨界交叉融合新知识、新技能、新思维与新方法，是商业文明新规律的体现。新商科是对传统商科进行学科重组交叉，将新技术融入商科课程，用新理念、新模式、新方法为学生提供的综合性、跨学科教育。

新商科的概念可从以下几方面进行理解：

1. 新商科是工科、理科与传统商科之间的学科交叉融合

传统商科注重学科的分类，独立、封闭而自成体系。但新时代互联网、人工智能、大数据、云计算、区块链等新技术的发展及在商业领域中的运用，促使产业结构发生调整和变革，催生了新的技术和技能需求，这种需求急需工科、理科重新与商科交叉、融合。

2. 新商科是商科教育与产业之间的产学深度融合

传统商科教育与企业的合作并不紧密，学校为企业定向输出人才，虽然也有实习实训基地、有顶岗实习等合作形式，但合作往往流于形式，短期的实习不能满足学生提升技能的需要，也不能解决企业生产实践的急需，导致人才供求脱节。技术变革导致知识信息更新速度加快，产品更新换代频率升高，要求企业发展、转型和升级的速度加快，因而不断对人才培养提出新的要求，而传统的产学合作不能快速满足这些新要求，尤其是提供掌握新知识和新技术的人才。

3. 新商科是不同领域的跨界融合

传统商业时代，行业和行业之间存在技术壁垒，有明确的界限。在互联网背景下，行业与行业跨界融合，行业之间的界限变得模糊，传统单向型企业向综合型、平台型企业转变，催生出很多新岗位、新职业、复合型工种等岗位需求，在此背景下，新商科教育也进行相应的交叉和融合，并且在未来商业与其他行业通过融合获得更快发展。

（二）新商科的内涵

新商科相比传统商科而言，从传统观点看来，对商及商业事务中规律的认知和研究就称为商学，站在学科的角度就是商科。近年来，随着互联网、智能应用、云计算等新科技成果的发展，传统商科的思维模式、能力要求随之发生变化，传统商科类专业的边界日渐模糊，从而诞生了商业、技术、人文深度融合的新商科，相对比传统商科，其对人才能力的要求趋于复合型、融合型。

1. 新商科是融合现代新技术的综合性学科

传统商科以职能为导向培养专门人才，例如市场营销、金融、财务、人力资源管理等；新商科趋于行业导向培养跨学科复合型人才，例如财富管理、金融科技、云营销等。新商科应主动回应技术创新和社会变革。当前，互联网、大数据、人工智能等技术正在改变人们的生活方式和商业模式，学生应学习和掌握一定的相关技术，以适应商界的转型升级。

2. 新商科是突出中国理论与方法的商学教育

传统商科采用西方理论和案例，而新商科着力构建中国特色的商科教育话语体系，采用中国案例，用中国理论解释中国的现象、解决中国问题、指导中国的经济发展实践。

3. 新商科是产教深度融合的全新培养模式

我国拥有全球最大的经济管理教育供给系统，96%以上的中国高校都开设了商科相关专业。然而很多学校的商科教育还处在“填鸭式”教学、“水课”泛滥、“双师型”教师匮乏、实践教学能力差的状态。新商科将把处于经济发展前沿、最渴求新型人才的一线企业，通过校企合作，开展深度产教融合，推动教学内容、课程体系、教学方法的改革，从而提升商科教学质量，提高经管类人才培养水平。

第二节　跨专业综合仿真实训的由来与发展

在新商科背景下，经管类各专业同样进行着交叉、融合，具有“知识＋技术＋管理”的复合性特点。高校需要培养既具备某一领域的专业技术能力，又有一定管理实操能力的应用性人才。人才培养的需求推动高校日益重视实践教学，为此，在专业技术能力的培养上普遍采用了丰富多彩的实训教学和课堂实操演练方法，在管理实操能力培养上大量应用各种仿真模拟设施及软件，使学生的学习内容丰富，难度适中；贴近实际，而又趣味性强，高校的实践教学改革与建设迈入了一个全新的时期，适用于培养应用型新商科人才的“跨专业综合仿真实训”课程应运而生。

一、跨专业综合仿真实训的由来

党的二十大报告强调，教育、科技、人才是全面建设社会主义现代化国家的基础性、战略性支撑。2018年，新时代全国高等学校本科教育工作会议、全国教育大会相继召开，提出了大力发展新工科、新医科、新农科和新文科，我国高校教学改革进入一个崭新的历史阶段。作为新文科建设重要组成部分的新商科建设，也成为新时代高等教育改革的重要一环。同年，教育部发布了《普通高等学校本科专业类教学质量国家标准》，经济管理类国家教学标准明确提出了应用型、复合型专业人才培养目标。跨专业实践教学在实现学科交叉、知识融合的教学过程中，在应用型、复合型人才培养目标的实现上，发挥的作用日益凸显。

为提高学生的综合实践能力，培养复合型人才，高校相继启动了跨专业实践教学项目，开设了“跨专业综合仿真实训”课程，随后作为实践必修课正式列入了高校人才培养方案。经管类高校在此目录下普遍开设了“跨专业企业运营仿真实训”课程，用于培养复合型、应用型、实践型人才。实践证明，开设跨专业综合实践教学符合教育部高等教育改革的需要和应用型人才培养目标的发展趋势。

经管类跨专业实践教学是落实应用型、复合型人才培养目标的有效方式，在实践中存在着专业配置、岗位分工与协作、弹性任务处理等多重困境。经济管理相关专业是综合性和应用性非常强的专业，但是学生在企业很难切实进行岗位实训，只能进行观察和学习，并不能实际操作运行并决定业务的走向，所以校内如何组织和开展跨专业的综合仿真实习课程非常重要。多年来，经管类专业的实验实训课程基本上是以单专业为主的实验，虽然注重专业纵向衍生，但是跨专业的横向拓展和综合没有很好地实施，实验形式和内容比较单一，脱离了实际社会企业的需求，没有将相关岗位和工作环境联系起来。跨专业综合仿真实习课程是经管类专业综合实验教学改革的重要方式和手段，是培养学生专业能力和实践能力相结合的重要渠道。

二、仿真实训对创新人才培养的支撑作用

党的二十大以来，在深入学习上求“精”、在学用结合上求“实”成为实验课程追求的目标。现阶段，很多高校的经济管理类专业实践训练平台往往采用虚拟软件进行实战模拟交易，虚拟软件虽然比传统教学具有优势，但是训练手段单一，软件质量参差不齐，往往只能接触到实际表面，缺少设计性与综合性内容，学生很少有自我发挥的空间。跨专业综合仿真实训平台可以规避上述缺陷。

“跨专业企业运营仿真实训”是一门在模拟市场环境下以相关专业和技能为基础，以现代信息技术为支撑，以团队运作为组织形式，以学生为主体，按照企业业务流程和规则开展规模化仿真运营的实践教学课程。通过仿真实训，能够让学生熟悉现代商业领域的不同岗位、不同组织的特性与工作内容，帮助学生养成经济管理所需的执行能力、决策能力、创新能力，通过全方位训练，提高学生对岗位的胜任能力，从而使学生的专业素养、职业能力与全局观念得以提升。

（一）有助于应用型人才的培养

随着社会经济快速发展，经营管理类人才的培养要求越来越高。高校培养人才的模式也需要在探索中做出相应变革。《国家中长期教育改革和发展规划纲要（2010—2020）》中明确指出：高等院校要扩大对技术型、综合型、应用型等人才的培养。高校跨专业综合仿真实训课程，可以通过建立仿真经济环境与企业联合运作演练，帮助学生真实感受企业

物流、信息流、资金流的流动过程，全面认知现代企业经济管理活动过程和主要业务的整体流程，对激发学生参与实践的自觉性、积极性，提高学生的综合实践能力，培养复合型人才十分有益。

（二）有助于新商科教育对学科交叉融合的要求

新商科的精髓之一就是促进学科之间的交叉、融合，跨专业综合仿真实训课程的开设，有助于实现学科、专业之间的交叉、融合。综合实训涉及经济管理多专业的学生参与，由于企业内部各岗位间业务往来频繁，学生要想胜任岗位工作，不仅要熟悉企业内部各部门、各岗位之间的业务关系与工作流程，而且要正确处理企业与工商、税务、海关等外部机构之间的往来关系，所以，通过跨专业综合仿真实训，能够实现经营管理类各专业之间的交叉融合。

（三）有助于培养学生的团队合作精神

传统的课堂教学方式主要以向学生传授知识为根本目的，很少注重培养学生的团队合作精神。跨专业综合仿真实训课程是以团队方式参与企业运营，由学生自主组队分别组成制造企业或商贸企业，要求学生在团队中能够共同参与、相互合作，通过协同作战的方式完成工作内容，获得团队共同的业绩，即课程考核成绩，学生在团队的交流合作中，团队精神得到有效培养，有助于学生综合素质的提升。

三、跨专业综合仿真实训的发展

高校经管类跨专业综合实训是多个专业有机结合，围绕一个项目或者数据模型，遵循特定的经营规则，通过信息化平台模拟企业的运作，进行协同对抗实验的实践教学活动。开设跨专业综合实训课程，有利于拓宽学生的知识面，锻炼其理论结合实际的能力，提高学生的实践能力。

（一）突破了传统的教学组织形式

在教学组织形式上，跨专业综合仿真实训课程突破了由各院系、各专业组织教学活动，各自为政的壁垒，形成了师资协调统一安排的教学组织形式。由于该课程涉及各专业的基本知识，需要有熟悉本专业的教师参与实训课程的指导，由各专业教师共同组成实训教师团队，共同承担实训课程的指导工作。一方面，实训中专业内容由专门负责教师指导，有助于学生更好地完成实训任务；另一方面，专业教师在指导过程中也不断适应各专业的工作内容、特点与业务流程，不断完善对各专业的理解与认知，进而更深入地促进了各专业的交叉、融合。

（二）教学内容实现了多专业的融合

跨专业综合仿真实训在教学内容上突破了单专业实训模式，实现了多专业的融合。以往的实验实训课程，主要是单专业实训，比如：财务会计专业的实训课程，一般是全体学生扮演为某公司财务人员，根据软件系统提供的某个月原始凭证编制记账凭证、登记账簿、编制会计报表。这种实训虽然能提升岗位职业技能，但那些原始凭证都经软件系统事先设计，学生只是根据设定好的程序进行账务处理，不了解这项业务的来龙去脉，也不理解公司做出这项经济决策的意图。跨专业综合仿真实训课程，不仅各专业学科知识要实现交叉融合，指导教师、实训学生也要协调配合，学生实训团队的成员由于来自不同专业，共同以某企业、某服务机构等形式在仿真商业运营环境中进行实战演练，从而实现了真正的多专业融合。

学生以团队形成参与的实战演练，不仅涉及本企业、上下游企业、政务机构等关键岗位，而且以企业经营业务为纽带，将所有相关企业有机联系起来，呈现出一个完整的商业运营环境，供同学们以不同的角色参与演练，使财务专业学生能参与企业经营决策，金融专业学生能参与市场营销；等等。学生能够参与到企业运营的诸多岗位和不同工种，便于对零散的知识进行融会贯通。跨专业综合实训与单专业实训的不同在于：学生通过直接参与企业的经济业务，对经济活动的认识从理性的抽象过渡到感性的具体，提高了综合决策能力和实践能力。

（三）实训内容呈现真实的商业运营环境

为了激发学生的实训热情，跨专业综合实训平台设置了若干生产型企业和贸易型企业，这些企业彼此之间为了获取资源，争取主动权，形成了激烈的竞争关系。以生产型企业为例：在实训伊始，每家企业都获得了同等金额的注册资本金，但是在接下来的实训过程中，如何用好这些原始资本，并获得企业价值增值，就需要每个企业各显神通。例如，组织生产产品，实训平台提供企业可以生产的品种，但生产哪个品种的产品？生产多少？生产能力怎么保障？怎么融资？产成品怎么管理？怎么组织营销？怎么获利？具体事项则完全由企业自行决定。为此，企业团队成员要充分沟通，评估、分析本企业的生产能力、资金周转能力、营销能力，测算市场需求量、竞争对手产品生产能力、上下游供应、销售能力、外围机构提供的服务等诸多因素，才能做出相应的决策。由于完全模拟真实商业场景，每个企业之间存在竞争，市场存在规则，企业需要在竞争中取胜，学生实训团队的潜能、个人潜力被最大化的激发，有助于提高学生学习主动性，增进对专业知识和实际应用的理解。

（四）教学管理注重发挥学生能动性

随着互联网的普及和计算机技术的普遍应用，传统教学方式正在逐渐被翻转课堂、案例教学等有助于培养、调动学习积极性、改进知识传授方式的教学模式所改变。学生可以通过互联网去使用优质的教育资源，不再单纯地依赖授课教师去教授知识。而课堂和教师的角色则发生了变化，老师更多的责任是去理解学生的问题和引导学生去运用知识。跨专业综合仿真实训将这种教学模式更推进了一步。它不仅使学生和教师的角色发生了改变，而且使学生之间的角色也发生了改变。由于跨专业综合实训课程搭建了模拟实训的引导系统和相关教学环境，构建了一个仿真的商业运营场景，学生在实训中的角色是仿真公司或仿真服务机构中的一员，都有明确的工作岗位和岗位职责，所以每位参与实训的学生都把自己定位为一名职场人士，都为自己所在的公司、机构、业绩紧张有序地工作着。工作中遇到的知识点、困境，可以咨询实训指导老师，也可以通过团队或者自己解决。在具体运营中，每家公司、机构的首席执行官（CEO）负责对本企业员工进行动态考核管理，并作为该课程教学管理的一部分。因此，学生之间的角色定位可能是上下级关系，也可能是合作关系、竞争关系，从而形成了教学活动以学生为主体，实训教师作为课程内容设计者、指导者，教学任务发布者的角色转换，极大地调动了学生学习的主观能动性。

第三节　新商科跨专业企业运营仿真实训平台构建

在新商科背景下开展跨专业综合仿真实训，需要考察社会对新商科人才的真实需求，丰富新商科仿真实训教学内容，规范仿真实训教学管理，通过营造良好的新商科跨专业综合实训教学环境，综合利用实训平台的优势资源，积极构建融合、高效、协作的新商科仿真实训平台，使学生通过仿真实训真正体会并把握经管类专业通用的核心技能。

一、新商科背景下社会对高校经管人才的需求特点

党的二十大报告指出："教育、科技、人才是全面建设社会主义现代化国家的基础性、战略性支撑。"在实现第二个百年奋斗目标过程中，要充分发挥科技创新驱动战略的引领作用，加快壮大新一代信息技术生物技术、新能源、新材料等产业，推动互联网、大数据、人工智能等同各产业深度融合。以大数据、区块链、云计算、物联网等为代表的信息科技，正推动商业组织传统生产经营方式向智能化信息化方式转变。这些转变对于商科专业人才培养必然提出新的要求与挑战。信息化能力的培养是新时代商科专业人才培养中最重要的核心能力之一，这也是顺应全球信息科技发展趋势，满足国家战略需求，服务数字经济发展，面向未来培养具有现代管理专业能力与掌握现代信息技术的复合型人才的战略选择。

（一）复合型、应用型人才越来越受到企业青睐

传统商科一直以来以单一学科为教学前提，培养的学生是具有单一技能或专业素质的专门人才，如人力资源管理员、会计员、销售员等。在互联网时代，人工智能、大数据、云计算、区块链等技术发展及在商业领域中的广泛运用，要求商科培养的人才不仅要具备专业技能，还要有一定的计算机操作、数字处理技能，成为兼有多种技能的复合型人才。为了避免理论教育与生产实践脱节，培养社会真正需要的人才，以快速适应新时代产业和企业发展的需要。在新商科背景下，行业与行业之间多专业、多维度的交叉融合将成为常态，将会出现很多复杂多变的新局面，要求新商科培养的人才同时具备多个领域的专业知识，能将知识融会贯通，具有团队协作能力、解决复杂问题能力等综合素质。

（二）更关注道德情操的人文素养教育

高校为社会培养了大量的高素质专门人才，这些人才是推进商业企业蓬勃发展和社会进步的主力军。企业在承担物质文明建设的同时，能否承担一定的社会责任，则主要取决于企业管理者。传统商科教育过分注重专业技能的培养，以经济学、金融学、会计学、管

理学等课程学习为主，忽视人文素养的培养，如哲学、历史、文学、道德等人文素质类课程，容易使学生滋生利益重于一切，重视个人利益而忽视组织利益、社会利益的思想，不利于提升学生的个人道德修养和社会责任感。

新商科所建立的多专业之间的交叉融合，更容易导致重视理科、工科、商科，而忽视人文素养的培养。由于在数字经济时代，互联网每天生成海量数据，大数据、云计算等技术利用海量数据一方面为商业经营提供了各种机会和利益；另一方面也对用户个人隐私和安全造成了严重威胁，同以往相比，商业环境更加瞬息万变，社会形态更加变幻莫测。因此，新商科教育应该更加关注道德和社会责任等人文素养的培养教育。

（三）需要具备创新价值的创业型跨专业人才

创新创业是新技术与商业企业深度融合、行业与行业跨界融合的原动力，是新商科背景下经管类人才的基本素养。传统教育模式更为偏重于知识的传递，而忽视了技术能力的传递。新商科的明显特征就是跨界融合，强调新知识、新技术、多专业的交叉融合，将知识背景既有差异性又有关联性的学生组织在一起，形成技能互补、具有创新精神和创业能力的创业团队。高校开设的跨专业综合实训，通过实现专业教育与创业教育的深度融合来培养学生的复合型素质，能够结合并融合各专业特点仿真模拟真实商业运营环境，针对性地培养学生直接面向产业型创业需求，具有基本知识与创新技能的人才，从而满足社会对创业型人才的需求。

（四）需要具有国际化视野的商业人才

互联网技术的广泛应用推进了全球化的进程，国际合作正在进一步加强，商业合作也日趋向纵深延伸、辐射。新商科经管类人才培养需要重视加深专业、文化与教育的深度融合，深入探索并引导学生自觉地关注和研究国际国内经济形势，培养出具有国际化视野，具有国际一流水准的商业人才。

二、新商科跨专业综合仿真实训的基本模式

构建新商科跨专业综合实训平台，把经管类所有专业的教学和实训，置于结构链条完整的、一体化物理场景和技术支撑平台之中，促进新商科多专业的交叉、融合，逐步改变目前单专业实训内容少、层次低、学科割裂、技术技能碎片化等问题，建设由专业教学、过程仿真、技术技能训练等三大功能区构成的虚拟仿真的综合实训教学环境。

（一）仿真的现代商业社会环境

跨专业综合实训通过模拟仿真的现代商业社会环境进行实训。它以制造企业为核心，在虚拟的市场环境、商务环境、政务环境和公共服务环境中，根据现实工作业务内容、管理流程、单据，结合实训教学设定的业务规则，将经营模拟与现实工作接轨，进行仿真经营和业务运作，从而实现宏观微观管理，多人协同模拟经营和多组织对抗。商业环境的全仿真设计包括四个方面：

机构仿真。虚拟仿真的商业社会环境包括四个区域，其中，行政服务区域包括三类机

构：综合信息中心、市场监督管理局、税务局；现代服务区域包括商业银行、保险公司、认证中心、会计师事务所、人才市场等；商贸物流区域包括客户公司、供应商、租赁公司、第三方物流公司等；制造区域则包括多家制造企业。

环境仿真。跨专业综合仿真实训为学生提供了虚拟企业经营的组织系统和相关教学环境，该平台搭建在校园内，实现了“把企业搬进校园”的虚拟仿真实验环境。在这个平台内，既能够让学生体验企业经营的环境，又要求学生完成企业经营决策，还要求其执行各种管理岗位的任务。学生通过实训操作，能够真实感受实际企业经营中的组织、运营、管理与决策活动，深刻体验商业管理环境下的业务流程和工作要求。

流程仿真。跨专业综合实训平台通过调研制造业企业的典型案例，精心挑选并提炼设计了高仿真的企业生产经营管理流程和业务流程。实训流程大体分为三个阶段：经营前期，即各企业、机构的建立，如CEO竞选、组建公司、工商注册等；经营中期，即组织企业的生产经营活动，是整个仿真实训的重点；经营后期，即经营活动结束后的总结评比。

业务仿真。跨专业综合实训平台以实训任务为引领，以岗位胜任为目标，针对实训岗位提炼了近百个关键任务和日常工作任务，既有具体业务内容也有经营管理要求，针对每项业务操作又制定了具体流程与业务规则，便于指导执行和规范实施。

（二）对抗竞争性的经营决策

跨专业综合仿真实训平台仅提供企业运营所需的基本资料用于学生组建的企业进行分析、决策，至于每家企业每期采购、生产和销售的产品品种、数量等，都由担任企业管理岗位的学生自行决策。所以，在整个实训过程中没有统一的标准答案。战略决策不同，企业的经营绩效就有差异，因此，多家企业之间由于经营决策形成了竞争性的对抗关系。在企业进行决策时，由于市场是一定的，企业不仅要衡量自身的实力，还要考虑竞争对手的策略，企业采取何种策略实训平台没有固定的模板，而是依据学生自身的知识储备和分析判断能力进行决策。由于虚拟企业要连续运营多个营业周期，前期的决策对后期的经营存在持续性的影响，这就要求学生要学会如何谨慎地做出决策。

跨专业综合实训平台的数据根据公司的具体决策实时变动，各生产企业之间、各贸易型企业之间，以及其他机构、部门之间又是同业竞争关系、对抗性关系，企业的经营数据处于不断变动中，从而实现了从静态数据向动态数据的转变。

（三）创业驱动型的技能训练

跨专业综合仿真实训能够让学生在实训中掌握多方面的技能。技能的训练基于虚拟仿真的业务内容、流程设计直接对接实际企业中瞬息万变的经营环境、竞争环境，体现在跨专业实训中，虚拟企业设有核心部门和岗位，以及具体的管理流程、业务流程，实际业务案例及大量高仿真实训材料。学生在实训中，进行虚拟企业的组建，市场调研，组织产品生产，开发市场，策划营销，同时为了虚拟企业的生存发展，选择上下游的供应商和经销商，与供应商、经销商谈判，协调维护企业与政府、银行、税务、工商等部门的关系，等等。从事上述具体工作和扮演好角色都要求学生掌握不同的技能，除专业技能得到强化训练，学生的决策能力、分析问题与解决问题能力、沟通能力、表达能力、团队协作能力等，都在实训中得到了充分的锻炼，从而提升了学生的综合实践能力，提高了学生未来就业和创业机会。

（四）任务引导下的协同合作

跨专业综合仿真实训中，虚拟企业根据经营管理的需要设置了不同的部门、工作岗位，并为此赋予了不同的岗位任务。学生在实训中，一个突出的特点就是强调要以团队形式参与，通过互相配合协作完成实训任务。以制造企业为例，制造企业内部设置多个部门不同岗位，只有通过协同合作才能完成企业运营：总经理（CEO）负责企业的总体运行管理，制定总体发展规划；市场部负责研究市场需求情况，为决策提供依据并签订销售合同；采购部门负责原材料、设备的采购，为生产活动提供支持；生产部门根据现有资源和运作能力，合理安排产品生产；人事部门负责人员的招聘、薪酬计算等；财务部门负责资金筹划、财务核算。这些部门的工作通过科学组织、合理运作、协调配合，才能取得经营绩效。

（五）跨专业融合的实践应用

跨专业运营综合实训可以支撑经管类多个专业进行有机结合。不同专业的学生可以自主选择自己的工作岗位，以某虚拟角色参与企业运作，并和企业其他部门一起协同努力，共同完成虚拟企业的生产经营和价值创造。同时，跨专业综合实训的教学活动，不只针对某个专业进行实践教学，而是关注全链条的行业、企业、岗位、任务等工作过程的训练，这个过程要求不同专业的学生密切配合，也要求学生对其他专业的知识有所涉猎，如人力资源管理专业的学生担任人事经理计算薪酬时，需要了解生产运作、生产成本等相关知识；金融学专业学生放贷时需要看懂生产企业的财务报表、抵押物的资产评估等，这就需要在跨专业实训中合理安排多专业的学生组成团队，科学进行岗位配置，使学生极大程度地获得众多领域知识和技能训练。跨专业实训的融合性就体现在要求不同专业学生的配合，以及多门课程知识的整合。因此，跨专业综合实训有利于拓宽学生知识面，锻炼学生的实践应用能力。

三、构建新商科跨专业综合实训平台实践教学思路

新商科跨专业综合实训是经过深入分析高校经管类实践教学与现代信息技术的发展趋势而开展的实践教学活动，是实践教学中最稳固、最有效的教学环节，因而极具可操作性和可控制性。跨专业综合实训是基础实验教学的延伸，更是在实践教学基地进行顶岗实习的铺垫，开展跨专业综合实训可以更好地实现经管类相关专业的业务衔接，推动新商科教学中理论教学和实践教学的有机结合。

（一）跨专业综合实训教学理念

基于“新商科”人才培养理念要融合新的知识与技能，促使经管类高校中绝大多数专业的内涵与外延需要重构。通过分析新商科学生必备的基本知识、基本素质、基本技能，探索学生未来职业岗位发展所需的跨专业的教学方法，完善各专业课题体系建设，按照新商科培养要求构建跨专业实践教学体系，既是人才培养模式的改进，更是一种教学理念的

创新。跨专业实践教学强化了两个方向的素能培养：一是强化多专业核心技能的培养；二是突出多专业交叉复合能力的培养。提出融合“专业知识、管理能力、职业素养为一体”的综合实训教学理念，强调能力培养要从专业核心理论认知开始，经过综合能力锻炼提升综合素质。为此，授课教师要结合课程知识要点、实际商业社会经济现状和实训要求，规划实训课程内容，构建具有相融合的专业化实训平台，使学生从不同专业层面系统地学习和提升实践技能和职业素养，形成认知、能力、素养等共同培养的一体化实训教学理念。

（二）跨专业综合实训教学体系

跨专业综合实训的教学体系包括：教学组织管理、教学模式和考核方式等内容。在教学组织管理方面，跨专业综合实训课程要求学生要掌握学科专业基础知识和基本理论才能够具体应用，因此，该课程针对高年级学生开设，如在第六学期或者第七学期开出。由于各专业学生要组成团队方式参与实训，且每个团队都有不同专业的学生参加，教学组织中需要协调各院系的开课顺序，统筹安排课程教学，避免实训课程与其他课程冲突，如有的高校安排在寒暑假的小假期开课；有的应用型地方院校安排出独立的几周开课；学生人数较多的高校也可以将学生划分为多个批次参加实训，以确保实训课程教学效果。

在教学过程中，鼓励实训教师根据实训内容设计、选择多样化的、体现现代技术和教学手段相结合的教学工具，采用恰当的教学方式提升实训质量。如采用线上线下混合教学、案例竞赛、团队间运营比赛、个人岗位技能比赛等教学方式，激发学生的学习热情，以确保跨专业实训教学的顺利实施。

对实训结果的考核方式，要遵循考核标准多重性、考核对象针对性和考核方式多样性的原则，既要科学设计，又要灵活掌握。为了避免出现考核盲点和个人偏见影响评价结果的公平性，可以参照企业绩效考核综合考核办法，采取类似企业对员工的考核方式，采用由被评价学生的上级（实训教师与CEO，各占分值的50%与20%）、同级（团队成员，占分值的5%）、下级（团队内部，占分值的5%）、客户（外围机构，占分值的10%）以及被评价者个人（占分值的10%）等进行全方位评价的办法。为此，实训教师应在开课初期向学生阐明实训考核体系的构成及每项指标的考核标准，明确评价主体，并将此写入教学大纲，形成正式的评价依据。同时要注重日常实训过程中数据的收集与实训情况的记录，采用照片、视频、截图等多种媒体手段，为课程考核评价提供有力的支撑材料，以确保考核机制准确公允、客观公正。

（三）跨专业综合实训课程体系

按照新商科人才培养方案和经管类各专业课程设置的国家标准，高校培养方案中实践教学环节都设置了“跨专业实训”课程，共有4个学分，各高校可以根据自身学科特点和专业优势开设1～2门跨专业实训课程，但具体开设课程的内容和项目由学校自主确定。近年来，经管类高校普遍开设了“跨专业企业运营仿真实训”课程，在课程体系建设方面逐渐成熟，形成了特色。随着大数据时代新商科人才培养提出的新需求，跨专业综合实训课程体系建设也将展示新的架构和特色。

该课程在人才培养设计和课程体系构建上，将突出对学生三个方面的能力培养：即实践能力、创业能力和创新能力。为此，将根据多专业交叉融合的跨专业实训特点，确定实训课程中各专业的核心知识与相关专业基础知识的连接，突出重点知识的技能训练要点，形成具有跨专业综合特色的课程体系。该课程的教学内容涵盖知识应用、管理技能训练和岗位能力实训，要确保设计的实训项目与真实企业的需求挂钩，能够再现现代社会商业企业运营环境，使学生系统掌握企业运行规则和流程，满足新商科教育服务社会经济的培养目的。

（四）跨专业综合实训平台运营体系

跨专业综合实训课程涉及的学科专业很多，各门课程的核心知识要点在实训项目中呈现，必须科学设计，合理提炼，往往需要依托技术手段将其整合在一个专门的实训平台上才能实现。通过实训平台构建虚拟仿真的商业运营场景，展现对核心知识点的技能训练，让学生在不同的工作部门模拟岗位角色的工作任务，以达到跨专业综合实训的要求。跨专业实训平台必须具备的基本功能有：（1）资金结算功能。不同组织机构、不同部门交易必然产生资金往来，实训平台必须能提供资金结算功能；（2）物资调配功能。企业生产经营活动必然有上下游企业的资产购置和营销，实训平台的物资调配功能必不可少；（3）岗位设置功能。虚拟企业的商业运营活动涉及若干部门和岗位，为了有序运行，实训平台的岗位设置极为必要；（4）规范流程功能。虚拟企业在经营运作中，遵循一定的业务规则和规范的业务流程方能顺利进行。具备上述功能的实训平台，才能满足跨专业综合实训的需要，也才能达到置身现实经济活动运营环境的最终目标。

（五）跨专业综合实训师资队伍建设

拥有一支专业知识过硬、实践教学经验丰富，来源于不同专业背景的教学团队，是开展跨专业综合实训课程的重要保障条件。教学团队成员应该由一线专业教师、实训专职教师，以及企业合作方派出讲师所组成，才能形成强有力的师资队伍保障实训课程顺利进行。教学团队教师不仅应有丰富的专业理论知识与实践经验（鼓励配置“双师型”教师），而且要熟知新商科教育的规律和特点，这是因为，跨专业综合实训需要依托扎实的理论知识和专业功底，将专业知识与其他相关专业知识衔接后应用于虚拟仿真的商业环境中，即理论需要跟实践相结合，防止脱离实际。教学团队不仅需要在理论方面不断创新，开发出适应新商科跨专业实训的模块与内容，同时还要与时俱进，不断深入企业中，开拓视野，挖掘可供实训的题材，不断提高跨专业综合实训的教学质量。

本章小结

随着现代信息技术和经济信息的迅猛发展，以多学科兼容并包、交叉融合为特点“新商科”应运而生。新商科是在现有商科教育的基础上，将新技术、新方法融入商科课程，用新理念、新模式为学生提供综合性、跨学科教育。新商科背景下高校开设的跨专业综合仿真实训课程，正是适应应用型新商科人才培养的需求而设置的实践教学课程，它突破了传统的教学组织形式，实现了多专业的融合，通过呈现真实的商业运营环境供学生实操训练，能够充分发挥学生学习的积极性和能动性。适应新商科背景下社会对高校经管人才的需求，高校人才培养要构建新商科跨专业综合实训平台的基本教学模式，探索完善新商科实践教学的新思路，提高学生的培养质量。

1. 从“商科”“大商科”到“新商科”，体现了商科教育随着技术进步和经济社会的变迁，其内涵与外延发展的广度与深度。“新商科”泛指适应互联网时代新经济的发展，围绕信息、商品、资金的流动方式，运用新思想、新模式、新方法、新技术，跨界交叉融合新知识、新技能、新思维与新方法，是商业文明新规律的体现。

2. 经管类高校普遍开设的“跨专业企业运营仿真实训”是一门在模拟市场环境下以相关专业和技能为基础，以现代信息技术为支撑，以团队运作为组织形式，以学生为主体，按照企业业务流程和规则开展规模化仿真运营的实践教学课程。通过仿真实训，有助于应用型人才的培养；有助于新商科教育对学科交叉融合的要求；有助于培养学生的团队合作精神。

3. 经管类高校开设跨专业综合实训，突破了传统的教学组织形式，教学内容实现了多专业的融合，实训内容呈现真实的商业运营环境，教学管理注重发挥学生的能动性，有利于拓宽学生的知识面，锻炼其理论结合实际的能力，提高学生的实践能力。

4. 在新商科背景下开展跨专业综合实训，需要考察社会对新商科人才的真实需求，具有如下特点：复合型、应用型人才越来越受到企业青睐；新商科教育更关注道德情操的人文素养教育；需要具备创新价值的创业型跨专业人才；需要具有国际化视野的商业人才。

5. 构建新商科跨专业综合实训的基本模式，建设由专业教学、过程仿真、技术技能训练等三大功能区构成的虚拟仿真的综合实训教学环境。具体包括：高度仿真的现代商业社会环境；对抗竞争性的经营决策；创业驱动型的技能训练；任务引导下的协同合作，以及跨专业融合的实践应用。

6. 跨专业综合实训是基础实验教学的延伸，更是在实践教学基地进行顶岗实习的铺垫，开展跨专业综合实训可以更好地实现经管类相关专业的业务衔接，推动新商科教学中理论教学和实践教学的有机结合。为此，需要不断更新跨专业综合实训教学理念，构建合理规范的教学管理体系、课题体系，通过建设跨专业综合实训平台运营体系，打造一支专业知识过硬、实践教学经验丰富，来源于不同专业背景的教学团队，才能成为跨专业综合实训课程顺利实施的重要保障条件。

思考与练习

1. 怎么理解新商科的内涵？它与传统商科相比有什么不同？
2. 开设跨专业综合实训课程有何意义？
3. 高校跨专业综合实训呈现什么样的发展态势？
4. 新商科跨专业企业运营仿真实训的基本模式有什么特点？
5. 新商科跨专业企业运营仿真实训如何进行教学组织管理？
6. 如何理解教育、科技、人才是全面建设社会主义现代化国家的基础性、战略性支撑？

第二章　仿真实训课程整体设计

[素养目标]

☆理解全面提高人才自主培养质量着力造就拔尖创新人才，聚天下英才而用之的意义

[知识目标]

☆了解新商科企业运营仿真实训的内容

☆掌握新商科企业运营仿真实训课程的整体流程

☆理解新商科企业运营仿真实训的目标

☆掌握新商科企业运营仿真实训的实训要求

引　言

“工科要有实验，经管要有实训。”实验和实训对于经管类人才培养起到关键作用。新商科企业运营仿真实训课程是经管类各专业本科学生的必修实践课程，是教学过程中一个不可缺少的实践环节，对理论教学起到重要的辅助作用，是教学计划的一个重要组成部分。新商科企业运营仿真实训课程是在“把企业搬进课堂”的理念基础上，通过对企业运营各环节的研究、抽取、归纳和总结，在课堂还原真实的企业运营环境，让学生在进入企业工作前能得到高质量的“岗前训练”，从而实现“在学中做，在做中学，学做一体”的最佳实训效果。

第一节　仿真实训课程体系建设

新商科背景下，市场经济对经营管理类人才的要求越来越高，高校传统的培养方案已无法满足当下人才培养的需求，为此，高校需要在经管类人才的培养模式方面做出相应的变革。新商科企业运营仿真实训是以培养新商科背景下综合型、应用型创新人才为导向，通过将智慧供应链、新电子商务、新金融、新物流等新领域应用于经管实践教学，经济学、管理学、传播学、计算机科学技术、智能科学、数据科学等学科在新商业中的交叉融合应用，创建出一门集实训、实习、创新、创业、就业训练于一体的经管类跨专业综合仿真实训课程。

一、仿真实训课程的整体规划

新商科企业运营仿真实训是以企业经营与管理为主体，建立虚拟商务环境、政务环境

和公共服务环境，进行仿真经营和业务运作，进行宏观微观分析、多组织对抗和多人协同模拟经营，就是通过模拟企业运营的方式，训练学生在仿真环境中运用已经掌握的专业知识，在经营模拟与现实接轨的基础上，真正实现真实化的实习。

新商科企业运营仿真实训以学生为主体，通过运营实训掌握现代服务业环境下的仿真企业经营与管理，虚拟商务环境、政务环境和公共服务环境下企业运作管理，按照市场规律、企业经营规律为行为导向，学生既是实习者又是经营者、组织者；老师起到策划内容、设立场景、过程监控、点拨答疑、配置资源、能力评估的作用，两条主线相互配合推进，实现以学生为中心的实验教学模式创新，巩固学生的专业基础知识，以实践的感性认识来深化对理论知识的理解和掌握，使学生在仿真的环境下获得职业基本技能训练，同时，通过对企业的运作管理，具有企业经营分析与企业战略定位、解决和处理实际业务的能力，为迈向社会打下良好的基础。

在原有专业实训基础上，围绕经济管理业务技能、企业管理决策能力、市场宏观运行能力培养，将课堂教学、课下自学、校内仿真实训、校内仿真实习、业务技能大赛等教学方式方法进行整合，以“广覆盖、多层次、重实效、重特色”为目标，以经济与管理等相关专业学生为主要使用对象，服务全校，构建“课程级—专业级—专业综合级—跨专业综合级—创新创意级”5 位一体的实践教学体系，创新学生“基础能力—专业能力—综合能力—复合能力—创新能力”5 大能力的培养模式。同时，以大数据、云服务平台为依托，以实践教学数据统计、分析为基础，以数据分析结果为依据，精准指导实验教学课程授课单元的重组，优化授课课程；以数据为基础，反哺实验教学，助力学院实验教学质量和水平的不断提升，充分发挥学院第二、第三课堂的作用。

通过课程建设，搭建一个各专业学生均可参与的大型学习平台，构建起一个学习有目标、实训有场所、学好有奖励、学生摸得到、用人单位看得到的良性实践教学环境。促使中心成为经管专业实验教学和科研的重要基地，成为培养学生创新素质和提升就业能力的重要基地，成为教学模式多样化和教学手段现代化的重要基地，建成具有鲜明区域特色的国内一流的经管实验中心，为区域产业经济发展储备人才。

（一）仿真实训课程规划思路

新商科企业运营仿真实训在课程规划建设方面主要分为两个层面：一个是仿真实训的环境建设，另一个是仿真实训的平台建设。

1. 仿真实训的环境建设

仿真实训环境建设是指在互联网、大数据等新一代信息技术支撑的良好学习环境下，以提升学生跨专业学习体验为目标，以创新的发展环境为依托，以优化和升级的场域学习环境为主要任务，利用新兴技术创建学习与训练的仿真实训环境，通过教育装备的现代化促进资源个性化呈现、教学交互多元化，实现学习者的学习和相关技能的提高，并且通过大数据和 AI 技术的深入运用，形成教室智能管控、课堂教学互动、教学过程督导、数据分析与可视化的一体化的实训教学平台，利用平台的系统性、创新性、开放性和实训性等特征，提高仿真实训课程教学效果，优化教学过程、提高教学质量。

环境建设也涵盖实训场地建设，实训空间选择既可以是一个整体的、开放性的实训大厅，也可以由多个独立的实训室组成。根据仿真实训课程设计的总体安排，虚拟场景的链条、逻辑关系，搭建仿真实训课程所需要的实训室，力图为实训学生打造虚拟仿真的工作环境。仿真实训所需要的硬件环境、服务器、计算机、网络设备以及教辅设备都要和实训软件环境相配套，按照软件所需要的配置进行规划建设。总之，场地、设备等硬件环境建设都以服务实践教学为核心，以保障教学活动正常运行为目的。

2. 仿真实训平台建设

跨专业仿真实训平台建设以实践教学为核心，以多专业融合的知识体系为架构，以虚拟商业社会经营场景为实验环境，以数字化学习形式提供基于互联网平台的课程学习，能够实现优质教学资源积累与实践教学活动。在平台建设中，结合经管学科各专业实验室建设基础，利用互联网、云计算、大数据、人工智能等技术手段，以现代信息管理与技术手段为依托，不断提炼、拓展经管类各学科、各专业的最新研究成果，将其置于仿真平台的制造中心、服务中心、决策中心、政务中心、招投标中心等创新型仿真实训活动，通过科学构建，实现应用集成、数据融合、运营支撑、互联互通的资源整合，逐步建设为汇聚经管类学科专业集群的核心知识和专业技能，支持产教融合、创新创业、协同育人的新商科智慧仿真跨专业实训中心。

跨专业仿真实训平台的建设，不但能构建教师教学提升与专业发展的练习平台，还能成为学生持续成长的学习平台。基于新商科虚拟仿真经营管理实训平台通过面向全社会提供经管类实验项目服务及技能培训，还能够进一步提升服务社会与区域经济发展的社会功能。

（二）仿真实训课程的设计原理

仿真实训课程的教学内容按照“基础性—专业综合性—跨专业综合性”三个层次进行总体设计，配合各专业的相关理论教学，帮助学生循序渐进地掌握专业知识技能，并在实训过程中培养学生自主创新、创业能力，达到“基础实践—专业实践—专业综合实践—跨专业综合实践—创新创业实践”的实践教学体系建设目标，促进理论教学与实践教学的有机结合。仿真实训课程的设计原理如下：

1. 第一层次：基础性

基础性的仿真实训教学内容是结合经管类专业及课程设置情况确定，是基于学生基本技能的训练与课程学习的实验，是实现“基础级—专业级”的前提保障。如：国际贸易专业，在学习国际贸易理论课程基础上，配套使用国际贸易仿真实训软件，帮助学生掌握该专业的理论知识，进而进行专业技能训练，促进学生的学习热情和专业工具使用的熟练程度。

2. 第二层次：专业性

专业性的仿真实训是在基础实验课程学习前提下，培养学生的实际动手操作能力，强化学生对专业知识的综合理解、运用、实践、创新。因此，在综合性实验课程的设计上，实践教学紧密结合当前经济环境下的经管专业岗位工作实际，以强化学生的综合技能为重点，使学生在实践教学中获得实际锻炼。如：财务综合模拟实验、ERP 软件实践综合实验、国际贸易综合实验、金融业务综合仿真实验等实验内容。

3. 第三层次：跨专业综合性

随着现代信息技术发展和国家产业转型升级，对新商科人才培养提出了更高层次的要求，不仅需要专业型、应用型人才，更需要跨专业、跨学科的复合型、创新型人才，具有“知识＋技术＋综合素质＋创新精神”的“宽专多能”式人才更受社会青睐。跨专业综合性实训是以建设虚拟企业实践平台为基础，从真实的商业社会角度出发，引进制造型企业经营理念、上下游业务关系、配套现代服务业环境，将服务业与制造业协同、供应链竞合、生产业务链、流通业务链、资金业务链高度整合的实验课程。通过跨专业综合虚拟仿真实验课程，帮助学生全面体验现代制造企业的创业、管理与经营全过程，了解企业运营的生态环境，提升学生综合素质，培养学生创新创业能力。

（三）仿真实训课程的意义

通过新商科企业运营仿真实训课程，可解决经管类院校普遍存在的学生在实际企业实习无法接触到核心业务，难以体验实习作用及实习基地的不足问题，对培养和提高学生综合素质有着特殊的意义。通过仿真实训，学生可将掌握的理论知识与企业（或现代服务业部门）实际经济业务相结合，巩固和运用相关专业知识，理解企业经营战略决策，领悟经济管理规律，全方位体验和实践企业的经营理念和核心管理思想，检验学生掌握知识的宽度、深度和对基础知识的综合运用能力。

在新商科企业运营仿真实训课程中，可将不同专业的学生置身于仿真的虚拟环境、企业和经济管理部门中，虽然是在虚拟的环境中模拟企业经营活动，但由于仿真性迫使他们像经营一家真正的公司（或管理者）那样做出预见和正确的反应，完成彼此关联的一系列经营决策，并为此承担责任。在此过程中，学生们感受了经营环境的复杂性和多变性、决策的科学性与灵活性、经营管理的整体性、协同性和有效性；认识体验了企业经营管理活动过程和主要业务流程及其相互之间的关联关系；促进了知识的整合与融会贯通；真切地感受到成功与失败，体验到竞争意识、团队精神、职业素养的意义。提高学生的综合素质，培养、提高学生的动手能力，解决实际问题的能力、沟通能力，使学生积累了间接的工作经验，为毕业后的实际工作打下了坚实的基础。

二、仿真实训课程的特点

新商科企业运营仿真实训是经管类相关专业的一门必修或选修课程，具有很强的实践性和可操作性。进行实训时，学生应具有现代服务业、企业经营、商务服务、政务服务及公共服务等基本知识，并具备一定基础的计算机知识。包括：企业战略管理、市场营销、微观经济学、初级会计、财务管理、生产运作、金融学、税务学等经济管理类课程和相关专业的业务使用课程训练。

新商科企业运营仿真实训课程立足于学科，充分发挥经济、管理、人文、信息等相关专业的综合优势，面向高年级学生开出，以应对社会对人才专业性、复合性和创新性的需求。高年级学生在具备了专业理论知识，专业实验课操作训练的基础上，更需要在经济管理业务技能、金融业务操作技能、企业管理与金融决策能力、市场运行能力培养等方面进行综合能力培养，仿真实训课程的开设有助于提升学生的综合素质和职业技能。

新商科企业运营仿真实训课程具有如下特点：

（一）突出综合能力培养

新商科企业运营仿真实训课程建设采用“能力本位”课程观，构建以学生为中心，以“企业工作岗位”为载体，以“岗位工作流程”为导向的课程体系。重视课程在人才培养方面的地位和作用，采用流程化的实验教学模式，突出实践性与实用性，立足于培养既有特长又有综合素质、可持续、终身发展能力的学生，以“能力本位”为宗旨，培养应用能力为主线，寻求基础课程和专业技能课程、拓展课程与实训课程之间协调开发建设的平衡点，把技能、知识、态度有机结合，将能力标准转化为专业能力、方法能力、创新能力和社会能力，充分体现厚基础、精专业、强能力、重实践的应用型人才的培养。

（二）高仿真企业实际业务

新商科企业运营仿真实训课程是在考察与梳理现代行业与企业发展态势、经管学科发展与现代信息技术的基础上，面向工业化与信息化融合的大环境与现代服务业崛起的大趋势，按照现代企业对人才专业型、复合型和创新型的要求，借助于专业的仿真实训平台，模拟在市场环境下实体企业的综合运营活动，内容涵盖企业、市场、资本运作各个方面，企业供产销各个环节，管理岗、决策岗、业务岗各个层面，将企业生产、流通、资本运作等业务链相互交织、高度整合内容通过网络状仿真的虚拟环境予以呈现。具有规范的业务规则与严谨的操作流程，对企业运营的各岗位、业务内容、运营环境等进行了仿真还原，使学生在仿真、复杂、动态的环境中，知识应用能力、业务处理能力、交际沟通能力和组织协调能力获得全面提升。

（三）学生自主式学习方式

新商科企业运营仿真实训是“以教师为主导、以学生为主体、以现代企业经营为核心”的实践教学课程，通过开展跨专业综合实训，弥补了传统课程实验与现实脱节的缺点，使专业知识学习与实践操作真正结合。在实训课程学习中，学生既是学习者又是虚拟企业的经营者和组织者，教师作为课程的“导演”出现在整体组织中，主要承担设计和引导作用。实训课程的考核重点是学生在实训过程中的专业能力、业务能力、决策能力等综合素质测评，利用仿真实训平台实现实时数据更新、挖掘，以及实训状态监控，通过理论复习、流程认知、协同对抗、经营管理等环节，最终达到“轻测评、要结果、重过程”的实训目标。图 2－1 展示了学生自主式学习的实现路径及培养目标。

（四）仿真实训体系逐步完善

新商科企业运营仿真实训课程通过高度仿真的流程设置、环节关联和环境设计，能够使课程教学内容贴近于真实社会，教学方法更加灵活，教学考核也能实现多样化，从而逐步完善仿真实训课程的教学体系。参与实训的学生能够体验在不同的虚拟社会中承担岗位任务，在充分发掘学生自身潜力的同时，也有助于学生发现和反思自身专业知识和实践能力的不足。由于现代企业对于员工的能力要求不仅局限于强大的个人能力，更看重集大局意识、协作精神和服务精神为一体的团队协作能力，新商科综合实训平台设计的全景观、全比例、全链条、全氛围的实训内容和商业竞争模式，能够全面锻炼和培养学生的协同完成能力，创新能力，充分调动其团队责任感和集体荣誉感。良好的理论素养是实践的基础，多元化、跨专业的实践训练方案，能一揽子解决理论教学中实验内容相对较少、关联度低、课程之间的内容割裂等无法回避的问题。仿真实训教学体系中的专业综合实验、跨专业综合实验，以及创新创业实践活动的开展都可以借助于新商科企业运营仿真实训平台来完成，从而极大地提升了实践教学体系的整体教学质量。

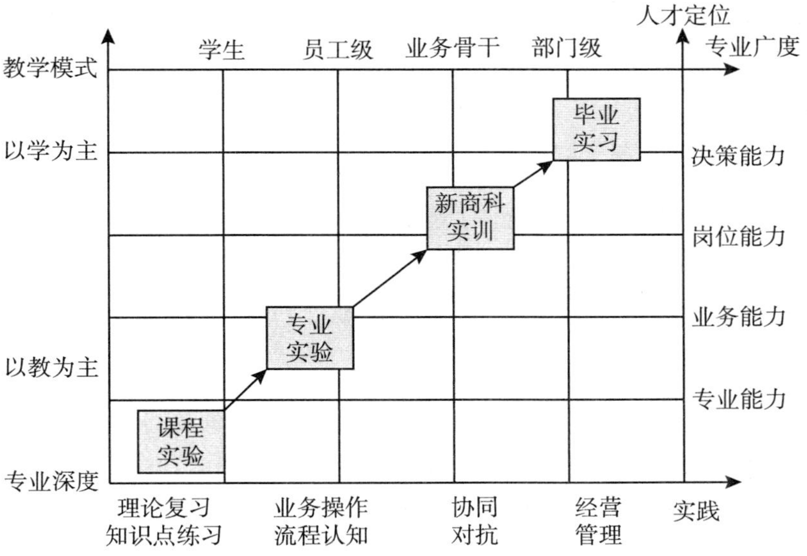

图 2-1　自主式学习的实现路径及培养目标

（五）实训教学模式实现创新

信息技术的发展正改变着人们的思维方式、教学方式、学习方式，教学支撑平台，新商科企业运营仿真实训课程通过体验式、触类旁通式的教学模式，让学生从对课程、项目的全面开放选择，到完全根据自身特点选题实训，自行设计运营方案，最终提交工作日志、各类单据和实验报告。一方面，能够验证课本上学来的理论知识，然后进行反复历练专业技能，最后得到应用能力的提高；另一方面，在虚拟仿真的社会环境中，利用平台提供真实企业经营反映的数据进行仿真实训，能够促成校园内部的就业创业体验过程，使学生在实训中“边学边用、以用促学、学用结合”，建构新的体会感受和行为模式，实现岗位适应能力的提升。实训教学模式的创新，真正使学生学习态度转变、创新实践意识增强，实现从“被动学习”到“主动学习”的可喜局面。

三、仿真实训课程的目标

新商科企业运营仿真实训课程的教学目标，是使学生将理论知识通过实践教学方式进行具体应用，提高学生综合能力，满足现代企业对学生专业性、复合型、创新性的要求，培养学生应用能力、协同能力、决策判断能力、设计创意能力、创新创业能力，实现人才培养由知识教育向能力教育、素质教育的全面转变，努力实现学生培养与就业市场需求的无缝衔接。

（一）全面提高人才培养质量，为区域经济发展储备高素质人才

党的二十大报告强调：“培养造就大批德才兼备的高素质人才，是国家和民族长远发

展大计。”这表明，如果没有坚实的物质技术基础，就不可能全面建成社会主义现代化强国；如果没有规模宏大、结构合理、素质优良的人才队伍，中华民族伟大复兴的中国梦就难以顺利实现。在向第二个百年奋斗目标进军的新征程上，全面提高人才自主培养质量，聚天下英才而用之，正是我国加快建立人才资源竞争优势、为现代化建设提供强有力人才支撑的战略选择。

经济社会的快速发展，对新商科人才培养提出了新的挑战和要求。通过仿真实训课程的学习与训练，将理论教学中的知识要点引入实践内容，能够培养学生灵活应用专业知识的能力，促使学生熟练掌握专业技能，了解商业社会的规律，培养和提升学生的综合素质和综合能力，为区域经济发展做好人才储备。

（二）以实践教学为突破口打造专业集群，促进学科交叉融合

高校学科建设要适应经济社会的发展，在专业设置上与产业需求对接，专业集群要体现服务行业的设计理念，提高专业集群所覆盖专业人才培养的社会竞争力。虚拟仿真跨专业实践教学平台是打造专业集群的必要手段，通过实践教学，将专业集群建设依托企业生产型的真实任务和经营情境，与合作企业共建多学科交叉融合、专业教学与实际操作为一体的、仿真的实践平台，形成校、产、企、研的合作体系。同时，专业集群以实践教学综合平台的方式呈现，能够有效整合优质校内教学资源，打破教学资源壁垒，真正实现资源的高效使用。

（三）打造优秀的实验教学队伍

通过新商科企业运营仿真实训教学活动的深入开展，能够促进教学、科研、技术、管理等团队人员的协调配合，从而有助于形成核心骨干教师相对稳定，年龄、职称、知识、能力结构合理的实践教学团队，建设成为教育理念先进，教学科研水平高，信息技术应用能力强，实践经验丰富，团结协作、勇于创新的虚拟仿真实验教学队伍。

（四）构建共享型实践教学数据服务平台

仿真实训课程是以大数据、云技术手段为依托，对实践教学数据进行统计、分析、展示，通过云存储、云管理、云同步等技术手段，实现教学数据、管理数据一键更新，永不丢失。确保实践教学各级应用均可在保证隐私和安全的前提下使用数据，充分发挥数据在实践教学管理中的价值。通过构建共享性的实践教学教育信息资源库，形成实践教学全局数据视图，为实践教学管理提供数据支撑，并为实践教学软件使用情况分析及交叉使用提供基础，实现实践教学资源的合理配置。

四、构建仿真实训课程的原则与创新

新商科企业运营仿真实训通过对真实商业社会环境中典型单位、部门和岗位的系统模拟，训练学生从事经营管理所需的综合执行能力、综合决策能力和创新思维，提高学生创业实践能力，培养学生敬业的精神、诚信的态度、友善的品格，树立和谐、文明、法治的全局意识，为学生进入就业、创业阶段提供知识、能力、素养上的准备。

（一）构建仿真实训课程的原则

1. 综合性与集成性原则

综合性与集成性是集专业基本理论、基本知识、专业技能和职业素养于一体，以工作岗位之间相互关联的业务过程为主线，体现出全面、系统、综合性的原则。在若干单专业实验内容的基础上，进行多专业之间实验内容的交叉融合。这种集成可以促使多专业综合业务之间实验项目、实验内容的相互配合、相互制约，还应该体现业务与管理的综合与集成。因此，仿真综合实训不仅要求学生在业务上的训练，而且要求多专业之间实验内容的集成，同时，学生还应考虑如何设置业务岗位？如何完善管理制度？如何突出团队精神？怎样与他人和其他部门协调沟通？以及如何提高工作效率和工作质量等管理方面的内容。

2. 仿真性与实用性原则

虽然仿真综合实训内容不可能完全真实，但是为了突出实训特色，也要保持虚拟仿真性高、实用性强的实训内容。实训内容与流程要尽可能的贴近社会经济实际、贴近市场现实，贴近企业真实情况。要设置真实的岗位流程，严格执行的真实制度，规范的任务条例，准备各类真实性的软件数据资料，如合同单、证账表、票据、图章等。如在处理企业注册业务的业务流程中，设置学生以一名虚拟企业业务员的身份办理注册事项；银行机构要按照实际要求，设置行长、综合柜员、会计主管岗位；通过组织学生扮演各类岗位角色，能够让学生身临其境，尽快熟悉各岗位的工作任务与岗位要求。

3. 动态性与完整性原则

静态性的实训内容比较简单，易操作，但由于系统性差，层次低，机械式的训练多，灵活性、应变性的训练少，因而缺乏吸引力，也不能调动学生的能动性。因此，仿真综合实训借助于信息技术和大数据技术，在实训内容设计上，要设计出完整的业务流程，连贯的业务周期，实现数据动态连续，内容适时更新，以保证实训内容、实训过程的完整性。对于实训所需要的场景要设计出真实性和灵活性，呈现瞬息万变的商业环境，以锻炼学生的应变能力和灵活处理业务的能力。

4. 技术手段先进性原则

在现实社会中，经济管理领域各项业务的操作手段都已向信息化、网络化、电子化方向发展，先进的技术手段被大量地应用于企业生产经营活动的诸多方面。因此，在仿真综合实训中也应尽可能地运用现代化的、先进的技术手段和方法，这样不仅可以提高实训效率，而且也能使学生在今后的工作中很快加以应用。

5. 自主学习与辅助指导性原则

仿真综合实训课程要给学生较大的自主度和发挥空间，激发学生自主式学习兴趣，发挥主动性、积极性、创造性的工作意识。实训教师承担教学设计与组织指导，以及监控、激励、答疑、纠错和评估的责任，具体学习活动的策划组织与实施则主要由学生团队来承担，从而使仿真实训课程形成以教师管理为主转向以学生自我管理、自主管理为主的特点。不仅有利于发挥学生的主动性和创造性，而且有利于实训教师关注全局和分类指导，提高该课程的教学质量和实训效果。

（二）仿真实训课程的创新

1. 突破专业到职业的错位

新商科企业运营仿真实训着眼于与现实商业环境无缝对接的岗位业务实操训练，形成了经管类专业全过程、立体化“理实一体”实践教学方式，解决了学生所掌握的专业知识不能与岗位能力要求所匹配的困局。

2. 突破课程到岗位的壁垒

新商科企业运营仿真实训课程系统构建了“点、线、面、体”立体化培养体系和全过程培养路径，让学生在仿真环境中体验企业的运作、经营、决策全过程的业务流程、基本办公软件应用、样本案例，以及大量高度仿真的实训材料和基本办公用品，如点钞卷、账簿、原始单据，以及企业的各种资质材料、财务报表、模拟企业公章等。

3. 突破理论到实操的困局

依托仿真实训平台开设的新商科企业运营仿真实训课程，弥补了传统课程型实验与现实脱节的缺点；使理论学习与实践操作真正意义上结合起来，使学生扮演“演员”，即学习者、经营者和组织者，而教师扮演“导演”，即策划协调者和指引者，共同完成实训教学任务，实现理论到实操的自然过渡。

4. 突破学习到掌握的难点

经济管理类专业知识结构复杂，内容繁多，现代经济学又强调计量化的概念，并且特别强调实战能力。新商科综合仿真实训平台采用开放性的教学设计，以学生为主体，以任务为引领，倡导自主学习、实践的教学理念，极大程度地激发了学生的个人潜能，使其对知识的认知、掌握、运用更加主动，更具效率。

第二节　仿真实训的内容设置

一、仿真实训课程内容设置思路

新商科企业运营仿真实训课程是一种全新的实践教学模式，涉及面宽，涵盖内容非常复杂，对实训教师的专业知识、业务能力、教学组织与管理等各个方面提出了严峻的挑战（如图 2－2 所示）。

（一）组建经营团队，建立流程和制度

合理设计企业组织结构，工作流程与上下级、同级之间的协作关系等，为企业经营打下良好基础，加强有关组织结构设计方面知识的学习，促使其灵活运用有关知识设计合理的组织结构，提高构建团队、适应团队、形成合作的能力。

（二）筹建公司和机构，完成企业注册和商业计划

了解企业登记注册条件与流程，制订公司长期战略规划和目标进行内部分工协作，准

备有关文件，实地操作办理相关手续，了解企业法律形式、企业登记方面的知识，并运用有关专业知识和企业战略规划制定方法。

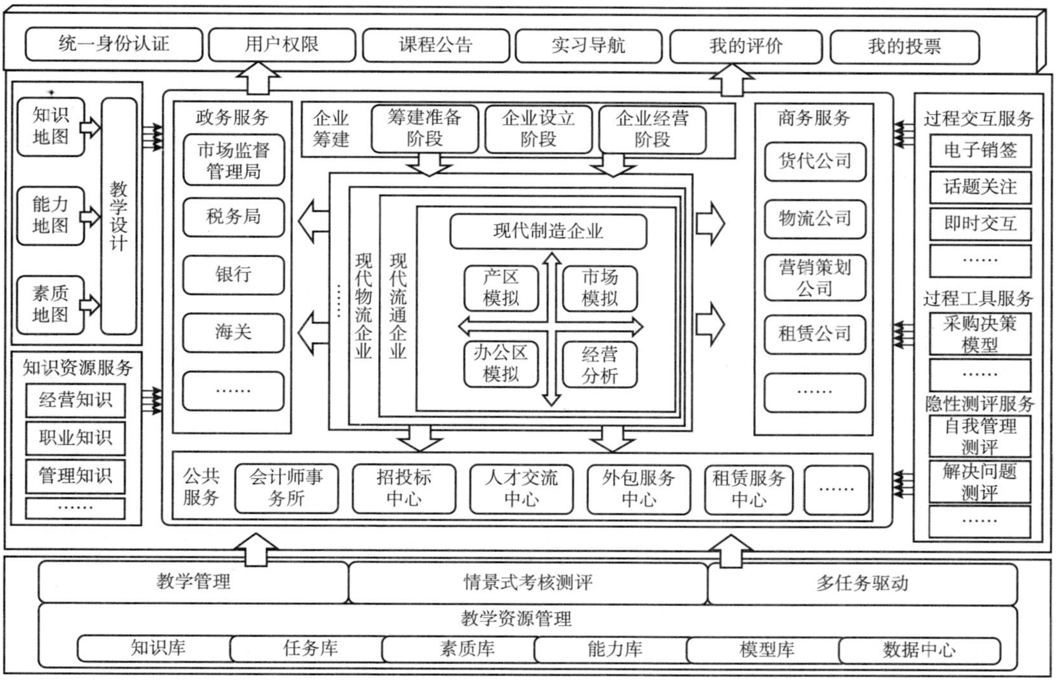

图 2－2　新商科企业运营仿真实训课程架构

（三）经营现代企业，岗位任务作业

进行现代企业经营管理，通过角色扮演，处理相关业务，把同一课程中的不同知识点、同一专业不同课程的知识贯穿、综合起来，提高专业知识应用能力、业务处理能力、交际沟通力、组织协调能力。

（四）运营服务机构，提供专业服务

在企业经营与岗位作业基础上，完善仿真政务服务环境、生产性服务环境、公共服务环境、外包服务环境等，提高仿真资本运作环境的建设，拓展到政务、服务外包等业务相互交织，把不同专业、不同学科的不同课程的知识点贯穿、综合起来，使其与专业、与课程更好地融合，使学生受到系统的、充分的、深入的专业能力、素质的锻炼的同时提高综合能力、综合素质与创新能力。

（五）供应链竞合，服务业协同

在以生产制造业务为中心的政务服务、生产性服务、公共服务、外包服务相互交织的仿真综合业务下，丰富仿真企业经营与仿真服务机构的业务种类，完善经济组织机构，按照经济社会的现实与现代企业发生错综复杂的往来关系，既有监管又有服务，既有竞争又有合作的高度整合的网状仿真综合实习，增强自身的探索、研究、开拓、创新的能力。

（六）考核评价，实训总结

课程的特殊性决定了考核评价的综合性，在考核评价中将过程考核与结果考核相结合、教师考核与学生自我考核相结合，团队考核与个人考核相结合，个人表现考核与工作业绩考核相结合，履行岗位职责考核与特别贡献考核相结合，通过评价指标库建立评价方案，在通用知识、专业知识、行业知识、管理、人际、思维、态度、内驱力、行事风格、应对风格方面进行多点、多方位的评价。

二、仿真实训平台设置

新商科企业运营仿真实训平台是一个仿真现代制造业与现代服务业运行环境的模拟经营与管理综合实训平台，它以制造企业为核心，在虚拟的市场环境、商务环境、政务环境和公共服务环境中，根据现实工作业务内容、管理流程、单据，结合教学设定的业务规则，将经营模拟与现实工作接轨，进行仿真经营和业务运作，可进行宏观微观管理、多人协同模拟经营和多组织对抗。

新商科企业运营仿真实训平台提供模拟经营教学的组织工具系统和相关教学环境，通过模拟企业运营，训练学生在仿真环境中运用已经掌握的专业知识。使用该平台所开展教学活动不只面向某个专业，而是关注行业、企业、岗位、任务的工作过程的训练。既要求体验环境，又要求完成决策，同时还要求执行各种经验管理岗位的任务，达到决策、执行、体验三位一体的实践教学目标。

新商科企业运营仿真实训平台模拟了整个现代智能手机产业生态链，内置整套智能手机产业仿真数据与经济模型，它是以智能手机制造企业为核心，提供智能经营数据，包括企业发展战略规划与控制、市场分析与预测、销售分析与策略规划、企业风险管控与经营策略调整等内容；智能手机贸易企业作为生态链下游，可以自动监控市场变化，联合制造企业进行经营策略的调整；在智能政务模块，各政务机构依托智能政务大数据平台可自动抽取和监控各企业的经营数据，如：企业报表、销售收入、纳税信息、资金状况、企业信用等数据信息，方便政务服务机构更好地向企业提供个性化、精准化、智能化的服务；公共和商务服务机构依托智能商务大数据平台可以更方便、精准的为企业提供服务，如：公司审计、资信证明、纳税申报、商业情报、物流运输、新媒体营销等现代智能服务。由全校各专业学生在课程中，创建几十个机构和企业、扮演上百个角色、完成几千个训练任务、填写上万张单据报表模拟企业经营与竞争，从就业与团队组建、企业与机构筹建、企业经营与运行、服务机构协同，业务训练、经营决策训练、岗位技能训练与信息化系统操作的多层次训练（如图 2 -3 所示）。

新商科企业运营仿真实训平台是通过搭建企业运作的仿真环境，设置企业运作的职能部门，让学生在自主选择的工作岗位上通过完成典型的岗位工作任务，学会基于岗位的基本业务处理，体验基于岗位的业务决策，理解岗位绩效与组织绩效之间的关系；真实感受企业物流、信息流、资金流的流动过程；全面认知企业经营管理活动过程和主要业务流程；体验企业内部部门间的协作关系及其与企业外围相关经济组织与管理部门之间的业务关联。通过实训，达到全面体验岗位职位要求，胜任岗位工作的初级目标。新商科企业运营仿真实训以经管类专业人才培养为目标，以创新管理人才培养模式为切入点，可使学生在一个相对短的时间内充分运用所学现代管理理论和方法，进行现代企业经营管理的实践性尝试，获得在实际工作中需要若干年才能体验到的经验，缩短了经管类人才的培养周期，探索了一条有效培养现代企业经营管理人才的新途径。

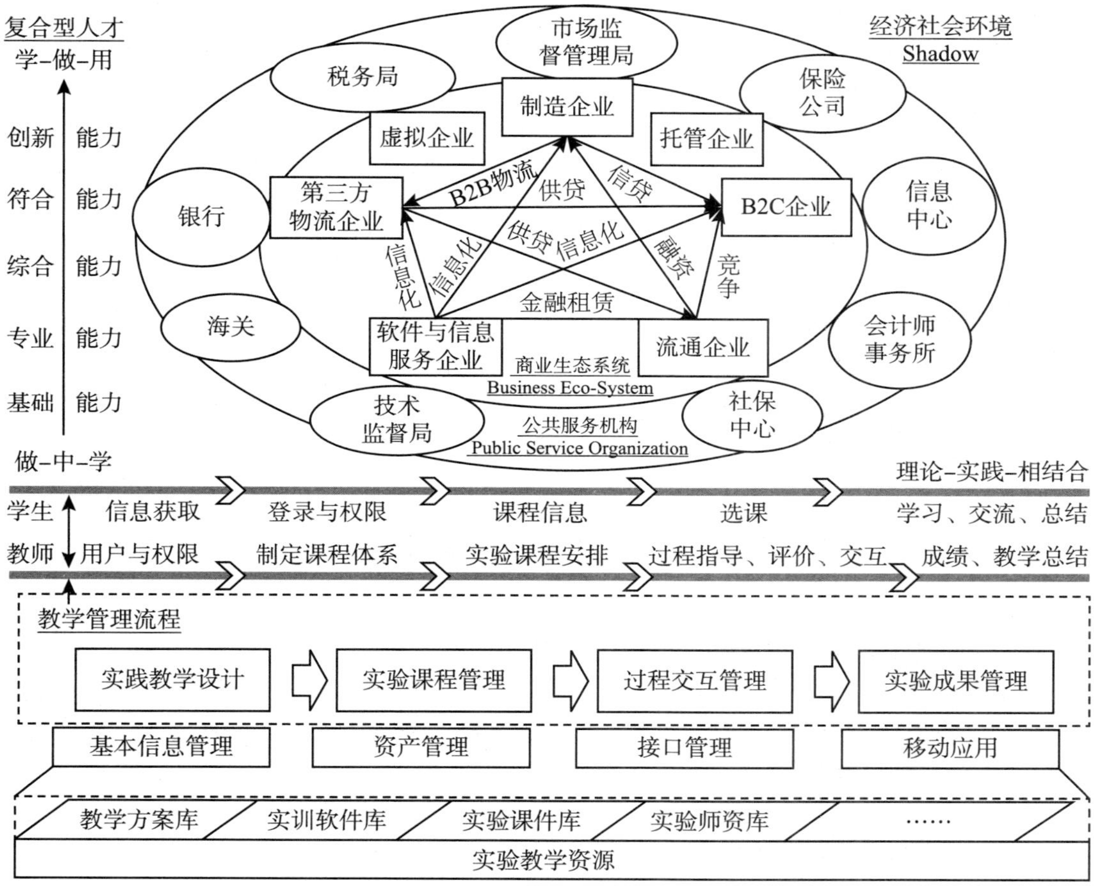

图 2-3　实训平台内容架构

三、仿真实训内容

新商科企业运营仿真实训课程采用多种教学形式，通过博弈、实景、角色扮演、协作、讨论、激励、验证等多种实习方法，完成从组建经营团队、筹建公司和机构、岗位角色模拟完成企业经营到供应链竞合与服务业协同四大类仿真环境实习，从知识、能力、职业素养三方面进行综合评价，最终形成各阶段实习成果。

内容包括实习系统、教学资源管理系统、教学过程管理系统、教与学工具等内容。能够完成组织机构管理、生产线管理、产品质量管理、采购管理、市场开拓、市场投资、人力资源管理、信息化建设、资质认证、销售竞单、招投标、银行往来、企业纳税、企业年检、财务管理（包括业务数据统计、财务会计、财务报表）、企业审计、企业电子商务等功能。

实训系统主要包括制造业经营模拟驱动系统，贸易公司业务模拟系统，物流公司业务模拟系统，会计师事务所业务模拟系统，银行窗口业务模拟系统，市场监督管理局窗口业务模拟系统，税务局窗口业务模拟系统，人力资源与社会保障局模拟系统，招投标中心业务模拟系统 9 个子系统，是模拟从就业与团队组建、企业与机构筹建、企业经营与运行、服务机构协同等业务训练、经营决策训练、岗位技能训练与信息化系统操作的多层次训练，是建立仿真社会环境的必要商业环境与业务对象、业务实体等。

教学资源管理系统主要包括资源管理系统与资源内容，是支持训练过程中各类教学资源的管理与应用，有独立的搜索查询引擎，能够实现资源与训练系统的无缝对接。

教学过程管理子系统主要包括教学初始化配置系统、教学准备支撑系统。支持教学设计、教学过程、教学评价、教学资源、教学观测的全过程信息化管理。系统支持多维度、多方式、不同权重的自定义评价体系。

教学初始化包括机构信息管理、用户信息管理、实习环境设计、任务库管理等模块，包含学院管理、系管理、年级管理、班级管理、注册模式设置、系统用户管理、角色权限管理、实习环境管理、实习班级管理、实习小组管理、评价方案设计、实习数据清零、答疑解惑分类、实习模板维护、任务分类管理、任务管理。

教与学工具主要包括实习报告、实习日记、团队互动、项目任务发布、岗位培训、网上答疑、专题论坛、实施点评等。

第三节　仿真实训的流程设计

新商科企业运营仿真实训课程采用连续集中、分散集中、半集中教学形式，通过博弈、实景、角色扮演、协作、讨论、激励、验证等多种教学方法，完成从团队组建、企业注册、企业经营到供应链竞争与服务业协同的仿真环境实习，从知识、能力、职业素养三方面进行综合评价，最终形成各阶段实习成果。

一、组织设置与岗位分工

（一）组织设置

新商科企业运营仿真实训的组织机构分为主体企业和外部服务机构两大部分，主体企业由若干家同属一个行业的生产制造公司组成，它们所处的市场经济环境完全相同，每一家制造公司在企业经营运作过程中作出的决策不同，导致最终的经营业绩不同，它们彼此之间是相互竞争关系。外部服务机构主要为配合生产制造公司的主体经营活动而设置，并通过交易活动和市场管理活动与生产制造公司发生联系，包括政务服务中心、客户、供应商、银行、综合服务中心等。

（二）岗位分工

新商科企业运营仿真实训抽取了企业经营真实环境的基本要素和主要特征，以生产制造企业为中心，根据真实企业的职能设置、岗位胜任力要求，由学生选择扮演不同的角色，组建模拟组织：包括生产制造企业及与其发生关联的原材料与设备供应商、客户、银行、工商、税务等虚拟组织。

岗位分工及职责如表 2－1 所示。

表 2－1　　　　岗位分工和岗位职责

机构	部门	岗位角色	主要岗位责任
生产制造企业	生产部	生产经理	生产预算、排程、产品研发等
	采购部	采购经理	原材料采购、合同、预算等
	市场部	市场经理	市场开拓、广告投入、宣传等
	营销部	销售经理	市场竞单、客户管理、合同
	企管部	首席执行官（CEO）	制定发展战略、企业章程等
		企管经理	信息管理、部门协调、招聘计划、薪酬分配等
	财务部	财务经理	预算、记账、纳税申报、会计核算、贷款、资金结算等
贸易企业	企管部	首席执行官（CEO）	制定发展战略、企业章程等
		企管经理	信息管理、部门协调、招聘计划、薪酬分配等
	采购部	采购经理	原材料采购、合同、预算等
	市场部	市场经理	市场开拓、广告投入、宣传等
	销售部	销售经理	市场竞单、客户管理、合同
	财务部	财务经理	预算、记账、纳税申报、会计核算、贷款、资金结算等
金融服务机构	商业银行	行长	全面负责运营管理、风险管理、人员管理等方面工作
		信贷专管员	负责贷款的审查、审批工作
		客户经理	负责银行客户关系的建立和维护、贷款调查工作
		柜员	负责柜面日常业务操作
	会计师事务所	所长	主持本所的日常管理工作
		总审计师	全面负责总审计室的工作，总审计室是全所的技术、业务的指导中心
		项目经理	负责对承担项目进行审计
		审计员	按要求对分配的审计工作做出完整的审计工作底稿
		助理审计员	按独立审计准则的要求开设工作底稿，完成分配的工作
政务服务机构	市场监管局	局长	全面掌握市场监督管理局的内部事宜，带领团队成员熟悉工作流程，保证业务顺利进行
		职员	负责企业注册的工商登记、变更、年检等工作
	税务局	局长	全面掌握税务局的内部事宜，带领团队成员熟悉工作流程，保证业务顺利进行
		职员	根据企业提供的资料，进行税务报到、发票领购、纳税征收方式申请、减免税审批、延期纳税申请、税务检查等业务工作

续表

机构	部门	岗位角色	主要岗位责任
国际货代公司	企管部	CEO	统筹规划，建立制度，商议价格等
	运输部	业务经理	缮制托运单、投保单等
	报关部	业务经理	缮制报检单、报关单等
物流中心	企管部	CEO	统筹规划，建立制度，商议价格等
	仓储部	业务经理	缮制入库单、出库单、盘库单等
	运输部	业务经理	负责缮制运单、路单、签收单、核销单等

二、仿真实训的流程安排

新商科企业运营仿真实训的流程共分四个阶段，分别为实训准备、企业创立、企业经营和实训研讨总结。每一阶段具体实训内容及课时安排见表 2 – 2。

表 2 – 2　　实训流程

阶段	实训项目	实训内容	课时分配情况
第一阶段	实训准备	实训前动员	2
		竞选 CEO	2
		招聘、组建团队并入驻	2
		企业宣传和制作海报	2
第二阶段	企业创立	发放平台注册码	2
		平台的注册与登录	
		企业注册前培训	2
		企业注册	2
第三阶段	企业经营	企业经营规则讲解	2
		实训平台操作讲解	2
		企业模拟经营	4
		企业正式经营	50
第四阶段	实训总结与研讨	工作日志提交	2
		机构运营报告撰写	
		机构总结 PPT 制作	2
		实训总结宣讲会暨颁奖仪式	2
		资料整理与归档	2

三、仿真实训的过程及内容

（一）课程准备阶段

1. 实训前动员会

仿真实训正式开始之前，实训教师应在充分了解参加实训学生的专业和想法的基础上，就本次实训的目的、内容、时间安排、组织形式、实训考核、注意事项等内容进行统一宣讲。通过动员会让学生理解本次实训的意义、明确实训的要求及工作范畴和了解实训的考核评价体系。

2. CEO 竞选

CEO 是在一个企业中负责日常经营管理的最高级管理人员，总经理向公司的董事会负责，在公司或组织内部拥有最终的执行经营管理决策的权力。

在新商科企业经营仿真实训中，采用竞聘方式确定每个管理团队的总经理：①竞选发言。由竞聘者陈述对总经理角色的理解、价值主张、处事原则等。②所有参与实训的学生可以参与投票。最终以竞聘者得票多少决定是否胜出。

助教在此过程中，需要进行竞选过程的记录，投票或者是演讲评分环节的组织，并将结果传送到主讲教师，公布结果。

3. 招聘海报制作

主讲教师制订海报制作规范，在张贴的时候显现得比较美观，如果有条件的学校、基地等可以在墙面上挂上粘贴“营业执照”“税务登记证”等相关文件的框架，使整个教学环境更加真实、生动。在海报的制作期间，企业的领导人可以邀请外援协助完成，招聘海报的表现形式要有一定的条理性，有视觉冲击力等特点，可参照附件。其余未参加海报制作的学生利用这段时间开始制作自己的简历，表现形式不限，也可提供模板。

助教准备教具（0 号广告纸、彩笔、胶带、机构花名册）并监督学生制作完成招聘海报，另外未参加制作的学生是不容易进行管理的，在此环节可以安排几个小的互动或者是拓展类的游戏，锻炼学生的各项技能，此活动根据教师的教学特点开展，无限制。

4. 招聘团队成员

主讲教师在招聘前应将学生组织到一起，讲解如何进行招聘，CEO 作为企业的领导人，如何招聘到适合自己企业的岗位人才，在招聘中，应注意哪些事项。作为应聘者如何找到适合自己的岗位，个人的意愿是什么，兴趣点在什么地方，在面试过程中如何解答面试官提出的问题，哪些注意事项等。助教在此环节中，要不断地进行观察，同时可以教授学生一些常用技巧，并保证招聘会的正常实施顺利完成，对招聘完成的企业，安排工作场地。

为了快速组建公司管理团队，总经理需要立即着手招聘企业人力资源主管。待人力资源主管选定后，和人力资源主管一起制作招聘海报、提出岗位职位要求，收集、筛选招聘简历，面试应聘人员每个学生持个人填写的应聘登记表去意向单位应聘，经过双向选择，最终确定自己的企业及岗位。每个同学应充分重视这次面试，做好面试前的准备工作。

5. 制作企业宣传 PPT

此环节作为可以删减的内容，此项内容需要提前对活动的内容进行规划，需要制定企业发展战略、企业文化等相关内容，在课程前需要做大量的准备工作，效果会比较理想。

主讲教师根据相关的规则要求学生制作，制作完成后由企业逐一进行讲解，此环节锻炼学生的演讲能力、语言组织能力、团队协助能力、计划性等，各个企业在演讲过程中，主讲教师要记录企业的特点以及存在的问题，在企业讲完后，要进行点评，给出演讲的注意事项，以及相关建议。助教在此环节要准备好相关教室、投影、灯光、电脑等相关用品，并组织好现场纪律。

6. 制作宣传海报

主讲教师根据实习学生的专业，制定海报制作规范，并安排各小团队的 CEO 组织好人员的工作内容以及分工，锻炼学生的领导能力、协作能力、团队意识、自我管理等。可提供部分素材，如“如何制作宣传海报”“制作宣传海报的注意事项”等。助教根据主讲教师制定的规范，监督学生在规定时间内完成宣传海报的制作（准备教具：0 号广告纸、彩笔、胶带）。

7. 企业入驻

主讲教师根据教学组织安排教学场地，并标注好各个机构的功能职责以及人数、设备的安排。助教根据安排好的场地依次将各机构带到实训场地，并带领机构负责人发放、签收相关教学用具、单据等。

（二）企业创立阶段

1. 发放注册编码

主讲教师打开操作后台点击“教学设计”—“实习小组维护”—“编码总览”并复制粘贴交由助教裁开发放到各机构。

2. 用户注册

助教发放注册编码后，指导学生登录实训平台并根据自己的注册码进行注册。

3. 企业注册培训

主讲教师讲解企业注册规则，学生较多的情况下，可在不同的场地由多位教师同时进行讲解。

4. 企业注册

助教指导学生在企业注册过程中的相关问题，以及 IE 浏览器的配置。公司管理团队进行企业注册成功后，总经理（CEO）召开公司成立大会，介绍公司组织机构，并为组织机构相关负责人分配相应权限，对企业战略和企业发展前景与管理团队进行讨论和制定。

（三）企业经营阶段

经过企业创立阶段，每个人都有了明确的工作分工，也领取了开展工作必需的物品。那么在正式上岗之前，必须要接受岗前培训。通过岗前培训，学生可获得完成工作所必需的知识和技能，能够让新员工掌握干好本职工作所需要的方法和程序。在新商科企业运营仿真实训中，岗前培训阶段必须掌握的内容是各个机构运营的业务规则和实训平台的操作方法。

1. 企业经营规则和实训平台操作讲解

在新商科企业运营仿真实训中，把企业必须遵守的内外部环境限制、企业经营方式、市场运作规律等进行抽象，形成业务规则，企业竞争是在统一环境下的竞争，熟悉业务规则就会掌握竞争的主动权。新商科企业运营仿真实训中企业运营的实现依托的是仿真实训平台，熟悉并掌握实训平台的操作方法是进行企业经营管理的前提。

在正式进行企业运营前，需由主讲教师对各个机构的团队成员分别进行讲解机构运营规则和实训平台的操作方法。只有掌握了运营规则和平台操作方法才可以开展仿真实训的模拟经营和正式经营阶段。

2. 模拟经营

为了保证学生在熟悉各个机构经营规则和平台操作方法后能够真正地做好岗位工作，在企业经营阶段设置了模拟经营阶段，该阶段给学生提供一次试运营的机会，能够让学生更好地熟悉自己岗位的工作职责和平台操作方法。

3. 正式运营

经过模拟运营阶段后，各个团队开始正式运营，运营过程按照季度运营和结算的方式进行，总共进行 8 个季度的运营。整个过程主讲教师及助教进行现场指导和答疑。

（四）课程总结阶段

1. 工作日志提交

在仿真实训过程中，需要学生每日书写岗位工作日志，记录当日所学所做和所得，并做出相应总结，尤其是发现的问题及改进的措施，以便后续顺利开展工作。并于课程总结阶段将实训期间的工作日志进行提交。

2. 撰写机构运营总结报告

机构运营总结报告，是包含实训目的、实训环境、实训原理、实训过程、实训结果、实训总结等方面内容的书面汇报材料，具有保留资料的作用。实训报告的撰写是一项重要的基本技能训练，它不仅是对实训的总结，更重要的是它可以初步培养和训练学生的逻辑归纳能力、综合分析能力和文字表达能力，是科学论文写作的基础。因此，参加实训的每位学生，均应及时认真地书写实训报告。要求内容实事求是，分析全面具体，文字简练通顺，誊写清楚整洁。

3. 机构总结 PPT

将机构在实训中的运营过程通过 PPT 的方式进行汇报，汇报内容主要围绕以下四个方面展开：一是对团队及成员实训过程、内容的介绍，包括团队建设、企业文化、发展战略、营销策略等；二是分享团队及成员在实训过程中的收获、体会、经验和教训；三是团队成员通过实训发现的自身存在的不足和今后的努力方向；四是对实训内容、形式、具体安排、考核评价等方面的意见和建议。

4. 总结大会

主讲教师制定好大会的各项流程，按照一定的顺序进行总结，总结的内容、时间、机构等可由主讲教师决定，在机构总结完时要加上简短的评语或衔接，整个过程接近尾声时要播放媒体公司制作的视频。

5. 资料归档

收集第一手资料，照片、视频、报纸等。有条件的情况下可以制作成册。

本章小结

本章从新商科企业运营仿真实训课程的体系设计、内容设计、流程设计入手对课程进行了介绍、分析和总结，进而阐述了仿真实训的整体设计思路。在实训课程体系建设方面，新商科企业运营仿真实训的规划思路是以企业经营与管理为主体，建立虚拟商务环境、政务环境和公共服务环境，通过模拟企业经营与管理的方式从而在各个机构之间进行业务流程运作；在实训过程中具有可进行宏观微观分析、多组织对抗和多人协同模拟经营的特点，能够实现训练学生在仿真环境中运用已经掌握的专业知识，在经营模拟与现实接轨的基础上，真正实现最大真实化的实习的目标。

仿真实训平台设置了实习系统、教学资源管理系统、教学过程管理系统、教与学工具等系统功能模块，能够实现组织机构管理、生产线管理、产品质量管理、采购管理、市场开拓、市场投资、人力资源管理、信息化建设、资质认证、销售竞单、招投标、银行往来、企业纳税、企业年检、财务管理（包括业务数据统计、财务会计、财务报表）、企业审计、企业电子商务等实现内容，为学生开展企业运营仿真实现提供了高效、科学和完善的实训条件。

仿真实训在机构组织设置方面，以现代市场环境为原型，设置了企业主体和外围服务机构两大部分，主要包括生产制造企业、贸易企业、商业银行、市场监管局、税务局、会计师事务所、物流和国际货代等机构，为仿真实训创造了一个趋于真实的环境。同时，遵照当前企业发展趋势和实训业务需求，为各个机构设置了科学有效的部门和岗位，方便学生进行分工协作。

思考与练习

1. 仿真实训课程的设计原则有哪些？
2. 新商科企业运营仿真实训课程在教学模式上有哪些创新？
3. 谈谈你对新商科企业运营仿真实训课程具体学习方式的认识。
4. 仿真实训有哪些阶段？每个阶段的要点是什么？
5. 结合课程组织设置，试阐述不同岗位的职责有哪些？
6. 如何理解全面提高人才自主培养质量，聚天下英才而用之？

第三章　仿真实训前期准备工作

[**素养目标**]

☆了解数字时代的教育新形态

☆熟悉数字经济与实体经济融合的发展方向

[**知识目标**]

☆了解企业战略和企业文化

☆熟悉新商科企业运营中的组织构成

☆掌握成功组建团队的过程

[**技能目标**]

☆了解领取办公用品的流程

☆掌握更多的商务礼仪技巧

☆提升学生的演讲能力、组织协调能力和分析判断能力

引　言

新商科企业运营仿真实训是一门面向经济管理类毕业生开设的综合性、跨专业的实训课程，涉及的不同专业、不同班级的毕业生人数较多，前期准备工作相对较为复杂。因此，高效、有序地进行实训课程，离不开仿真实训前的准备工作。

第一节　团队组建

一、动员会

动员会在课程前进行，告知学生课程进行的时间、地点以及课程安排，让学生对跨专业实训有一个初步的认识，能清楚了解在未来几天的实训课程中学习及体验的重点，其主要目的是为了激发学生积极性，提高学生适应能力、演讲能力、组织协调能力等各方面能力，让学生了解新商科企业运营仿真实训课程对学生就业以及创业的重要性，提高学生对企业成立、企业运营等各方面的兴趣与积极性。具体流程为：

（一）校方领导讲话

主要从学校（学院）的教学出发，从毕业生未来就业创业出发，从培养学生的实践能力出发，提高学生参与跨专业综合实训的积极性，并对教师及学生提出相应的要求。

（二）跨专业课程总体介绍

（1）由主讲教师对方宇博业跨专业实训平台进行概述。
（2）由主讲教师详细讲解本次实训的课程安排。
（3）由主讲教师说明实训课程的上课要求及课堂纪律。
（4）由主讲教师告知学生本次实训课程的考核标准。

（三）播放课程宣传视频

播放其他院校或本院校前一届学生制作的关于实训课程的展示视频，利用最直观的形式向学生传递实训课堂上最有意义的画面，充分激发同学们的参与积极性。

知识专栏 3-1

加快构建数字时代教育新形态

教育数字化是数字中国战略的重要组成部分，是推动教育强国建设的重要战略支撑。党的二十大报告指出，推进教育数字化，建设全民终身学习的学习型社会、学习型大国。当下，我国正深入实施教育数字化战略行动，推动教育变革和创新，不断推动教育数字转型与融合创新，加快构建数字时代的教育新形态，提高教育质量，促进教育公平，奋力谱写新时代教育强国建设的新篇章。

数字化助推教育资源优质共享。当下，全球新一轮科技革命和产业变革带来前所未有的发展机遇，数字技术所蕴含的巨大潜力得到充分释放，数字化转型已成为世界各国教育创新发展的重要途径。习近平总书记指出，要发展信息网络技术，消除不同收入人群、不同地区间的数字鸿沟，努力实现优质文化教育资源均等化。2022 年 3 月，国家智慧教育公共服务平台上线，建起了世界最大的教育资源中心，通过聚合高质量、体系化、多类型的数字教育资源，为广大师生、社会公众提供了丰富的教育服务，满足了不同年龄段人们从职场技能到兴趣爱好等多元化、个性化的学习需求，为全民教育、终身教育提供有力支撑。

数字化催化教育场景应用创新。教育数字化当以人的发展而非以技术为中心，应在教育教学中创设新的应用场景和教学场景，让技术在促进人的发展过程中发挥优势。教育教学与技术融合，构建了生态化的学习环境，让教师能够施展高效的教学方法，让学习者能够获得适宜的个性化学习服务和美好的发展体验。数字化技术丰富了智能教室、自适应学习、学情智能诊断、智慧课堂评价等场景应用，推动线上线下融合互动，帮助改善教学方法，增强教学过程的创造性、体验性和启发性。虚拟仿真技术与实验教学深度融合，解决了课堂实验中遇到的“高难高危”难实现、“宏观微观”难展现等问题。

数字化展现教育体系变革愿景。数字技术具有互联互通、即时高效、动态共享的特征，使得教育与学习可以跨越时空限制，进行多维交流互动，实现了跨学校、跨区域、跨国家传播分享，有利于构建起人人皆学、处处能学、时时可学的高质量个性化终身学习体系。中国有着世界上最大规模的教育体系，要充分发挥数字技术带来的教育红利，必须深入实施教育数字化战略行动，通过充分运用我国的制度优势、人才优势、资源优势，汇聚数字化优质资源，全力构建国家数字教育资源中心，更多惠及广大人民群众和每一个学习者。通过发挥国家中心的枢纽能力，示范带动区域教育资源服务中心建设，实现优质资源共享，形成多方协同共建的国家数字资源公共服务体系。

以数字化赋能教育高质量发展，是面向新时代建设教育强国的战略选择和必由之路。数字化是引领未来教育变革的新浪潮，教育与数字的结合，已经并且会持续深刻影响教育的发展变革。我们要发挥数字技术优势，加快构建平等面向每个人、适合每个人、伴随每个人、更加开放灵活的教育体系。奋进新时代，全社会要共同推进教育数字化改革发展，推动更快更好地建设教育强国。

（资料来源：光明日报，2023 年 3 月 2 日，经整理而成）

二、机构 CEO 竞选

在动员会结束后进行团队负责人的竞聘，就是选拔各机构的 CEO，团队负责人选拔出来以后，后续的工作才好有序开展。此环节主要为了提升学生对就业创业的期待以及学生的语言组织能力、临场发挥的能力、表达能力、逻辑思维能力等。具体流程为：

（一）机构 CEO 报名

教师在公布可供竞选报名的组织名称后，学生根据自己的兴趣及所长自愿报名，并确定各机构 CEO 的候选人名单。

（二）各机构候选 CEO 竞聘演讲

由教师宣布 CEO 候选人的竞选演讲规则（演讲时间、演讲顺序等），候选人按照规则依次上台进行竞聘演讲，充分展示自己“醉倒群芳”的实力，获得同学支持。

（三）教师及学生代表投票

教师和学生在听取完所有 CEO 候选人的竞聘演讲后，综合分析各个候选人的特点，本着公平公正的原则对参与候选的 CEO 进行投票，选举出符合各机构特点的 CEO，并由教师公布最终当选者名单。

三、招聘会

模拟招聘会现场，能够让毕业生感受到真实的企业招聘时的紧张氛围，学生通过扮演面试官或求职者的角色，真正了解在未来求职过程中如何去制作简历、展示自己、扬长避短，增加面试经验，提高面试成功率。具体流程如图 3－1 所示：

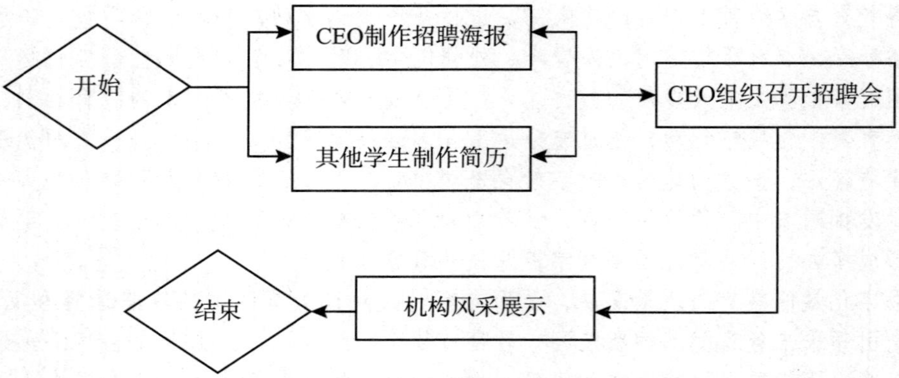

图3-1　招聘会流程

（一）CEO 制作招聘海报

招聘海报的制作能够锻炼学生的创新能力、动手能力及执行力等各方面的综合能力。指导教师需要给刚刚竞聘成功的各机构 CEO 准备招聘广告的时间及告知各负责人各机构允许招聘的岗位及人数，各 CEO 根据所在机构的特色及招聘要求，制作本机构的招聘海报。

（二）其他学生制作简历

学生制作简历的过程也是对自己即将结束的大学生涯进行梳理的过程。在 CEO 制作招聘海报的同时，学生根据自己应聘的岗位需求，有针对性地设计出体现自己优势的应聘简历。

知识专栏 3-2

应届生求职简历制作

作为应届毕业生，毕业求职是我们人生中重要的一步，而制作求职简历则是求职过程中必不可少的重要一步。简历是对个人能力、个人经历的自我展示，也是大学生和企业之间首次沟通的窗口。它作为求职的敲门砖，是大学生就业求职中极其重要的一环。好的开始是成功的一半，根据心理学中的首因效应，简历很大程度直接决定了面试官对你的第一印象。为了让大学生在求职中脱颖而出，在简历中凸显个人特色与能力显得尤为重要。

结构合理的简历都比较简练，一般不超过两页，在内容上大体可以分为两部分：客观内容和主观内容。

客观内容主要分为个人基本信息、教育背景、实习经历和个人成绩四个方面。其中：

（1）基本信息包括姓名、性别、民族、年龄、学历、毕业院校、联系电话、籍贯等；

（2）教育背景包括上学经历和培训经历等；

（3）实习经历包括工作单位、起止时间、工作内容、参与项目名称等；

（4）个人成绩包括在学校获得的各种奖励、考取的各种技能证书等。

面试官在筛选简历时，其注意力主要放在客观内容上，通常他们首先关注的是个人信息和受教育经历，以此来判断应聘者的专业资格和经历是否符合空缺岗位的相关要求，所以求职者应首先保证自己的基本信息符合工作单位的招聘需求。在工作经历和个人成绩方面，要注意简历的描述是否有条理，是否符合逻辑。

简历中的主观内容一般是自我评价部分。此部分可以根据自己的实际情况以及所面试的具体岗位，有针对性的罗列自己的性格特点、兴趣爱好、优点缺点等，尽可能使自我评价部分成为简历的加分项，增加面试成功率。

（三）CEO 组织召开招聘会

建立优势互补的团队是各项业务顺利开展、取得良好经营绩效的关键。各机构 CEO 在招聘现场张贴制作好的招聘广告，布置招聘会场，其他同学根据自己的兴趣爱好和所长找到适合自己的岗位并进行简历投放，机构 CEO 对投简历者进行面试，在规定的时间内按照要求完成机构成员招聘工作。

（四）机构风采展示

风采展示能够锻炼学生的演讲能力、策划能力、自我展示能力，尽快熟悉组内成员，加强彼此之间的协作能力。各机构 CEO 带领刚刚招聘的员工，通过制作宣讲 PPT 或海报的形式对各自机构进行介绍，可包括公司 logo、公司名称、公司经营理念及管理制度、公司口号等内容，让其他机构了解自己机构的品牌形象及服务领域，以便后期更好的开展合作。

四、员工上岗

各机构 CEO 完成组员招聘工作后，需要继续进行员工上岗操作，具体分为三个步骤：用户注册、企业岗位权限管理和人员岗位管理。

（一）用户注册

用户注册是为了让每位同学拥有自己的系统账户，课程中所有的操作都在此账户下完成。具体操作流程：首先，输入系统网址后，点击页面右下角的【注册】按钮；其次，进入用户注册登录页面，如图 3－2 所示，具体填写用户名邮箱、密码、姓名及小组注册码。需要注意的是，姓名使用自己的真实姓名，小组注册码 CEO 使用 CEO 注册码，员工使用员工注册码；最后，点击【提交】按钮，即完成了用户注册环节。

（二）企业岗位权限管理

企业岗位权限管理是 CEO 为了给公司设置不同的部门，同时赋予不同部门相应的职责而设置的操作，此操作只需要 CEO 完成即可。具体操作如下：首先，CEO 登录系统后，点击【我的办公室】→【组织机构管理】→【部门管理】→【企业岗位权限管理】，即进入图 3－3 所示的页面；其次，CEO 根据本公司的岗位设置，输入岗位名称，同时赋予该岗位相应的操作权限，点击【提交】按钮，即完成了一个岗位的权限设置；最后，CEO 需要根据本公司的公司性质，完成所有岗位的权限设置。

图 3－2　用户注册

图 3－3　企业岗位权限管理

（三）人员岗位管理

人员岗位管理是 CEO 为了给小组内各员工分配不同的角色和权限而设置的操作，此操作只需 CEO 完成即可。具体操作如下：首先，CEO 登录系统后，点击【我的办公室】→【组织机构管理】→【部门管理】→【人员岗位管理】，选择某位员工，点击其【修改】→【岗位】，即进入图 3－4 所示的页面；其次，根据该同学在公司内应聘的岗位，在下拉列表里选择相应的岗位名称即可；最后，CEO 需要完成所有员工的岗位分配。

图 3－4 人员岗位管理

五、企业注册

通过企业注册，能够让学生了解企业设立的一般流程，掌握企业不同的组织形式，了解企业名称设计的一般规律，并掌握企业登记注册时的相关手续。学生进行完用户注册，加入自己相对应的企业以后，企业需要设立自己的公司，进行企业注册，需要依次到市场监督管理局、税务局和银行办理公司设立业务。进入企业界面后，即可看到如图 3－5 所示页面：

图 3－5 企业设立登记期

（一）市场监督管理局注册

市场监督管理局注册即公司设立人应当向其所在地市场监督管理机关提出申请，完成企业的设立，成为有机构组织的且合法的企业。提交给市场监督管理局的单据模板详见附录1－9，具体流程如图3－6所示：

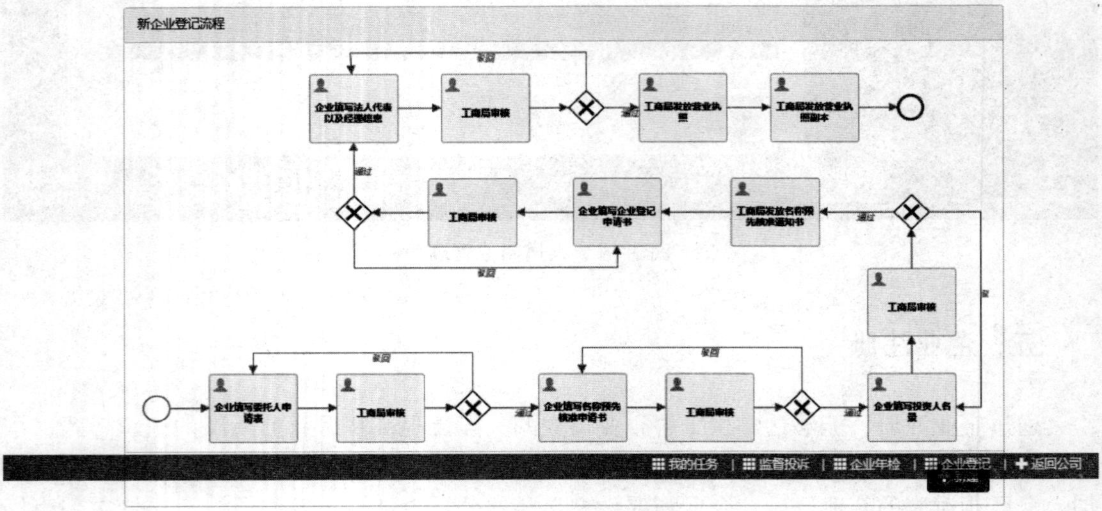

图3－6　新企业登记流程

1. 办理企业名称预先核准申请

登记设立公司当由全体股东指定的代表或者共同委托的代理人持相关材料到市场监督管理局办理企业名称预先核准申请。

2. 办理企业登记申请

名称预先核准申请通过后，按要求组织填写各类申请单据，办理企业设立登记申请，等待市场监督管理局审核结果。

3. 发放营业执照

市场监督管理局审核材料，审核通过则给企业出具营业执照正本、营业执照副本；如果审核未通过，市场监督管理局则需给予驳回，企业仔细检查填报内容并进行修改，再次提交，直至审核通过，完成企业登记注册。

（二）税务局登记

税务登记是税务机关依据税法规定，对纳税人的生产、经营活动进行登记管理的一项法定制度，也是纳税人依法履行纳税义务的法定手续。提交给税务局的单据模板详见附录10－11，具体流程如图3－7、图3－8所示：

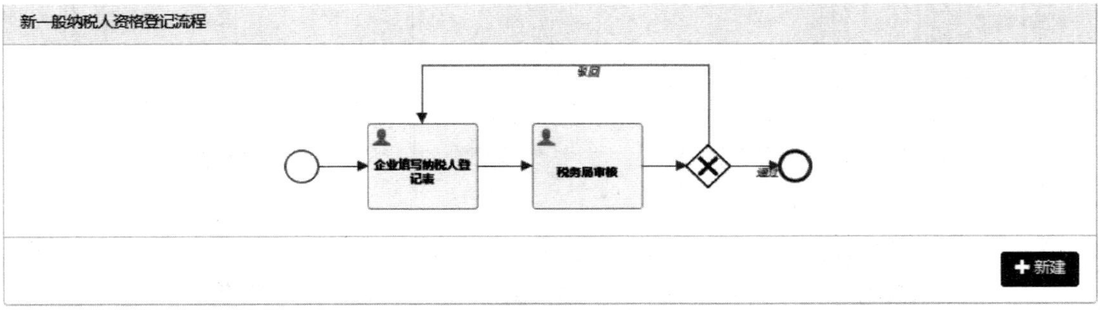

图 3 -7　新一般纳税人资格登记流程

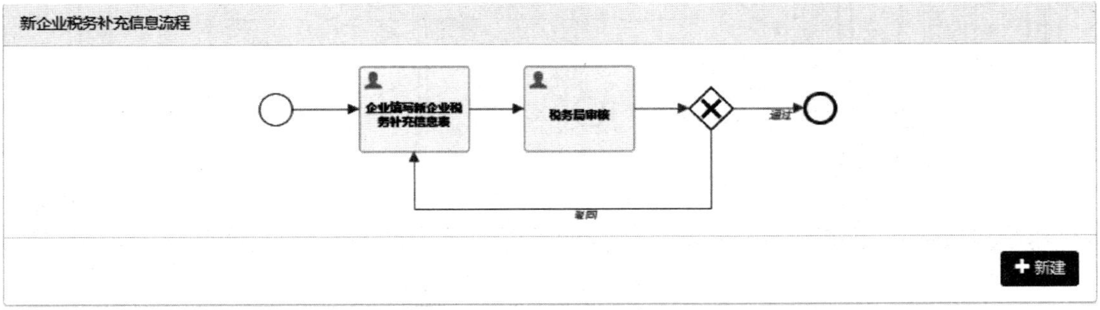

图 3 -8　新企业税务补充信息流程

1. 增值税一般纳税人资格登记

企业按模板要求填写完成纸质版与电子版《增值税一般纳税人登记表》后，税务局按要求审核企业提交的材料。税务局审核无误后，增值税纳税人资格登记完成；如审核未通过，税务局给予驳回，企业仔细检查填报内容并进行修改，再次提交，直至审核通过。

2. 纳税人税务信息补充

企业按模板要求填写完成纸质版与电子版《纳税人税务补充信息表》后，税务局按要求审核企业提交的材料。税务局审核无误后，纳税人税务信息补充完成；如审核未通过，税务局给予驳回，企业仔细检查填报内容并进行修改，再次提交，直至审核通过。

（三）银行开户

开立银行基本账户是办理转账结算和现金收付的主办账户，该基本户是开设其他银行结算账户的前提。经营活动的日常资金收付以及工资、奖金和现金的支取均可通过该账户办理。提交给银行的单据模板详见附录 12 -13，具体流程如图 3 -9 所示：

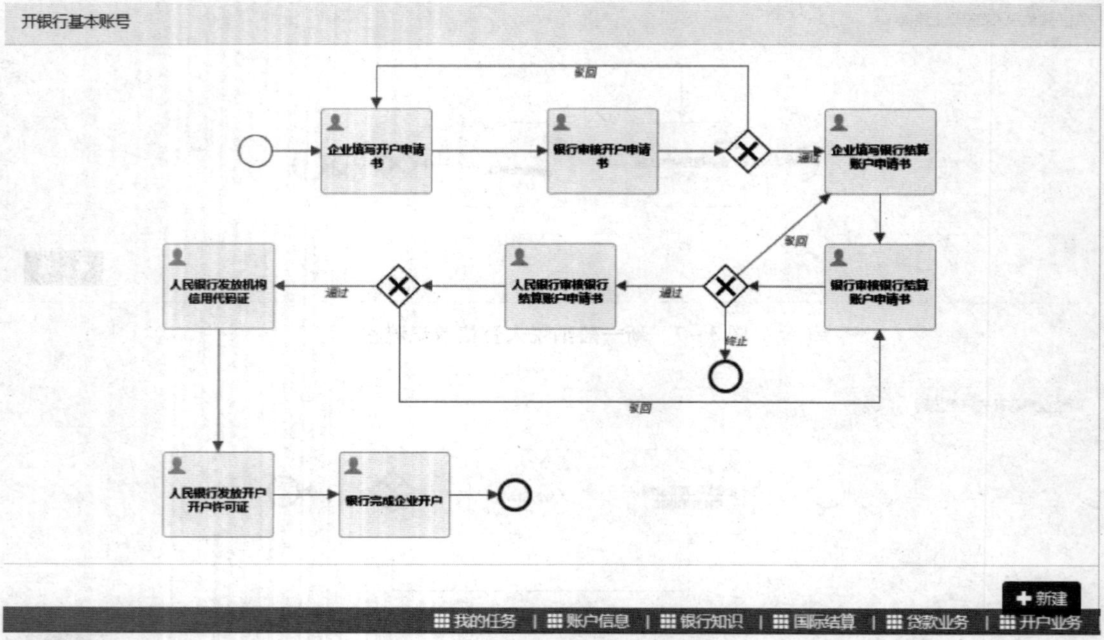

图 3 –9　企业开银行基本账号

1. 企业向银行出具相关资料

企业申请开立基本存款账户时，应向银行出具营业执照正本、法定代表人的身份证件（授权他人办理的，还应出具授权书和授权人身份证件）。

2. 企业填写表格

银行开户企业选择商业银行并领取、填写“开立银行结算账户申请书”“印鉴卡”“银行结算账户管理协议”“银行开户授权委托书”。

3. 完成银行开户

商业银行受理、审核材料并提交至中国人民银行审核，中国人民银行为符合开户条件的企业发放“机构信用代码证”“开户许可证”。

第二节　企业战略、企业文化和商务礼仪简介

一、企业战略

企业战略决定公司的发展方向和发展高度，是企业的指导方向，是企业的发展纲领。企业之所以要制定战略，是因为企业所拥有的资源和能力是有限的，企业要想在有限的资源和能力下实现最大化的发展，就必须制定切实可行的企业战略。具体流程如下：

（一）战略分析——了解市场，知己知彼

战略分析在于总结影响企业发展的关键因素，即企业要分析自己的优势和劣势，同时还要分析竞争企业的优势和劣势，了解外部环境的发展变化趋势。战略分析主要包括以下三个主要方面：

1. 确定企业使命和愿景

把企业的使命和愿景作为制定和评估企业战略的依据，明确企业为什么而做以及企业未来要做成什么样子。

2. 外部环境分析

外部环境包括宏观外部环境和微观外部环境，常见的分析方法如：PEST 分析法、波特五力模型分析法等。

3. 内部环境分析

企业内部环境分析的内容包括很多方面，如组织结构、资源条件、企业文化、价值链、核心竞争力等，了解企业自身所处的行业地位，了解企业有关的利益相关者的利益期望。

（二）战略选择——集中优势，攻其劣势

战略选择阶段所要解决的问题是“企业向何处发展”，其主要包括以下三个主要方面：

1. 制订战略选择方案

根据不同层次管理人员介入战略分析和战略选择工作的程度，将战略制订的方法分为三种形式：自上而下法、自下而上法、上下结合法。

2. 评估战略备选方案

评估一个公司的战略是否符合企业的发展需求，通常使用以下两个标准：一是考虑选择的战略是否最大程度发挥了企业的优势，且将劣势的影响降到了最低程度；二是考虑选择的战略能否被企业利益相关者所接受。

3. 最终确定企业战略

经过对备选的战略方案进行比较分析，确定最终符合企业发展目标的战略方案。

（三）战略实施——随势而动，不断变化

在企业的发展过程中，由于内部条件及外部环境的不断变化，公司的发展战略也是要随之不断调整的，作为战略的制定者，要时刻保持敏锐的市场洞察力，在市场竞争环境发生变化时，要根据企业的实际情况，适时适当地调整战略规划，妥善平衡现实与长远发展之间的关系。

二、企业文化

企业文化是一个组织由其价值观、信念、仪式、符号、处事方式等组成的其特有的文化形象。日本的销售之神——松下幸之助曾说过：“企业文化是一个企业的生命力，一个没有文化的企业像一具行尸走肉，没有思想，没有目标，更谈不上发展。”企业文化的功能体现在凝聚员工个体力量、激发员工工作积极性和首创精神、增强员工的责任感、提高

企业知名度和美誉度等方面，最终落脚点在于提升企业的竞争力，取得良好的经济和社会效益。所以，公司应重视企业文化建设，建立一个个性鲜明的企业文化氛围。

一个企业的文化往往与企业管理者的性格、价值取向紧密相关，他们是企业文化的缔造者和建设者，企业管理者可以考虑从以下几个方面建设企业文化：怎样制定切实可行的企业发展战略、怎样维护好与合作伙伴的商业关系、怎样更好地服务客户、怎样更多地回报企业员工等。

具体的建设措施可参考以下几点：

（一）召开会议

公司可制定明确的规章制度，每天召开晨会、夕会，定期召开总结大会，宣讲企业宗旨、企业信条、企业愿景、核心价值观等，使之成为公司制度和公司文化的一部分。同时，还可定期让员工按照企业文化的内容对照自己的行为，自我评判是否做到了企业要求，又如何改进。

（二）设计企业视觉识别系统

如企业形象广告、企业 Logo、海报、包装、员工制服、工作牌、企业内部工作环境等。

（三）树立先进典型

通过举办典礼、仪式，树立典范或优秀人物等方式，给员工树立了一种形象化的行为标准和观念标志，通过一些先进典型的形象可让其他员工明白“何为工作积极”“何为敬业精神”“何为效率高”等抽象概念，从而激发员工的自身潜力。

（四）定期组织培训

通过技能培训、外出学习、文化培训等方式，给员工提供内部学习和外部交流的机会，使员工不断提升自己的工作能力；同时让员工明确公司的战略目标，更加有效地推进企业文化建设。

（五）发挥领导人的榜样作用

在企业文化形成的过程当中，领导人的榜样作用有很大的影响，企业领导在日常工作中应该以身作则，成为员工有效模仿的榜样。具体体现在领导素质、领导艺术风格和领导民主作风等方面。

（六）建立有效的传播途径

如通过张贴宣传海报、内部网站建设、举办宣讲活动、创办企业报刊等方式，及时把企业文化核心观念、思想方针、制度等传递给员工和社会大众。

（七）开展文体活动

企业可定期组织踏青、健步走、体育比赛、唱歌、晚会等文体活动，在这些活动中把企业文化的价值观贯穿进去，增强员工对企业文化的认同。

［案例3－1］

沃尔玛的企业文化建设

众所周知，沃尔玛是一家美国的世界性连锁企业，其创始人山姆·沃尔顿可以称得上是20世纪最伟大的企业家，他所建立起来的沃尔玛企业文化是其成功的关键因素，是无人可比拟的。一个零售企业帝国，为什么会有如此强大的文化吸引力？我们可以从以下几个方面入手，来探讨分析沃尔玛丰厚的企业文化建设：

1. 定期召开会议

沃尔玛在每周六早上都会召开会议，周六的晨会成了沃尔玛特有的文化气息。晨会上，大家做做健美操、唱唱歌、喊喊口号，随心所欲，怎么高兴就怎么做。我们可以看到，在这些通俗甚至略显夸张的文化活动中，沃尔玛营造了一种轻松、团结的文化氛围，改变了会议在人们心目中枯燥乏味的印象，大大增强了企业员工的凝聚力。

沃尔玛每年都会召开年会，公司会在会上向股东简单报告公司一年来的成就、举办颁奖活动、邀请演艺人员表演节目助兴等。活动结束后，抽时间给未能参加年会的同事播放会议录像，尽量让每位沃尔玛员工都能分享这一喜悦时刻。公司召开年会，是为了让员工更加了解自己所服务的公司，使员工更团结，更有信心让经理人和股东可以带领他们把企业做得更大更强。

2. 与员工保持密切联系

沃尔玛的经理人被称为是“公仆领导”，在沃尔玛内部很少有等级森严的气氛，领导乐意跟员工在一起探讨问题或发表演讲，把自己所倡导的价值观传输给员工。同时，定期对旗下各门店进行视察，与员工保持沟通，对他们好的表现进行褒奖：“你做得很好!”，对出错的地方会说：“换种方法你会做得更好。”通过这种平易近人的沟通方式，大大增强了企业的凝聚力。

3. 建立有效的传播途径

公司以沃尔玛（WAL－MART）的每个字母打头，编了一套口号，内容是鼓励员工时刻争取第一，每天开门营业或召开会议前，员工都会高呼这些口号，并配有动作，在这种追求卓越的口号的激励下振奋了员工精神、鼓舞了员工士气。

沃尔玛时刻关注社会热点，在全球大力倡导环保的今天，率先开设了环保型生态商店，在零售环节中尽最大努力保护环境。店铺大都用汽车旧轮胎、可再生塑料或其他可循环利用的材料制成；建造收集废水的蓄水池用来灌溉灌木林；店外设有分别回收、处理再生玻璃、金属和塑料等废弃物的循环中心；店内收款台旁设有小型回收箱，顾客可将自己不需要的包装物投到箱子内。沃尔玛用开设生态商店的实际行动来真诚地回报社会，对其正面形象的宣传起到了很好的作用。

沃尔玛积极参与公益事业，在对非营利组织进行捐赠时，不吝金钱，十分慷慨。沃尔玛公司成立了“沃尔玛基金会”，负责对全国性事业的捐助，如：资助儿童医院、赞助全国性组织的各种活动等；沃尔玛公司还成立“沃尔顿基金会”和“山姆与海伦基金”，用于教育事业和个人捐助活动；最著名的是“社区奖学金计划”，每年每家沃尔玛商店给予一名住在商店区域内的高中毕业生一份大学奖学金，通过这种资助帮助贫困学生完成学业。

（资料来源：崔然红. 企业文化背景下沃尔玛企业核心竞争力研究［J］. 北方贸易，2017（10）：115－116.）

三、商务礼仪

礼仪是人际交往的艺术，是有效沟通的技巧，是约定俗成的行为规范。礼仪可进一步分为政务礼仪、商务礼仪、社交礼仪、国际礼仪等。其中，商务礼仪特指企业从业人员在商务交往中，为了体现相互尊重，需要通过一些行为准则去约束人们在商务活动中的方方面面，这包括仪表礼仪、言谈举止、电话沟通等技巧。结合实训的场景和内容，本课程主要介绍以下几个方面的商务礼仪：

（一）仪表礼仪

仪表礼仪是指一个人的仪表要与他的年龄、体形、职业和所在的场合吻合，表现出一种和谐，这种和谐能给人以美感，增进互相的好感。个人仪表礼仪即人的外表，包括人的容貌、化妆、举止、表情、服饰几个方面：

1. 容貌

容貌主要指发型合适，面部保持整洁。男士的头发尽量做到前不覆额、后不触领、侧不掩耳，女士头发不宜过肩，如果留长发，工作场合最好把头发束起来。

2. 化妆

化妆要自然、协调，以淡妆适宜，避免引人注目，突出美化自己脸上富有美感之处，掩饰面部的不足，以达到化妆的最佳效果。化妆或补妆应该遵循修饰避人的原则，选择无人的地方，切忌在他人面前肆无忌惮地化妆或补妆。

3. 举止

举止要落落大方、美观、规范，与交往对象的习惯保持一致，尽量避免不必要的身体语言。与别人谈话时不要双手交叉、身体晃动，或是摸摸头发、耳朵、鼻子给人以不耐烦的感觉。

4. 表情

表情主要通过眼神和笑容体现出来。在与人交流的时候，要养成注视对方的习惯，不能斜视或俯视，且要注意注视时间的长短，一般连续注视对方的时间最好在 3 秒钟内，总注视时长以谈话时长的 30% ~60% 为宜；笑容以微笑为主，微笑是文明礼貌服务的标准，即略带笑容，不显著、不出声，热情、亲切，是内心喜悦的自然流露。

5. 服饰

服饰在一个人的形象中居于重要地位，服饰礼仪需遵循时间原则、地点原则、场合原则。时间包括春夏秋冬四季的更迭，以及不同时期、不同时代的变化，对穿衣要求各不相同，服装的选择要适合季节气候的特点，还要保持与潮流趋势同步；在不同的地点进行的活动内容不一样，着装也要有所变化：在自己家里接待客人，可以穿着舒适但整洁的休闲服，如果是去公司或单位拜访，穿职业套装会显得专业；衣着要与场合相协调、相适应，可获得视觉与心理上的和谐感，职业女性在衣着穿戴上不宜太华丽、太美艳，否则难免会被认为是“花瓶”。

如图 3 – 10、图 3 – 11 所示，男士和女士在正式场合下的仪表礼仪：

图 3 – 10　男士仪表礼仪

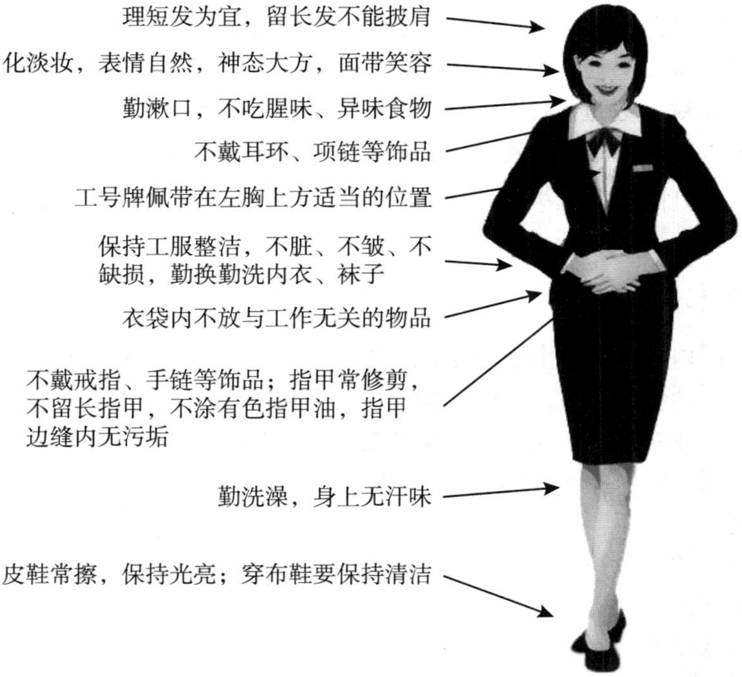

图 3 – 11　女士仪表礼仪

（二）介绍礼仪

在商务礼仪中，介绍礼仪是一个非常重要的环节，可以说人际交往始于介绍。从礼仪的角度来讲，可以把介绍分为三类：第一类，自我介绍；第二类，为他人做介绍；第三类，业务介绍。做介绍时，有以下几个方面需要注意：第一，介绍的时机，即选择合适的时间、地点、场合；第二，介绍的主角，即由谁出面来做介绍，一般都是由地位低的人首先向地位高的人说明情况；第三，表达的方式，即介绍的时候需要说什么，需要如何说。

1. 自我介绍

在日常工作和交往中，我们经常需要做自我介绍。在进行自我介绍时，需要注意以下几点：第一，什么情况下需要做自我介绍。一般是在你想要了解对方，或是你想让别人了解你，或者是在社交活动中，应其他人的要求，将自己某些方面的具体情况进行被动型的自我介绍；第二，介绍自己时的顺序。一般有地位高低顺序、主客顺序、男女顺序；第三，控制好自我介绍的时间长度。自我介绍时间越短越好，一般半分钟内结束就可以了。

2. 为他人介绍

为他人介绍，又叫第三方介绍，即当双方不认识时，由你作为第三方出来为大家介绍。一般需要注意以下几点：第一，谁当介绍人。一般是专业人士、对口人员，或本单位地位、身份最高者；第二，掌握介绍的时机。一般是接待彼此不相熟的客人时或者陪同家人、朋友外出时路遇其不相识同事、朋友等；第三，介绍的顺序。为他人做介绍时，必须遵循“尊者优先了解情况”的规则，即在为他人介绍前，先介绍位卑者，后介绍位尊者。

3. 业务介绍

在日常工作中和交往中，我们往往需要向别人介绍本单位的产品、技术和服务等。在进行业务介绍时，需要注意以下几点：第一，把握时机。即当消费者或目标对象有兴趣的时候，见机行事，对业务进行介绍，这样效果可能会比较好；第二，讲究方式。一般来说，做业务介绍有四个词需要注意：人无我有、人有我优、人优我新、诚实无欺；第三，尊重对手。在进行自己的业务介绍时，千万不要诋毁他人，尊重竞争对手，不仅是一种教养，也是一种风度。

（三）握手礼仪

握手是国际国内社会交往中最为常见的礼节，不仅熟人、朋友，连陌生人、对手，都可能握手。握手礼的含义很多，视情况而定，一般表示相识、相见或告别、祝贺、感谢或慰问、尊重、支持或鼓励等不同意义。现代握手礼通常是先打招呼，然后相互握手，同时寒暄致意。握手时一般需要注意以下几个方面：

1. 握手顺序

伸手的顺序为“尊者决定”，即主人、长辈、上司、女士主动伸出手，客人、晚辈、下属、男士再相迎握手。

2. 握手时间和力度

男士之间或女士之间行握手礼时，遵从一般规范即可，握手时间和力度都比较随便。但是男士与女士之间握手，或者与长者、贵宾握手，则要遵从特定礼仪规范，握手时间一般以三到五秒为宜，且应稍许用力以表热情。

3. 握手方法

行握手礼时，一般距离一步左右，上身稍向前倾，伸出右手，四指齐并，拇指张开，双方伸出的手一握即可，若和女士握手时，不要满手掌相触，而是轻握女士手指部位即可。

第三节　新商科企业运营组织构成

新商科企业运营的虚拟商业环境是面向工业化与信息化的大背景，面向现代服务业崛起的大趋势，面向现代企业对人才专业性、复合性和创新性的要求，以生产制造企业为核心，抽取了企业经营真实环境的基本构成要素，分析这些组织的主要职能、岗位设置和业务流程，并结合教学需要加以适当的合并和简化，构建出了一系列模拟组织，主要包括制造企业、贸易企业、供应商企业、商业银行、会计师事务所、市场监督管理局、税务局、货代公司、物流公司等。

一、制造企业

现代服务业环境下的制造企业已经不再像传统制造业一样封闭，对信息化水平、企业的组织形式、经营的开放性与全球性、企业的研究开发能力与技术含量都有较高的要求。我们假定本系统模拟的行业是一个从生产技术水平相对较低向研发、生产高技术产品发展的行业，我们选择手机制造业作为本制造业经营模拟的行业，以手机作为产品，可以生产多种手机产品，当然各种类型的手机产品的原材料也不尽相同。

具体到本实训项目，每个制造企业都将获得 1 000 万元的系统注资，用于建造厂房，购买原材料进行生产等工作。制造企业一般由 6 个部门组成，分别为生产部、采购部、市场部、企业管理部、销售部和财务部，相应的 7 名小组成员分别担任总经理、生产经理、采购经理、市场经理、企管经理、销售经理和财务经理。由总经理进行统筹协调，对一切重大经营运作事项进行决策，其他部门经理配合好总经理的工作，并负责好本部门的工作。

二、贸易企业

贸易企业一般指从事货物或劳务交易的企业，其业务范围包括购买、销售和进行其他营业活动。贸易企业不生产产品，其主要经济行为离不开买与卖，既要有货源，又要有销售目标客户群，然后遵循“低买高卖”的原则，通过多次交易产生利润。所以，贸易企业想要获取高额利差，不仅要降低采购成本，还要想方设法提高销售价格。

具体到本实训项目中，每个贸易企业都将获得 2 000 万元的系统注资，用于从各家制造企业购买产品，然后销售给系统里的虚拟客户。贸易企业是制造企业的下游企业，不需要自己生产产品，所以每家贸易企业由 5 个部门组成，分别为采购部、市场部、企业管理部、销售部和财务部，相应的 6 名小组成员分别担任总经理、采购经理、市场经理、企管经理、销售经理和财务经理。由总经理进行统筹协调，对一切重大经营运作事项进行决策，其他部门经理配合好总经理工作，并负责好本部门的工作。

三、供应商企业

供应商是向制造企业供应所需资源的企业，包括供应原材料、设备、能源、劳务等。它们的情况会对制造企业的生产活动产生巨大的影响，如原材料价格变化、短缺等都会影响制造企业产品的价格和交货期，并会因而削弱制造企业与客户的长期合作与利益。

具体到本实训项目中，每个供应商企业都将获得500万元的系统注资，用于从虚拟的系统环境中采购原材料，经过简单加工，然后销售给制造企业。供应商企业是制造企业的上游企业，其产品不需要参与虚拟市场的竞单，所以每家供应商企业由5个部门组成，分别为生产部、采购部、企业管理部、销售部和财务部，相应的6名小组成员分别担任总经理、采购经理、企管经理、销售经理和财务经理。由总经理进行统筹协调，对一切重大经营运作事项进行决策，其他部门经理配合好总经理工作，并负责好本部门的工作。

四、市场监督管理局

2018年3月，在十三届全国人大一次会议召开第四次全体会议上，根据国务院机构改革方案显示，不再保留国家工商行政管理总局、国家质量监督检验检疫总局、国家食品药品监督管理总局，组建国家市场监督管理总局，其主要作用是用来为企业的成立和生产运营提供良好的市场环境，并对企业的运营进行检查和监督管理。

具体到本实训项目中，市场监督管理局主要是模拟现实社会中具体的部分业务和功能：对公司申请的名字进行预先核准、审核通过企业填写的“企业设立登记申请书”、监督检查市场主体的经济行为，对违规行为处罚、对企业进行年检等。

五、商业银行

商业银行，是依法成立的经营货币信贷业务的金融机构，是商品货币经济发展到一定阶段的产物。银行作为重要的金融机构，按类型主要可分为中央银行、政策性银行、商业银行、投资银行和世界银行，它们的职责各不相同。

具体到本实训项目中，银行的宗旨是为仿真实习环境中的企业提供资金支持，并保证给客户优质服务，其主要承担商业银行和中国人民银行的部分职责：为企业办理开户手续，开立银行结算账户；为有资金需求的企业办理贷款业务；为企业办理银行转账业务等。

六、税务局

税务局是主管税收工作的机构，其主要职能是贯彻执行国家的税收法律、法规和规章，并结合实际研究制定具体实施办法；研究税收理论和税收政策，分析税收信息，掌握税收动态，组织税法宣传工作；负责增值税专用发票、普通发票和其他税收票证的管理工作；组织实施税收征收管理体制改革、办理进出口商品的税收及出口退税业务等。

具体到本实训项目中，税务局主要是模拟现实社会中的业务功能：对纳税人的生产经营活动进行登记管理，即进行纳税登记；对企业进行征收税款，即纳税征收；对企业进行税务知识的普及和答疑等。

知识专栏 3 – 3

常见税种简介

1. 增值税

增值税是以商品（含应税劳务）在流转过程中产生的增值额作为计税依据而征收的一种流转税。从计税原理上说，增值税是对商品生产、流通、劳务服务中多个环节的新增价值或商品的附加值征收的一种流转税。实行价外税，税款由消费者负担；实行有增值才征税、无增值不征税的征税办法。对增值税实行凭增值税专用发票抵扣税款的制度，因此对纳税人的会计核算水平要求较高，纳税人按其经营规模大小以及会计核算是否健全划分为一般纳税人和小规模纳税人，分别采取不同的增值税计税方法。

2. 消费税

消费税是以消费品的流转额作为征税对象的各种税收的统称，是典型的间接税。消费税实行价内税，只在应税消费品的生产、委托加工和进口环节缴纳，在以后的批发、零售等环节中不再缴纳，税款最终由消费者承担。消费税是以特定消费品为课税对象所征收的一种税，属于流转税的范畴。在对货物普遍征收增值税的基础上，选择部分消费品再征收一道消费税，目的是调节产品结构，引导消费方向，保证国家财政收入。

3. 关税

关税是进口、出口商品经过一国关境时，由政府所设置的海关向其进口商、出口商所征收的税收，是国家税收乃至国家财政的主要收入之一。政府对进出口商品都可征收关税，但进口关税最为重要，是主要的贸易措施。关税的征税基础是关税完税价格：进口货物以海关审定的成交价值为基础的到岸价格为关税完税价格；出口货物以该货物销售与境外的离岸价格减去出口税后，经过海关审查确定的价格为完税价格。

4. 企业所得税

企业所得税是对中华人民共和国境内的企业和其他取得收入的组织的生产经营所得和其他所得征收的一种所得税。应纳税所得额为企业每一个纳税年度的收入总额，减除不征税收入、免税收入、各项扣除以及允许弥补的以前年度亏损后的余额。企业所得税按年计征，分月或分季度预缴，年终汇算清缴，多退少补。

5. 个人所得税

个人所得税是国家对本国公民、居住在本国境内的个人的所得和境外个人来源于本国的所得征收的一种所得税。个人所得税的纳税义务人，既包括居民纳税义务人，也包括非居民纳税义务人。居民纳税义务人负有完全纳税的义务，必须就其来源于中国境内、境外的全部所得缴纳个人所得税；而非居民纳税义务人仅就其来源于中国境内的所得，缴纳个人所得税。个人所得税的征收方式实行源泉扣缴与自行申报并用法，注重源泉扣缴，可按月计征或按年计征。

6. 印花税

印花税是对经济活动和经济交往中订立、领受具有法律效力的凭证的行为所征收的一种税，因采用在应税凭证上粘贴印花税票作为完税的标志而得名。印花税的纳税人包括在中国境内设立、领受规定的经济凭证的企业、行政单位、事业单位、军事单位、社会团体、其他单位、个体工商户和其他个人。印花税以应纳税凭证所记载的金额、费用、收入额和凭证的件数为计税依据，按照适用税率或税额标准计算应纳税额。

七、物流公司

物流公司是指从事物流行业的公司。物流是指为了满足客户的需求，以最低的成本，通过运输等方式，实现原材料、半成品、成品或相关信息进行由商品的产地到商品的消费地的计划、实施和管理的全过程。在系统工程思想的指导下，以信息技术为核心，强化资源整合和物流全过程优化是现代物流的最本质特征。

具体到本实训项目中，物流中心在仿真实习环境中的相关业务有：与企业进行协商，在双方认可的基础上签订物流协议，即物流合同；在签订合同的基础上，为企业提供货物运输服务等。

八、国际货代公司

国际货代是指国际货运代理组织接受进出口货物收货人、发货人的委托，以委托人或自己的名义，为委托人办理国际货物运输及相关业务，并收取劳务报酬的经济活动。货代公司是为生产企业和国际公司进行交易的货物运输机构，为企业向国际化市场发展搭建了桥梁。

具体到本实训项目中，国际货代在仿真实习环境中的业务主要是负责企业出口商品的运输服务，在与企业协商签订运输合同后，负责把企业货物安全运往国外目的地。

九、媒体公司

媒体公司主要是传播信息的媒介，它主要借助一些传递信息与获取信息的工具、渠道、载体、中介物或技术手段，实现信息从信息源到受信者的目的。媒体公司主要功能有监督和纠正社会不良现象、协调社会关系、提供娱乐、引导大众、传播资信等。随着科学技术的发展，当今社会媒体公司借助的信息传播媒介主要有电视、广播、报纸、期刊、互联网等。

具体到本实训项目中，媒体公司的主要职责是把每天的实训情况、各机构发布的信息等做成海报放在公共场所以供同学阅读；对各企业经营过程或其他活动现场进行拍摄，对参与实训的同学、指导老师、学院领导进行采访，制作成视频文件，在实训结束后的总结表彰大会上播放，以便让同学回顾整个实训流程。

第四节　领取办公用品

实训开始后，教学团队根据实训项目中所设定的组织机构的数量，整理、归置、发放各个组织机构所需的办公用品，并做好申领办公用品的物品登记。各组织机构派专人到指定地点领取办公用品，每个企业或组织将领取到的办公用品按内部控制要求分发给相应的个人进行保管。

一、印章类实训用品

（一）企业印章

企业印章是指企业刻制的以文字、图记表明主体同一性的公章、专用章，它是企业从事民事活动、行政活动的符号和标记。在企业运营过程中，企业印章需要凭借企业法人营业执照刻制，不同印章有不同的使用场合。企业印章如图 3－12 所示：

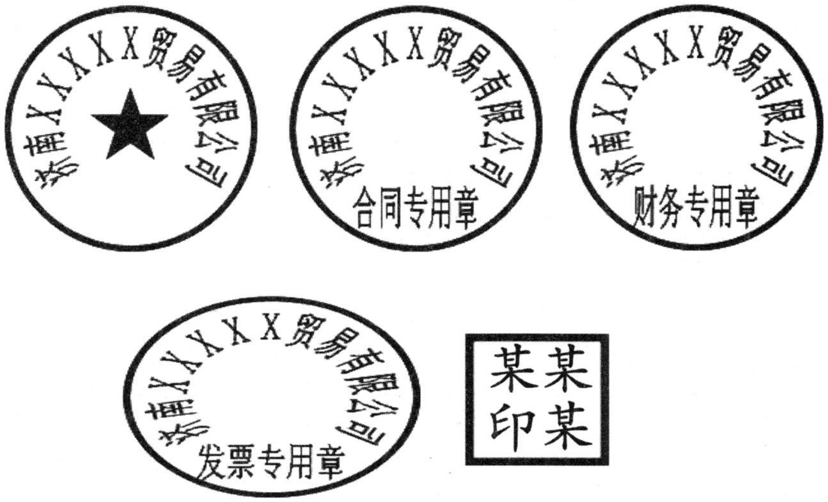

图 3－12　企业印章

1. 企业公章

公司公章是公司处理内外部事务的印鉴，公司对外的正式信函、文件、报告使用公章，盖了公章的文件具有法律效力。

2. 企业财务章

用于企业对内对外的现金、银行收付等业务的印章，与法人代表名章一起作为银行预留印鉴，通常称为银行大印鉴。

3. 企业法人代表章

以企业法人代表名字刻的印章，一般不单独使用，与企业行政公章合用表示法人认可，或者与合同专用章合用于合同签订，以及与财务专用章一起用于银行预留印鉴。

4. 合同专用章

企业对外签订合同时使用的印章，合同上加盖合同专用章，表明双方当事人对订立合同的要约、承诺阶段的完成和对双方权利、义务的最终确认，当事人应当基于合同的约定行使权利、履行义务。

5. 发票专用章

发票专用章是指用发票单位和个人按税务机关规定刻制的印章，印章印模里含有其公司单位名称、发票专用章字样、税务登记号，在领购或开具发票时加盖的印章。

（二）政务和服务组织印章

政务和服务组织印章包括市场监督管理局、银行、税务局、物流公司和国际货代公司等机构办理相关业务时所用的印章。

二、教具类实训用品

在本次实训过程中，为了辅助实训课程的顺利开展，我们需要用到一些简单的实训教具，如：胸牌、胶带、文件袋、印泥等一些可重复使用或低值易耗的教具。教师团队需要在课前把所需的实训教具准备完备，具体的教具准备清单（以 120 人为例）如表 3－1 所示：

表 3－1　　教具准备清单

名称	建议数量	备注
胸牌（套）	120 套（吊绳、卡套）	可重复使用
胶带（宽）	2 卷	低值易耗品
文件袋	22 个	可重复使用
印泥	25 个	低值易耗品
彩笔	（12～18 色彩笔）12 盒	低值易耗品
书写笔	120 支	低值易耗品
聘书	22 本	低值易耗品
奖状	10 张	低值易耗品

三、单据类实训用品

在企业运营过程中，需要填写和保管记账凭证、会计账簿等会计资料和本岗位所需的其他纸质原始单据，如：入库单、出库单、签收单等。

（一）企业所需单据清单

在本实训项目中，企业分为制造企业、商贸企业和供应商企业，他们所需要的单据类实训用品（以 120 人为例）如表 3－2 所示：

表 3－2　企业常用单据清单

机构名称	单据名称	建议份数	建议套数
制造企业 贸易企业 供应商企业	企业名称核准委托书	1	16
	企业名称预先核准申请书	1	
	投资人（合伙人）名录	1	
	内资公司设立登记申请书	1	
	法人代表、董事、经理、监事信息表	1	
	核发营业执照情况表	1	
	纳税人税务补充信息表	1	
	增值税一般纳税人资格登记表	1	
	机构信用代码申请	1	
	开立单位银行结算账户申请书	1	
	企业法人年检报告书	1	
	增值税纳税申报表	1	
	企业所得税年度纳税申报表	1	
	产品购销合同	10	
	总账科目汇总表	4	
	损益表	4	
	资产负债表	4	

（二）政务和服务组织所需单据清单

在本实训项目中，政务和服务组织主要有市场监督管理局、税务局、商业银行、物流公司和国际货代公司。他们所需要的单据类实训用品（以 120 人为例）如表 3－3 所示：

表 3－3　政务和服务组织常用单据清单

机构名称	单据名称	建议份数	建议套数
市场监督管理局	企业名称预先核准通知书	20	1
	企业营业执照	20	
	企业营业执照（副本）	20	
税务局	税务行政处罚决定书（简易）	5	1
	欠税公告	5	

续表

机构名称	单据名称	建议份数	建议套数
银行	临时账户	20	1
	机构信用代码证	20	
	开户许可证	20	
	贷款申请书	20	
	贷款调查报告	20	
	借贷抵押合同	15	
	质押贷款合同	10	
	信用借款合同	10	
	人民币资金借贷合同	20	
	现金支票	20	
物流公司	企业名称核准委托书	1	1
	企业名称预先核准申请书	1	
	投资人（合伙人）名录	1	
	内资公司设立登记申请书	1	
	法人代表、董事、经理、监事信息表	1	
	核发营业执照情况表	1	
	纳税人税务补充信息表	1	
	增值税一般纳税人资格登记表	1	
	机构信用代码申请	1	
	开立单位银行结算账户申请书	1	
	国内货物运输协议	5	
	集货调度单	5	
	入库单明细	5	
	运单	5	
	出库单明细	5	
	签收单	5	

续表

机构名称	单据名称	建议份数	建议套数
国际货代公司	企业名称核准委托书	1	1
	企业名称预先核准申请书	1	
	投资人（合伙人）名录	1	
	内资公司设立登记申请书	1	
	法人代表、董事、经理、监事信息表	1	
	核发营业执照情况表	1	
	纳税人税务补充信息表	1	
	增值税一般纳税人资格登记表	1	
	机构信用代码申请	1	
	开立单位银行结算账户申请书	1	
	出口合同	5	
	出口货物装运代理服务合同	5	
	发票	5	
	装箱单	5	
	出口货物订舱委托书	5	
	中华人民共和国海关出口货物报关单	5	
	中华人民共和国出入境检验检疫出境货物报检单	5	

本章小结

1. 通过组织动员会、机构 CEO 竞选、招聘会、员工上岗、企业注册五个流程，将实训课程的各个团队组建成功。

2. 企业战略决定公司的发展方向和发展高度，是企业的指导方向，是企业的发展纲领。

3. 企业文化是一个组织由其价值观、信念、仪式、符号、处事方式等组成特有的文化形象。

4. 商务礼仪特指企业的从业人员在商务交往中，为了体现相互尊重，需要通过一些行为准则去约束人们在商务活动中的方方面面，这包括仪表礼仪、言谈举止、电话沟通等技巧。

5. 新商科企业运营的组织构成主要包括制造企业、贸易企业、供应商企业、商业银行、会计师事务所、市场监督管理局、税务局、货代公司、物流公司等。

6. 办公用品分为印章类、教具类和单据类三种，各小组派专人依次有序领取。

思考与练习

1. 作为应届毕业生，你认为数字教育化给我们带来了哪些机遇?

2. 请简要阐述在新商科企业运营的组织构成中，制造企业、贸易企业和供应商企业三者之间的关系。

3. 根据所学的企业战略的相关内容，找一家具有代表性的知名企业，分析其企业发展战略。要求至少用到一种企业战略分析的方法。

4. 作为即将毕业的大学生，求职是每位同学都将面临的重大考验，请根据未来的求职意向，制作一份详细的求职简历。要求简历要符合自身情况特点，具有岗位针对性。

第四章　生产制造企业业务规则

［**素养目标**］

☆深入学习贯彻党的二十大精神，理解坚持把发展经济的着力点放在实体经济上，坚定推进新型工业化，加快巩固和完善制造业体系，加快建设制造强国的内涵

［**知识目标**］

☆理解生产制造企业的组织结构及相关岗位职责

☆掌握生产制造企业中企业设立登记、生产经营、采购、销售、市场经营管理、人力资源管理和财务管理等业务规则

［**技能目标**］

☆掌握在实训平台系统中关于生产制造企业的企业设立登记、生产经营、采购、销售和市场经营、人力资源管理、财务管理等业务的操作流程

引　言

新商科企业运营仿真实训所虚拟的商业社会环境是以生产制造企业为核心进行设计的，其内部岗位最多，业务流程和业务关系也更为复杂。作为生产制造企业的实训学员，熟悉自己的岗位职责和掌握实训平台的操作流程至关重要。

第一节　生产制造企业的组织结构

企业的组织结构是进行企业流程运转、部门设置及职能规划等职能的结构依据，是支撑企业生产、技术、经济及其他活动的运筹体系，是企业的“骨骼”系统。没有组织结构的企业将是一盘散沙，组织架构不合理也会严重阻碍企业的正常运作，甚至导致企业经营的彻底失败。相反，适宜、高效的组织架构能够最大限度地释放企业的能量，使组织更好地发挥协同效应，达到“1 + 1 > 2”的合理运营状态。

企业的组织架构就是一种决策权的划分体系以及各部门的分工协作体系。组织架构需要根据企业总目标，把企业管理要素配置在一定的方位上，确定其活动条件，规定其活动范围，形成相对稳定的科学的管理体系。企业组织结构指的是企业组织由哪些部分组成，各部分之间存在着怎样的关联，各部分在整个组织中的数量比例关系。企业组织结构表达的是企业的全体人员以怎样的模式及构架被组织起来形成一个有机的整体，是组织在职、责、权方面的动态结构体系，其本质是为实现组织战略目标而采取的一种分工协作体系。

从狭义来讲，有实物产品产出的企业应该为生产制造企业。其主要特征就是：对所销售的产品进行过加工或者装配，有购进原材料，有使用人工生产装配的过程，同时存在对购入的原材料加工装配过程的科技类企业也算生产制造企业。

从某种角度来讲，企业组织结构是由一个个职位组合而成的。从这个意义上讲，企业组织结构也是企业的职位系统，每个职位都有权利和责任，所以企业组织结构可以看作企业的权责系统。新商科企业运营仿真实训中的生产制造企业一般分设行政部门、财务部门、生产部门、采购部门和营销部门，各部门根据工作业务量，配置 1 ~ 3 名相关专业学生，部门间各尽其职、彼此协作，共同完成高度仿真的连续 3 年共 12 个季度的企业运作过程。生产制造企业的组织架构和主要岗位职责见表 4 - 1，各仿真企业根据团队中的学生人数，可相应增减岗位，并对岗位职责进行合理地分配。

表 4 - 1　　组织架构及岗位职责

部门	职位	主要职责	人数（人）
企管部	CEO	制定发展战略、企业章程等	1
	企管经理	信息管理、部门协调、招聘计划、薪酬分配等	1
生产部	生产经理	生产预算、排程、产品研发等	1
采购部	采购经理	原材料采购、合同、预算等	1
市场部	市场经理	市场开拓、广告投入、宣传等	1
销售部	销售经理	市场竞单、客户管理、合同	1
财务部	财务经理	预算、记账、纳税申报、会计核算、贷款、资金结算等	1

每家生产制造企业的组织机构和岗位的安排，在 CEO 招聘团队成员时自行商定。企业的 CEO 可由任何专业的学生担任，但需要参加仿真实习平台统一举行的 CEO 招聘，一般要求 CEO 具有较强的组织才能，具有良好的沟通能力和协调能力等。当 CEO 确定之后，由企业 CEO 负责招聘经营团队成员，CEO 在招聘团队成员时，除了要考察其态度和能力外，还要尽量考虑其专业特长，发挥其专业优势。

第二节　生产制造企业经营规则

一、企业设立登记

公司是依照《中华人民共和国公司法》在中国境内设立的以营利为目的的企业法人，包括有限责任公司和股份有限公司，它是适应市场经济社会化大生产的需要而形成的一种企业组织形式。要想成立企业，首先应进行的是公司的设立登记。公司设立登记是指公司设立人按法定程序向公司登记机关申请，经公司登记机关审核并记录在案，以供公众查阅的行为。设置公司设立登记制度，旨在巩固公司信誉并保障社会交易的安全。新商科企业运营仿真实训就生产制造企业的设立登记过程进行了合理、科学的流程设计和内容设置，主要包括企业工商注册、税务登记和银行开户等环节。

（一）企业工商注册

工商登记是政府在对申请人进入市场的条件进行审查的基础上，通过注册登记确认申请者从事市场经营活动的资格，使其获得实际营业权的各项活动的总称。在中国，公司进行注册登记，应向各级工商行政管理机关提出申请，并应遵守《公司登记管理条例》的有关规定。

工商行政管理机关是公司注册登记机关，新成立公司必须办理注册登记。因为，第一，通过登记注册能够保证资源的合理配置；第二，企业通过登记注册可以取得市场准入资格和自主经营权利；第三，国家通过实施企业登记注册管理，可以保证有关法律、法规和政策的落实；第四，通过企业登记注册可以为国民经济发展提供必要的信息资料。公司经工商行政管理机关依法登记，领取企业法人营业执照，方取得企业法人资格。未经公司登记机关登记的，不得以公司名义从事经营活动。

1. 企业名称预先核准

企业进行工商注册登记时，应先依法选择自己的名称进行申请登记注册。公司名称由四部分组成，即行政区划 + 字号 + 行业特点 + 组织形式，例如北京（北京市）+ 太平洋 + 科技 + 有限公司。其中，字号是企业区别于其他企业的个性化标识，是企业可选择性最强的名称组成部分，但也受到国家法律、法规及相关规定的限制。公司所选择的名称应当申请名称预先核准，根据有关规定：法律、行政法规或者国务院决定规定设立公司必须报经批准，或者公司经营范围中属于法律、行政法规或者国务院决定规定在登记前须经批准的项目的，应当在报送批准前办理公司名称预先核准，并以公司登记机关核准的公司名称报送批准。

生产制造企业在进行工商注册时，应当首先在市场监督管理局填写并提交“名称预先核准委托书”，工商行政管理机关对申请预先核准的企业名称作出核准决定的，发给“企业名称预先核准通知书”。申请名称预先核准，到拟设企业所在地工商分局办理。该项业务主要由企业 CEO 到相应市场监督管理局窗口提交申请办理名称预先核准申请，并提交纸质“名称预先核准申请书”，由市场监督管理局予以审核。如图 4 – 1 所示：

企业名称预先核准申请书

敬　告

1. 在签署文件和填表前，申请人应当阅读《企业名称登记管理规定》及其实施办法和其他相关法律法规及本申请书，并确知其享有的权利和应承担的义务。
2. 申请人对其所提交的文件、证件的真实性、有效性和合法性承担责任。
3. 申请人提交的文件、证件应当是原件，确有特殊情况不能提交原件的，应当提交加盖公章的文件、证件复印件。
4. 申请人应当使用钢笔、毛笔或签字笔工整地填写申请书或签字。
5. 申请人提交的文件、证件应当规整、洁净。

北京市海淀区（注册企业填写）市场监督管理局：

根据法律、法规等相关规定，现申请企业名称预先核准，请予核准。同时承诺：所提交的文件、证件和有关附件的真实、合法、有效，复印文本与原件一致，并对因提交虚假文件、证件所引发的一切后果承担相应的法律责任。

申请企业名称	北京友谊科技有限责任公司	
备选企业名称（1）	北京友爱科技有限责任公司	
备选企业名称（2）	北京优秀科技有限责任公司	
备选企业名称（3）		
拟申报的住所辖区	北京市　海淀　区	

图 4-1　公司名称预先核准申请书

2. 企业设立登记及颁发营业执照

生产制造企业一般为有限责任公司，设立有限责任公司，应当由全体股东指定的代表或者共同委托的代理人向公司登记机关申请设立登记。流程规则是企业在收到“名称预先核准通知书”以后，填写“企业登记申请书”并提交给市场监督管理局，市场监督管理局审核通过后，企业再次填写“法人代表以及监理等信息表”并到市场监督管理局备案，市场监督管理局发放营业执照及副本，企业登记完成。“企业设立登记申请书”如图 4-2 所示。

企业设立登记申请表

（1）企业名称	北京友谊科技有限责任公司		
（2）住所（经营场所）	北京　市　海淀　区（县）　000　（门牌号）		
（3）法定代表人姓名（负责人、投资人、执行事务合伙人）	张三	（4）注册资本（注册资金、出资数额、资金数额）	制造公司 1 000 万元 贸易公司 2 000 万元
		（5）实收资本（金）实际缴付的出资数额	制造公司 1 000 万元 贸易公司 2 000 万元
（6）经营范围	许可经营项目	经有关部门授权生产、经营的项目可填写	
	一般经营项目	手机生产、销售、研发	
（7）营业期限（合伙期限）	20 年	（8）副本数	2（一般为 2 份）份
（9）隶属企业名称	某一企业的子公司，可填写		

图 4-2　企业设立登记申请书

（二）税务局办理税务登记

税务登记证是从事生产、经营的纳税人向生产、经营地或者纳税义务发生地的主管税务机关申报办理税务登记时，所颁发的登记凭证。除按照规定不需要提供税务登记证件的情况外，纳税人办理开立银行账户及申请减税、免税、退税等事项时，必须持税务登记证件。纳税人应将税务登记证件正本在其生产、经营场所或者办公场所公开悬挂，接受税务机关检查。

根据我国现行的税收制度的规定，并结合仿真实训具体内容制定了制造企业进行税务登记的业务规则。在进行工商登记以后，生产制造企业需到税务局窗口填写“纳税人税务登记表”，并提交给税务局进行审核，税务局审核通过后为生产制造企业建立企业税务账户，生产制造企业通过该账户进行缴纳税款。“纳税人税务登记表”如图 4－3 所示。

税务登记表

（适用单位纳税人）

<table>
<tr><td>纳税人名称</td><td colspan="3">北京友谊科技有限责任公司</td><td colspan="2">纳税人识别号</td><td colspan="2">填写获取的纳税识别码</td></tr>
<tr><td>登记注册类型</td><td colspan="3">有限责任公司</td><td colspan="2">批准设立机关</td><td colspan="2">北京市海淀区市场监督管理局</td></tr>
<tr><td>组织机构代码</td><td colspan="3">市场监督管理局发放的组织机构代码编号</td><td colspan="2">批准设立证明或文件号</td><td colspan="2">市场监督管理局发放的准予企业设立登记号</td></tr>
<tr><td>开业（设立）日期</td><td>2013 年 11 月 11 日</td><td>生产经营期限</td><td>2013 年 11 月 11 日至 2033 年 11 月 10 日</td><td>证照名称</td><td>营业执照</td><td>证照号码</td><td>营业执照编号</td></tr>
<tr><td>注册地址</td><td colspan="3">北京市海淀区</td><td>邮政编码</td><td>注册地邮编</td><td>联系电话</td><td>010－24241241</td></tr>
<tr><td>生产经营地址</td><td colspan="3">北京市海淀区</td><td>邮政编码</td><td>生产地邮编</td><td>联系电话</td><td>010－4242344</td></tr>
<tr><td>核算方式</td><td colspan="4">请选择对应项目打“√” ☑ 独立核算 □ 非独立核算</td><td>从业人数</td><td colspan="2">322 其中外籍人数 0</td></tr>
<tr><td>单位性质</td><td colspan="7">请选择对应项目打“√” ☑ 企业 □ 事业单位 □ 社会团体 □ 民办非企业单 □ 其他</td></tr>
<tr><td>网站网址</td><td colspan="3"></td><td>国标行业</td><td colspan="3">40 □□ □□ □□</td></tr>
</table>

图 4－3 纳税人税务登记表

（三）银行开户业务

本存款账户是企业办理转账结算和现金收付的主办账户。《人民币银行结算账户管理办法》规定，一家单位只能选择一家银行申请开立一个基本存款账户。开立基本存款账户是开立其他银行结算账户的前提。公司成立后，凭营业执照正本、税务登记证正本、组织机构代码证正本及法人身份证、公章、财务专用章、法人章，去银行开立基本账户。

生产制造企业需要到银行办理开户业务，以方便在生产经营过程中进行业务款项的结算和转移。生产制造企业的财务经理或 CEO 携带纸质“临时账号单”“营业执照”“营业执照副本”到银行办理开户业务，需进行填写电子版和纸质版“机构信用代码申请表”

并提交给银行进行审核，银行审核通过后，制造企业再次来到银行，填写“银行账户结算申请书”提交给银行，银行审核完“开立单位银行结算账户申请书”，生产制造企业可以领取“机构信用代码证”“开户许可证”，企业基本账户开立完成。“开立单位银行结算账户申请书”如图4－4所示：

开立单位银行结算账户申请书

存款人	北京友谊科技有限责任公司		电话	010－24131231
地址	北京市海淀区		邮编	100082
存款人类别	有限责任公司	组织机构代码	企业组织机构代码	
法定代表人（ ） 单位负责人（ ）	姓名	张三		
	证件种类	身份证或学号	证件号码	41312312312312
行业分类	A（ ）B（ ）C（ ）D（ ）E（ ）F（ ）G（√）H（ ）I（ ） J（ ）K（ ）L（ ）M（ ）N（ ）O（ ）P（ ）Q（ ）R（ ） S（ ）T（ ）			
注册资金	独资	地区代码	31312312	
经营范围	手机生产制造、销售、研发			
证明文件种类	营业执照	证明文件编号	3131212412414	
税务登记证编号 （国税或地税）	税务登记证编号			
关联企业	关联企业信息填列在“关联企业登记表”上			
账户性质	基本（√）一般（ ）专用（ ）临时（ ）			
资金性质	日常经营	有效日期至	2013年11月11日	

以下栏目由开户银行审核后填写：

开户银行名称	北京市商业银行		开户银行机构代码	百度搜索
账户名称	北京××科技有限责任公司		账号	131312
基本存款账户开户许可证核准号		××××	开户日期	2013－11－11
本存款人申请开立单位银行结算账户，并承诺所提供的开户资料真实、有效。 存款人（公章） 北京友谊科技有限责任公司 2013年11月11日		开户银行审核意见： 同意 经办人（签章）商业银行 存款人（签章）北京友谊科技有限责任公司 2013年11月11日		人民银行审核意见： 同意 经办人（签章）商业银行 人民银行（签章）人民银行 2013年11月11日

图4－4 开立单位银行结算账户申请书

二、厂区建设规则

对生产制造企业来说，厂区厂房建设有着重要和长远的影响，因为厂房和各种生产设施一经建成，设备一旦购入并安装好，要想改建和迁移是比较困难的事情。所以对于生产制造企业来说，厂区厂房一旦定型，它就将对企业的生产经营活动产生长远的影响，所以做好厂区建设的合理布局与规划是关系企业全局的重要问题。新商科企业运营实训平台为生产制造企业提供了六个不同的厂区区域，分别为北京、大连、沈阳、武汉、深圳、成都，不同区域对各种产品的市场需求状况不同，每个区域内都有不同类型的大、小型厂区可供选择。

（一）厂区选址与购买

厂址选择对于一个企业来说，无疑是十分重要的，对企业的生存和发展具有决定性的影响。特别是餐饮业和旅店业，同样档次的餐馆，店址位置的选择将直接影响它们的营业额，甚至对店铺的生存和发展也将起到关键的作用。例如，一家店铺位于车站、码头或旅游风景区内，另一家坐落在一个冷僻的街区，即使它把价位定得很低，也未必能够赶上处于闹市区的那家店铺的营业额。美国白堡（White Castle）集团成功的重要因素是因为它的快餐店都设在客流量很大的蓝领工人聚居区，并远离竞争对手麦当劳（McDonald's）快餐店。从上述例子我们可以看出正确选择厂址的重要意义，所以在进行选址时必须对影响工厂选址的各种因素全面地进行分析，以求得一个合理、满意的厂址方案。厂址选择应包含两个层次的选择：第一是选择把企业设置在哪一个区域，放在沿海还是内地，放在南方还是北方，甚至考虑放在国内还是国外等；第二是在选定的区域内，为工厂选择一个具体的地理位置，如在市内还是郊区，或者哪一具体位置上。

新商科企业运营仿真实训平台中的所设计的厂区选址主要包括六个区域（北京、大连、沈阳、武汉、深圳、成都），不同区域的市场需求、厂区价格是不同的。在厂区购买方面，生产制造企业购买厂区相当于购买土地，企业购置厂区后，在厂区内可以依需要分别建设产成品库、原材料库、厂房，因此购买厂区面积的大小也会影响到厂房和仓库的建设面积。在厂区购买决策中，企业经营者需要遵守以下几个方面的规则：

（1）每个生产制造企业在正式的经营过程中，只能购买一个厂区，即只能选择一个区域建厂。购买厂区后必须一次性付款结清，不同厂区的土地价格不同，不同类型的厂区，面积大小也不同。

（2）购买厂区后，该类型厂区系统平台默认一定大小面积，可以在厂区内根据需要建设产成品库、原材料库、厂房等建筑物设施，这些建筑设施在厂区内占有一定的面积，建筑物占地总面积超过厂区面积时就不可再进行建设。

（3）当企业在经营过程中要求增加各类建筑物及设施数量时，可通过对厂区进行扩建的方式实现。厂区每期都有一定的扩建的面积，扩建的厂区可用于建造产成品库也可用于建造原材料库或厂房；其相关计算规则为：

$$每次扩建面积 = 厂区现有面积 \div (已扩展次数 + 1)^2$$

$$每次扩建金额 = 每次扩建面积 \times 土地的价钱$$

（4）厂区购买后，不需要支付开拓费用即可拥有本地市场资格，即标记为“本地市场”，并在市场竞单中具有永久市场加成30分。

经营者购买厂区是在遵守以上相关规则的基础上做出决策，其购买决策所依据的参数如表4-2所示：

表4-2　厂区购买决策参数

代表城市	类型	土地价格（元/m^2）	厂区面积（m^2）	每期最大可扩建面积（m^2）	竞单加分
北京	小型	1 000	1 000	1 000	30
	大型	1 000	1 200	1 200	30
大连	小型	850	1 000	1 000	30
	大型	850	1 200	1 200	30
武汉	小型	800	1 000	1 000	30
	大型	800	1 200	1 200	30
深圳	小型	1 100	1 000	1 000	30
	大型	1 100	1 200	1 200	30
沈阳	小型	900	1 000	1 000	30
	大型	900	1 200	1 200	30
成都	小型	700	1 000	1 000	30
	大型	700	1 200	1 200	30

在厂区使用方面，厂区购买后，当季度就可以使用，扩建后，当季度可使用。厂区内的建筑物，当季度租赁或者是建造后，当季度可以使用；租赁的建筑物不占用厂区的面积，建造的建筑物占用厂区面积。原材料仓库、产成品仓库的吞吐量每个季度开始时会还原最大值。

生产制造企业的固定资产主要包括厂房、库房及生产线等。固定资产的形成可选择购买（自行建造）或者租赁。购买须一次性付款，支付后可立即投入使用，购买的固定资产每个经营期须承担维护费用，维护费用在下一期支付；租赁的固定资产在租赁后即可投入使用，每经营期须承担租赁费，租赁不占用厂区面积，如本季度不需要继续租赁，可在上一季度末进行退租。

无论购买或租赁的厂房或库房都需支付原材料或产成品保管费用。对存放在库房中的原材料和产成品，若跨季度前仍未出库，则需按照期末存放的数量收取保管费用。

（二）厂房购建

生产制造企业的生产离不开厂房、生产设备、仓库等生产场地及生产设施。在完成厂区购建以后，生产制造企业根据生产计划以及现有的经营状况，可以购买（建造）、租赁厂房。企业只有购买或租赁厂房后，才可以购买生产线并在厂房内进行安装，进而实现生产任务；厂房有大、中、小三种规格，不同规格厂房的价格、面积大小及容量都不同，其基本参数见表4－3。

表4－3　　厂房购买基本参数

厂房类型	容量（条）	兴建价格（元）	厂房占地面积（平方米）	折旧期限（季度）
小型厂房	1	300 000	200	40
中型厂房	2	400 000	400	40
大型厂房	3	600 000	500	40

在购买厂房时，应根据自己所购买厂区的占地面积、所需生产线的容量以及资金状况进行综合测算的基础上，做出厂房购买的决策。如要拆除厂房，需要在厂房内无生产线的情况下进行操作。

（三）原材料仓库购建

选择购买厂区后，企业可以根据规划决策，选择购买（自行兴建）或者租赁原材料库，用来存放开展生产所需的原辅材料；系统中，企业购买的原材料库每个周期都有吞吐量限制。原材料库有大、中、小三种规格，不同规格原材料库的价格、吞吐能力、面积大小及容量都不同，相关参数见表4－4。

表4－4　　原材料库参数

原材料库类型	容量（件）	兴建				租赁	吞吐量（件）
		兴建价格（元）	维护费用（元/季度）	折旧期限（季度）	占地面积（平方米）	租赁费（元/季度）	
小型	6 000	400 000	2 000	40	200	80 000	30 000
中型	8 000	600 000	2 000	40	400	150 000	40 000
大型	10 000	800 000	2 000	40	500	160 000	50 000
数字化仓储	8 000	1 000 000	2 000	40	800	600 000	80 000

（四）产成品库购建

企业经营者购买厂房后，可以根据自己的生产计划，决策购买（自行兴建）或者租赁产成品库，用来存放每季度所生产的各类成品；因为在每个生产季度中，企业所购买的产成品库都有吞吐量的限制，所以在购买过程中要进行综合考量。产成品库有大、中、小三种规格，不同规格产成品库的价格、吞吐能力、面积大小及容量都不同，详细信息见表4－5。

表 4-5　产成品库参数

产成品库类型	容量（件）	兴建				租赁	吞吐量（件）
		兴建价格（元）	维护费用（元/季度）	折旧期限（季度）	占地面积（平方米）	租赁费（元/季度）	
小型	1 000	300 000	2 000	40	200	80 000	4 000
中型	2 000	400 000	2 000	40	400	100 000	8 000
大型	3 000	600 000	2 000	40	500	150 000	12 000

生产经营者在对产成品库进行购买决策时，需要着重考量的两个因素是容量和吞吐量。容量是指一个仓库所能容纳的货物数量，量化后数值实时更新。而吞吐量指的是一个仓库所能承受的吞吐能力，量化后数值隔季度更新，当季度消耗不可再生。

[案例 4-1]

原材料 M1 的体积为 1，产成品 H 型的体积为 3。那么分别入库 1 000 件 M1 和 1 000 件 H 型，则分别消耗 1 000 点和 3 000 点吞吐量。若把 M1 投入生产，则需进行出库，再次消耗 1 000 点吞吐量；若把 H 型进行交易售卖，则同样需要出库，再次消耗 3 000 点吞吐量。综上所述，M1 出入库共计消耗 2 000 点吞吐量，H 型出入库共计消耗 6 000 点吞吐量（所有货物企业接收后必须经历一次出入库处理，若当前仓库剩余吞吐量不足则无法进行出入库，且已入库货物当季度内无法进行出库）。

三、企业生产规则

作为生产制造企业来说，生产职能是其最重要的职能，主要由生产部门负责实施。生产部根据公司的经营目标和经营计划，从产品的品种、产量、质量、成本、交货期等要求出发，采取有效的方法和措施，对生产人员、材料、设备、能源等资源进行计划、组织、指挥、协调和控制，确保按计划生产出满足市场需求的产品。同时，生产经理需要按照投入产出相抵收益最大的原则，对发生在生产过程中的生产要素投入和产品产出进行决策。

（一）生产线购买

生产制造企业为实现产品的生产，需要购买生产线，用于组织开展生产；购买的生产线须安装在厂房中，厂房容量不足时，将无法购买安装生产线；在新商科企业运营仿真实训平台中，就生产线购买制定了一系列的规则，生产经营者在做出生产线购买决策的过程中必须遵守相应的规则，这些规则包括以下几个方面：

（1）购买生产线一次性支付全部价款，在价款支付完毕后开始安装，在安装周期完成的当季度可投入使用。

（2）生产线的产能初始都是为 0，每种生产线都有最大产能。企业必须通过招聘初级工人、高级工人和生产管理人员，并且将人员调入生产线进行生产，使生产线的产能得到提高，产能提高到最大产能时不再增加。

（3）每条生产线都具有技术水平，只能生产低于或者等于该生产线技术水平的工艺产品。生产线的产量 =（生产线技术水平 − 产品的工艺水平）× 产能。每条生产线都可以升级技术水平，每升级一次提升 1 ~ 2 点，最高可升级到 5 ~ 9 点；提升费用 = 生产线购买价格 ÷ 2；生产线技术升级消耗 1 个季度，期间该生产线无法进行生产。

（4）生产线转产是指由当前生产的产品改为生产其他类型产品的过程。生产线转产须在生产线建成完工，而且在空闲状态下才能进行。转产无须支付转产费，但有的生产线有转产周期，并且注意转产期间不能对这条生产线进行任何操作，因此在转产之前，如果需要调出人员，应先调出人员，然后再进行转产（转产：一条生产线在已选择产品工艺的前提下，若要生产其他研发产品，则需进行转产处理；新购入生产线第一次使用，可直接进行产品工艺选择，无须转产）。

（5）系统中模拟了四种类型的生产线，不同生产线的价格、技术水平、强度及产能各不相同，详细信息见表 4 − 6。

表 4 − 6　生产线购买参数

生产线类型	购买价格（元）	安装周期（周期）	转产周期（周期）	技术水平	最大产能（件/季度）	人员使用率（%）	折旧期限（季度）
劳动密集型	500 000	0	0	2	500	50	40
半自动	1 000 000	0	1	3	500	100	40
全自动	1 500 000	1	1	4	450	1 000	40
柔性	2 000 000	1	0	4	400	300	40

（6）劳动密集型生产线、半自动生产线购买、签收、验收后，可以购买原材料，可直接投入生产；柔性、全自动的生产线需要一个季度的安装周期。

（7）每条生产线的生产周期全部为一个季度，到下个季度后产品可出货并入库。

（8）生产线的磨损值是会降低的，降低后需要进行维修，维修时间为一个季度，维修期间生产线无法进行生产（例如，劳动密集型生产线初始磨损值为 1 000/500，当该数值降低至 499/500 时生产线产能减半，当该数值降低至 0/500 时生产线报废，只能做拆除处理，且系统不会给予任何补偿）。

（9）生产线的产量 =（初级工人专业能力 × 数量 + 高级工人专业能力 × 数量）×（1 + 管理人员管理能力 × 数量）× 生产线人员利用率 ×（生产线技术水平 − 产品工艺水平）。

生产产品消耗的产能 = 生产数量/（生产技术水平 − 产品工艺水平）

生产线磨损 = 生产线消耗的产能/强度

维修时间 = 安装时间，当维修完成后，生产线变成全新的

技术水平提升 = 当前技术水平/2/技术提升次数

每次提升费用 = 基础购买价格/2

（二）产品研发

产品研发就是企业改进老产品或开发新产品，使其具有新的特征或用途，以满足顾客的需要。由于人们的需求经常变化和提高，企业只有不断改进产品，增加花色和功能，提高产品质量，改进外观包装装潢，才能适应消费者不断变化的需求。例如：电灯的发明、

汽车设计的更新换代、饮食方式的创新、洗发水增加去头屑功能、变频空调等。美国次贷，同样也是金融产品开发，即使是失败的，仍属于产品开发的范畴。在新商科企业运营仿真实训中，生产制造企业在生产经营过程中，为了适应市场的需求变化，需要进行新产品的研发，以实现利润最大化。研发种类主要包括工艺改进和新产品研发，产品研发所遵循的规则如下所示：

（1）制造企业初始都可以生产 L 型产品和 A 型工艺，如果企业想生产新的产品，就需要投入资金和人力进行产品研发（注：每次投入的研发资金和人员不得少于基础资金和基本研发能力要求，否则下季度一定不成功）。

（2）本期投入资金，下一期系统会提示产品研发是否成功。如果研发成功率达到 100% ~120%，下一期肯定研发成功。研发成功的当季度可以投入生产。各类产品研发的具体参数信息见表 4 -7。

表 4 -7 产品研发信息参数

研发项目	基本研发能力要求	最少投放资金（元）	系统基础资金（元）	代表 BOM	技术水平
L 型产品研发	0	0	0	L 型产品 A 型工艺清单	1
L 型产品工艺改进	50	100 000	300 000	L 型产品 B 型工艺清单	0
H 型产品研发	100	300 000	1 000 000	H 型产品 A 型工艺清单	2
H 型产品工艺改进	50	100 000	300 000	H 型产品 B 型工艺清单	1
O 型产品研发	100	1 000 000	2 000 000	O 型产品 A 型工艺清单	3
S 型产品研发	100	1 500 000	3 000 000	S 型产品 A 型工艺清单	4
高端工艺改进	30	300 000	600 000	O 型产品 B 型工艺清单	2

（3）基本研发能力要求：对应研发人员的研发能力，只有该研发项目的研发人员能力达到该项要求后，研发才能开始。

（4）基础资金：平台系统所推荐的企业在研发过程中保证研发成功率的有效资金额度，系统中显示为基础资金或系统基础资金。

（5）资金有效期：企业投入研发资金能够对研发产生效果的时间。产品研发可一次性集中投入资金研发，也可分期投入资金研发（一般只生效 4 个季度，若 4 个季度还未研发成功，则资金消失）。

（6）研发成功率 =［企业投入的有效研发资金 ÷ 基础资金 ×80% +（投入的研发人员研发能力 - 基本研发能力要求）÷100 ×20%］-（20% ~40%）

例如：甲企业准备投放 200 万元资金和 15 个研发人员用来研发 H 型产品，两者都投入后的研发成功率 =［2 000 000 ÷1 000 000 ×80% +（15 ×10 -100）÷100 ×20%］-（20% ~40%），算出成功率为 130% ~150%。

（三）产品物料配置清单（BOM结构）

物料清单（bill of materials，BOM）是描述企业产品组成的技术文件。在加工资本行业，它表明了产品的总装件、分装件、组件、部件、文库零件，原材料之间的结构关系，以及所需的数量。狭义上的BOM通常称为“物料清单”，就是产品结构（product structure）。仅仅表述的是对物料物理结构按照一定的划分规则进行简单的分解，描述了物料的物理组成。一般按照功能进行层次的划分和描述。

物料清单是产品结构的技术性描述文件，它不仅列出最终产品的所有构成项目，同时还表明这些项目之间的结构关系，即从原材料到零件、组件，直到最终产品的层次隶属关系，以及它们之间的数量关系。BOM是制造企业的核心文件，各个不同的部门和系统都要用到BOM，从BOM中获取特定的数据。设计部门是BOM的设计者，也是BOM的使用者，需要从BOM中获取所有零件的信息以及相互间的结构信息；工艺部门根据BOM建立各零件的制造工艺和装配件的装配工艺，以及加工制造过程中应使用的工装、模具等；生产部门根据BOM来生产产品；库房根据BOM进行发料；财务部门根据BOM中每个自制件或外购件的成本来确定最终产品的成本；质量控制部门要根据BOM保证产品的正确生产；维修部门通过BOM了解最终产品的具体结构，了解需要哪些备件等。可见BOM对各部门的管理有着十分重要的作用。

在生产各类型产品的过程中，需要对各类型产品进行原材料采购和配置，不同类型产品所需要的原材料的种类和数量也不一样，所以产品物料清单的有效利用，可以使生产经营者有效地进行原材料的采购和配置。产品物料清单（BOM结构）如图4－5所示：（括号中的数字为所需原材料个数）

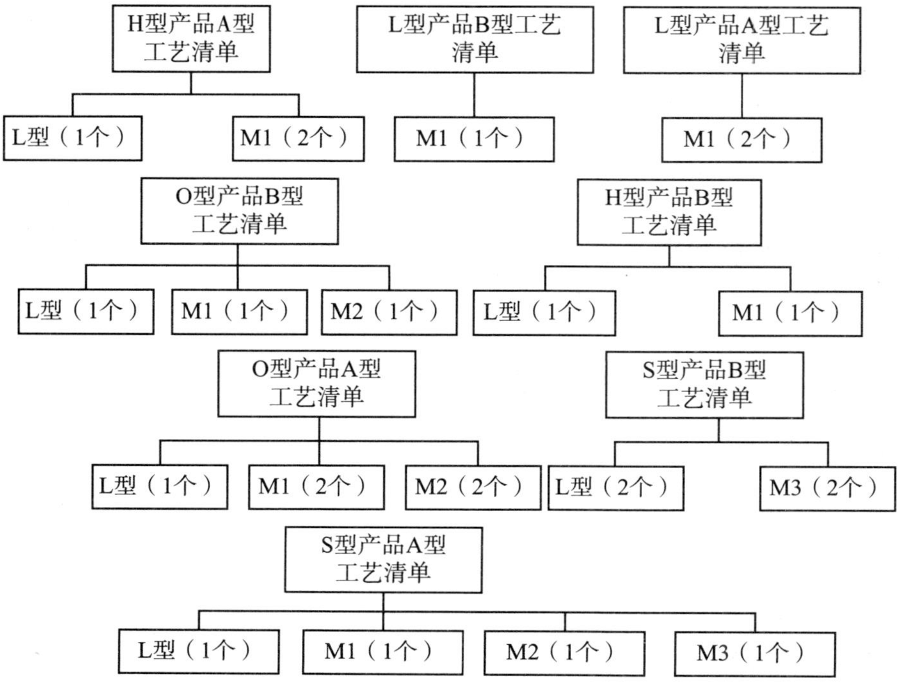

图4－5 产品物料清单（BOM结构）

（四）产品生产规则

产品生产过程是指从原材料投入到成品出产的全过程，通常包括工艺过程、检验过程、运输过程、等待停歇过程和自然过程。工艺过程是生产过程的最基本部分。对于机械制造工艺过程，一般可划分为毛坯制造、零件加工和产品装配三个阶段。

在新商科企业运营仿真实训中，生产制造企业在生产过程中各生产线可以生产企业研发成功的产品，但只能生产一种产品，如要生产其他类型产品，需进行转产；每种产品的生产周期均为一期。即产品本期投入生产，下期即完工入库。

（五）产品库存

库存，是仓库中实际储存的货物。可以分两类：一类是生产库存，即直接消耗基层企业、事业的库存物资，它是为了保证企业、事业单位所消耗的物资能够不间断地供应而储存的；另一类是流通库存，即生产企业的原材料或成品库存，生产主管部门的库存和各级物资主管部门的库存。此外，还有特殊形式的国家储备物资，它们主要是为了保证及时、齐备地将物资供应或销售给基层企业、事业单位的供销库存。

产品存放在产成品库房，所有存放在仓库的产品均发生库存成本；库存成本按照季末库存数量计算，一次性支付。库存费用详细信息见表4-8。

表4-8　产成品费用一览表

产成品名称	市场售价（元）	库存成本（元/件·季度）
L型	4 000	100
H型	6 000	150
O型	8 000	150
S型	10 000	150

四、采购部业务规则

制造业的原材料采购能及时满足生产加工或组装的需求，是生产活动得以正常运行的必要前提，原材料、零部件的质量和性能直接影响到成品的质量和性能；原材料、零配件的价格、交货时间直接影响到成品的成本和交货时间，除此以外，降低原材料成本也是制造业降低生产成本、提高生产效益的重要环节，这一切都能表明原材料采购管理的重要性。

（一）原材料采购

原材料采购又称原材料购进，是产品进入市场流通的第一环节，是指为了维持企业正常的生产、运营和服务而从原材料供应商购买原材料、零配件和相关服务的交易过程，无数企业的成功与失败都与原材料采购管理有着密切的关系。制造业的原材料采购能及时满足生产加工或组装的需求，是生产活动得以正常运行的必要前提，原材料、零部件的质量和性能直接影响到成品的质量和性能；原材料、零配件的价格、交货时间直接影响到产成品的成本和交货时间，除此以外，降低原材料成本也是制造业降低生产成本、提高生产效益的重要环节，这一切都表明原材料采购管理的重要性。

新商科企业运营仿真实训中生产制造企业组织生产需提前按照产品 BOM 结构采购原材料；当企业采购某种原辅材料时，系统供货的时间可选择本期供货（紧急采购）和下一期供货（一般采购），本期供货价钱多一倍，下期供货原价购买；库存成本在每期期末按库存的材料数量计算，在下一期支付。原材料的详细信息参数见表 4 – 9。

表 4 – 9　　原材料费用信息

原辅材料名称	原材料平均市场价格（元）	库存成本（元/件）
M1	600	50
M2	600	50
M3	1 000	50
M4	100	50
M5	200	50
M – X	300	50

生产制造企业的采购部进行原材料采购时所遵循的流程为：

（1）每季度初，采购部门根据生产部门的材料净需求，考虑现有原材料库存及材料市场供求形势、采购提前期、安全库存、采购批量等因素，编制采购计划表；

（2）采购部门与供应商签订意向合同，确定未来一段时间里即将购买的原材料品种、预计数量和约定价格；

（3）采购部门每月根据企业的备料需要向供应商下达采购订单；

（4）供应商根据订单向企业发货，这些货物经过一定时间的提前期后到达企业现场，企业验收入库；

（5）整份订单的所有货物都运到企业后，在次月支付结清该份订单的货款及相关的运费。

（二）原材料交易

在新商科企业运营仿真实训中，原材料合同的签订以及交易过程可通过平台系统实现，整个过程由采购方创建交易，在采购部的采购合同里创建交易，选择采购的物料（原材料和产成品），选择被采购的小组，选择到货时间，输入数量和所有货物的总金额（含税价，总金额包括了 17% 增值税）。原材料从供应商送达企业时会产生相应的物流运输费用，具体细节在采购合同中由双方进行约定。

企业之间的交易货物是当期到，但是货款是在下个季度初到销售方账户中。采购方式主要包括两种方式：紧急采购和一般采购。其中紧急采购在当季度是可以收到原材料的，但价格为正常价格的一倍，而一般采购是在下个季度才能收到该单原材料。

五、市场部业务规则

在生产制造企业的经营过程中，市场部的主要业务就是市场开拓，市场开拓就是企业把现有产品销售到新的市场，以求市场范围不断扩大，增加销售量。它是在现有的产品在原来的市场上无法进一步渗透的情况下采取的一种发展战略，一般适用于产品的成熟后期和衰退期。市场开发的形式主要有两种：一是开发新的目标市场，为新的顾客群提供服务；二是扩展市场区域，即从一个区域市场扩展到另一个区域市场，如从城市市场扩展到农村市场、从国内市场扩展到国外市场等。

在新商科企业运营仿真实训所处的虚拟社会商业环境中，生产制造企业在本地区域建设厂房所生产的产品只可以销售到当地区域，所以为了能够让自己的产品销往其他区域，企业可以通过各种宣传手段，投入广告费，来开拓市场和提高市场影响力。

在广告投入宣传方面，本期投放的广告费用，在下一期市场竞单中会转化为相应的竞单得分，每种宣传手段有次数限制，使用后 4 个季度重置。其市场投资的宣传手段详细信息见表 4－10。

表 4－10　　各宣传手段信息参数

宣传手段	最少投入资金（万元/市场）	资金分配比率（%）	投放形式	允许投放次数
网络新媒体广告	40	50	群体市场	一个季度一次
电视广告	30	100	个体市场	三个季度二次
电影广告植入	60	150	个体市场	三个季度一次
产品代言	50	60	群体市场	二个季度一次

注：1. 资金分配比率，是指投入本项宣传的广告费将会按照分配率进入选中的市场形成有效资金。例：A 企业采用“网络新媒体广告”方式，一次性向“沈阳”“武汉”“北京”三个地区投入 150 万元，按照分配比率每个市场将实际在三个市场同时产生 150×50% =75（万元）；2. 个体投放和群体投放：个体投入的广告一次只能面向一个市场。群体投放则允许一笔广告费同时投入多个市场。

在市场开拓方式方面分为临时性开拓和永久性开拓。当企业某季度投放该市场的有效资金超过该市场的“临时性开拓所需”时，则下季度该市场标注为“临时开拓”，企业可以在下季度进入本市场竞单；当企业某季度投放该市场的有效资金超过该市场的“永久性开拓所需”时，则下季度该市场标注为“永久开拓”，企业可以永久进入本市场竞单（无论以何种广告形式、投放多少个地区、投放多少资金投放市场，资金在市场竞单中所转化得分只在下季度竞单中生效）。“临时性开拓所需资金”“永久性开拓所需资金”详细信息见表 4－11。

表 4-11　　市场开拓费用参数

市场名称	代表城市	临时性开拓所需（万元）	永久性开拓所需（万元）	永久市场竞单加分
东北	沈阳	20	300	30
南部沿海	深圳	25	300	30
黄河中游	北京	30	400	30
国外	亚洲	30	500	30
大西南	成都	25	200	30
北部沿海	大连	25	150	30
长江中游	武汉	15	150	30

其中企业进入市场的有效资金数额直接影响企业在本市场的市场影响力。市场影响力计算方法：某市场影响力 = 本企业市场有效投资总额 ÷ 该市场所有有效投资总额。市场影响力将直接影响企业在本市场的销售竞单的竞标得分，影响办法见销售部“竞单评分标准表”。

六、企业管理部业务规则

企业管理部是生产制造企业的综合管理部门，具有企业综合管理职能和做好决策层管理参谋的职能，其直接上级一般是总经理。在新商科企业运营仿真实训平台中，企业管理部的职能主要包括企业资质认证和人力资源管理。

（一）企业资质认证

企业资质认证指由国家认可的认证机构证明一个组织的产品、服务、管理体系符合相关标准、技术规范或其强制性要求的合格评定活动。资质认证包括 ISO9000 和 ISO14000，企业通过资质认证后将降低销售竞单中的竞标扣分，影响办法见销售竞单规则。资质认证详细信息见表 4-12。

表 4-12　　资质认证信息

资质认证名称	需要时间（季度）	最少投入（万元/季度）	竞单加分	总投入（万元/季度）
ISO9000	1	100	10	100
ISO14000	1	50	10	100

其中，所需时间：当资金全部投入完成并达到总投入数额后，认证将于下一季度通过，该认证正式获得。增加产品竞单得分：一旦认证获取后，会给竞单中相应的得分，永久有效。总投入：资金有效期投入资金总和达到该数值时，开始申请质量认证。

ISO9000 族标准是国际标准化组织（ISO）在 1994 年提出的概念，是指 ISO/Tc176（国际标准化组织质量管理和质量保证技术委员会）制定的国际标准。ISO9001 认证是 ISO9000 族标准所包括的一组质量管理体系核心标准之一。ISO9001 认证用于证实组织具有提供满足顾客要求和适用法规要求的产品的能力，目的在于增进顾客满意。随着商品经济的不断扩大和日益国际化，为提高产品的信誉、减少重复检验、削弱和消除贸易技术壁垒、维护生产者、经销者、用户和消费者各方权益，这个认证方不受产销双方经济利益支配，公证、科学。凡是通过 ISO9001 认证的企业，在各项管理系统整合上已达到了国际标准，表明企业能持续稳定地向顾客提供预期和满意的合格产品。站在消费者的角度，公司以顾客为中心，能满足顾客需求，达到顾客满意，不诱导消费者。

ISO14000 认证标准是在当今人类社会面临严重的环境问题（如：温室效应、臭氧层破坏、生物多样性的破坏、生态环境恶化、海洋污染等）的背景下产生的，是工业发达国家环境管理经验的结晶，其基本思想是引导组织按照 PDCA 的模式建立环境管理的自我约束机制，从最高领导到每个职工都以主动、自觉的精神处理好自身发展与环境保护的关系，不断改善环境绩效，进行有效的污染预防，最终实现组织的良性发展。该标准适用于任何类型与规模的组织，并适用于各种地理、文化和社会环境。ISO14000 标准强调污染预防和持续改进，要求建立职责明确、运作规范、文件化的监控管理体系，通过合理有效的管理方案和运行程序来达到环境目标和指标，实现环境方针。这套体系如果实施得当，将会在较短的时间内提高企业环境管理水平和员工素质，并有助于企业扩大市场份额，提高产品附加值，实现经济和环保可持续性协调发展。从根本上讲，这与中国外经贸所倡导的“从劳动密集型向技术密集型转变、从粗放型向集约型经济转变”的两个根本性转变，“以质取胜”和“外经贸名牌战略”是完全一致的。因此，我们应当从战略的高度看待 ISO14000，并将其纳入中国的外经贸发展战略。

（二）人力资源

人力资源是企业生产经营活动的基本要素，公司的员工配置、工资标准及核算、员工招聘与培训，要在遵循本规则的前提下，作出科学合理的规划安排，以保证公司的生产经营活动协调、有序、高效进行。生产制造企业的人力资源管理主要由企业管理部门负责。

驱动生产线生产、提高研发项目的效率都需要员工，企业通过人力资源管理，可以招聘各式各样的人才，并且将人员分配到合适的岗位开始工作。每种类型的人员都有各种能力，企业在人才招聘时，应注意能力的搭配，在尽可能减少人力成本的同时，提高工作效率。相应规则如下：

（1）招聘的人员在当季即可投入工作，招聘费用在招聘时立即支付。

（2）科研人员进入研发项目后，在产品研发成功以前，可以随时调出。

（3）生产工人在生产线生产中的状态下不能从生产线上调入或调出。当每季度产品投产前，生产工人可自由调度。

（4）人员工资在下一季度支付。

（5）向生产线安排生产类人员是提升生产线产能的唯一途径，人员安排有多种组合，其主要决策为减少人力成本，提高生产效率。多种组合计算方式为：

总提升产能 =（初级工人专业能力 × 人数 + 高级工人专业能力 × 人数）×
（1 + 管理人员管理能力 × 人数）× 生产线人员利用率

总提升研发能力 = 科研人员专业能力 × 人数（科研人员数量）

（6）解聘人员时，需一次性支付两个季度工资。

（7）人员为空闲状态时也需要支付工资。人力资源详细信息见表 4 – 13。

表 4 – 13　　人员招聘参数

人员类型	招聘费用（元）	人员类型	管理能力（%）	专业能力	工资（元/人·季度）
初级工人	6 000	生产人员	0	10	4 000
高级工人	10 000	生产人员	0	20	6 000
车间管理人员	8 000	生产人员	25	0	5 000
研发人员	10 000	研发人员	0	10	10 000

注：1. 人员招聘后当季度可以使用，并投入到相应的岗位上；
2. 资质认证投入后，下季度才能产生作用，并永久生效。

七、营销部业务规则

营销部是一个企业的经济命脉，营销部业绩的好坏直接影响到企业的收入。一般来说，营销部负责人的要求比较高，要有较好的沟通能力，市场开发和分析能力，管理能力，应变能力，责任心强，有号召力，熟悉营销模式，具有业务开拓渠道，有良好的营销管理策略及经验。营销部一般来讲是一个比较大的部门，主要职责是制定营销战略及实施的策略，包括资源的调配、人员的分工及激励、客户的关系协调，可能还有一部分技术的支持；制定具体的实施细则，包括区域的划分、营销人员的配置、公司相应资源的调配，如资金、人员、技术服务、售后维护等；再有一部分就是贵公司营销部的主要职责，针对不同客户制订实施方案，主要是技术方面的，比如制定工作流程、考核方案、用户满意度调查、售后服务等。

（一）销售方式

销售订单是企业进行销售业务时，预先向客户发出的销售商品名称、规格、数量、价格、交货日期、地点等信息的业务单据，表明企业与客户间的购销契约关系。销售订单是企业与客户之间签订的一种销售协议，销售订单实现企业与客户之间的沟通，实现客户对企业待售货物的一种请求，同时也是企业对客户的一种销售承诺，是销售管理系统实质性功能的第一步，它上接销售合同，并向下传递至销售发货。通过订单信息的维护与管理，实现企业对销售的计划性控制，使企业的销售活动、生产活动、采购活动处于有序、流畅、高效的状态。在新商科企业运营仿真实训中，制造企业的主要销售方式包括三种：

1. 电子商务竞单

即通过在系统模拟的市场中进行竞单销售。采用此方式销售产品，企业必须投入广告费，开拓市场，才能接到该市场的订单，本地市场除外；

竞单规则如下：

第一步，进入某市场，输入需求订单量（小于等于该市场剩余需求量），申请新订单，进入150秒倒计时；

第二步，点击进入申请的新订单，可实时重复输入报价，看到各企业得分，150秒倒计时结束后，得分最高的企业中标，并进入600秒倒计时；

第三步，中标企业可在600秒内选择签订合同；

第四步，600秒倒计时结束后，若中标企业未选择签订合同，则该企业可选择取消该订单并支付订单总额5%的手续费，该订单需求量重新回归市场，由其他企业继续申请订单并竞单。

（注：在600秒倒计时结束后，若中标企业既不签订合同，也不取消订单，则其他企业也可进入此订单取消，所需手续费仍由中标企业支付）

竞单评分标准表：

价格分：满分100分，价格每高于标底价1%，-10分，低于标底价+2分

市场影响力分：满分150分，影响力每占1%，加1.5分，得分取整

质量分：根据认证规则，每完成一个质量认证，加上相应的分数

2. 竞标

制造企业分别可以在经营中，参与招投标中心的市场竞标活动，取得销售订单。竞标必须按照招标人的要求准备标书参与竞标。

3. 谈判

企业之间谈判，并在企业采购部采购订单（创建交易功能）中签订销售合同进行产品销售（企业间创建交易由采购方向被采购方发起）。

（二）订单交付

订单的交付时间都是本期交付，只要库存及仓库吞吐量满足订单要求，便可以进行产品交付。物流流程结束后，货款下一季度收取（同一订单可由不同仓库同时出货，但每笔订单必须一次性交付，不能分期）。其计算规则：

本地需求 = 本市场内所有公司的上一季度总产量 × 对应的市场需求比例 + 本市场内所有公司的上一季度总产量 ×（1 - 对应的市场需求比例）× 本地市场在全部市场中占市场份额系统回收产品的基础价格是4 000元，每降低或者调高4元，将降低或者调高1分。

八、财务部业务规则

财务部的业务主要包括支付、贷款和转账业务；需要编制企业季度和年度的预算表，进行财务预算分析；预测企业资金需要量，并进行筹资决策分析；审核账证表，做好成本费用的控制，核查企业原材料和产成品的进销存和明细账与资产负债表的存货是否一致，对企业的固定资产进行管理以及完成财务报表分析；对企业的现金流量进行监控，防止资金链断裂。对企业财务报表进行分析，总结和评价财务状况和经营成果，对企业的偿债能力、盈利能力进行分析；审核财务单据，整理和保管原始凭证，编制记账凭证完成手工做

账出报表；负责企业纳税申报工作。

财务业务规则主要包括会计核算制度、会计管理制度、预算管理方法、筹资规则投资规则、账簿设置与会计核算程序等方面的主要规则。各公司必须按照财务规则的各项规定组织会计核算，进行会计管理。

（一）筹资规则

资金是公司的血液，公司经营与发展离不开资金支持。公司根据财务部门的筹资预案进行充分论证，并考虑合理的资金结构，作出科学的筹资决策。

1. 筹资渠道

在新商科企业运营仿真实训中，企业资金来源于以下几种渠道：实收资本、银行信用贷款、商业信用（应收、应付、应计费用等）。

2. 筹资用途

金融机构可以提供的贷款主要有短期贷款和长期贷款。短期贷款用于流动资产周转，长期贷款用于长期投资如购买设备、厂房等固定资产。即长借长用、短借短用、短用短借、长用长借。各种筹资方式的相关信息见表 4－14。

表 4－14　筹资方式相关信息

筹资方式	融资手段	利率	限额	还款时间	还款约定
银行信用贷款	长期贷款	I	I	8 个季度	每季付息，到期还本或其他可约定方式
	短期贷款	I	I	1～4 个季度	到期一次性还本付息

（二）税务规则

生产制造公司从事生产经营活动，涉及国家或地方多个税种，包括：企业所得税、增值税、城建税、教育费及附加、个人所得税。

1. 税种类型

按照国家税法规定的税率和起征金额进行税额的计算，企业所得税按照利润总额的 25% 缴纳，增值税税率为 17%，城建税为增值税税额的 7%，教育费及附加为增值税税额的 3%。个人所得税按照七级累进税率，起征点为月收入 5 000 元。

2. 日常纳税申报及缴纳税款

在税收征收期内，按照生产制造公司的经营情况，填制各税申报表，携带相关会计报表，到税务部门办理纳税申报业务，得到税务部门开出的税收缴款书，并到银行缴纳税款。依据税务部门规定，每月初进行上月的纳税申报及缴纳。如遇特殊情况，可以向税务部门申请延期纳税申报。

（三）会计核算规则

1. 结算方式

生产制造企业的结算方式主要采用转账结算。原则上，合同履行结算环节时，各个企业、机构之间可通过系统平台实现自动转账结算。

2. 存货计价

存货核算按照实际成本核算，原材料计价采用实际成本计价，材料采购按照实际采购价入账，材料发出按照全月一次加权平均计算材料成本。

全月一次加权平均相关计算：

材料平均单价 =（期初库存数量 × 库存单价 + 本月实际采购入库金额）÷（期初库存数量 + 本月实际入库数量）

材料发出成本 = 本月发出材料数量 × 材料平均单价

3. 固定资产取得方式及折旧

固定资产可以按照购买的方式取得。固定资产购买当月不计提折旧，从次月始计提折旧，出售当期照提折旧。固定资产折旧可按照直线法计提折旧。

4. 制造费用的归集及分配

为生产管理部门发生的费用以及生产过程中各车间共同的间接费用计入制造费用。制造费用按照费用发生车间设置明细科目——机加车间、组装车间。机加车间发生的费用，如工人工资、工人报销的办公费用、机加车间设备折旧及维修等能够确认为机加车间发生的费用计入“制造费用——机加车间”。同样，组装车间的费用计入“制造费用——组装车间”。生产计划部管理人员的工资、使用的设备折旧、报销的办公费等计入“管理费用”。厂房折旧计入“制造费用”，并按照各类设备占用厂房空间比例进行分配。

5. 成本计算规则

产品成本分为原材料成本、人工成本和制造费用结转。制造费用中车间的费用计入该车间生产的产品成本，如果该车间有两个及以上产品生产，则按照该产品生产工时分配车间制造费用。在产品只计算材料费用，不计算制造费用和人工费用。即结转当期生产成本的金额为：期初生产成本（直接材料）+ 本期归集的直接人工 + 本期归集的制造费用。

（1）成本归集。原材料成本归集按照材料出库单的发出数量乘以平均单价，人工成本为当月计算的生产部门的人员工资，包括生产管理人员和生产工人。

（2）产品之间费用分配。如果同一车间生产不同产品，则以各产品数量为权重，分配该车间的直接制造费用和结转的间接制造费用。

6. 坏账损失

生产制造公司采用备抵法核算坏账损失。坏账准备按年提取，按照年末应收账款的3%提取。超过一年未收回的坏账，确认为坏账损失。已经确认为坏账损失的应收账款，并不表明公司放弃收款的权利。如果未来某一时期收回已作坏账的应收账款，应该及时恢复债权，并按照正常收回欠款进行会计核算。

7. 利润分配

公司实现利润，应当按照法定程序进行利润分配。根据公司章程规定，按照本年净利润的10%提取法定盈余公积金。根据董事会决议，提取任意盈余公积金，按照公司制定的股利政策（按照净利润总额的20%分配股利）向股东分配股利，每年年末做一次利润分配。

知识专栏 4-1

制造业要加速向高端迈进

习近平总书记在十四届全国人大一次会议江苏代表团审议时强调，“我常说两个必保，一个是粮食饭碗中国必须端牢，再一个制造业必须筑牢。一个 14 亿多人口的大国，必须靠自己解决这两个问题”。总书记的重要讲话再次明确了制造业是国民经济命脉所系的战略地位，并为中国制造业高质量发展指明了方向。

制造业是立国之本、强国之基。党的十八大以来，着眼中华民族伟大复兴的战略全局和世界百年未有之大变局，以习近平同志为核心的党中央高度重视制造业发展，多次强调加快建设制造强国的重要性，为筑牢中国制造业根基提供了根本遵循。从中央到地方，一系列政策陆续出台，为制造业发展送来“及时雨”，让中国制造业优势获得了有力支撑。

全球产业门类最齐全、产业体系最完整、产业链配套能力全球领先等要素，为中国制造业不断提升创新力、竞争力、抗风险能力打下了坚实基础。不仅如此，依托我国超大规模的市场优势和世界最大规模的中等收入群体，在数字经济与实体经济深度融合的浪潮中，中国制造业新的竞争优势正在形成且日益凸显。

逆水行舟、不进则退。从大势看，新一轮科技革命和产业变革蓬勃发展，世界主要工业大国纷纷布局制造业，抢占竞争制高点，全球产业链重组、供应链重塑、价值链重构不断深化。从外部看，近年来，一些国家针对我国先进制造业的打压不断升级，中国制造业面临复杂的国际环境。从内部看，中国制造业仍处于全球价值链中低端，大而不强、部分核心技术受制于人、供需结构不平衡等问题仍然存在。

中国制造业向上走，务必练好内功。正如习近平总书记所强调的，任何时候中国都不能缺少制造业。目前，我国制造业门类、品种齐全，下一步要努力发展高端制造业，实现全面提升。推动中国制造业加速向高端迈进，既是构建大国竞争优势的迫切需要，也是实现经济高质量发展的战略选择。

首要在筑牢产业基础能力。产业链、供应链在关键时刻不能掉链子，是大国经济必须具备的重要特征。实践证明，想要不掉链子就得深入推进“强链补链稳链”。强化产业基础再造和重大技术装备攻关，着力补短板、锻长板，加强原材料、关键零部件等供给保障，实施龙头企业保链稳链工程，强化产业链上下游、大中小企业协同攻关，促进全产业链发展。

关键在加快建设现代化产业体系。优势产业的领先地位仍要巩固，在新能源汽车、光伏、移动通信、电力装备等领域擦亮更多“中国名片”；传统产业要通过改造升级焕发新优势，提升在全球分工中的地位和竞争力；新兴产业要积极培育壮大，未来产业应前瞻布局，抢占竞争制高点。

根本在全面激发创新活力。创新是制造业由大变强的核心动力，企业则是科技创新的主体。企业强，产业才能强。中国制造业既需要具有国际竞争力的大企业和具有产业链控制力的生态主导型企业，也需要掌握独门绝技的中小企业。只有打造完善的大中小企业融通创新发展产业生态，构建制造业协同创新体系，才能为中国制造业输入更多原动力，真正筑牢制造业根基。

（资料来源：黄鑫，经济日报，2023 年 3 月 8 日，经整理而成）

第三节　生产制造企业操作流程

一、平台注册与登录

（一）平台注册

在谷歌浏览器中输入平台系统的网址（具体网址由任课教师根据系统的部署情况确定），出现登录界面，登录界面带有“Fytech 方宇”标识，账号可以通过在线注册进行注册，注册后方可通过登录进入平台系统。在界面右下方点击注册按键，进入注册信息界面。如图 4－6、图 4－7 所示。

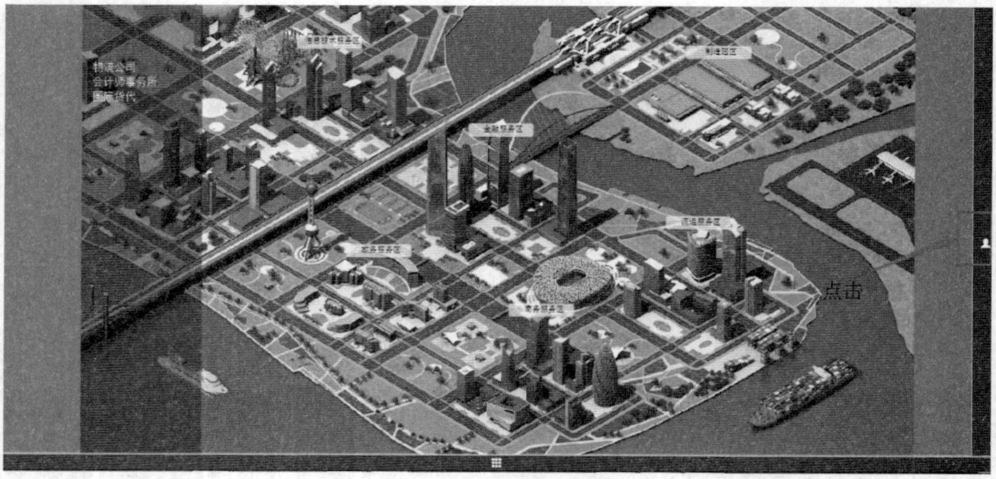

图 4－6　登录界面

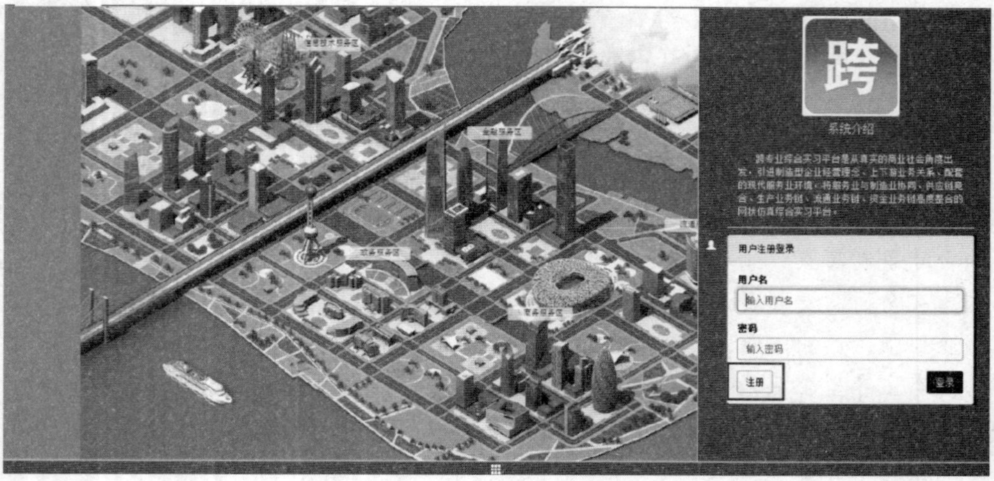

图 4－7　进入注册界面

在填写注册信息时，应注意以下几个方面：

（1）正确地填写用户名邮箱（登录账号）、密码、姓名、学号，姓名/学号是后期找回账号密码的唯一凭据。

（2）正确地输入教师给用户独有的注册码（CEO 使用 CEO 注册码，组员使用员工注册码），如图 4－8 所示。点击提交之后自动登录。

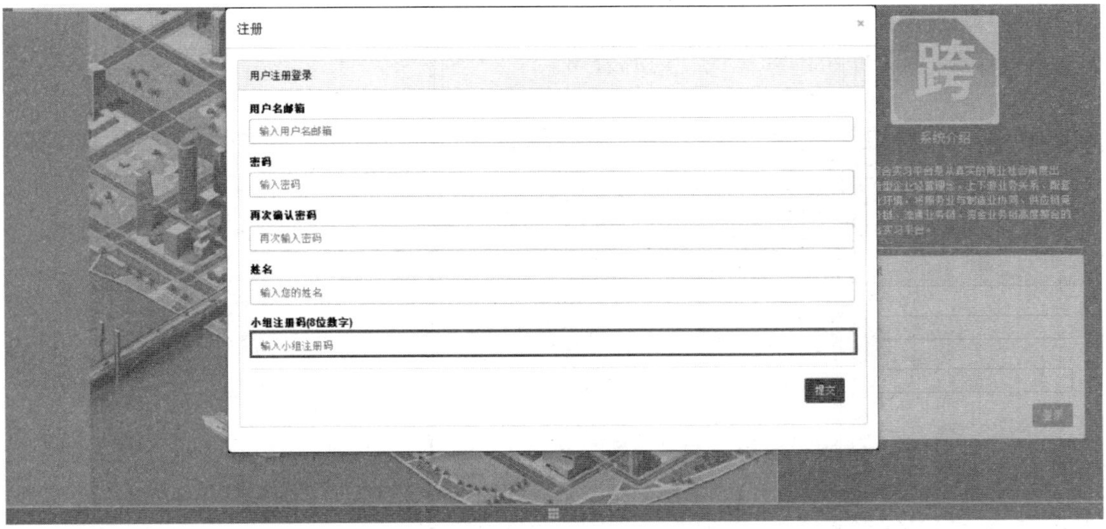

图 4－8　填写小组注册码

（二）平台登录

用户在注册完成的情况下，返回到登录界面，直接输入用户、密码。点击登录即可登录到所分配机构的操作系统中（如图 4－9 所示）。

图 4－9　登录界面

（三）企业操作流程

用户在登录操作完成以后，会进入企业结构总界面，通过总界面可查看到各个机构，所有机构所在区域通过园区进行划分，如图 4-10 所示，其划分方式如下：

（1）制造园区：制造企业。

（2）金融服务区：商业银行、会计师事务所。

（3）政务服务区：市场监督管理局、国家税务总局。

（4）流通服务区：国际货代、物流公司。

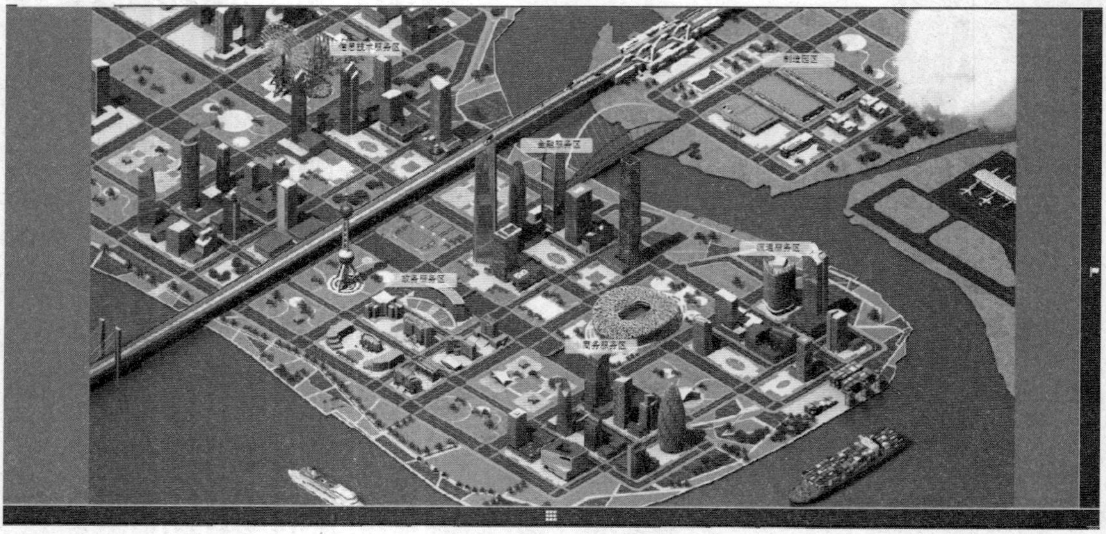

图 4-10　机构所在园区划分

对于生产制造企业来说，首先点击政务服务区位置，然后点击市场监督管理局，进入企业。点击具体企业的时候，系统会判断，如果点击的是本企业，则自动进入企业。如果不是归属企业，则进入这家企业的外围服务机构（相当于归属企业去这家企业办理业务）。例如：如果账号绑定的企业是制造企业，跑到市场监督管理局去办理工商注册和年检业务。

二、企业的设立和登记

生产制造企业用户在进入企业操作系统界面后，需要根据系统所弹出的任务提示对话框完成企业设立登记期的相关任务操作（如图 4-11 所示）。

（一）市场监督管理局登记操作

点击“完成企业登记”按键，进入市场监督管理局窗口界面，在界面右下角点击企业登记入口，进入企业登记功能界面。在功能界面右侧功能栏中点击企业登记，然后点击名称预先核准委托人代理申请书，进入相应界面，看到流程后，点击“新建”，填写名称预先核准委托人代理申请书。操作流程如图 4-12 至图 4-15 所示。

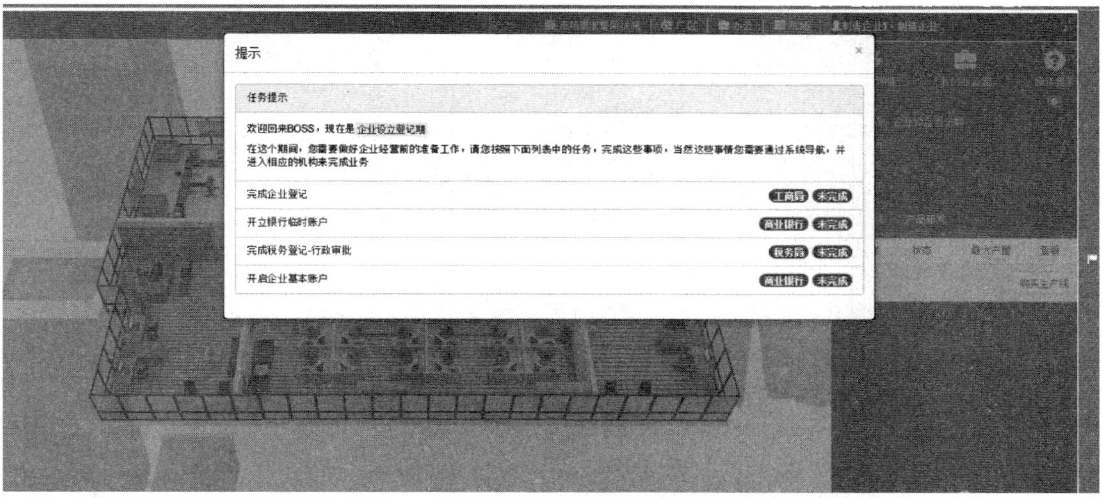

图 4－11　企业登记期任务提示

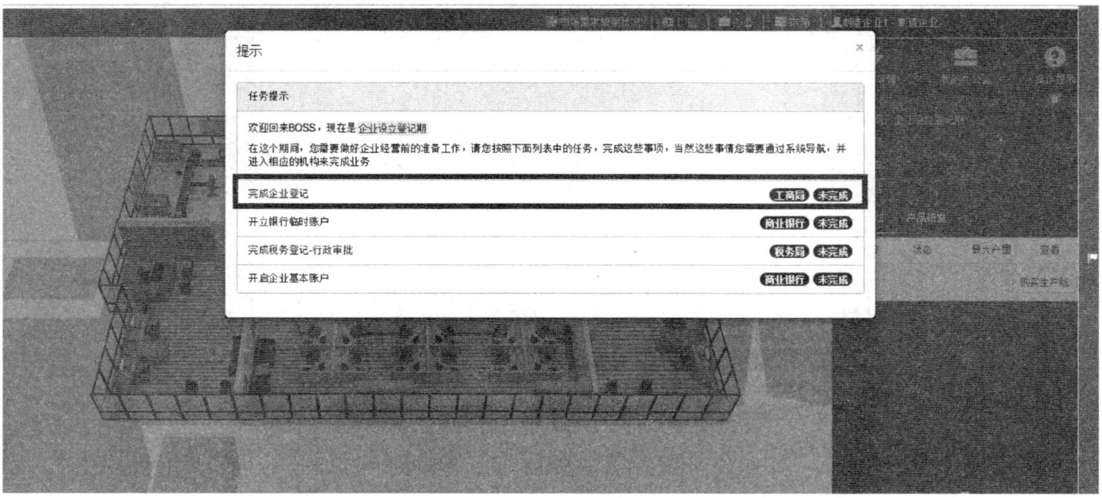

图 4－12　领取任务

图 4－13　进入企业登记

图 4－14　名称预先核准申请书

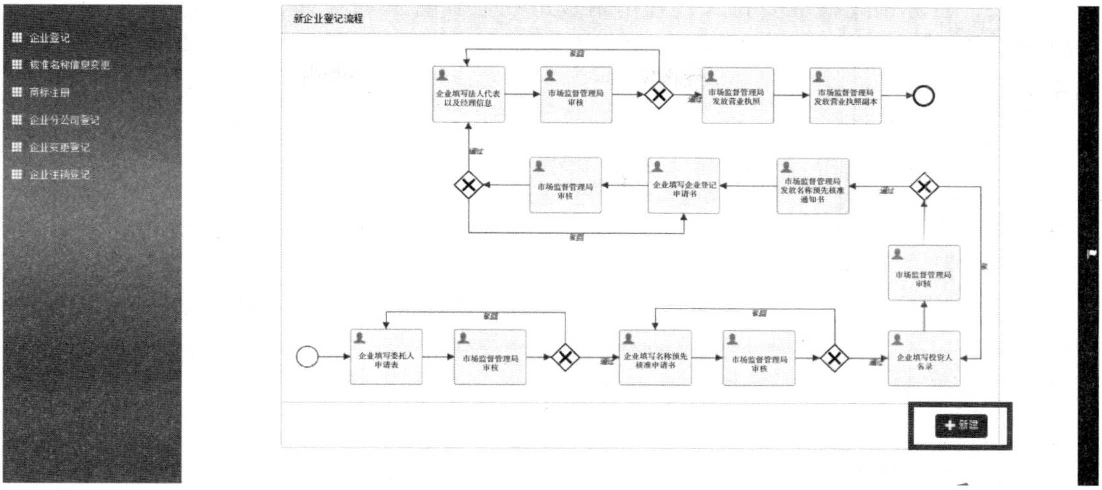

图 4－15　任务流程跟踪

填写完成后进行提交，需要公司人员到市场监督管理局窗口，申请办理名称预先核准委托人代理申请，并提交纸质“名称预先核准委托人代理申请书”，由市场监督管理局予以审核。等待市场监督管理局审核，审核完成后，再次点击企业名称预先核准登记，看到图 4－16 所示界面。

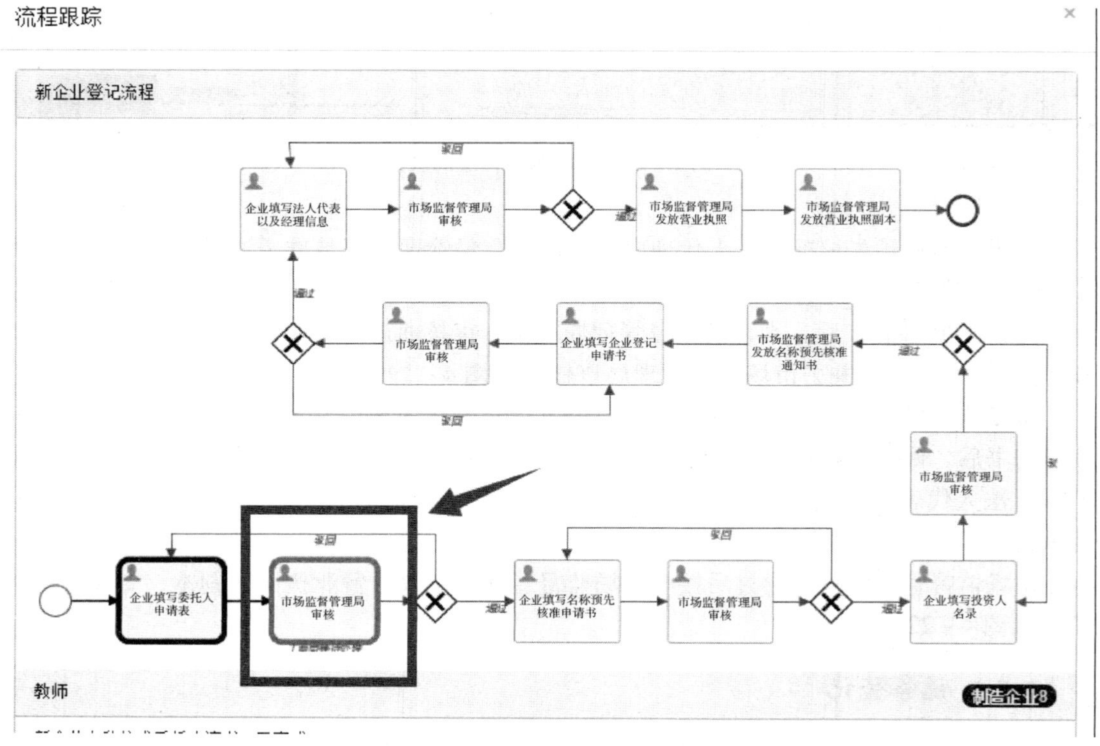

图 4－16　市场监督管理局审核

如果，名称预先核准委托人代理申请被市场监督管理局驳回，企业将看到界面如图4－17所示，点击领取并处理，可重新填写并提交。派公司人员再次到市场监督管理局提出申请。

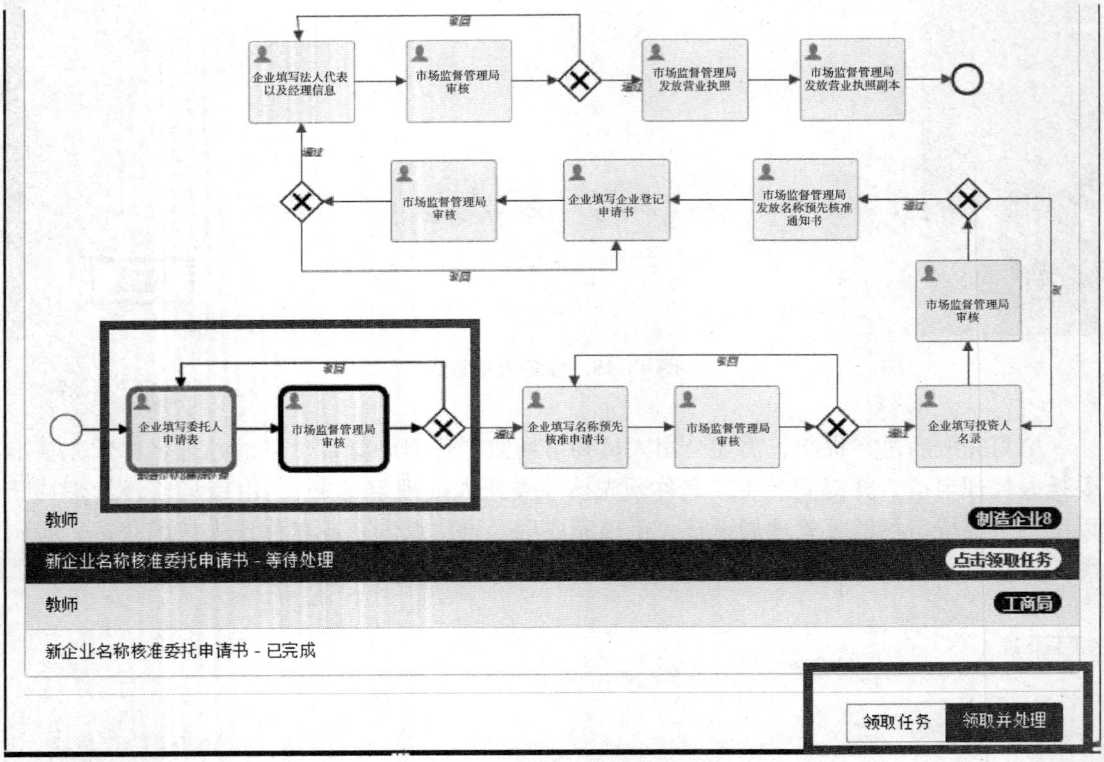

图4－17　市场监督管理局驳回

如果，名称预先核准委托人代理申请被市场监督管理局柜员准予通过，企业将看到图4－18所示界面，点击领取并处理，企业可继续填写“名称预先核准申请书”。提交“名称预先核准申请书”后，去市场监督管理局审核。审核通过后，回到企业填写“名称预先核准投资人名录”，并去市场监督管理局审核（如图4－19所示）。

市场监督管理局审核完成后，等待市场监督管理局发放“名称预先核准通知书”。收到通知书后，回到企业填写“企业登记申请书”，市场监督管理局审核通过后，回到企业填写“法人代表以及监理等信息表”，并到市场监督管理局审核（如图4－20、图4－21所示）。

市场监督管理局审核通过后接收市场监督管理局发放的营业执照及副本，企业登记完成（如图4－22所示）。

（二）税务登记

完成企业登记任务后，只有去税务局完成企业税务信息补充登记后，才能进行企业临时账户开立。打开任务提示界面，点击完成税务登记行政审批按键，进行税务登记操作

（如图 4 －23 所示）。进入税务局界面，点击界面右下角的税务登记入口，进入税务登记业务功能页面，在左侧功能栏点击税务报道，选择纳税人税务补充信息表入口，进入相应操作页面（如图 4 －24 所示）。

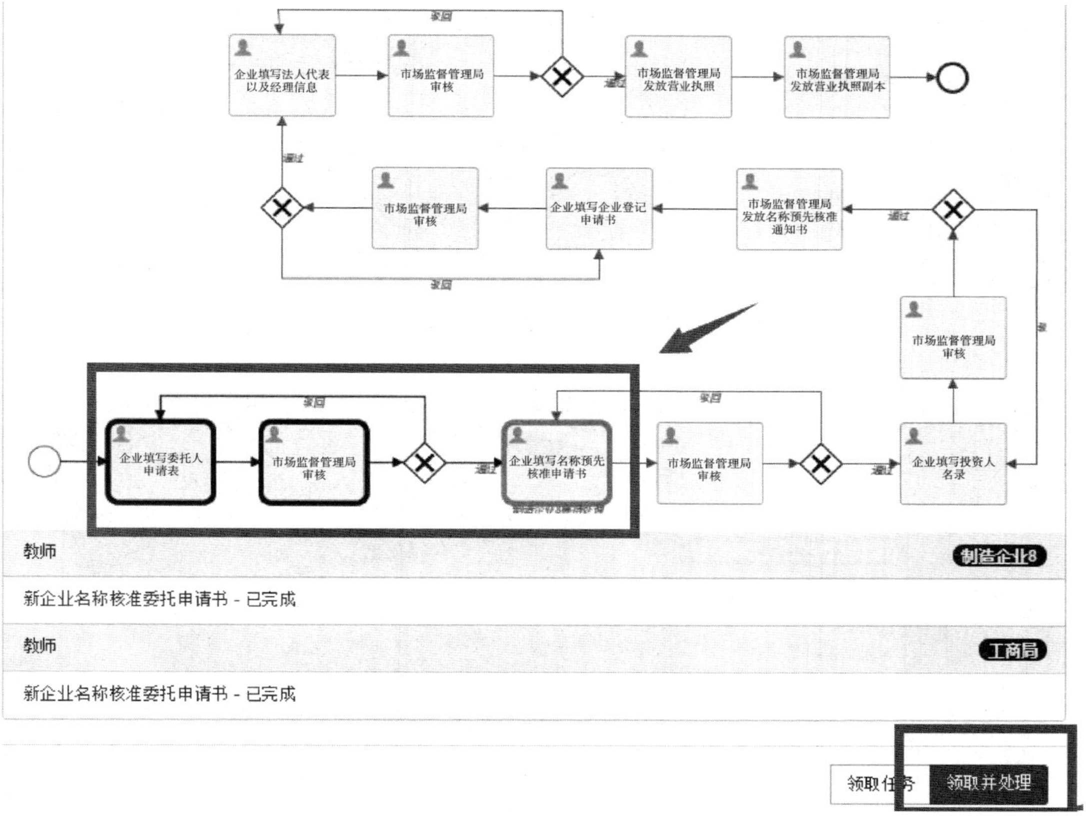

图 4 －18　审核通过

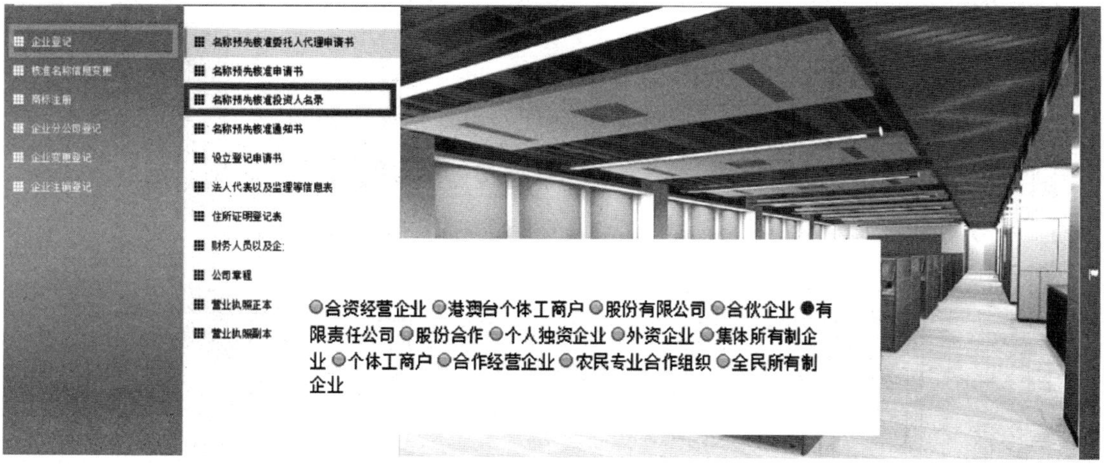

图 4 －19　名称预先核准投资人名录

图 4－20　企业登记申请书

图 4－21　法人代表及监理信息表

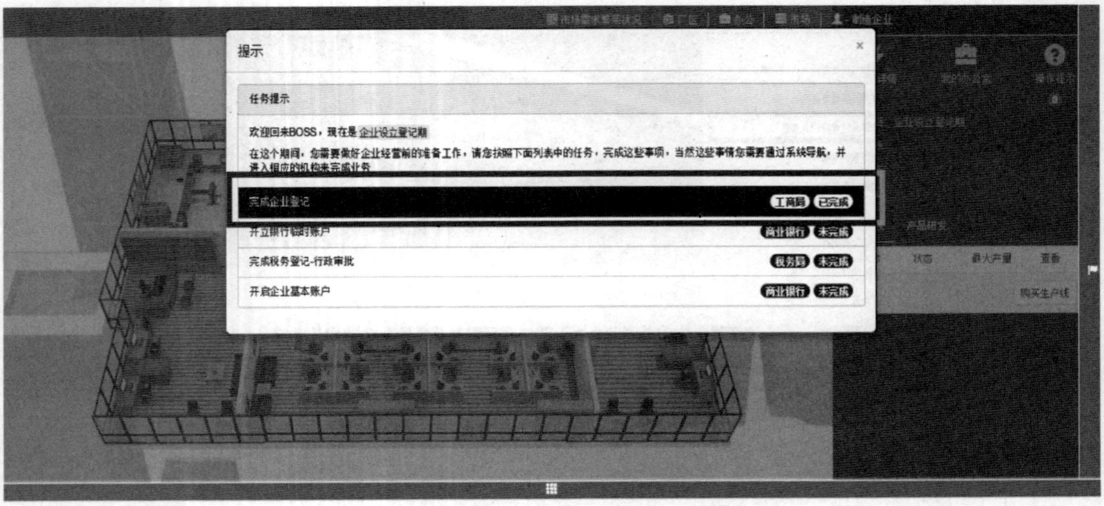

图 4－22　企业登记完成

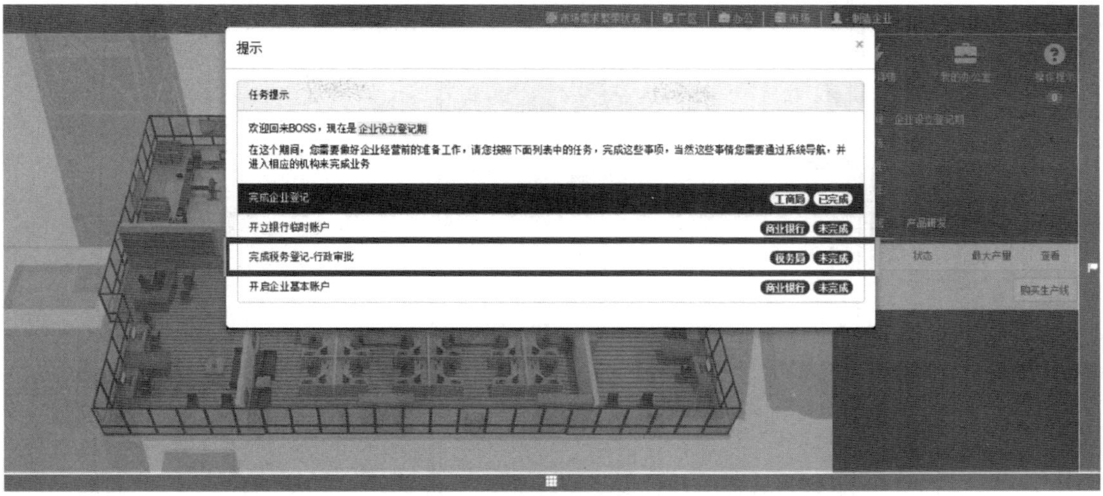

图 4 – 23　领取税务登记任务

图 4 – 24　纳税人税务补充信息表

生产制造企业进入纳税人税务补充信息表界面后，认真填写表格内容，完成后提交给税务局进行审核，税务局审核通过后，即可完成税务登记—行政审批任务。

（三）开设银行临时账户

在完成税务登记任务后，打开任务提示界面，点击领取开立银行临时账号任务（如图 4 – 25 所示），进入银行窗口界面，点击界面右下角开立账户入口，进入银行功能界面，在界面左侧功能栏中选择临时账户申请，进入企业临时账户申请界面（如图 4 – 26 所示），填写企业临时账号申请单，填写完成后，提交给银行进行审核，审核通过后，企业获得银行临时账户，并领取临时账户单。

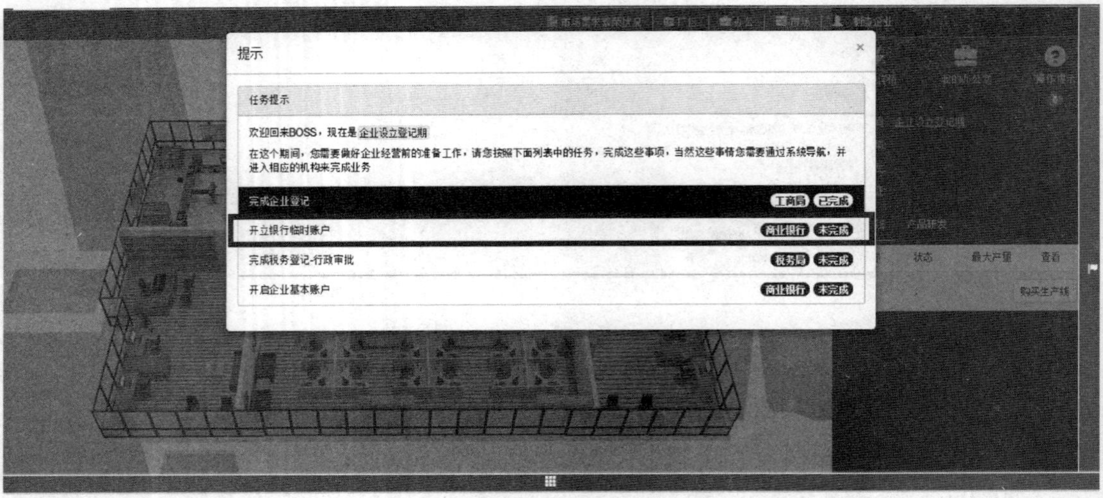

图 4-25　领取银行临时账户任务

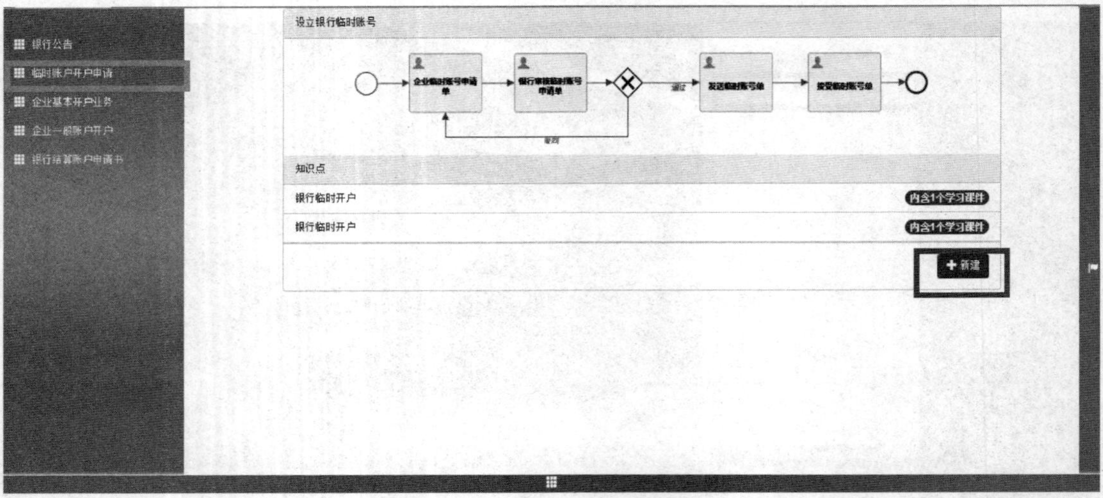

图 4-26　临时银行账户申请界面

同时，公司人员携带纸质“企业名称预先核准通知书”和“临时开户申请单”到银行柜台办理；如果临时开户申请单被银行驳回，企业需要再次点击开户申请，进行修改并提交（如图 4-27 所示），派公司员工再次到银行申请。申请通过后，领取临时账户单。

（四）开设银行基本账户

在完成银行临时账户申请任务后，打开任务提示界面，点击领取开启银行基本账户任务（如图 4-28 所示），进入银行窗口界面，点击界面右下角开立账户入口，进入银行功能界面，在界面左侧功能栏中选择企业基本开户业务，进入企业基本开户申请界面（如图 4-29 所示），填写企业临时账号申请单，填写完成后，提交给银行进行审核，同时，携带纸质“临时账号单”“营业执照”“营业执照副本”到银行办理开户业务。新建流程，填写电子版“机构信用代码申请表”；并派人去银行填写纸质版，等待银行审核。

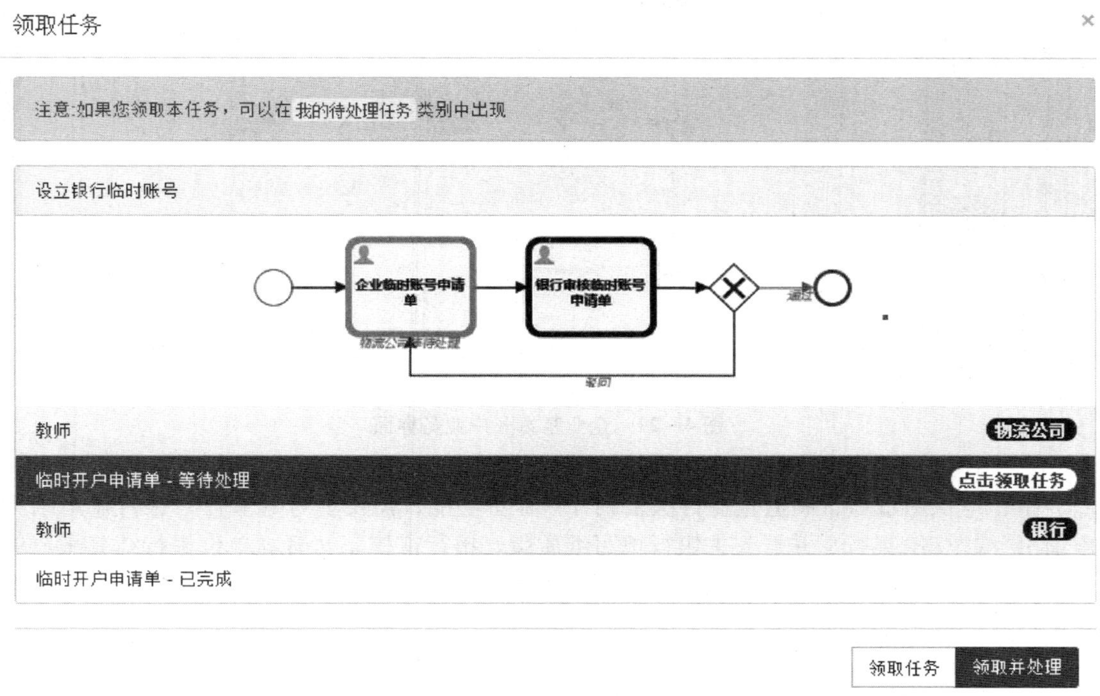

图 4 - 27　再次申请界面

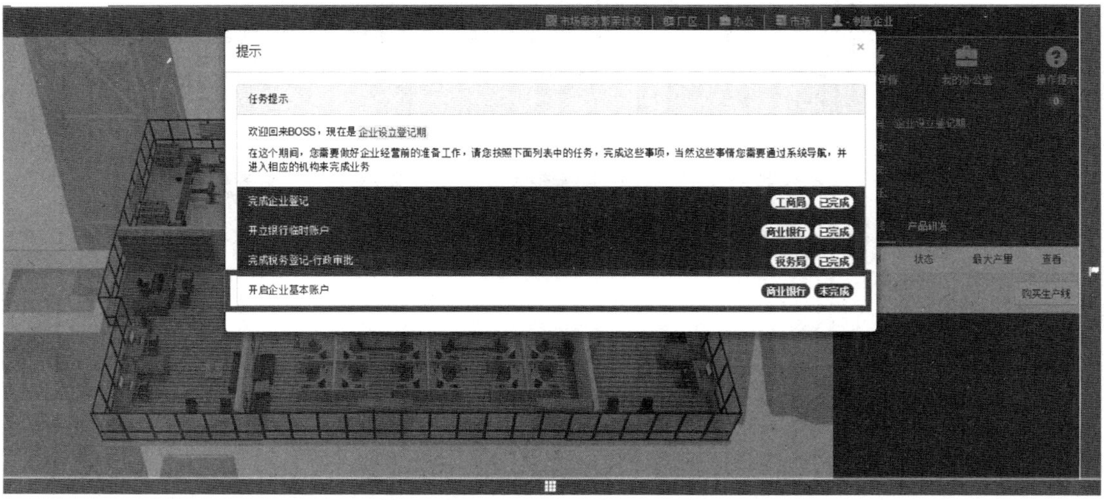

图 4 - 28　领取开启企业基本账户

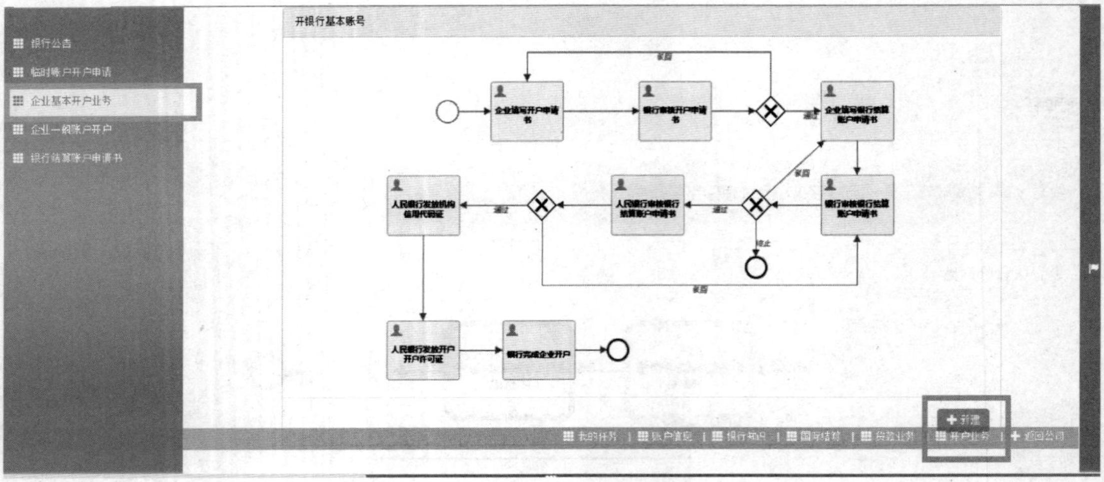

图 4－29　企业基本开户业务界面

银行审核通过后，制造企业再次来到开户业务功能，需要填写电子版“银行账户结算申请书”提交给银行。并派人去银行填写纸质版。银行审核完“开立单位银行结算账户申请书”开户业务办理完毕，公司可以领取“机构信用代码证”“开户许可证”，企业基本账户开立完成（如图 4－30 所示）。

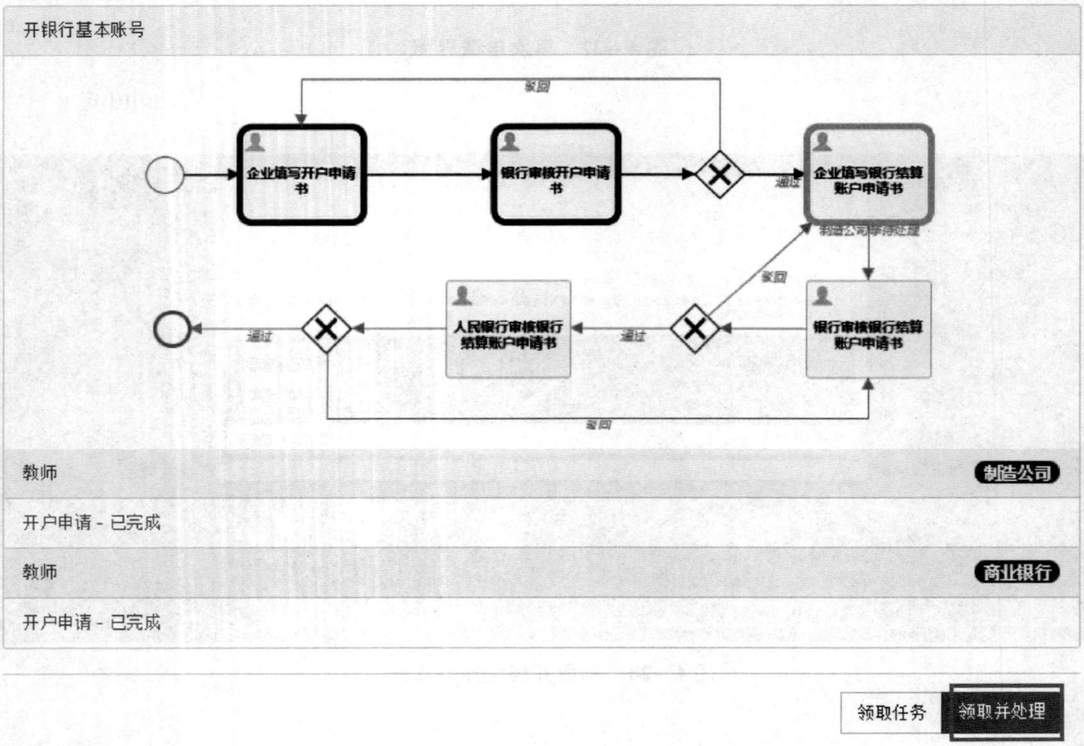

图 4－30　基本账户流程跟踪

三、企业经营

企业设立登记期所有任务完成以后，生产制造企业即可进入经营期。

（一）建设厂区

生产制造企业在进入经营期后，进入企业操作主界面，在主界面右上角点击厂区按键，进入厂区操作界面（如图 4 - 31 所示）。

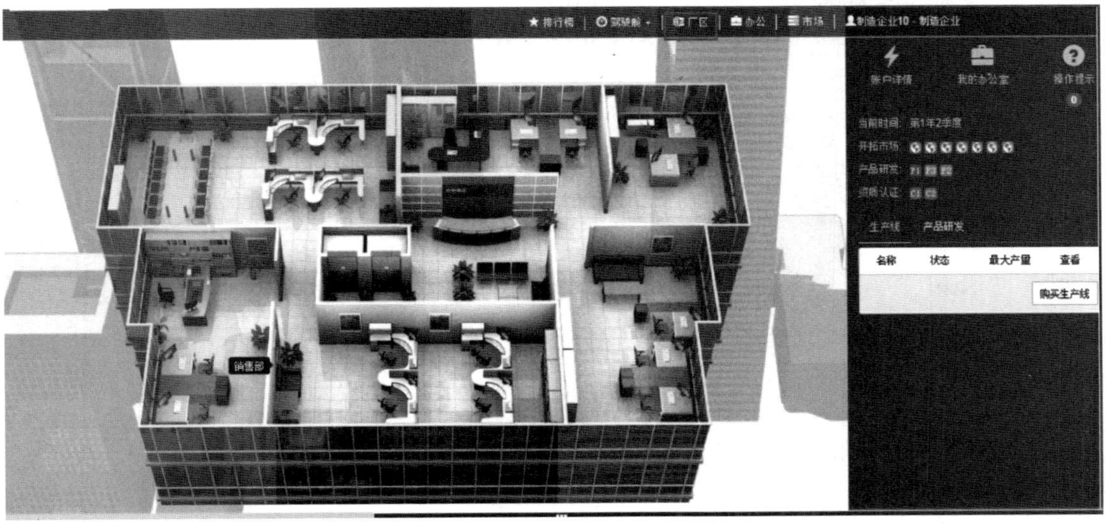

图 4 - 31 进入厂区界面

系统为制造公司提供了六个不同的厂区区域，即北京、大连、沈阳、武汉、深圳、成都，每个区域内都有不同类型的大、小型厂区可供选择。生产制造企业用户先选择厂区建设区域，点击相应区域按键，进入厂区购买界面，根据市场需求及厂区价格，选择购买大型厂区或者小型厂区（如图 4 - 32 所示）。点击购买按键后，继续按照提示步骤进行付款和签收。

购买厂区后，系统会形成厂区界面，在界面右侧点击厂房选项卡，进入建设厂房窗口，点击建设按键，根据厂房的价格、面积和容量选择大、中、小三种规格厂房进行购买，并进行付款和签收（如图 4 - 33 所示）。

购买完厂房后，生产制造企业需要购买或租赁仓库，点击厂区旁边两个建筑物：建造中心和租赁中心，通过点击建造中心购买仓库，通过租赁中心租赁舱口，点击完成后，然后按照相应步骤付款并签收。

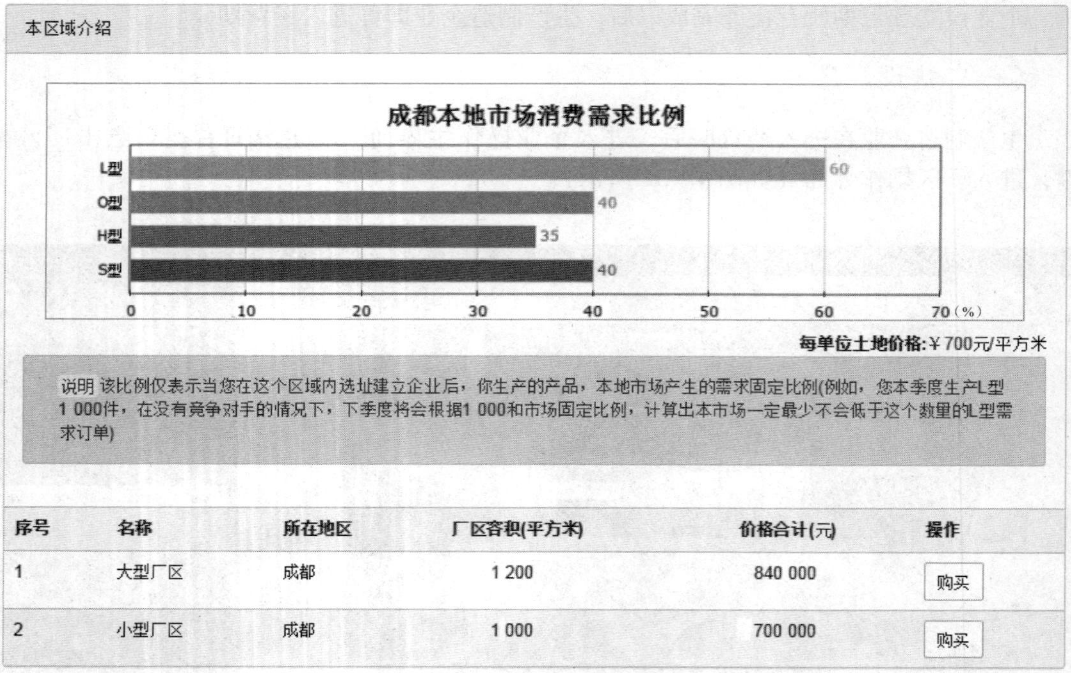

图 4－32　厂区购买界面

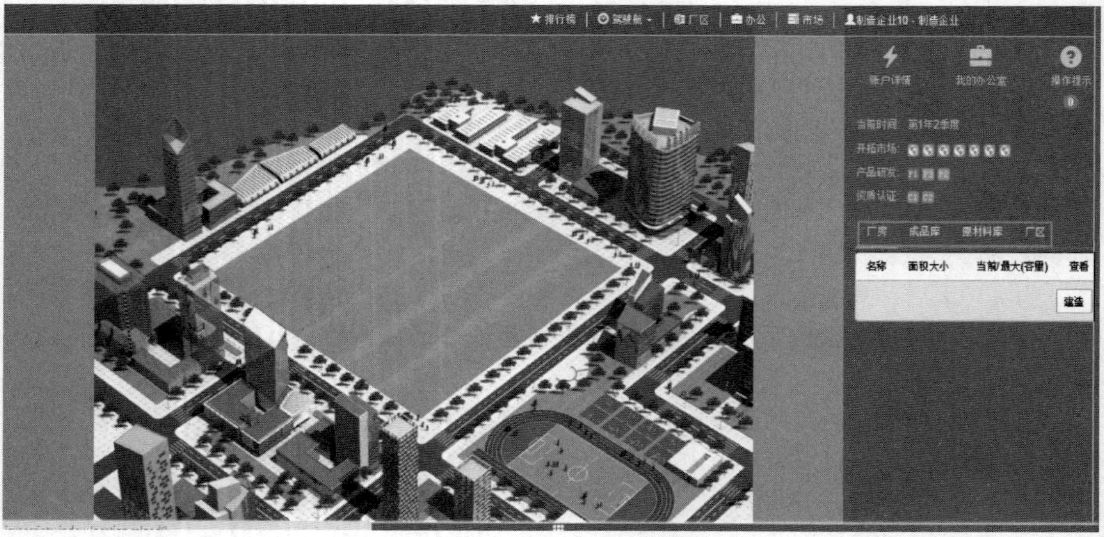

图 4－33　厂房建设

（二）生产

厂区建设完成以后，返回到系统主界面（如图 4－34 所示），点击机构建筑物左上角进入生产部门相关界面，可进行购买生产线和产品研发。

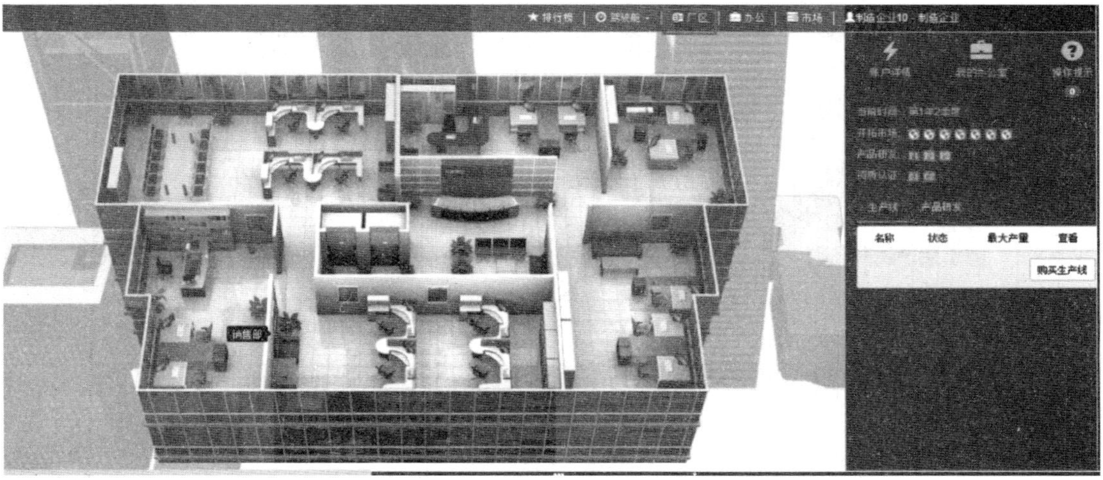

图 4－34　主界面

1. 购买生产线

企业为开展生产，需要购买生产线。点击生产部操作界面右侧“生产线”选项卡，如图 4－35 所示，可出现生产线相关数据，在每条数据右侧有“查看”按键，点击“查看”，可以查看生产线详细信息，如图 4－36 所示，在此查看界面可实现对生产线的各种操作：开始生产、技术升级、管理维护、生产线转产、调入人员、拆除等。

当生产制造企业根据自己的决策确定购买生产线时，在生产线选项卡的右下角，点击购买生产线，进入图 4－37 所示界面，在所选择的生产线右侧点击购买按键，然后按照提示继续操作，最后付款并签收。

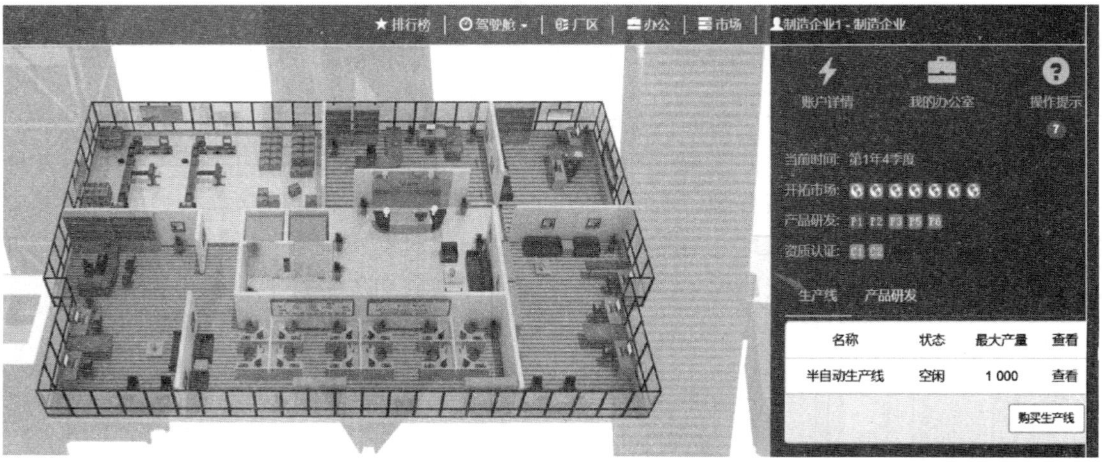

图 4－35　生产线

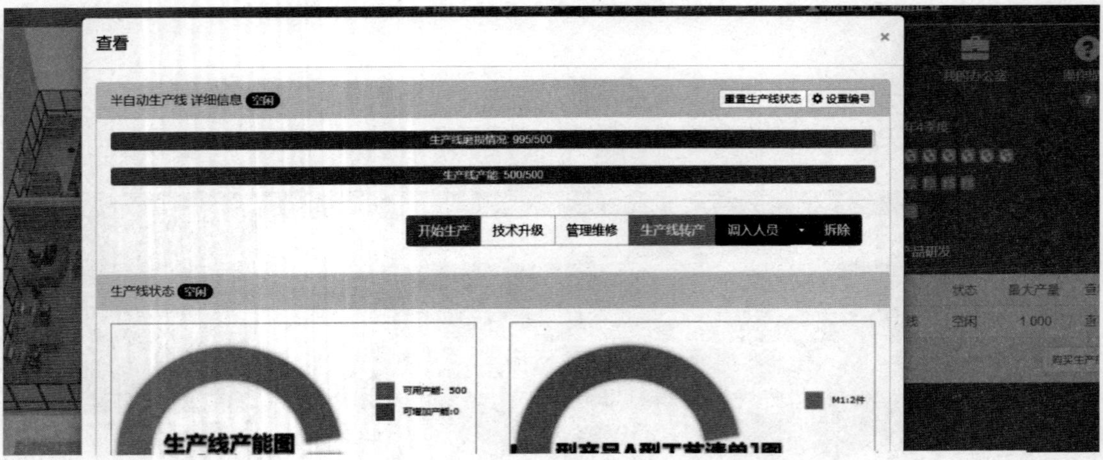

图 4 – 36　查看生产线详细信息

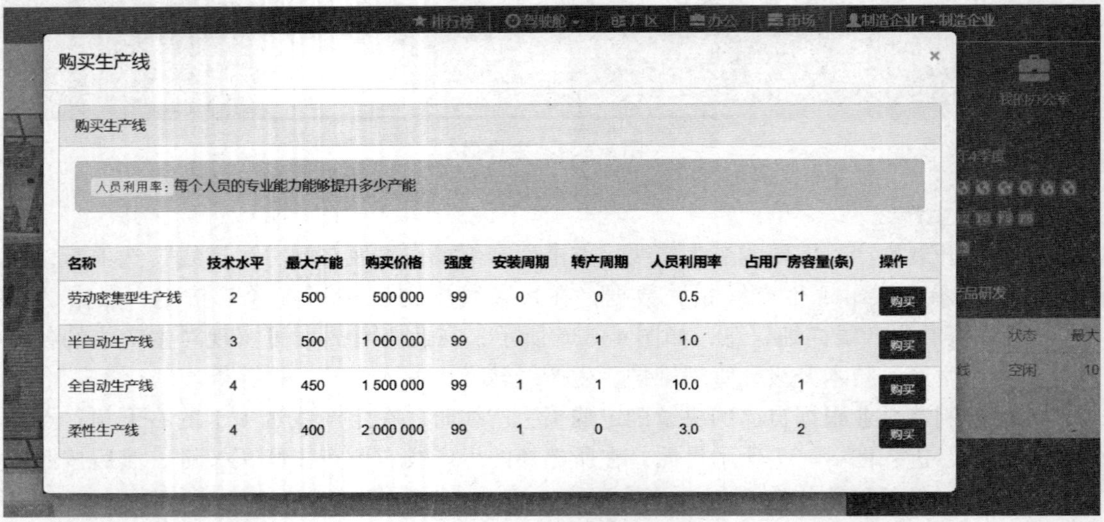

图 4 – 37　购买生产线界面

2. 产品研发

当生产制造企业需要生产新的产品时，需要进行产品研发。打开生产部操作主界面，点击右侧产品研发选项卡，如图 4 – 38 所示，进入选项卡界面，此时可查看新产品研发种类及相关信息，点击新产品右侧“查看”，可查看该新产品研发的关于投入研发、研发成果、研发情况统计等详细信息。当需要研发时，在投入研发模块填入需要投入的资金、研发人员等相关信息，然后按照相关步骤进行付款等操作，如图 4 – 39 所示。

图 4-38　产品研发

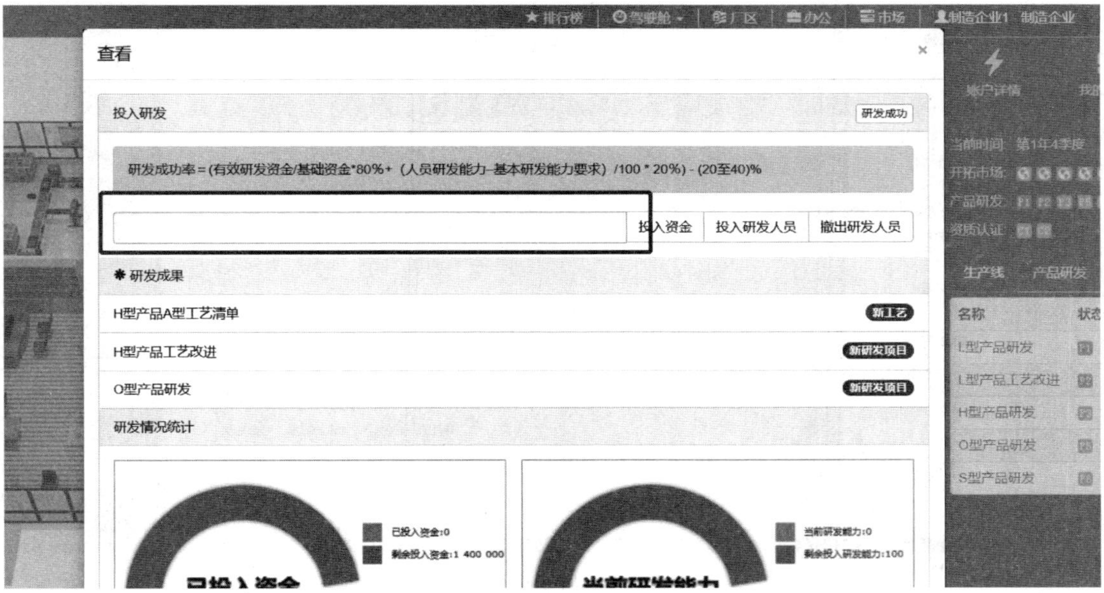

图 4-39　产品研发详细信息

（三）采购原材料

采购原材料是通过采购部来实现的，点击系统主界面的采购部，进入采购部操作界面，点击右侧原材料选项卡，可进行原材料购买，如图 4-40 所示。需要购买哪种原材料即可在该原材料后面点击购买按钮，进入原材料购买页面，在该页面中可填写需要交易的原材料供货商（乙方）、物料种类、数量、时间以及合同总金额，然后点击确认，并按照相关步骤进行提交合同，等待乙方回应。即可完成原材料采购合同工作，如图 4-41 所示。

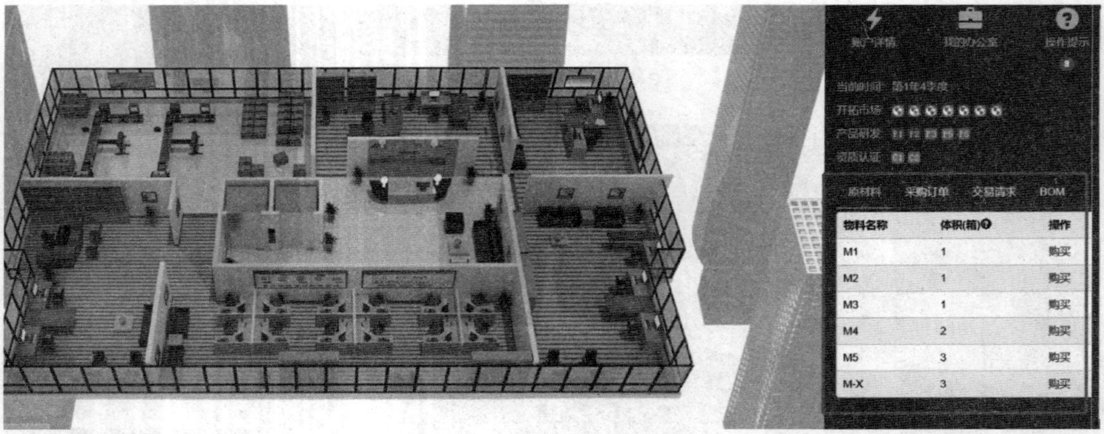

图 4－40　原材料采购

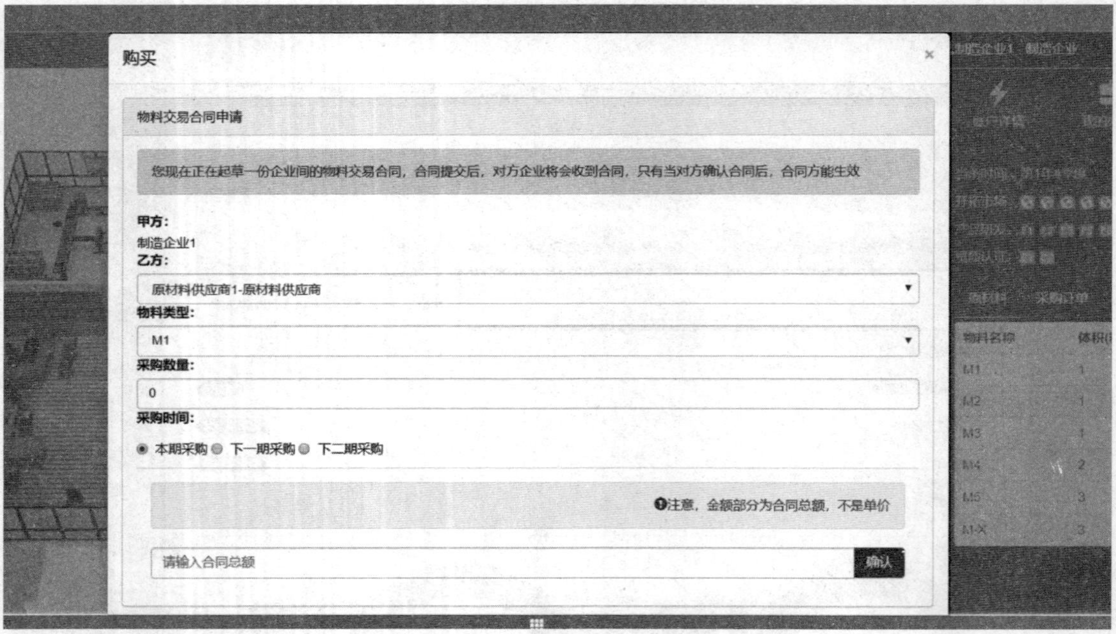

图 4－41　原材料购买页面

当生产制造企业存在未完成的合同时，此时应点击界面右侧的采购订单选项卡，进入合同支付环节，如图 4－42 所示，在相关合同右侧点击“查看”按键，进入合同查看与操作界面，如图 4－43 所示，可在右下角点击付款按钮，按照相关步骤完成合同付款。

（四）市场开拓

市场开拓业务是由市场部的相关操作来实现的，点击主界面的市场部，进入市场部的操作界面，点击右侧市场情报选项卡，可查看各个区域市场开拓的相关情况，如图 4－44 所示。当确定在某个区域进行市场开拓时，点击市场投资选项卡，在需要投资的区域点击投资按键，然后按照相关步骤进行广告投资，开拓市场即可。

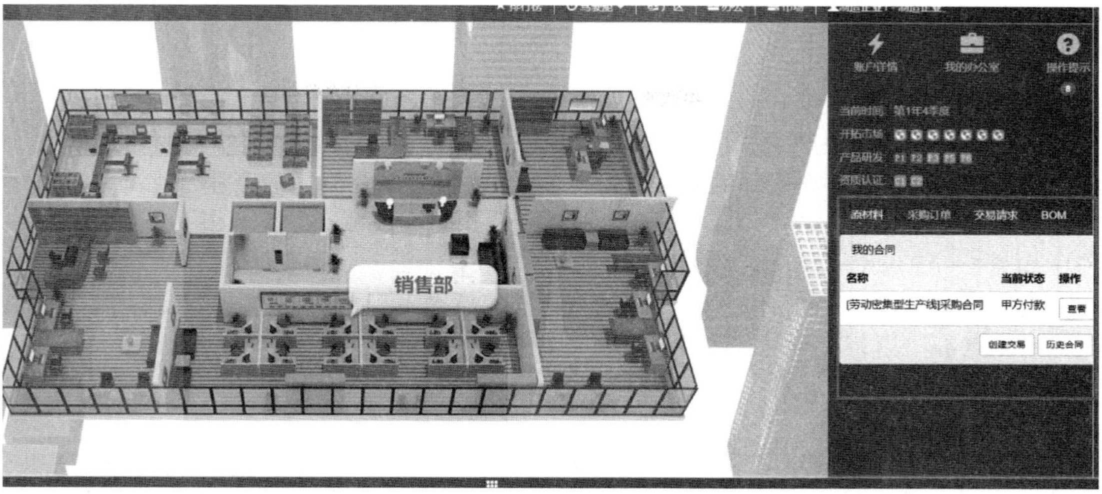

图 4－42　采购订单

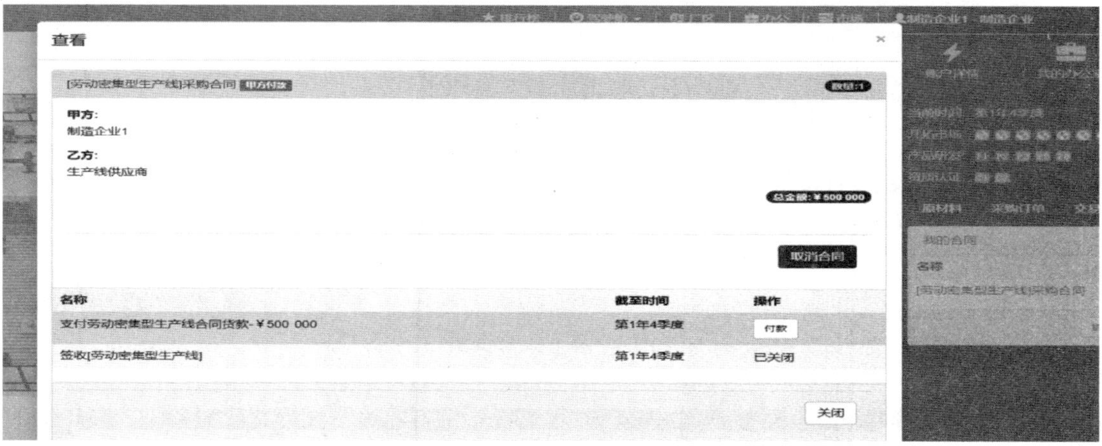

图 4－43　合同付款查看

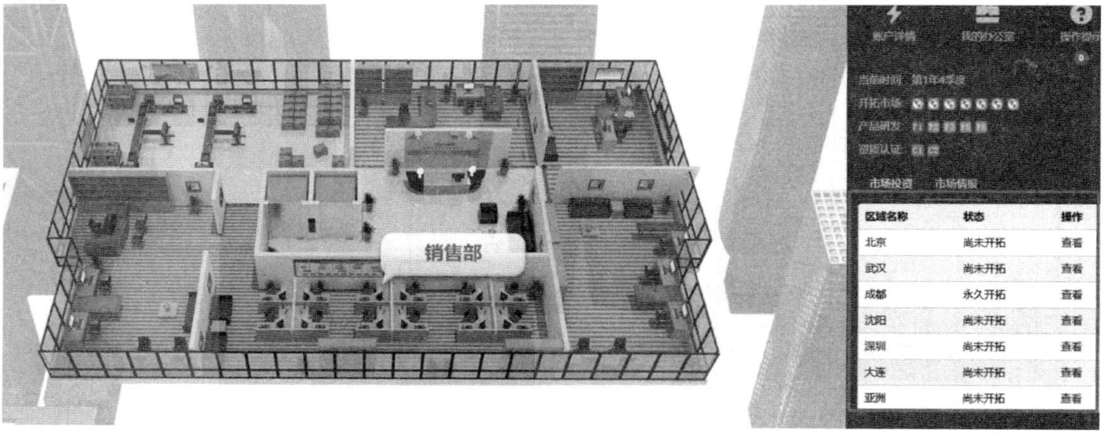

图 4－44　市场情报

（五）企业管理

1. 人力资源

无论是在生产线生产过程中还是在产品研发过程中，都需要招聘技术人员和研发人员，招聘人员需要通过企管部的人力资源操作来实现。点击主界面的企业管理部，进入企业管理操作界面，点击右侧“人力资源”选项卡，即可在选项卡中进行相关人员的招聘工作，如图4-45所示。在所招聘人员后面点击“查看”按键，即可查看人员情况。点击选项卡右下角的“招聘人员”按键，即可进入招聘操作界面，如图4-46所示，在所要招聘人员右侧点击“招聘”按键，然后按照相关步骤进行提交招聘人数、付款等操作，即可完成招聘操作。

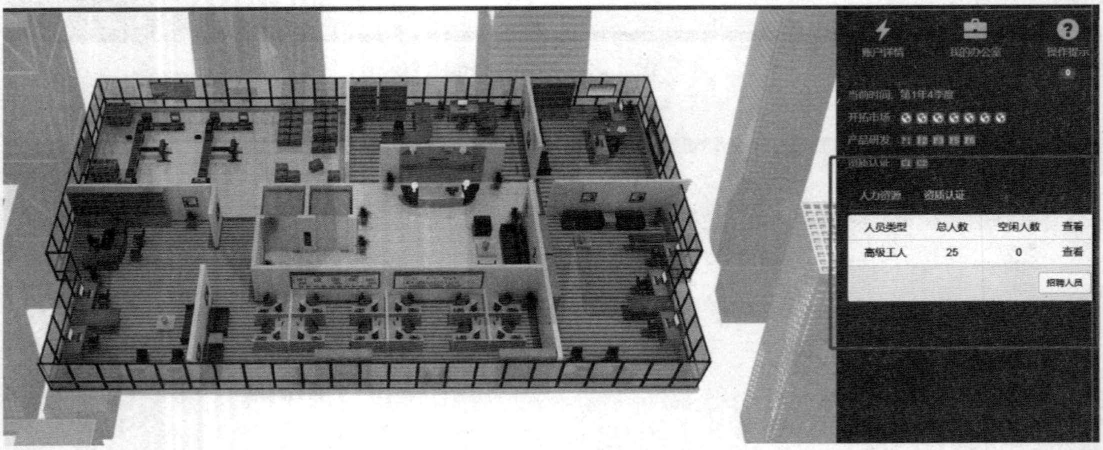

图4-45 人力资源

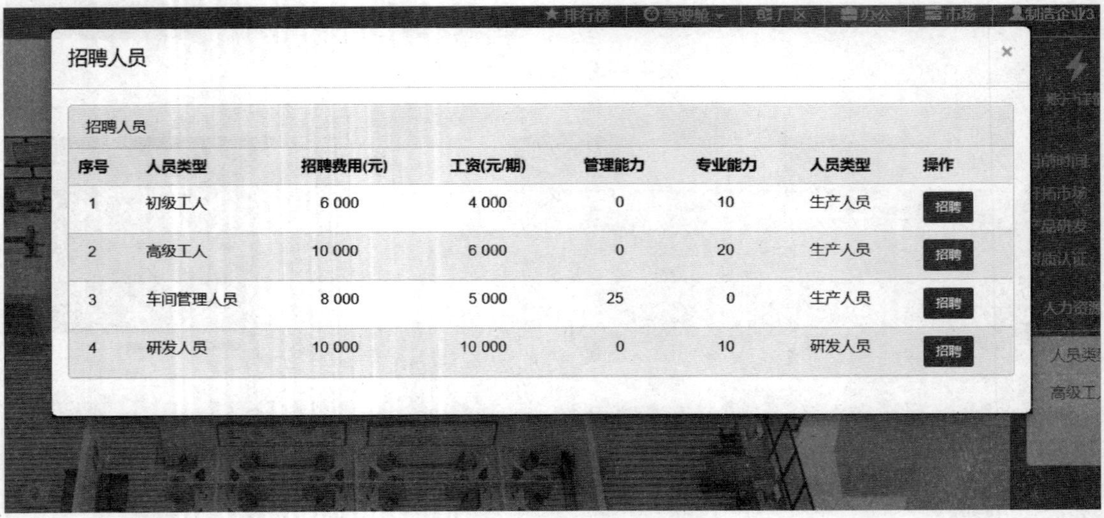

图4-46 招聘人员

2. 资质认证

企业通过资质认证可以降低销售竞单中的竞标扣分，资质认证需要在企业管理部中进行操作。点击主界面的企业管理部，进入企业管理操作界面，点击右侧“资质认证”选项卡，即可在选项卡中进行相关资质认证的工作，如图 4－47 所示。在选项卡中选择所选中的资质认证种类，点击后方“查看”按键，进入资质认证投资界面，如图 4－48 所示，填写投资金额，点击“投入资金”即可。

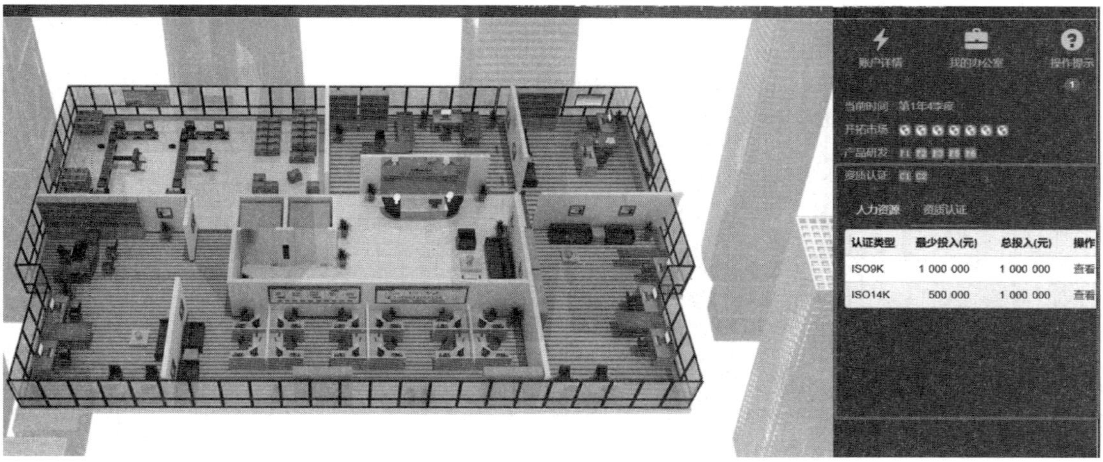

图 4－47　资质认证

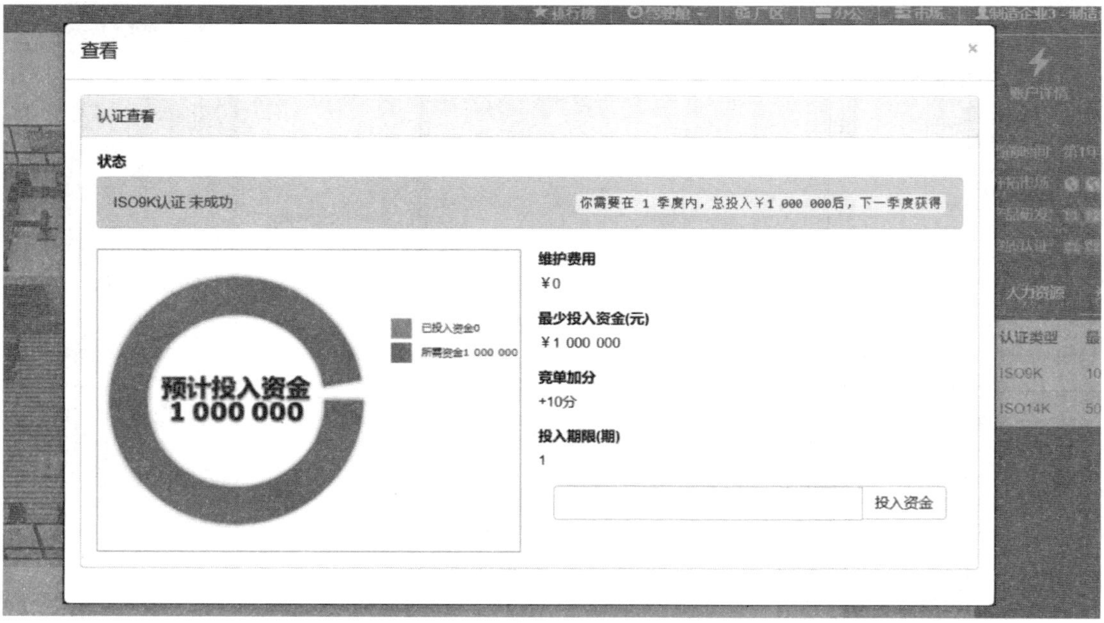

图 4－48　资质认证投资

（六）销售产品

生产制造企业所生产的产品需要通过销售部进行销售。点击主界面的销售部，进入销售部操作界面，点击右侧“销售订单”选项卡，即可在选项卡中进行相关销售合同签订的工作，如图 4－49 所示。点击相应订单右侧的“查看”按键，进入订单处理操作页面，然后在下方进行相关订单的操作和处理工作，如图 4－50 所示。

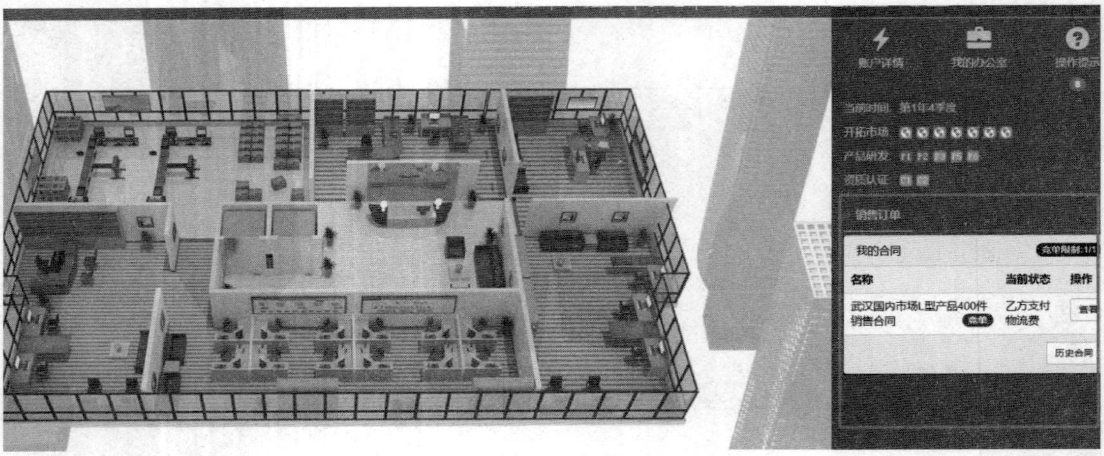

图 4－49　销售订单

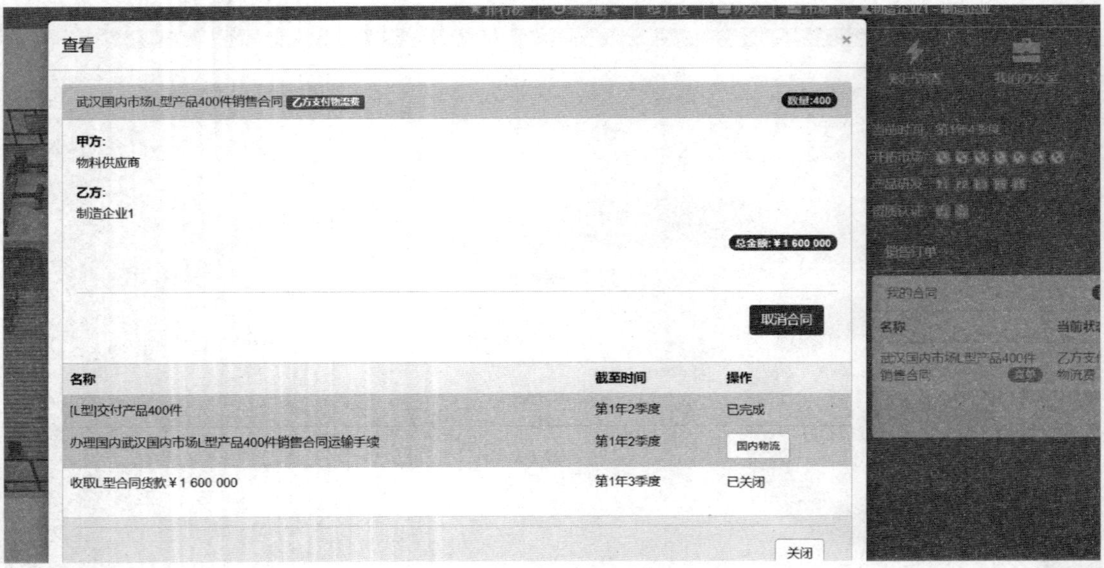

图 4－50　订单处理

（七）财务活动

1. 支付业务

生产制造企业所产生的付款操作都是由财务部实现的。点击主界面的财务部，进入财务部操作界面，点击右侧“资金申请”选项卡，即可在选项卡中进行相关付款操作，如图 4 – 51 所示。点击相应订单的“付款”按键，进入付款页面，核对数据点击“付款”，即可完成支付操作。如图 4 – 52 所示。

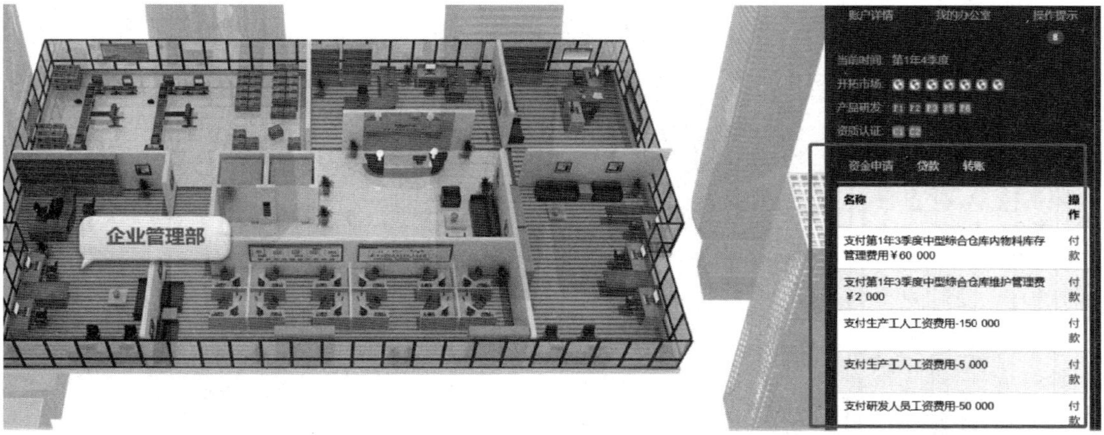

图 4 – 51　资金申请

图 4 – 52　付款

2. 贷款业务

生产制造企业所进行的贷款操作是由财务部实现的。点击主界面的财务部，进入财务部操作界面，点击右侧“贷款”选项卡，即可在选项卡中进行相关贷款操作，如图 4 – 53 所示。点击相应贷款项目的“查看”按键，即可查看和操作贷款相关业务。

3. 转账业务

生产制造企业所进行的转账业务是由财务部实现的。点击主界面的财务部，进入财务部操作界面，点击右侧“转账”选项卡，即可在选项卡中进行相关转账操作，如图 4 – 54 所示。

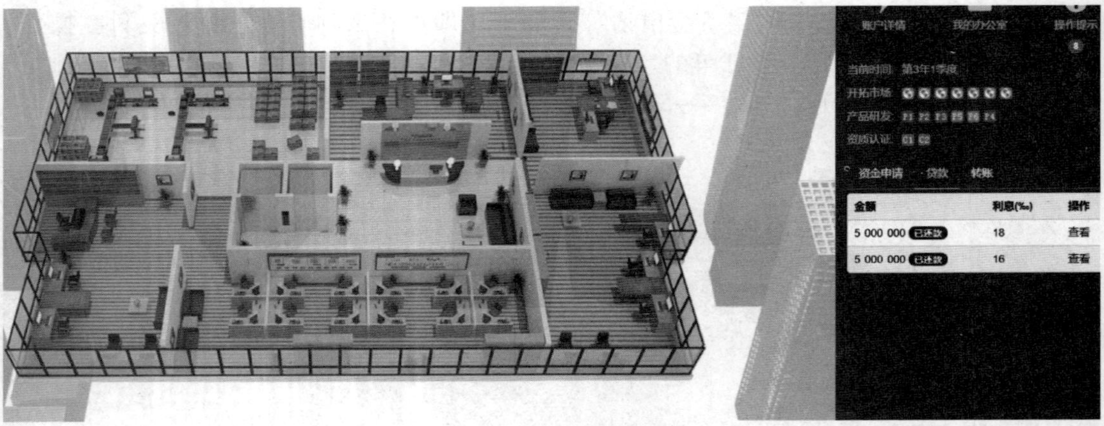

图 4－53　贷款

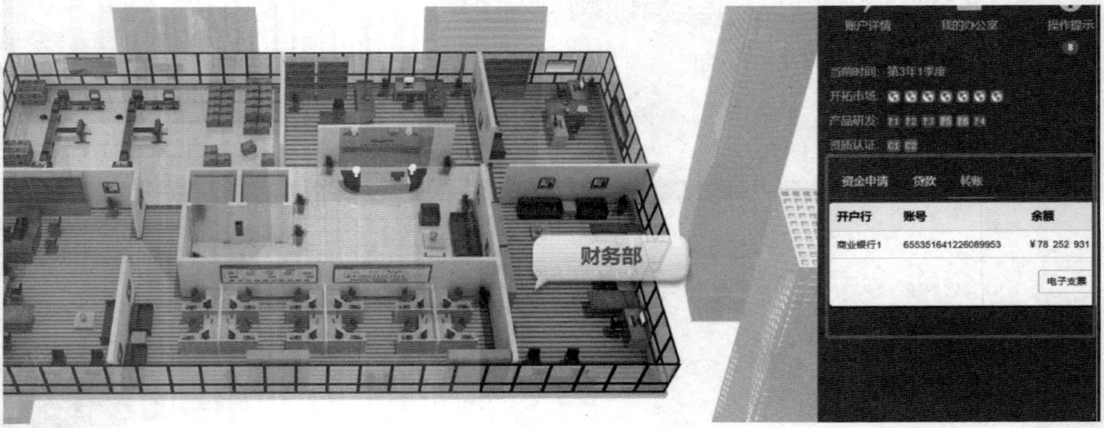

图 4－54　转账

第四节　生产制造企业岗位职责及考核

一、岗位职责

（一）首席执行官（CEO）岗位职责

由于市场风云变幻，决策的速度和执行的力度比以往任何时候都更加重要。传统的“董事会决策、经理层执行”的公司体制已经难以满足决策的需要。而且，决策层和执行层之间存在的信息传递时滞和沟通障碍、决策成本的增加，已经严重影响经理层对企业重大决策的快速反应和执行能力。而解决这一问题的首要一点，就是让经理人拥有更多自主决策的权力，让经理人更多为自己的决策奋斗、对自己的行为负责。CEO 就是这种变革的产物。CEO 在某种意义上代表着将原来董事会手中的一些决策权过渡到经营层手中。

CEO 是在一个企业中负责日常事务的最高行政官员，主司企业行政事务，故又称作司政、行政总裁、总经理或最高执行长，是企业管理部的负责人，在董事会领导下，负责总经理办公室职责范围内所有工作。在新商科企业运营仿真实训中，CEO 的具体职责如下：

（1）负责制定企业发展战略、公司章程，能够分析自身所处竞争格局。

（2）制定公司发展策略，决策公司经营运作事项，做好财务预算。

（3）主持和召开公司重大决策会议，组织、协调企业内部事务等。

（4）全面管理团队，负责企业员工的岗位分工，做到人尽其用，负责团队文化的建设，凝聚员工的团队精神。

（5）管理员工的纪律，对员工的考勤及业绩进行考核与评价。

（二）市场经理（CMO）岗位职责

首席营销官（Chief Marketing Officer，CMO）是指企业中负责市场运营工作的高级管理人员，又称作市场部经理、营销总监。主要负责在企业中对营销思想进行定位；把握市场机会，制定市场营销战略和实施计划，完成企业的营销目标；协调企业内外部关系，对企业市场营销战略计划的执行进行监督和控制；负责企业营销组织建设与激励工作；确定公司产品和服务的需求、竞争者和潜在客户，制定价格策略，确保公司利润最大化和客户满意度最大化。监督产品研发，根据客户的需求开发新的产品或服务。

在新商科企业运营仿真实训中，市场经理的具体岗位职责如下：

（1）寻找市场机会，确定市场营销战略和贯彻战略决策的行动计划，完成企业的营销工作，主要有：市场调研、营销战略的制定、参与生产管理、塑造企业形象、渠道管理、促销管理等。

（2）在企业中进行营销思想的定位、指导和贯彻的工作，及时、准确地向企业的各个部门传递市场及企业的要求，做好信息沟通工作。

（3）对企业市场行为进行监督，对市场需求做出快速反应，使市场营销效率最大化，代表并维护消费者利益。

（4）市场开发：根据公司业务发展战略及销售部门的经营目标，配合市场部门组织实施本区域市场开发计划及具体的实施方案，促进公司及产品品牌的提升；了解客户需求动态，指导下属挖掘潜在客户，并对客户开发情况进行跟踪；以实现公司市场占有率不断增长的目的；通过广告投入的方式进行市场开拓。

（三）销售经理岗位职责

销售经理是指导产品和服务的实际销售的人。通过确定销售领域、配额、目标来协调销售工作，并为销售代表制定培训项目。分析销售数据，确定销售潜力并监控客户的偏好。有较强的组织能力、沟通能力、交际能力、创造能力、商务技能、谈判策略以及管理下属能力。在企业运营仿真实训中，销售经理的主要岗位职责包括以下几个方面：

（1）熟练掌握商贸企业销售规则，及时与商贸企业沟通，了解对方需求。

（2）根据公司业务发展需要，与商贸企业建立顺畅的客户沟通渠道；负责定期访问情况，随时了解客户要求；及时处理客户异议和投诉，以提高客户满意度，建立长期、良好、稳固的区域客户关系。

（3）在响应订单前寻找好商贸企业商谈订单，并响应平台在订单系统发布的需求。

（4）在确认订单后，填写好订单合同，与相应的商贸企业签订合同。

（5）与生产经理探讨订单的生产以及产品出库的安排，产品出库时，填写物流单据。

（6）与签订合同的渠道商拿提货单并填写提货单，再将货物通过物流公司运输给商贸企业。

（7）辅助财务部门完成收取货款的工作。

（8）在闲暇时候，与各个商贸企业接触，寻找新订单的机会。

（四）生产经理岗位职责

生产经理是主管生产部的部门经理，依据成本、质量和数量的规划计划、指导和协调产品生产活动和原材料的供给，并负责把销售部接来的订单安排生产，并按期保质保量地把产品生产出来。其他责任有：均衡生产，调度有序；产品质量控制；人员管理；生产计划与安排；生产设备的管理；生产安全管理以及现场管理等。在实训过程中，其主要岗位职责包括：

（1）根据市场经理的市场订单和市场预测，制订企业生产计划，并根据生产线预测产能，预测所需生产工人人数，及时报给企管经理进行招聘；确定生产线是否需要购买、是否需要租用厂房仓库，是否涉及转产，是否需要产品研发等工作。

（2）在订单响应后，根据确定的订单数量、产品种类，根据合同的交货时间计算出产时间，安排生产工作，安排生产工人生产，确保生产进度，准时交货；合理调配人员和设备，调整生产布局和生产负荷，提高生产效率；协调原材料的到货与入库情况，及时完成领料单与产成品入库单的计算填制；统计分析车间每日的生产情况，寻求改善，提高生产效率；统计分析车间的成本消耗，制定可操作性成本控制措施。

（五）采购经理岗位职责

采购经理是指在企事业单位和非营利机构中负责为组织采购原材料（物料）、设备或服务的个体。在仿真实训中，采购经理的岗位职责包括以下几个方面：

（1）预算原材料成本和制订原材料采购计划。

（2）配合生产经理制订生产计划，确认原材料到货日期，确认最终原材料采购的数量。

（3）与原材料提供商接洽，操作原材料采购系统，完成原材料采购。

（4）确认原材料采购订单。

（5）协助财务部门支付原材料以及辅料采购费用。

（六）企管经理岗位职责

仿真实训中生产制造企业的企管经理岗位是将行政经理和人力资源经理两个岗位合并而成的，主要是负责计划、指导和协调机构的支持性服务，计划、指导和协调机构的人事活动，确保人力资源合理利用，管理理赔、人事策略和招聘。其具体的岗位制造如下所示：

（1）负责行政公文、会议纪要、工作报告等起草及日常文秘、信息报送工作，做好会议记录及会后相关事宜的追踪。

（2）制订招聘计划。根据公司要求或生产计划的要求，确定招聘生产人员、技术人员和管理人员数量。

（3）负责岗位说明书的制定及人事制度的制定和修改，包括员工手册、公司招聘制度、绩效考核制度、培训制度、员工考勤制度等。

（4）进行合同的整理及保管，协助市场经理订单的签订。

（5）负责季度初填写人力资源计划表、支付员工工资等。

（七）财务经理（CFO）岗位职责

财务经理是企业治理结构发展到一个新阶段的必然产物。没有首席财务官的治理结构不是现代意义上完善的治理结构。从这一层面上看，中国构造治理结构也应设立 CFO 之类的职位。当然，从本质上讲，CFO 在现代治理结构中的真正含义，不是其名称的改变、职位的授予，而是其职责权限的取得，在管理中作用的真正发挥。所以，如果仅仅改变称谓，而不调整职责、赋予权限，即使设立了 CFO 岗位，也不能说中国企业治理结构的完善在财务管理制度建设方面的任务已经完成。

财务经理负责组织制定企业年度财务预算和绩效考核体系，建立健全财务核算体系和内控制度，建立成本控制体系，准备月度经营分析报告，完善现金流管理，为公司重大投融资等经营活动提供财务决策支持。良好的财务状况，健康的财务体系，对于一个公司而言，往往起着至关重要的作用。那么，在实训中，财务经理的主要职责包括：

（1）编制企业季度和年度的预算表，进行财务预算分析。

（2）预测企业资金需要量，并进行筹资决策分析。

（3）审核账证表，做好成本费用的控制，核查企业原材料和产成品的进销存和明细账与资产负债表的存货是否一致，对企业的固定资产进行管理以及完成财务报表分析。

（4）对企业的现金流量进行监考，防止资金链断裂。对企业财务报表进行分析，总结和评价财务状况和经营成果，对企业的偿债能力、营利能力进行分析。

（5）审核财务单据，整理和保管原始凭证，编制记账凭证完成手工做账出报表。

（6）负责企业纳税申报工作。

（7）负责企业日常收入、费用、银行贷款等收支。

二、成员考核

（一）岗位工作情况

本项由 CEO 打分，满分 100 分，占总成绩权重 10%，见表 4－15。

表 4－15　　CEO 评分指标表

指标	工作能力（A）	工作态度（B）	团队意识（C）
分值（分）	50	30	20

（二）企业经营成绩

本项由系统平台在经营完成后自动生成，满分100分，占总成绩权重40%，见表4－16。

表4－16　企业经营成绩评分标准表

企业名称（姓名）	班级	学号	资产	企业经营成绩

（三）考勤与纪律

本项由指导教师检查，满分100分，占总成绩权重15%，见表4－17。

表4－17　考勤与纪律评分指标表

指标	出勤（A）	工作纪律（B）
分值（分）	60	40

其中，缺勤1天1人次扣1分；工作纪律主要考察：工作期间玩手机、玩游戏、看视频，以及擅离岗位者视为违纪，每人次扣2分。

（四）工作日志

本项由指导教师检查，满分100分，占总成绩权重15%，见表4－18。

表4－18　工作日志评分指标表

指标	完整性（D）	规范性（E）	真实性（F）	科学性（G）
权重（%）	30	30	30	10

要求每人每天都要撰写工作日志，及时上交。

（五）团队实训报告

本项由指导教师检查，满分100分，占总成绩权重10%，见表4－19。

表4－19　团队实训报告评分指标表

指标	完整性（D）	规范性（E）	真实性（F）	科学性（G）
权重（%）	30	30	30	10

（六）个人实训报告

本项由指导教师检查，满分100分，占总成绩权重10%，见表4-20。

表4-20　　个人实训报告评分指标表

指标	完整性（D）	规范性（E）	真实性（F）	科学性（G）
权重（%）	30	30	30	10

本章小结

1. 新商科企业运营仿真实训中的生产制造企业是以CEO为核心、以各个岗位进行权责分配的组织，其组织结构一般分设企业管理部门、财务部门、生产部门、采购部门和营销部门和市场部，各部门根据工作业务量，配置1~3名相关专业学生，部门之间各尽其职、彼此协作，共同完成企业仿真运作过程。

2. 生产制造企业经营过程中主要以部门进行权责分配和业务划分，主要包括企业的设立与登记、厂区的建设、企业的生产、原材料采购、市场开拓、产品销售、财务管理和企业行政管理等方面的经营业务，生产制造企业的实训学员应当在熟练掌握经营业务规则的前提下进行企业运营仿真实训工作。

3. 新商科企业运营仿真实训中生产制造企业对各个岗位的职责进行了科学合理的规划设计，主要由CEO负责企业行政管理与主持全面工作，生产经理负责产品生产与研发的相关工作，市场经理和销售经理的职责范围以市场开发和产品销售为主，采购经理负责原材料的采购模块，企管经理需要负责资质认证和人力资源管理方面的工作，财务经理则是统筹控制整个企业的资金运作与流向，各岗位间合作互补，相互配合，共同实现企业的生产运作目标。

4. 生产制造企业在平台中的运营操作主要通过各部门功能模块的业务操作和沟通协作实现的，通过市场监督管理局、税务局和银行入口实现企业的设立、注册、税收、银行账户等业务流程。生产部门中生产线和产品研发功能模块可实现企业生产和产品开发业务；采购部的原材料、交易清单以及BOM等模块可完成原材料采购工作；市场部中市场投资和市场情报模块能够实现市场开发的业务工作；销售部中销售订单功能模块可实现对产品的销售业务；企业管理部中人力资源和资质认证模块能够进行人员招聘和产品资质认证赢得订单得分的工作，财务部可通过资金申请、贷款、转账功能实现对企业资金进行管理和运作任务。

思考与练习

1. 深入学习领会党的二十大精神，谈谈你对“加快建设制造强国”的理解。
2. 生产制造企业的组织结构中，将企业划分为哪些部门？
3. 生产制造企业中，需要通过哪些服务机构进行企业设立和登记的？
4. 生产制造企业中，CEO的岗位职责主要包括哪些方面？
5. 生产制造企业实训操作平台中，生产部门主要通过哪些功能模块来实现生产和产品研发的？

第五章　贸易企业业务规则

［**素养目标**］

☆全面深刻学习领会党的二十大精神，理解“创新服务贸易发展机制，发展数字贸易，加快建设贸易强国”的内涵

［**知识目标**］

☆理解贸易企业的组织结构及相关岗位职责

☆熟悉贸易企业的企业设立登记、采购、销售、市场经营管理等业务规则

［**技能目标**］

☆学会平台中关于贸易企业的企业设立登记、采购、销售、市场经营管理、人力资源管理和财务管理等业务的操作流程

引　言

贸易企业连接生产制造企业与最终消费者，其产业链价值在于营销，在于最大限度地挖掘产品的区域市场，扩大市场占有率，增强与生产商的议价能力，从中获取最大利润。

第一节　贸易企业组织结构

贸易企业一般指从事货物和劳务交易的企业。其业务范围包括购买、销售和其他营业活动，也可以经纪人或代理商身份从事活动。但贸易企业无论采用哪一种方式从事业务活动，都可以出具发票。贸易企业主要业务就是商品买卖，最重要的是信息和业务渠道，要有货源和销售目标，并产生一定的利润。贸易企业可以根据市场规则，收集市场的需求与供应，做出比较合理的分配，合理配置资源满足人们的需求，并通过资源配置从中获利。

贸易企业销售商品，但不生产商品，是商品流通的一个中间环节，赚取商品流通环节中上下游差价，它往往作为中间商存在的，它从上游生产厂家采购商品，然后转手下游采购或消费者赚取差价利润，也可以从事咨询服务或技术。所以概括而言，贸易公司有业务渠道，但没有生产能力，所销售的商品可以是从上游企业购入的，也可以找工厂生产加工，然后自己在中间赚取差价。

组织架构在企业十分重要，企业的经营和管理是围绕组织架构开展的，而组织架构又是以公司的规模、经营的项目、业务关系而定的。组织架构清晰，则工作职责明确，工作

目标性强。从人力资源管理的角度讲，组织架构是排在第一位的，这说明其重要性。如果组织架构设置不合理，就会导致责权不清，工作混乱。因此，为了保证在实训过程中贸易企业能够充分发挥其中间商的职能，对其组织结构进行了优化设置。在新商科企业运营仿真实训中，贸易企业主要划分为企管部、采购部、市场部、销售部和财务部，各个部门根据工作业务量，配置1～3名相关专业学生，部门间各尽其职、彼此协作，共同完成高度仿真的连续3年共12个季度的商业贸易运作过程。贸易企业的组织架构和主要岗位职责可参考表5－1，各仿真企业根据团队中的学生人数，可相应增减岗位，并对岗位职责进行合理的重新分配。

表5－1　　组织架构及岗位职责

部门	职位	主要职责	人数（人）
企管部	CEO	制定发展战略、企业章程等	1
	企管经理	信息管理、部门协调、招聘计划、薪酬分配等	1
采购部	采购经理	原材料采购、合同、预算等	1
市场部	市场经理	市场开拓、广告投入、宣传等	1
销售部	销售经理	市场竞单、客户管理、合同	1
财务部	财务经理	预算、记账、纳税申报、会计核算、贷款、资金结算等	1

每家贸易企业中各部门岗位的安排是由CEO进行招聘团队成员时根据其专业特点自行确定的。而企业CEO是通过仿真实训课程所统一安排的CEO招聘环节进行聘用的，可由任何专业的学生担当，一般要求CEO具有较强的组织才能，具有良好的沟通能力和协调能力等。当CEO确定之后，由企业CEO负责招聘经营团队成员。CEO在招聘团队成员时，除了要考察其态度和能力外，还要尽量考虑其专业特长，发挥其专业优势。

第二节　贸易企业经营规则与策略

一、企业设立登记

贸易企业是专门从事商品交换的国民经济部门，是商品流转的主要渠道，所以其销售量（额）占社会全部商品销售量（额）较大份额。贸易企业包括各种个体或私营商业企业、合伙制商业企业和公司制企业，是贸易或商业活动的主体。新商科企业运营仿真实训中所设立的贸易企业属于公司制企业，也就是贸易公司。

贸易公司是指通过向社会集资成立的股份公司和同行业、相关行业企业共同组建的经济共同体。我国改革开放之前，贸易公司已经普遍存在。但我国传统的贸易（商业）公司，并非现代意义上的公司，而是具有管理商业企业和从事商品经营双重性质，大体有三种类型：一是主要承担管理职能的公司，这类公司不直接从事经营活动，主要代表国家或政府管理商业企业，通常按管理范围分为全国性和地方性的专业公司。二是同时承担管理和经营任务的公司，既是一个管理层次或环节，又是一个经营单位，直接从事商品购销活动。三是专业经营公司，它没有直属企业，不承担对下属企业的管理任务，只是作为一个企业法人直接从事商品购销活动。

要想成立贸易企业，首先应进行的是公司的设立登记。公司设立登记是指公司设立人按法定程序向公司登记机关申请，经公司登记机关审核并记录在案，以供公众查阅的行为。设置公司设立登记制度，旨在巩固公司信誉并保障社会交易的安全。贸易公司一般情况下是按照成立普通公司的程序进行注册，若是注册一家外贸公司，应注意在注册时，其经营范围加入“技术进出口、货物进出口”。

（一）企业工商注册

工商登记是政府在对申请人进入市场的条件进行审查的基础上，通过注册登记确认申请者从事市场经营活动的资格，使其获得实际营业权的各项活动的总称。在我国，公司进行注册登记，应向各级工商行政管理机关提出申请，并应遵守《公司登记管理条例》的有关规定。

1. 企业注册资金要求

注册公司时，必须要有注册资本。新修正的《中华人民共和国公司法》规定，贸易公司注册资本最低为3万元人民币，一人有限公司最低注册资本为10万元人民币，小规模纳税人或者是两人以上有限公司最低注册资本3万元人民币即可，外贸公司的注册资本并没有特殊限制性规定，一般选择注册资金100万元或是50万元人民币，若企业名称中有“进出口”字样，则注册资金不应少于100万元。

2. 经营范围

贸易主要以销售、批发、零售为主，贸易公司经营范围非常多，要根据公司经营的方向而定（近期要经营的产品和后期可能会经营的产品），传统贸易企业在进行注册时所填写的经营范围可以从以下几个方面入手：

（1）五金交电、电子产品、电讯器材、电线电缆、电动工具、家用电器、机电设备；

（2）通信器材、照相器材、健身器材、音响设备、酒店设备、汽摩配件、工量刃具；

（3）仪器仪表、医疗器械、建筑材料、装潢材料、陶瓷制品、卫生洁具、橡塑制品；

（4）化工原料及产品（除危险品）、电脑及配件、印刷机械、办公设备、文体用品、日用百货；

（5）包装材料、工艺礼品（除金银）、玩具、金属材料、钢丝绳、阀门、管道配件、轴承、制冷设备、压缩机及配件；

（6）服装鞋帽、服装服饰、纺机配件、纺织原料（除棉花）、针纺织品、皮件制品、化妆品。

3. 企业名称预先核准

企业进行工商注册登记时，应先依法选择自己的名称进行申请登记注册。企业名称预先核准是企业名称登记的特殊程序，指的是设立公司应当申请名称预先核准，这样可以使企业避免在筹组过程中因名称的不确定性而带来的登记申请文件、材料使用名称杂乱，并减少因此引起的重复劳动、重复报批现象。制定企业名称一般应注意以下几个方面：

（1）企业名称一般应当由以下部分依次组成：深圳（市）+字号（商号）+行业（或者行业特点）+组织形式。

（2）所用商号不得与其他已核准或注册的相同行业或无标明行业的企业名称中的字号（商号）相同，但有投资关系的除外。

（3）不得与其他企业变更名称未满1年的原名称相同。

（4）不得与已注销登记或被吊销营业执照未满3年的企业名称相同。

（5）名称冠“广东”的公司，须符合《广东省企业冠省名登记管理办法》的规定。

（6）企业名称冠“中国”“中华”“全国”“国家”“国际”等字样的，或者在名称中间使用“中国”“中华”“全国”“国家”等字样的，或名称不含行政区划的，需符合《企业名称登记管理实施办法》第五条、第十条的规定，如深圳多有米网络技术有限公司。

（7）企业名称中不得含有另一个企业名称。企业分支机构名称应当冠以其所从属企业的名称。

（8）企业名称应当使用符合国家规范的汉字，不得使用汉语拼音字母、阿拉伯数字等。

（9）企业名称中的字号应当由两个以上的字组成。行政区划不得用作字号，但县级以上行政区划的地名具有其他含义的除外。

（10）企业名称不应当明示或暗示有超越其经营范围的业务。

贸易企业在整个工商注册过程中，首先要到拟设企业所在地工商分局提交“名称预先核准委托书”，办理申请名称预先核准，工商行政管理机关对申请预先核准的企业名称作出核准决定的，发给“企业名称预先核准通知书”。在实训过程中，该项业务主要由企业CEO在实训平台系统中进行填写、提交和申请。同时到市场监督管理局窗口提交纸质“名称预先核准申请书”，由市场监督管理局予以审核。如图5－1所示。

企业名称预先核准申请书

敬　告

1. 在签署文件和填表前，申请人应当阅读《企业名称登记管理规定》及其实施办法和其他相关法律法规及本申请书，并确知其享有的权利和应承担的义务。
2. 申请人对其所提交的文件、证件的真实性、有效性和合法性承担责任。
3. 申请人提交的文件、证件应当是原件，确有特殊情况不能提交原件的，应当提交加盖公章的文件、证件复印件。
4. 申请人应当使用钢笔、毛笔或签字笔工整地填写申请书或签字。
5. 申请人提交的文件、证件应当规整、洁净。

北京市海淀区（注册企业填写）市场监督管理局：

根据法律、法规等相关规定，现申请企业名称预先核准，请予核准。同时承诺：所提交的文件、证件和有关附件真实、合法、有效，复印文本与原件一致，并对因提交虚假文件、证件所引发的一切后果承担相应的法律责任。

申请企业名称	北京友谊科技有限责任公司	
备选企业名称（1）	北京友爱科技有限责任公司	
备选企业名称（2）	北京优秀科技有限责任公司	
备选企业名称（3）		
拟申报的住所辖区	北京市　海淀　区	

图5－1　名称预先核准申请书

4. 企业设立登记及颁发营业执照

贸易企业在收到“名称预先核准通知书”以后，可再次填写“企业登记申请书”并提交给市场监督管理局，市场监督管理局审核通过后，然后填写“法人代表以及监理等信息表”到市场监督管理局备案，市场监督管理局审核完所有相关资料后，发放营业执照及副本，企业登记完成（见图5－2）。

企业设立登记申请书

<table>
<tr><td>（1）企业名称</td><td colspan="3">北京友谊科技有限责任公司</td></tr>
<tr><td>（2）住所（经营场所）</td><td colspan="3">北京　市　海淀　区（县）　000　（门牌号）</td></tr>
<tr><td rowspan="2">（3）法定代表人姓名（负责人、投资人、执行事务合伙人）</td><td rowspan="2">张三</td><td>（4）注册资本（注册资金、出资数额、资金数额）</td><td>制造公司1 000万元
贸易公司2 000万元</td></tr>
<tr><td>（5）实收资本（金）实际缴付的出资数额</td><td>制造公司1 000万元
贸易公司2 000万元</td></tr>
<tr><td rowspan="2">（6）经营范围</td><td>许可经营项目</td><td colspan="2">经有关部门授权生产、经营的项目可填写</td></tr>
<tr><td>一般经营项目</td><td colspan="2">手机生产、销售、研发</td></tr>
<tr><td>（7）营业期限（合伙期限）</td><td>20年</td><td>（8）副本数</td><td>2（一般为2份）份</td></tr>
<tr><td>（9）隶属企业名称</td><td colspan="3">某一企业的子公司，可填写</td></tr>
</table>

图5－2　企业设立登记申请书

（二）税务局办理税务登记

税务登记证是从事生产、经营的纳税人向生产、经营地或者纳税义务发生地的主管税务机关申报办理税务登记时，所颁发的登记凭证。税务登记是整个税收征收管理的起点。税务登记范围包括纳税人、扣缴义务人：

（1）从事生产、经营的纳税人：企业，企业在外地设立的分支机构和从事生产、经营的场所，个体工商户和从事生产、经营的事业单位。

（2）非从事生产经营但依照规定负有纳税义务的单位和个人：前款规定以外的纳税人，除国家机关、个人和无固定生产经营场所的流动性农村小商贩外。

（3）扣缴义务人：负有扣缴税款义务的扣缴义务人（国家机关除外），应当办理扣缴税款登记。享受减免税待遇的纳税人需要办理税务登记。

税务登记的一般流程包括：

（1）开业登记：开业登记是指经工商行政管理部门批准开业的纳税人，自领取营业执照之日起30日内，提出申请报告和有关证件，向当地税务机关办理。对领取营业执照后暂不营业的，其办理税务登记的期限仍是领取营业执照30日内，而不以开业日期为准。其法定程序为：第一步，申请开业登记人必须持有关证件和资料，向当地税务机关领取统一印刷的税务登记表，并如实填写，一式三份，加盖印章后，连同有关证件一并报送基层税务机关。有关证件和资料包括：①营业执照及相关许可证；②法人代表或业主的居民身份证；③法人代码证书；④有关章程、合同、协议书；⑤银行账号证明；⑥要求提供的其他有关证件资料。第二步，基层税务机关接到税务人提出的申请开业登记报告后，应及时审核税务登记表，若内容完整无误，则受理登记。第三步，基层税务机关受理登记后，要将一式三份的税务登记表，一份上报市、县税务机关，一份留存，一份连同由市、县税务机关填发的税务登记证件和资料，应自收到之日起 30 日审核完毕，符合条件的，发给税务登记证件。

（2）注册登记：纳税人非独立核算的分支机构以及未领取法人执照和营业执照的地方纳税人，在税法规定期限内到当地税务机关办理税务注册登记及副本。办理程序与办理税务登记程序相同。

（3）变更登记：税务登记内容发生变化时，纳税人在工商行政管理机关办理注册登记的，应当自工商行政管理机关办理变更登记之日起 30 日内，持有关证件向原税务登记机关申报办理变更税务登记；按照规定纳税人不需要在工商行政管理机关办理注册登记的，应当自有关机关批准或者宣布变更之日起 30 日内，持有关证件向原税务登记机关申报办理变更税务登记。税务登记内容发生变化的情况一般包括改变名称；改变法定代表人；改变经济性质或经济类型；改变住所或经营地点；改变生产经营范围或经营方式；增设或撤销分支机构；增减注册资金（资本）；改变隶属关系；改变生产经营期限；改变、增减银行账号；改变生产经营权属；其他改变税务登记内容的事项。税务机关应对纳税人的变更登记申请报告及时审核，对符合条件的。应当予以办理变更税务登记；对于不符合条件的，应在收到申请报告后 30 日内予以答复。

根据我国现行的税收制度的规定，结合仿真实训的实际情况，制定了相应的税务登记流程：贸易企业在完成工商注册以后，需到税务局窗口填写“纳税人税务登记表”，并提交给税务局进行审核，税务局审核通过后为贸易企业建立企业税务账户，贸易企业通过该账户进行缴纳税款（见图 5 - 3）。

（三）银行开户业务

公司在领取营业执照并刻制公章之后，即可到银行办理开户手续，开立银行结算账户。根据中国人民银行关于结算账户管理的有关规定，每个公司仅可开立一个基本账户，用以提取现金及日常结算支付等，并可根据经营业务的需要，再开立其他的一般账户。开立账户需要准备的资料包括：

（1）营业执照副本及其复印件；

（2）组织机构代码证的副本及其复印件；

（3）法定代表人身份证复印件；

（4）留存印鉴非法定代表人的，需要签署相应的授权书；

（5）公章、财务专用章及预留人名章；

（6）经办人身份证复印件（通常工商银行需要）；

（7）公司的税务登记证（含国税及地税）副本的复印件（通常招商银行需要）；

（8）房屋租赁协议（一般基本户开户行需要）；

（9）其他需要的证明文件。

税务登记表

（适用单位纳税人）

<table>
<tr><td>纳税人名称</td><td colspan="3">北京友谊科技有限责任公司</td><td colspan="2">纳税人识别号</td><td colspan="2">填写获取的纳税识别码</td></tr>
<tr><td>登记注册类型</td><td colspan="3">有限责任公司</td><td colspan="2">批准设立机关</td><td colspan="2">北京市海淀区市场监督管理局</td></tr>
<tr><td>组织机构代码</td><td colspan="3">市场监督管理局发放的组织机构代码编号</td><td colspan="2">批准设立证明或文件号</td><td colspan="2">市场监督管理局发放的准予企业设立登记号</td></tr>
<tr><td>开业（设立）日期</td><td>2013 年 11 月 11 日</td><td>生产经营期限</td><td>2013 年 11 月 11 日至 2033 年 11 月 10 日</td><td>证照名称</td><td>营业执照</td><td>证照号码</td><td>营业执照编号</td></tr>
<tr><td>注册地址</td><td colspan="3">北京市海淀区</td><td>邮政编码</td><td>注册地邮编</td><td>联系电话</td><td>010－24241241</td></tr>
<tr><td>生产经营地址</td><td colspan="3">北京市海淀区</td><td>邮政编码</td><td>生产地邮编</td><td>联系电话</td><td>010－4242344</td></tr>
<tr><td>核算方式</td><td colspan="4">请选择对应项目打“√” ☑ 独立核算 ☐ 非独立核算</td><td>从业人数</td><td colspan="2">322 其中外籍人数 0</td></tr>
<tr><td>单位性质</td><td colspan="7">请选择对应项目打“√” ☑ 企业 ☐ 事业单位 ☐ 社会团体 ☐ 民办非企业单 ☐ 其他</td></tr>
<tr><td>网站网址</td><td colspan="3"></td><td>国标行业</td><td colspan="3">40 ☐☐ ☐☐ ☐☐</td></tr>
</table>

图 5－3 纳税人税务登记表

在仿真实训过程中，贸易企业的财务经理或 CEO 携带“临时账号单”“营业执照”“营业执照副本”等相关资料到银行办理开户业务，在此期间，需要在系统平台和线下同时填写“机构信用代码申请表”并提交给银行进行审核，银行审核通过后，贸易企业填写“银行账户结算申请书”提交给银行，银行审核完“开立单位银行结算账户申请书”（见图 5－4），贸易企业可以领取“机构信用代码证”“开户许可证”，企业基本账户开立完成。

<table>
<caption>开立单位银行结算账户申请书</caption>
<tr><td>存款人</td><td colspan="2">北京友谊科技有限责任公司</td><td>电话</td><td>010 - 241312313</td></tr>
<tr><td>地址</td><td colspan="2">北京市海淀区</td><td>邮编</td><td>311312312</td></tr>
<tr><td>存款人类别</td><td>有限责任公司</td><td>组织机构代码</td><td colspan="2">企业组织机构代码</td></tr>
<tr><td rowspan="2">法定代表人（ ）
单位负责人（ ）</td><td>姓名</td><td colspan="3">张三</td></tr>
<tr><td>证件种类</td><td>身份证或学号</td><td>证件号码</td><td>41312312312312</td></tr>
<tr><td>行业分类</td><td colspan="4">A（ ）B（ ）C（ ）D（ ）E（ ）F（ ）G（√）H（ ）I（ ）
J（ ）K（ ）L（ ）M（ ）N（ ）O（ ）P（ ）Q（ ）R（ ）
S（ ）T（ ）</td></tr>
<tr><td>注册资金</td><td>独资</td><td>地区代码</td><td colspan="2">31312312</td></tr>
<tr><td>经营范围</td><td colspan="4">手机生产制造、销售、研发</td></tr>
<tr><td>证明文件种类</td><td>营业执照</td><td>证明文件编号</td><td colspan="2">3131212412414</td></tr>
<tr><td>税务登记证编号
（国税或地税）</td><td colspan="4">税务登记证编号</td></tr>
<tr><td>关联企业</td><td colspan="4">关联企业信息填列在“关联企业登记表”上</td></tr>
<tr><td>账户性质</td><td colspan="4">基本（√）一般（ ）专用（ ）临时（ ）</td></tr>
<tr><td>资金性质</td><td>日常经营</td><td>有效日期至</td><td colspan="2">2013 年 11 月 11 日</td></tr>
</table>

以下栏目由开户银行审核后填写：

<table>
<tr><td>开户银行名称</td><td colspan="2">北京市商业银行</td><td>开户银行机构代码</td><td>百度搜索</td></tr>
<tr><td>账户名称</td><td colspan="2">北京××科技有限责任公司</td><td>账号</td><td>131312</td></tr>
<tr><td colspan="2">基本存款账户开户许可证核准号</td><td>××××</td><td>开户日期</td><td>2013 - 11 - 11</td></tr>
<tr><td colspan="2">本存款人申请开立单位银行结算账户，并承诺所提供的开户资料真实、有效。
存款人（公章）
北京友谊科技有限责任公司
2013 年 11 月 11 日</td><td colspan="2">开户银行审核意见：
同意
经办人（签章）商业银行
存款人（签章）北京友谊科技有限责任公司
2013 年 11 月 11 日</td><td>人民银行审核意见：
同意
经办人（签章）商业银行
人民银行（签章）人民银行
2013 年 11 月 11 日</td></tr>
</table>

图 5－4 开立单位银行结算账户申请书

二、厂区建设规则

对贸易企业来说，厂区的选择和规划有着重要和长远的影响，因为仓库和相关设施一经建成，要想改建和迁移是比较困难的事情。所以对于贸易企业来说做好厂区的建设的合理布局与规划是关系企业全局的重要问题。新商科企业运营实训平台为贸易企业提供了 6 个不同的厂区区域，分别为北京、大连、沈阳、武汉、深圳、成都，不同区域对各种产品的市场需求状况不同，每个区域内都有不同类型的大、小型厂区可供选择。

（一）厂区选址与购买

厂址选择对于一个企业来说，无疑是十分重要的，对企业的生存和发展具有决定性的影响。厂址选择包含两个层次的选择：第一是选择把企业设置在哪一个区域，放在沿海还是内地，放在南方还是北方，甚至考虑放在国内还是国外等；第二是在选定的区域内，为工厂选择一个具体的地理位置，如在市内还是郊区，或者哪一具体位置上。

新商科企业运营仿真实训平台中所设计的厂区选址主要包括6个区域（北京、大连、沈阳、武汉、深圳、成都），不同区域的市场需求、厂区价格是不同的。在厂区购买方面，贸易企业购买厂区相当于购买土地，企业购置厂区后，在厂区内可以依需要分别建设产成品库、原材料库。在厂区购买决策中，企业经营者需要遵守以下几个方面的规则：

（1）每个贸易企业在正式的经营过程中，只能购买一个厂区，即只能选择一个区域建厂。购买厂区后必须一次性付款结清，不同厂区的土地价格不同，不同类型的厂区，面积大小也不同。

（2）购买厂区后，该类型厂区系统平台默认一定大小面积，可以在厂区内根据需要建设产成品库、原材料库等建筑物设施，这些建筑设施在厂区内占有一定的面积，建筑物占地总面积超过厂区面积时就不可再进行建设。

（3）当企业在经营过程中要求增加各类建筑物及设施数量时，可通过对厂区进行扩建的方式实现。厂区每期都有一定的扩建的面积，扩建的厂区可用于建造产成品库也可用于建造原材料库；其相关计算规则为：

$$每次扩建面积 = 厂区现有面积 \div (已扩展次数 + 1)^2$$

$$每次扩建金额 = 每次扩建面积 \times 土地的价钱$$

（4）厂区购买后，不需要支付开拓费用即可拥有本地市场资格，即标记为“本地市场”，并在市场竞单中具有永久市场加成30分。

经营者购买厂区是在遵守以上相关规则的基础上做出决策，其购买决策所依据的参数如表5－2所示。

表5－2　厂区购买决策参数

代表城市	类型	土地价格（元/平方米）	厂区面积（平方米）	每期最大可扩建面积（平方米）	竞单加分
北京	小型	1 000	1 000	1 000	30
	大型	1 000	1 200	1 200	30
大连	小型	850	1 000	1 000	30
	大型	850	1 200	1 200	30
武汉	小型	800	1 000	1 000	30
	大型	800	1 200	1 200	30

续表

代表城市	类型	土地价格（元/平方米）	厂区面积（平方米）	每期最大可扩建面积（平方米）	竞单加分
深圳	小型	1 100	1 000	1 000	30
	大型	1 100	1 200	1 200	30
沈阳	小型	900	1 000	1 000	30
	大型	900	1 200	1 200	30
成都	小型	700	1 000	1 000	30
	大型	700	1 200	1 200	30

在厂区使用方面，厂区购买后，当季度就可以使用，扩建后，当季度可使用。厂区内的建筑物，当季度租赁或者是建造后，当季度可以使用；租赁的建筑物不占用厂区的面积，建造的建筑物占用厂区面积。原材料仓库、产成品仓库的吞吐量每个季度开始时会还原最大值。

贸易企业的固定资产主要包括库房。固定资产的形成可选择购买（自行建造）或者租赁。购买须一次性付款，支付后可立即投入使用，购买的固定资产每一经营期须承担维护费用，维护费用在下一期支付；租赁的固定资产在租赁后即可投入使用，每经营期须承担租赁费，租赁费在下一季度支付。

无论购买或是租赁的库房都需产成品保管费用。对存放在库房中的产成品，若跨季度前仍未出库，则需按照期末存放的数量收取保管费用。

（二）产成品库购建

贸易企业经营者，可以根据自己的采购和销售计划，决策购买（自行兴建）或者租赁产成品库，用来存放每季度所采购的各类成品；因为在每个销售季度中，企业所购买的产成品库都有吞吐量的限制，所以在购买过程中要进行综合考量。产成品库大、中、小三种规格，不同规格的成品的价格、吞吐能力、面积大小及容量都不同，详细信息见表 5－3。

表 5－3　　产成品库参数表

产成品库类型	容量（件）	兴建				租赁	吞吐量
		兴建价格（元）	维护费用（元/季度）	折旧期限（季度）	占地面积（m * m）	租赁费（元/季度）	
小型	1 000	300 000	2 000	40	200	80 000	4 000
中型	2 000	400 000	2 000	40	400	100 000	8 000
大型	3 000	600 000	2 000	40	500	150 000	12 000

经营者在对产成品库进行购买决策时，需要着重考量的两个因素是容量和吞吐量。容量是指一个仓库所能容纳的货物数量，量化后数值实时更新。而吞吐量指的是一个仓库所能承受的吞吐能力，量化后数值隔季度更新，当季度消耗不可再生。

［案例分析］

例：原材料 M1 的体积为 1，产成品 H 型的体积为 3。那么分别入库 1 000 件 M1 和 1 000 件 H 型，则分别消耗 1 000 点和 3 000 点吞吐量。若把 M1 投入生产，则需进行出库，再次消耗 1 000 点吞吐量；若把 H 型进行交易售卖，则同样需要出库，再次消耗 3 000 点吞吐量。综上所述，M1 出入库共计消耗 2 000 点吞吐量，H 型出入库共计消耗 6 000 点吞吐量（所有货物企业接收后必须经历一次出入库处理，若当前仓库剩余吞吐量不足则无法进行出入库，且已入库货物当季度内无法进行出库）。

三、采购部业务规则

原材料采购能及时满足制造企业生产加工或组装的需求，是生产活动得以正常运行的必要前提，原材料、零部件的质量和性能直接影响到成品的质量和性能。贸易企业可以通过采购部采购供应商的原材料，也可以采购制造企业的产成品，然后进行销售赚取利润。因此采购产品的数量以及与生产制造企业议价的能力，决定了贸易企业获取利润的多少。

（一）采购

贸易企业采购是产品进入市场流通的第一环节，商贸企业首先预测出消费者购买能力以及市场容量，在此基础上制订自己的采购计划，分进采购计划与生产制造企业进行接触和洽谈，争取以合理的价格采购所需的原材料或产品。

贸易企业的采购部进行原材料采购时所遵循的流程为：

（1）每季度初，采购部门根据自己的需求，考虑现有库存及市场供求形势、采购提前期、安全库存、采购批量等因素，编制采购计划表；

（2）采购部门与制造商、供应商签订意向合同，确定未来一段时间里即将购买的原材料或产品的品种、预计数量和约定价格；

（3）采购部门每月根据企业的产品需求向供应商和生产制造企业下达采购订单；

（4）供应商或生产制造企业根据订单向企业发货，这些货物经过一定时间的提前期后到达企业现场，企业验收入库；

（5）整张订单的所有货物都运到企业后，在次月支付结清该份订单的货款及相关的运费。

（二）交易

在新商科企业运营仿真实训中，合同的签订以及交易过程可通过平台系统实现，整个过程由采购方创建交易，在采购部的采购合同里创建交易，选择采购的物料（原材料或产成品），选择被采购的小组，选择到货时间，输入数量和所有货物的总金额（含税价，总金额包括了 17% 的增值税）。从供应商或制造商送达企业时会产生相应的物流运输费用，具体细节在采购合同中由双方进行约定。

采购方式主要包括两种：紧急采购和一般采购。其中紧急采购在当季度是可以收到原材料或产品的，但价格为正常价格的一倍，而一般采购是在下个季度才能收到货物。贸易企业向制造企业采购时，如选择“本期采购”，则须当期付款，货物当期可到，但制造企业转季度后才能收到货款；如选择“下一期采购”，则下一季度时，货物、货款同时可到；如选择“下二期采购”，则下二季度时，货物、货款同时可到。

四、市场部业务规则

在新商科企业运营仿真实训所处的虚拟社会商业环境中，贸易企业在本地区域建设厂房所采购的产品只可以销售到当地区域，所以为了能够让自己的产品销往其他区域，企业可以通过各种宣传手段，投入广告费，来开拓市场和提高市场影响力。因此，在贸易企业的经营过程中，市场部的主要业务就是市场开拓，即企业把现有产品销售到新的市场，以求市场范围不断扩大，增加销售量。

在广告投入宣传方面，本期投放的广告费用，在下一期市场竞单中会转化为相应的竞单得分，每种宣传手段有次数限制，使用后4个季度重置。其具体的广告投放以及市场开拓规则请参考“第四章　第二节　生产制造企业经营规则与策略中市场部业务规则”等相关内容。

五、企业管理部业务规则

企业管理部是贸易企业的综合管理部门，具有企业综合管理职能和做好决策层管理参谋的职能，其直接上级一般是总经理。在新商科企业运营仿真实训平台中，企业管理部的职能主要包括企业资质认证和人力资源管理。企业资质认证和人力资源管理的业务规则，请参考“第四章　第二节　生产制造企业经营规则与策略中企管部业务规则”等相关内容。

六、营销部业务规则

营销部是一个企业的经济命脉，营销部业绩的好坏直接影响到企业的收入。市场预测和客户订单是贸易企业制订采购营销计划的依据。贸易企业需要营销部对市场有精准的预测，然后与客户商谈并签订合同，以此形成联动贯通的上下游供应链关系。

（一）市场预测与分析

所谓市场预测是指企业在通过市场调查获得一定资料的基础上，针对企业的实际需要以及相关的现实环境因素，运用已有的知识、经验和科学方法，对企业和市场未来发展变化的趋势作出适当可行的分析与判断，为企业营销活动等提供可靠依据的一种活动。为经营决策提供可靠的依据。

市场预测的内容十分广泛丰富，从宏观到微观，二者相互联系、相互补充。具体来讲主要包括以下几个内容：

1. 预测市场容量及变化

市场商品容量是指有一定货币支付能力的需求总量。市场容量及其变化预测可分为生产资料市场预测和消费资料市场预测。生产资料市场容量预测是通过对国民经济发展方向、发展重点的研究，综合分析预测期内行业生产技术、产品结构的调整，预测工业品的需求结构、数量及其变化趋势。消费资料市场容量预测重点有以下三个方面：

（1）消费者购买力预测。预测消费者购买力要做好两个预测：第一，人口数量及变化预测。人口的数量及其增长速度，在很大程度上决定着消费者的消费水平。第二，消费者货币收入和支出的预测。

（2）预测购买力投向。消费者收入水平的高低决定着消费结构，即消费者的生活消费支出中商品性消费支出与非商品性消费支出的比例。消费结构规律是收入水平越高，非商品性消费支出会增大，如娱乐、消遣、劳务费用支出增加，在商品性支出中，用于饮食费用支出的比重大大降低。另外还必须充分考虑消费心理对购买力投向的影响。

（3）预测商品需求的变化及其发展趋势。根据消费者购买力总量和购买力的投向，预测各种商品需求的数量、花色、品种、规格、质量等。

2. 预测市场价格的变化

企业生产中投入品的价格和产品的销售价格直接关系到企业盈利水平。在商品价格的预测中，要充分研究劳动生产率、生产成本、利润的变化，市场供求关系的发展趋势，货币价值和货币流通量变化以及国家经济政策对商品价格的影响。

3. 预测生产发展及其变化趋势

对生产发展及其变化趋势的预测，这是对市场中商品供给量及其变化趋势的预测。

（二）销售方式

销售订单是企业进行销售业务时，预先向客户发出的销售商品名称、规格、数量、价格、交货日期、地点等信息的业务单据，表明企业与客户间的购销契约关系。销售订单是企业与客户之间签订的一种销售协议，销售订单实现企业与客户之间的沟通，实现客户对企业待售货物的一种请求，同时也是企业对客户的一种销售承诺；是销售管理系统实质性功能的第一步，它上接销售合同，并向下传递至销售发货。通过订单信息的维护与管理，实现企业对销售的计划性控制，使企业的销售活动、生产活动、采购活动处于有序、流畅、高效的状态。在新商科企业运营仿真实训中，贸易企业的销售方式包括三种：

1. 电子商务竞单

即通过在系统模拟的市场中进行竞单销售。采用此方式销售产品，企业必须投入广告费，开拓市场，才能接到该市场的订单，本地市场除外。

竞单规则如下：

第一步，进入某市场，输入需求订单量（小于等于该市场剩余需求量），申请新订单，进入150秒倒计时；

第二步，点击进入申请的新订单，可实时重复输入报价，看到各企业得分，150秒倒计时结束后，得分最高的企业中标，并进入600秒倒计时；

第三步，中标企业可在600秒内选择签订合同；

第四步，600秒倒计时结束后，若中标企业未选择签订合同，则该企业可选择取消该订单并支付订单总额5%的手续费，该订单需求量重新回归市场，由其他企业继续申请订单并竞单。

（注：在600秒倒计时结束后，若中标企业既不签订合同，也不取消订单，则其他企业也可进入此订单取消，所需手续费仍由中标企业支付）

竞单评分标准表：

价格分：满分100分，价格每高于标底价1%，减10分，低于标底价加2分

市场影响力分：满分150分，影响力每占1%，加1.5分，得分取整

质量分：根据认证规则，每完成一个质量认证，加上相应的分数

2. 竞标

制造企业分别可以在经营中，参与招投标中心的市场竞标活动，取得销售订单。竞标必须按照招标人的要求准备标书参与竞标。

3. 谈判

企业之间谈判，并在企业采购部采购订单（创建交易功能）中签订销售合同进行产品销售（企业间创建交易由采购方向被采购方发起）。

（三）订单交付

订单的交付时间都是本期交付，只要库存及仓库吞吐量满足订单要求，便可以进行产品交付。物流流程走完后，货款下一季度收取（同一订单可由不同仓库同时出货，但每笔订单必须一次性交付，不能分期）。其计算规则：

本地需求 = 本市场内所有公司的上一季度总产量 × 对应的市场需求比例 + 本市场内所有公司的上一季度总产量 ×（1 − 对应的市场需求比例）× 本地市场在全部市场中所占到市场份额，系统回收产品的基础价格是4 000元，每降低或者调高4元，将降低或者调高1分。

七、财务部业务规则

财务业务规则主要包括会计核算制度、会计管理制度、预算管理方法、筹资规投资规则、账簿设置与会计核算程序等方面的主要规则。各公司必须按照财务规则的各项规定组织会计核算，进行会计管理。

（一）筹资规则

资金是公司的血液，公司经营与发展离不开资金支持。公司根据财务部门的筹资预案进行充分论证，并考虑合理的资金结构，作出科学的筹资决策。

1. 筹资渠道

在新商科企业运营仿真实训中，企业资金来源于以下几种渠道：实收资本、银行信用贷款、商业信用（应收、应付、应计费用等）。

2. 筹资用途

金融机构可以提供的贷款主要有短期贷款和长期贷款。短期贷款用于流动资产周转，长期贷款用于长期投资如购买设备、厂房等固定资产。即长借长用、短借短用、短用短借、长用长借。各种筹资方式的相关信息见表5－4。

表 5-4　　筹资方式相关信息

筹资方式	融资手段	利率	限额	还款时间	还款约定
银行信用贷款	长期贷款	I	I	8 个季度	每季付息，到期还本或其他可约定方式
	短期贷款	I	I	1~4 个季度	到期一次性还本付息

（二）税务规则

生产制造公司从事生产经营活动，涉及国家或地方多个税种，包括：企业所得税、增值税、城建税、教育费及附加、个人所得税等。

1. 税种类型

按照国家税法规定的税率和起征金额进行税额的计算，企业所得税按照利润总额的25%缴纳，增值税税率为17%，城建税为增值税税额的7%，教育费及附加为增值税税额的3%。个人所得税按照七级累进税率，起征点为月收入5 000元。

2. 日常纳税申报及缴纳税款

在税收征收期内，按照生产制造公司的经营情况，填制个税申报表，携带相关会计报表，到税务部门办理纳税申报业务，得到税务部门开出的税收缴款书，并到银行缴纳税款。依据税务部门规定，每月初进行上月的纳税申报及缴纳。如遇特殊情况，可以向税务部门申请延期纳税申报。

（三）会计核算规则

1. 结算方式

贸易企业的结算方式主要采用的转账结算。原则上，在合同履行结算环节时，各个企业、机构之间可通过系统平台实现自动转账结算。

2. 存货计价

存货核算按照实际成本核算，原材料计价采用实际成本计价，材料采购按照实际采购价入账，材料发出按照全月一次加权平均计算材料成本。

全月一次加权平均相关计算：

材料平均单价 =（期初库存数量 × 库存单价 + 本月实际采购入库金额）÷（期初库存数量 + 本月实际入库数量）

材料发出成本 = 本月发出材料数量 × 材料平均单价

3. 固定资产取得方式及折旧

固定资产可以按照购买的方式取得。固定资产购买当月不计提折旧，从次月开始计提折旧，出售当期照提折旧。固定资产折旧可按照直线法计提折旧。

4. 制造费用的归集及分配

为生产管理部门发生的费用以及生产过程中各车间共同的间接费用计入制造费用。制造费用按照费用发生车间设置明细科目——机加车间、组装车间。机加车间发生的费用，如工人工资、工人报销的办公费用、机加车间设备折旧及维修等能够明确确认为机加车间发生的费用计入“制造费用——机加车间”。同样，组装车间的费用计入“制造费用——

组装车间”。生产计划部管理人员的工资、使用的设备折旧、报销的办公费等计入“管理费用”。厂房折旧计入“制造费用”，并按照各类设备占用厂房空间比例进行分配。

5. 成本计算规则

产品成本分为原材料成本、人工成本和制造费用结转。制造费用中车间的费用计入该车间生产的产品成本，如果该车间有两个及以上产品生产，则按照该产品生产工时分配车间制造费用。在产品只计算材料费用，不计算制造费用和人工费用。即结转当期生产成本的金额为：期初生产成本（直接材料）+本期归集的直接人工+本期归集的制造费用。

（1）成本归集。原材料成本归集按照材料出库单的发出数量×平均单价，人工成本为当月计算的生产部门的人员工资，包括生产管理人员和生产工人。

（2）产品之间费用分配。如果同一车间生产不同产品，则以各产品数量为权重，分配该车间的直接制造费用和结转的间接制造费用。

6. 坏账损失

生产制造公司采用备抵法核算坏账损失。坏账准备按年提取，按照年末应收账款的3%提取。超过一年未收回的坏账，确认为坏账损失。已经确认为坏账损失的应收账款，并不表明公司放弃收款的权利。如果未来某一时期收回已作坏账的应收账款，应该及时恢复债权，并按照正常收回欠款进行会计核算。

7. 利润分配

公司实现利润，应当按照法定程序进行利润分配。根据公司章程规定，按照本年净利润的10%提取法定盈余公积金。根据董事会决议，提取任意盈余公积金，按照公司制定的股利政策（按照净利润总额的20%分配股利）向股东分配股利，每年年末做一次利润分配。

知识专栏5-1

发展数字贸易　加快建设贸易强国

党的二十大报告强调，“推动货物贸易优化升级，创新服务贸易发展机制，发展数字贸易，加快建设贸易强国”。大力发展数字贸易，发挥我国海量数据和超大规模市场优势，对于畅通经济循环，助力经济全球化发展，加快构建新发展格局，推动全球价值链变革，更好满足人民群众的美好生活需要具有重要意义。

数字贸易赋予贸易强国建设新动能和新优势

数字贸易为世界经济注入新动力。习近平总书记指出，数字经济“正在成为重组全球要素资源、重塑全球经济结构、改变全球竞争格局的关键力量”。一方面有助于降低国际贸易成本；另一方面有助于进一步完善国际数字贸易规则制度，促进国际市场统一。

数字贸易在畅通国内国际双循环中发挥着关键作用。一方面，数字贸易通过更好地连接生产与消费，实现供需良性互动，促进整个产业链升级。随着现代商业和数字技术的发展，消费升级等需求侧的变化催生了诸如新零售这一类新的商业模式，数字贸易促使生产与消费之间的联系更加紧密，居民消费升级将有利于带动生产端的技术革新。另一方面，推动数字贸易开放发展有助于更好地参与国际循环。中国数字经济发展迅速，数字服务市场空间巨大，为全球数字贸易参与者提供了无限可能，有力维护了全球产业链供应链稳定。

数字贸易是推动全球价值链变革的加速器，有利于我国赢得国际经贸战略主动权。一方面，数字化推动重塑全球利益分配格局、转变价值链分工模式，进一步提高全球价值链分工的深度和广度；另一方面，数字贸易改变了要素参与价值创造的方式，助力我国价值链向中高端迈进。我国拥有丰富的数据资源，有利于在数字贸易中深度参与全球价值链整合，实现价值链攀升，摆脱“低端锁定”状态，加快建设贸易强国。

数字贸易可以通过提高出口质量效益扩大优质产品和服务进口，对于对外贸易发挥稳就业、稳经济作用具有重要意义。一方面，数字贸易高质量发展可以更好地满足人民消费需求和消费升级需要。数字技术能够高效促进供需匹配，提升供给体系的适配性，使得生产与消费更有效地连接。另一方面，数字技术与传统贸易的结合促进了业态创新和产业升级，带动提升就业质量。数字贸易代表的流通业态创新催生了大量新的商业组织和商业模式，创造了新的就业岗位，为提高人民收入水平提供了保障。

数字贸易是建设贸易强国的“新引擎”。一方面，数字贸易引领贸易创新发展。数字技术是贸易变革的关键助力，中国在数字技术应用方面具有规模优势，“数字 + 贸易”的协同创新将弥补传统贸易的缺陷，提升数据、技术等新生产要素在经济增长中的贡献度，实现从生产端、供应链到消费终端的数字化创新，重构生产与消费中物流、商流和信息流等要素体系，提升生产效率和管理效率。另一方面，数字贸易促进贸易降本增效，在宏观上能降低社会生产成本、提高生产效率，在微观上能降低市场主体之间的交易费用。数字贸易借助5G、大数据等现代信息技术打破要素流动的种种阻碍，数据资源与实体经济的融合将有助于降低市场交易成本，提高资源配置效率。

打好数字贸易发展组合拳

中国数字贸易发展具备独特优势。我国拥有全球最大规模的网民数量，数据资源十分丰富。国内超大规模的市场提供了丰富的贸易数字化应用场景，叠加大量数字创新人才的智力支撑，奠定了数字贸易创新发展的坚实基础。

做好顶层设计，统筹开放和安全实践。建立健全数字贸易治理体系，构建统一高效、开放包容、多元共治的管理体系，最大限度激发数字贸易市场活力。完善国内数字贸易法律制度，推动相关法律法规细则落地，形成具有中国特色、符合中国利益的数字贸易规则模板。

加快创新驱动，培育数字贸易新业态新模式。既要注重由数据要素和先进数字技术驱动的新型数字贸易，积极抢占全球数字贸易发展制高点，也要大力推动传统货物贸易和服务贸易的数字化转型。加强数字核心技术研发与创新，抢占数字技术竞争制高点，增强在大数据、云计算、区块链、人工智能、5G 通信、物联网等方面的自主发展能力。加大“数字技术 + 贸易”专业人才培养力度，为数字贸易高质量发展提供复合型人才。

培育优质主体，构建数字贸易新生态。鼓励数字贸易企业整合利用全球资源，对标国际规则完善贸易制度规范和标准。完善数字贸易企业发展环境，建立大企业引领、以小带大、上下游协同、产业联动的产业生态系统。

推动数字贸易开放发展，加强国际合作。发挥好国家重点开放平台的政策优势，不断打造自由贸易试验区、自由贸易港、服务业扩大开放综合试点等重点开放平台，建设国家数字服务出口基地。在自贸试验区、海南自由贸易港等开放平台率先对标《全面与进步跨太平洋伙伴关系协定》（CPTPP）规则，积极推动加入《数字经济伙伴关系协定》（DE-

PA）进程。积极参与数字贸易国际规则制定，坚持“多边治理”模式，在《区域全面经济伙伴关系协定》（RCEP）和“一带一路”等区域合作平台中，秉持人类命运共同体理念，与相关国家共建共享数字基础设施，共商共享数字贸易发展机遇，推动各方对数字贸易治理规则达成共识，努力缓解贸易保护主义倾向，推动形成多边共治的数字贸易国际规则体系。

（资料来源：黄开先，光明日报，2023年5月16日，经整理而成）

第三节　贸易企业操作流程

一、平台注册与登录

（一）平台注册

在谷歌浏览器中输入平台系统的网址（具体网址由任课教师根据系统的部署情况确定），出现登录界面，登录界面带有“Fytech 方宇”标识，账号可以通过在线注册进行注册，注册后方可通过登录进入平台系统。在界面右下方点击注册按键，进入注册信息界面。如图5－5、图5－6所示。

在填写注册信息时，应注意以下几个方面：

（1）正确地填写用户名邮箱（登录账号）、密码、姓名、学号，姓名/学号是后期找回账号密码的唯一凭据。

（2）正确地输入教师给用户独有的注册码（CEO使用CEO注册码，组员使用员工注册码），如图5－7所示。点击提交之后自动登录。

图5－5　登录界面

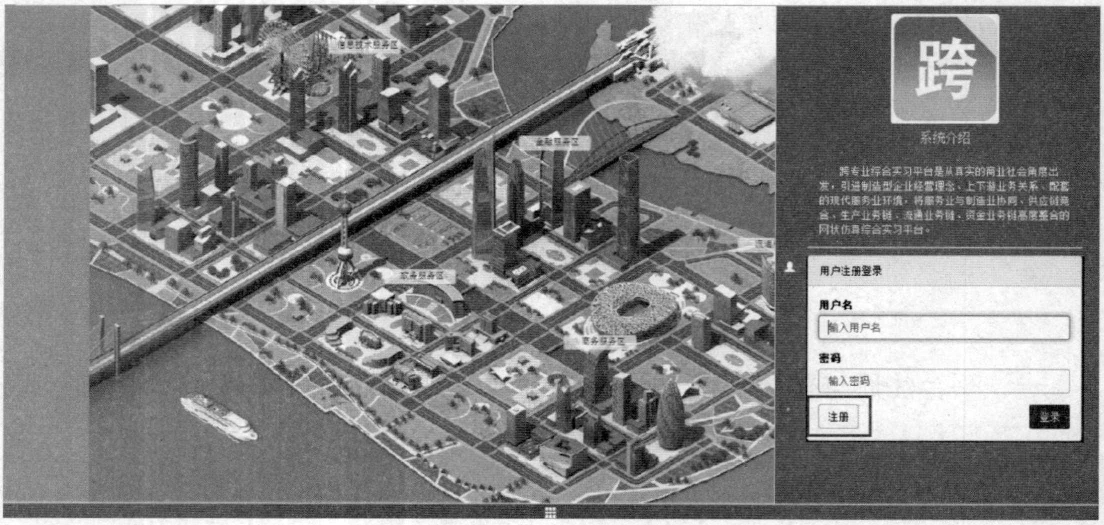

图 5-6　进入注册界面

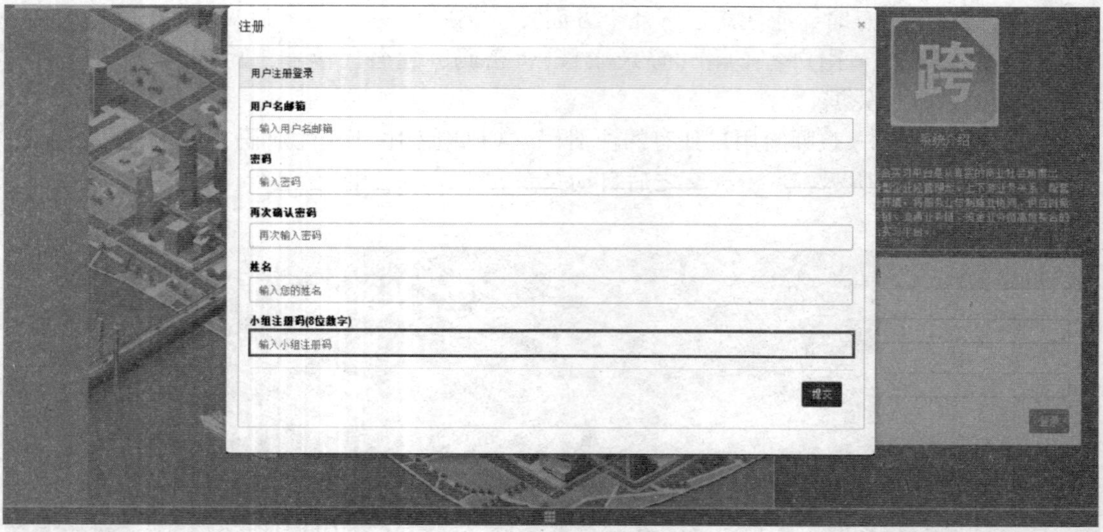

图 5-7　填写小组注册码

（二）平台登录

用户在注册完成的情况下，返回到登录界面，直接输入用户、密码。点击登录即可登录到所分配机构的操作系统中，如图 5-8 所示。

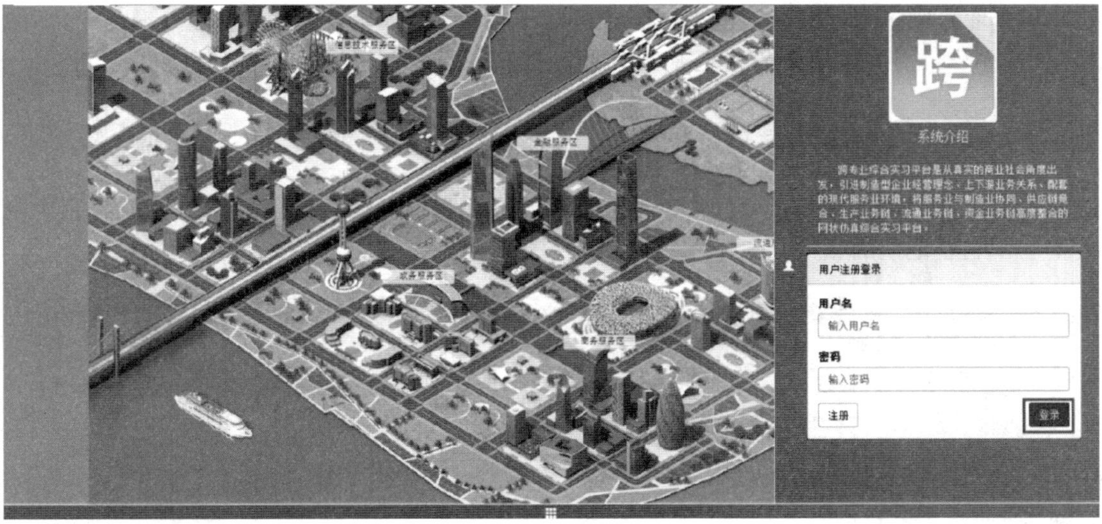

图 5 -8　登录界面

（三）企业操作流程

用户在登录操作完成以后，会进入企业结构总界面，通过总界面可查看到各个机构，所有机构所在区域通过园区进行划分，如图 5 -9 所示，其划分方式如下所示：

（1）制造园区：制造企业。

（2）金融服务区：商业银行、会计师事务所。

（3）政务服务区：市场监督管理局、国家税务总局。

（4）流通服务区：国际货代、物流公司。

图 5 -9　机构所在园区划分

对于贸易企业来说，首先点击政务服务区位置，然后点击市场监督管理局，进入企业。点击具体企业的时候，系统会判断，如果点击的是本企业，则自动进入企业。如果不是归属企业，则进入这家企业的外围服务机构（相当于归属企业去这家企业办理业务）。例如，如果账号绑定的企业是贸易企业，跑到市场监督管理局去办理工商注册和年检业务。

二、企业的设立和登记

贸易企业用户在进入企业操作系统界面后，需要根据系统所弹出的任务提示对话框完成企业设立登记期的相关任务操作，如图 5－10 所示。

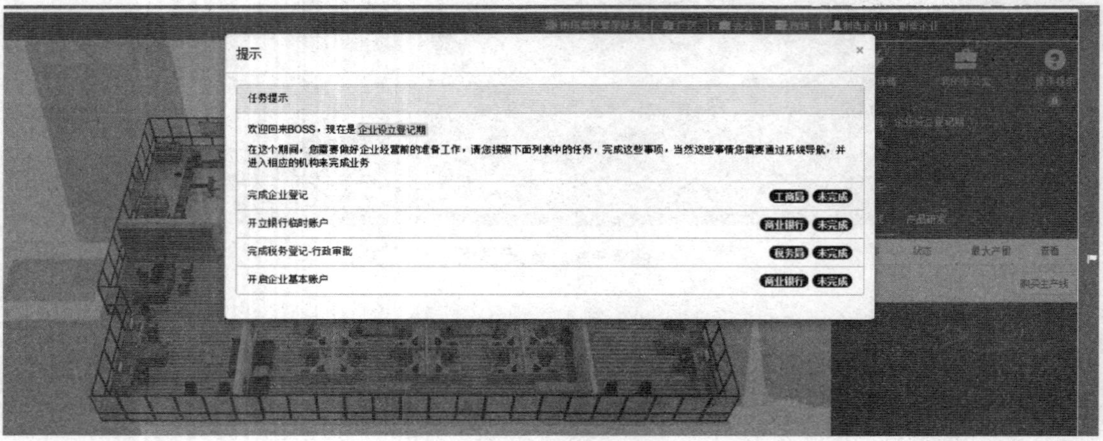

图 5－10　企业登记期任务提示

（一）市场监督管理局登记操作

点击“完成企业登记”按键，进入市场监督管理局窗口界面，在界面右下角点击企业登记入口，进入企业登记功能界面。在功能界面右侧功能栏中点击企业登记，然后再点击名称预先核准委托人代理申请书，进入相应界面，看到流程后，点击“新建”，填写名称预先核准委托人代理申请书。操作流程如图 5－11 至图 5－14 所示。

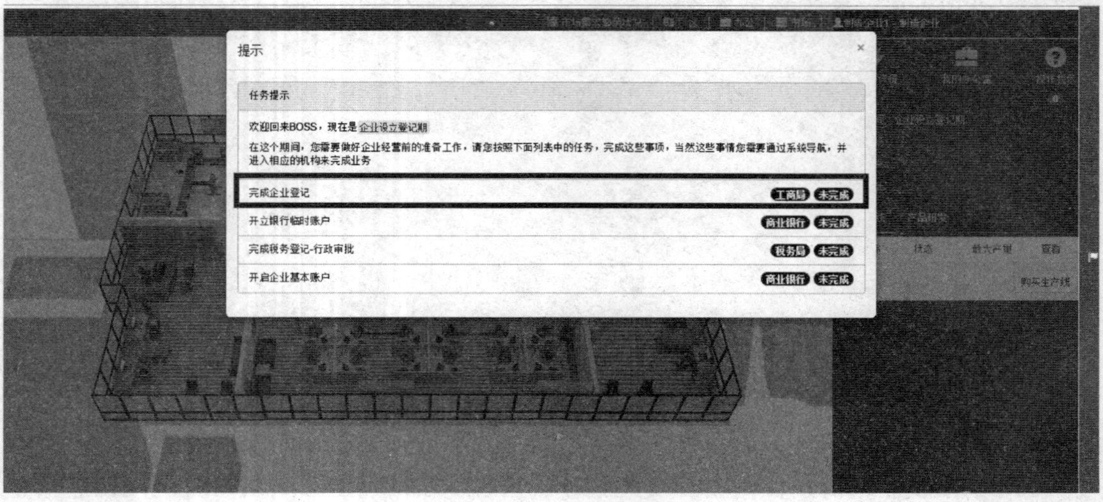

图 5－11　领取任务

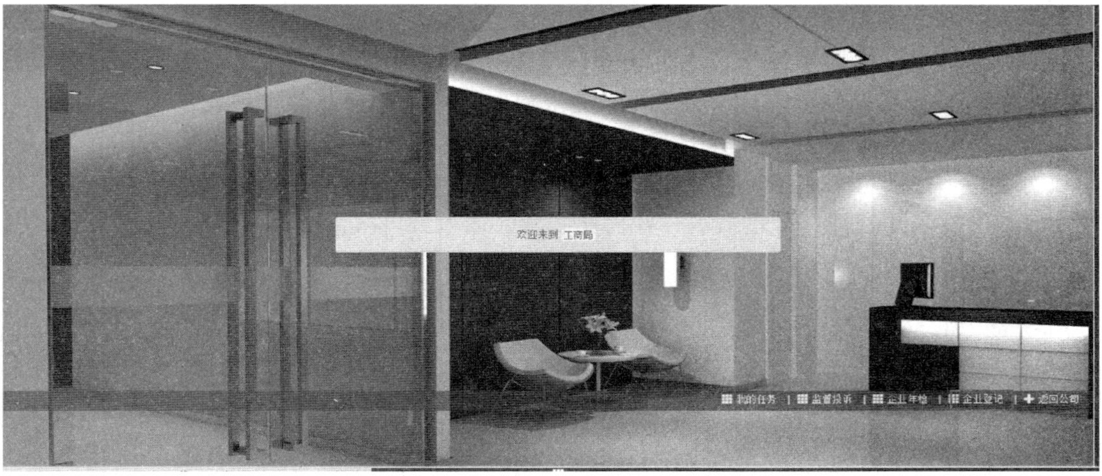

图 5－12　进入企业登记

图 5－13　名称预先核准申请书

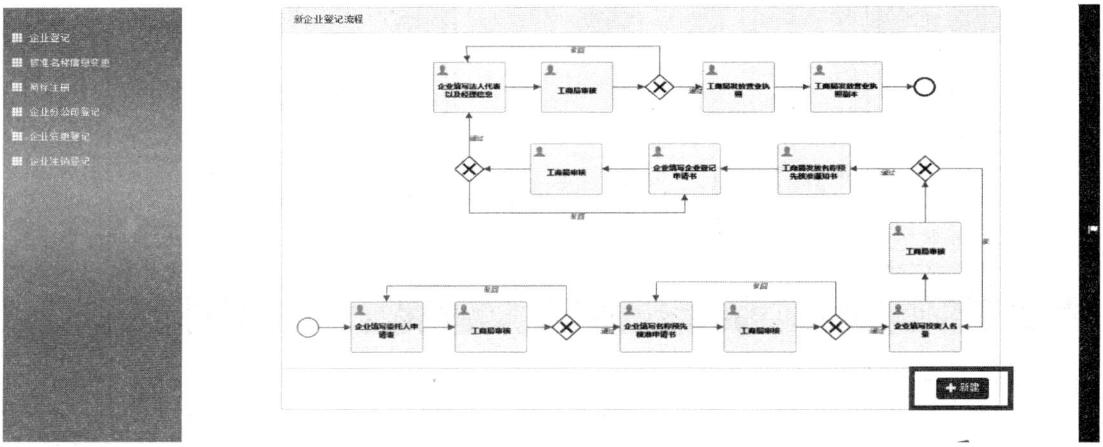

图 5－14　任务流程跟踪

填写完成后进行提交，需要公司人员到市场监督管理局窗口，申请办理名称预先核准委托人代理申请，并提交纸质“名称预先核准委托人代理申请书”，由市场监督管理局予以审核。等待市场监督管理局审核，审核完成后，再次点击企业名称预先核准登记，看到如图 5－15 所示界面。

如果，名称预先核准委托人代理申请被市场监督管理局驳回，企业将看到界面如图 5－16 所示，点击领取并处理，可重新填写并提交。派公司人员再次到市场监督管理局提出申请。

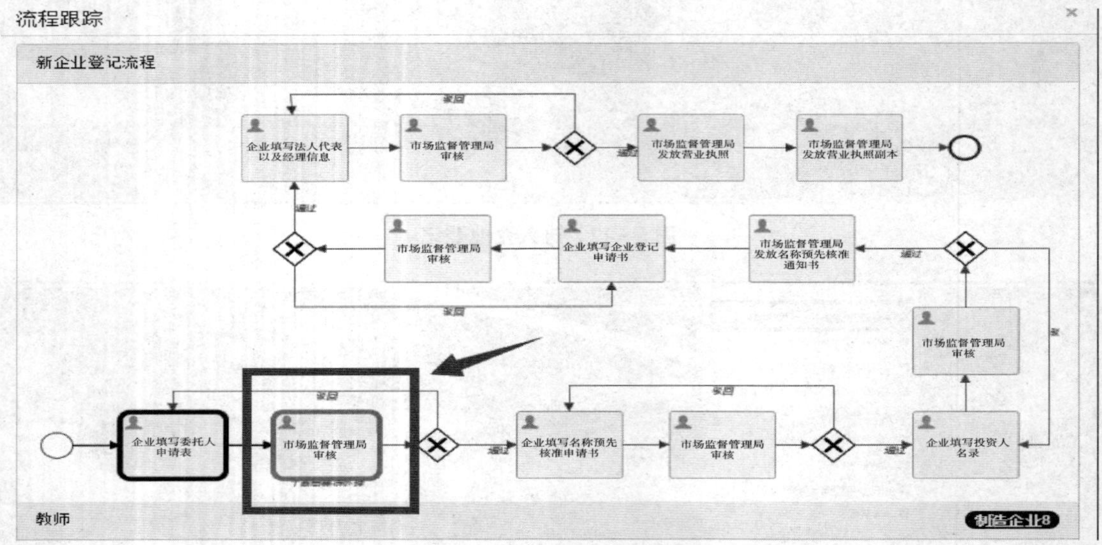

图 5－15　市场监督管理局审核

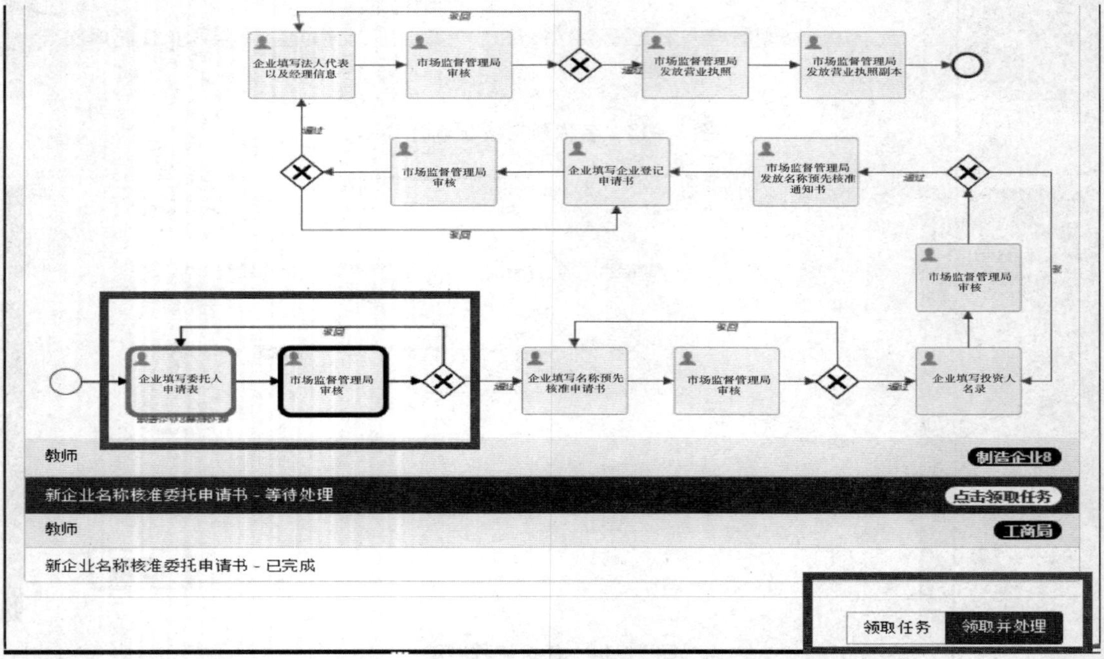

图 5－16　市场监督管理局驳回

如果，名称预先核准委托人代理申请被市场监督管理局柜员准予通过，企业将看到如图 5 - 17 所示界面，点击领取并处理，企业可继续填写“名称预先核准申请书”。提交“名称预先核准申请书”后，去市场监督管理局审核。审核通过后，回到企业填写“名称预先核准投资人名录”，并去市场监督管理局审核，如图 5 - 18 所示。

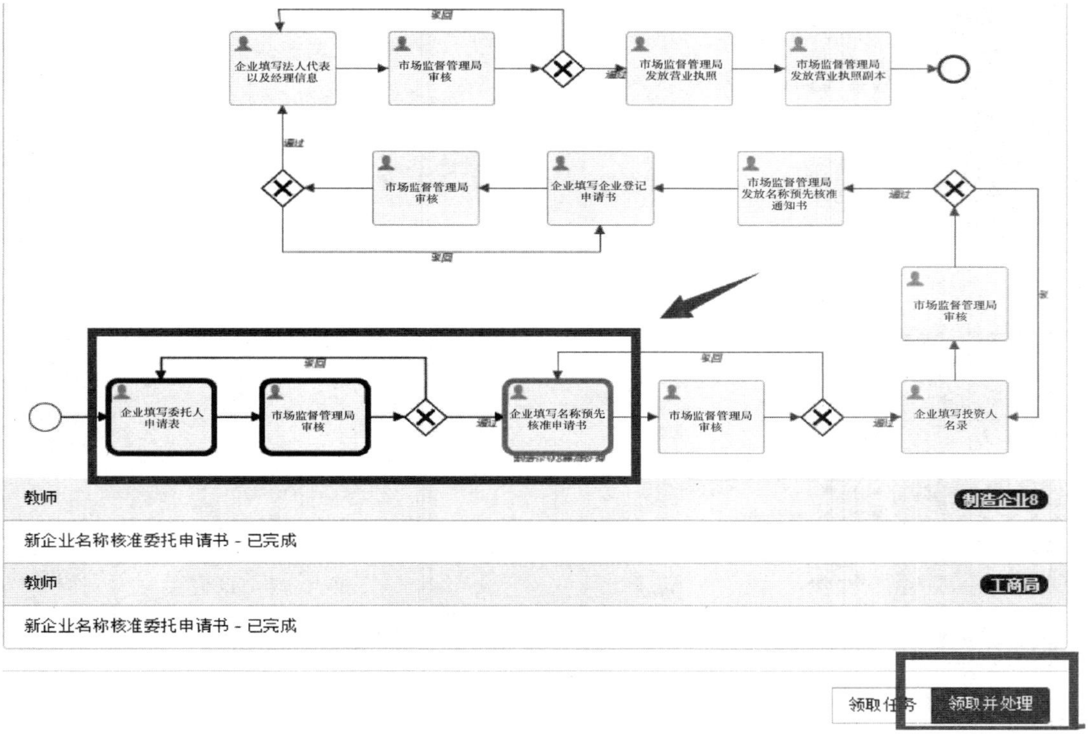

图 5 - 17　审核通过

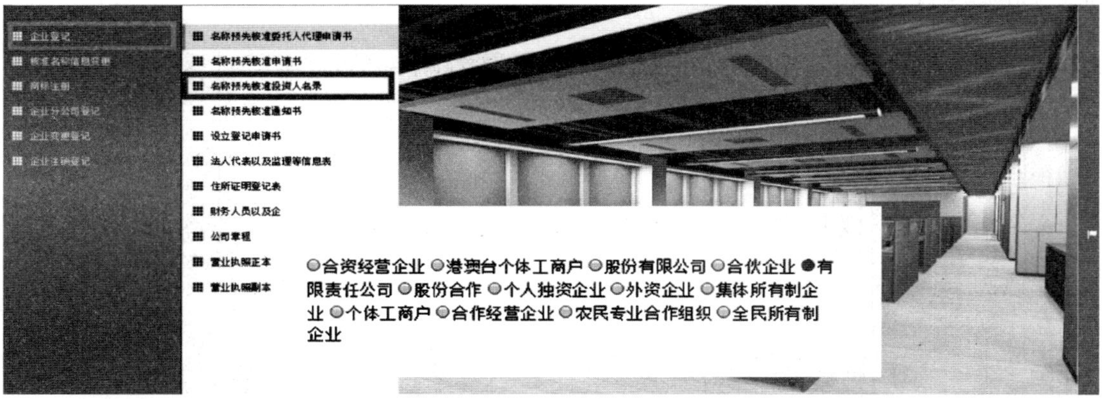

图 5 - 18　名称预先核准投资人名录

市场监督管理局审核完成后，等待市场监督管理局发放“名称预先核准通知书”。收到通知书后，回到企业填写“企业登记申请书”，如图 5 - 19 所示，市场监督管理局审核通过后，回到企业填写“法人代表以及监理等信息表”，如图 5 - 20 所示，并到市场监督管理局审核。

图 5 – 19　企业登记申请书

图 5 – 20　法人代表及监理信息表

市场监督管理局审核通过后接收市场监督管理局发放的营业执照及副本，企业登记完成，如图 5 – 21 所示。

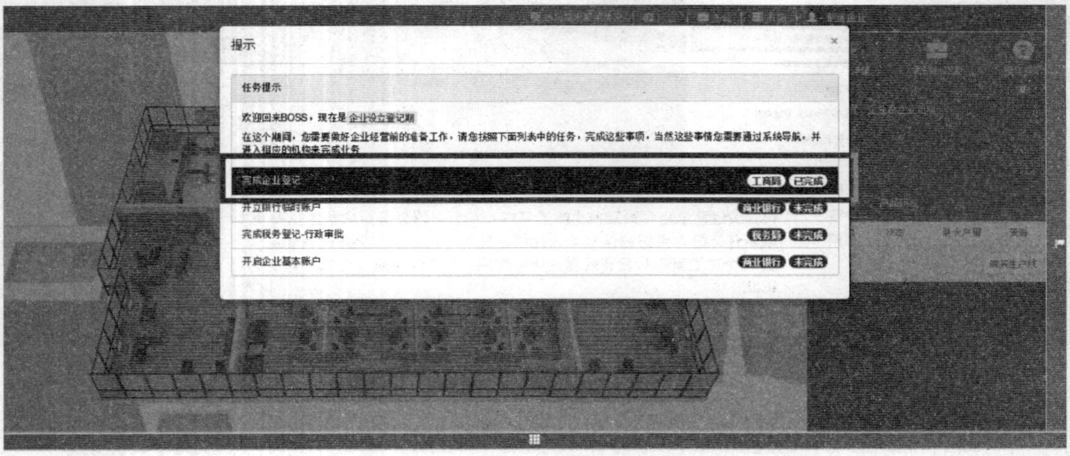

图 5 – 21　企业登记完成

（二）税务登记

完成企业登记任务后，只有去税务局完成企业税务信息补充登记后，才能进行企业临时账户开立。打开任务提示界面，点击完成税务登记行政审批按键，进行税务登记操作。进入税务局界面，点击界面右下角的税务登记入口，进入税务登记业务功能页面，如图 5 – 22 所示，在左侧功能栏点击税务报道，选择纳税人税务补充信息表入口，进入相应操作页面，如图 5 – 23 所示。

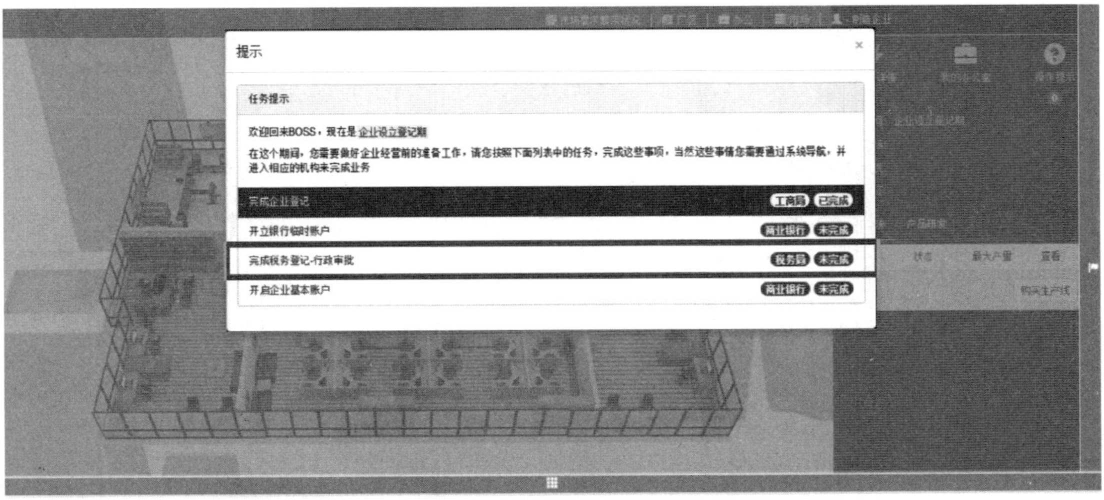

图 5 – 22　领取税务登记任务

图 5 – 23　纳税人税务补充信息表

贸易企业进入纳税人税务补充信息表界面后，认真填写表格内容，完成后提交给税务局进行审核，税务局审核通过后，即可完成税务登记—行政审批任务。

（三）开设银行临时账户

在完成税务登记任务后，打开任务提示界面，点击领取开立银行临时账号任务，如图 5－24 所示，进入银行窗口界面，点击界面右下角开立账户入口，进入银行功能界面，在界面左侧功能栏中选择临时账户申请，进入企业临时账户申请界面，填写企业临时账号申请单，填写完成后，提交给银行进行审核，审核通过后，企业获得银行临时账户，并领取临时账户单，如图 5－25 所示。

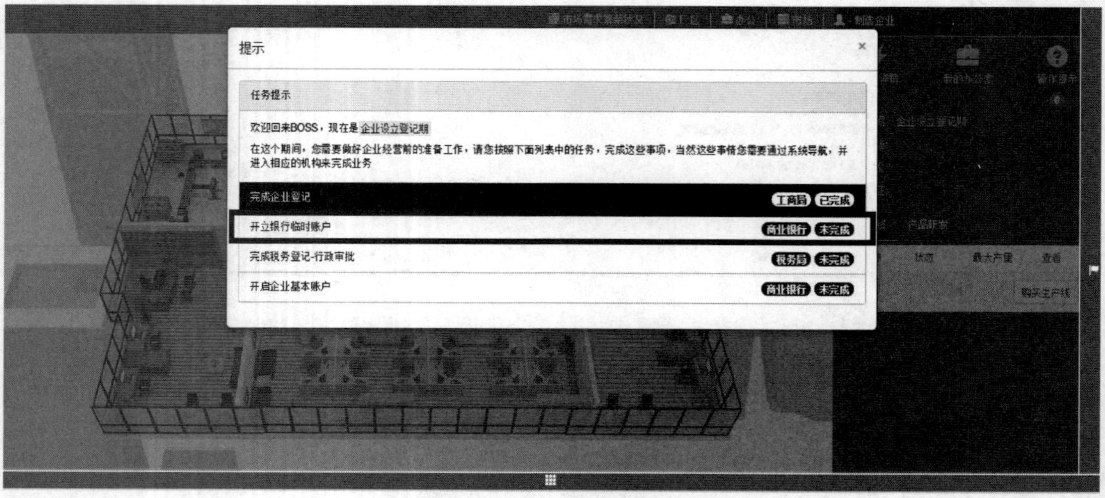

图 5－24　领取银行临时账户任务

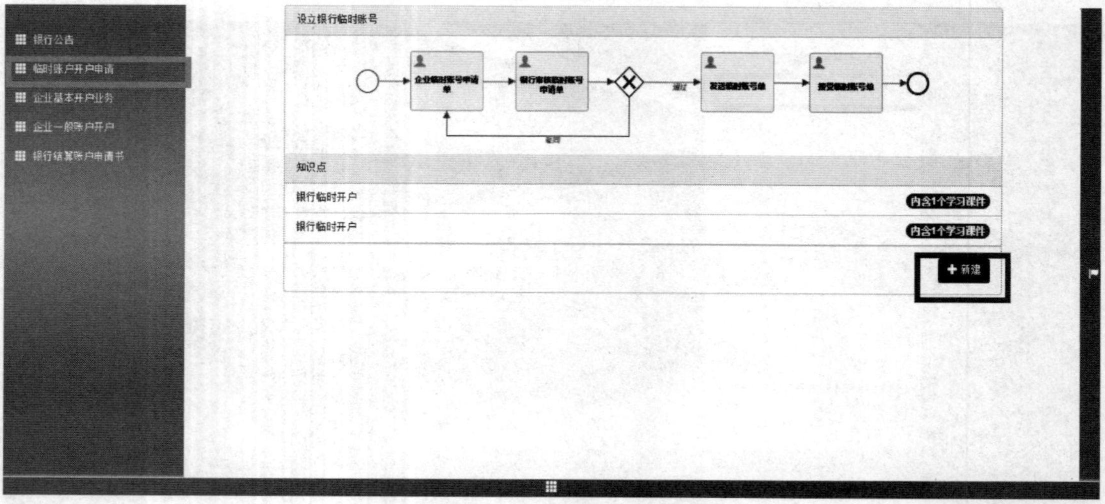

图 5－25　临时银行账户申请界面

同时，公司人员携带纸质“企业名称预先核准通知书”和“临时开户申请单”到银行柜台办理；如果临时开户申请单被银行驳回，企业需要再次点击开户申请，进行修改并提交，派公司员工再次到银行申请。申请通过后，领取临时账户单，如图 5－26 所示。

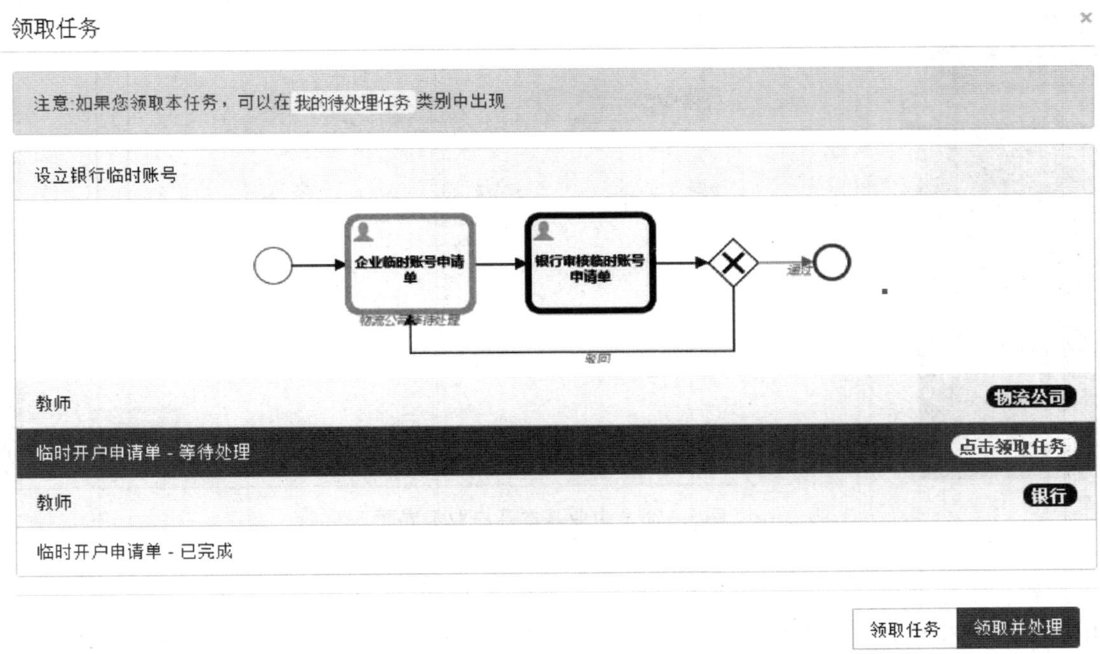

图 5-26　再次申请界面

（四）开设银行基本账户

在完成银行临时账户申请任务后，打开任务提示界面，点击领取开启银行基本账户任务，如图 5-27 所示，进入银行窗口界面，点击界面右下角开立账户入口，进入银行功能界面，在界面左侧功能栏中选择企业基本开户业务，进入企业基本开户申请界面，填写企业临时账号申请单，填写完成后，提交给银行进行审核，同时，携带纸质“临时账号单”“营业执照”“营业执照副本”到银行办理开户业务。新建流程，填写电子版“机构信用代码申请表”；并派人去银行填写纸质版，等待银行审核，如图 5-28 所示。

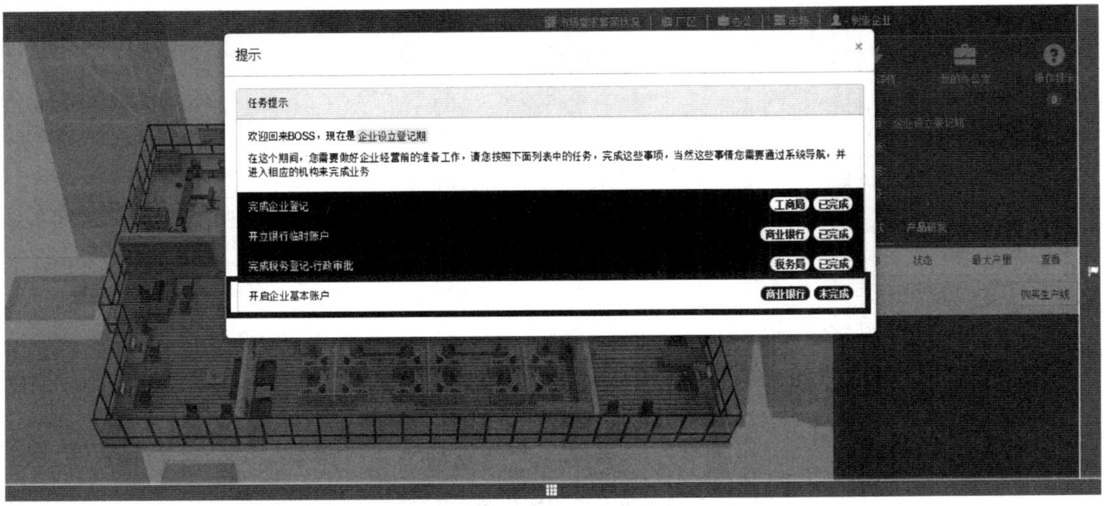

图 5-27　领取开启企业基本账户

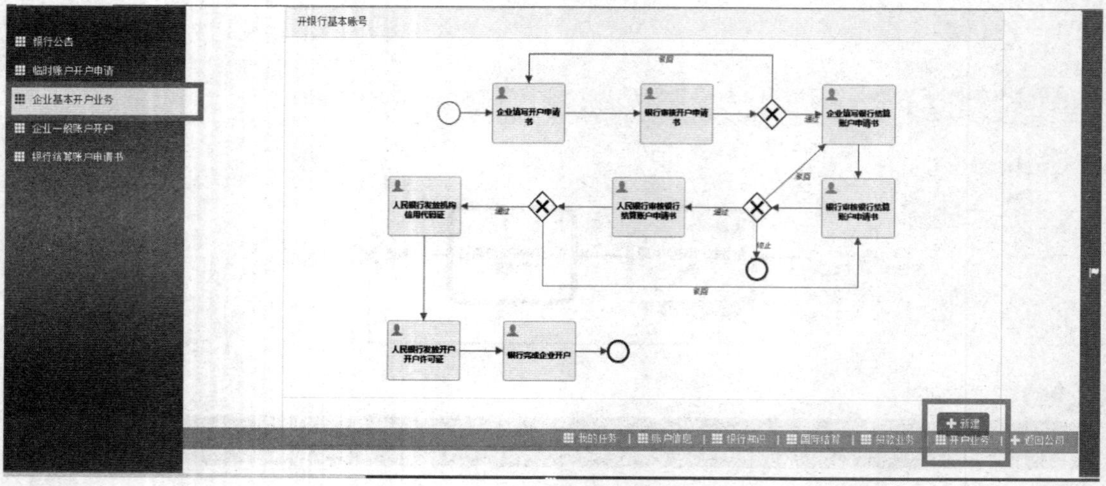

图 5－28　企业基本开户业务界面

银行审核通过后，制造企业再次来到开户业务功能，需要填写电子版“银行账户结算申请书”提交给银行。并派人去银行填写纸质版。银行审核完“开立单位银行结算账户申请书”开户业务办理完毕，公司可以领取“机构信用代码证”“开户许可证”，企业基本账户开立完成，如图 5－29 所示。

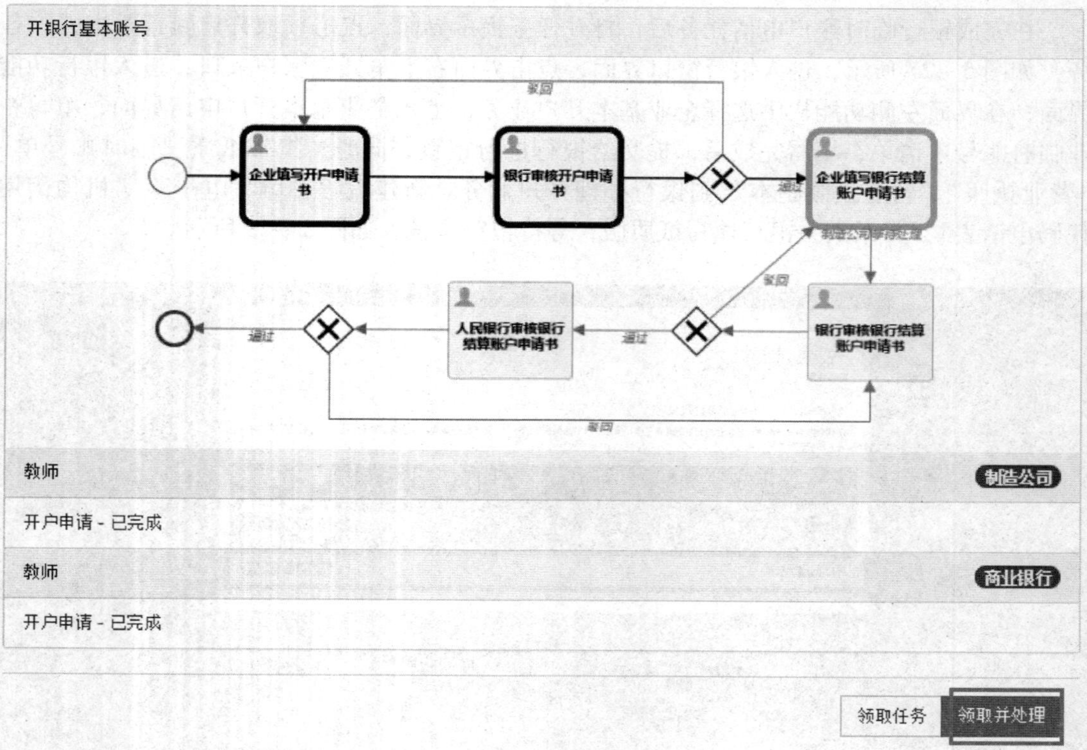

图 5－29　基本账户流程跟踪

三、企业经营

企业设立登记期所有任务完成以后，贸易企业即可进入经营期。

（一）建设厂区

贸易企业在进入经营期后，进入企业操作主界面，在主界面右上角点击厂区按键，进入厂区操作界面，如图 5－30 所示。

图 5－30 进入厂区界面

系统为制造公司提供了 6 种不同的厂区区域，即北京、大连、沈阳、武汉、深圳、成都，每个区域内都有不同类型的大、小型厂区可供选择。贸易企业用户先选择厂区建设区域，点击相应区域按键，进入厂区购买界面，根据市场需求及厂区价格，选择购买大型厂区或者小型厂区。点击购买按键后，继续按照提示步骤进行付款和签收，如图 5－31 所示。

购买完厂区后，贸易企业需要购买或租赁仓库，点击厂区旁边两个建筑物：建造中心和租赁中心，通过点击建造中心购买仓库，通过租赁中心租赁舱口，点击完成后，然后按照相应步骤付款并签收。

（二）采购原材料或产品

采购原材料或产品是通过采购部来实现的，点击系统主界面的采购部，进入采购部操作界面，点击右侧的采购订单选项卡，进入合同支付环节，如图 5－32 所示，在相关合同右侧点击“查看”按键，进入合同查看与操作界面，如图 5－33 所示，可在右下角点击付款按钮，按照相关步骤完成合同付款。

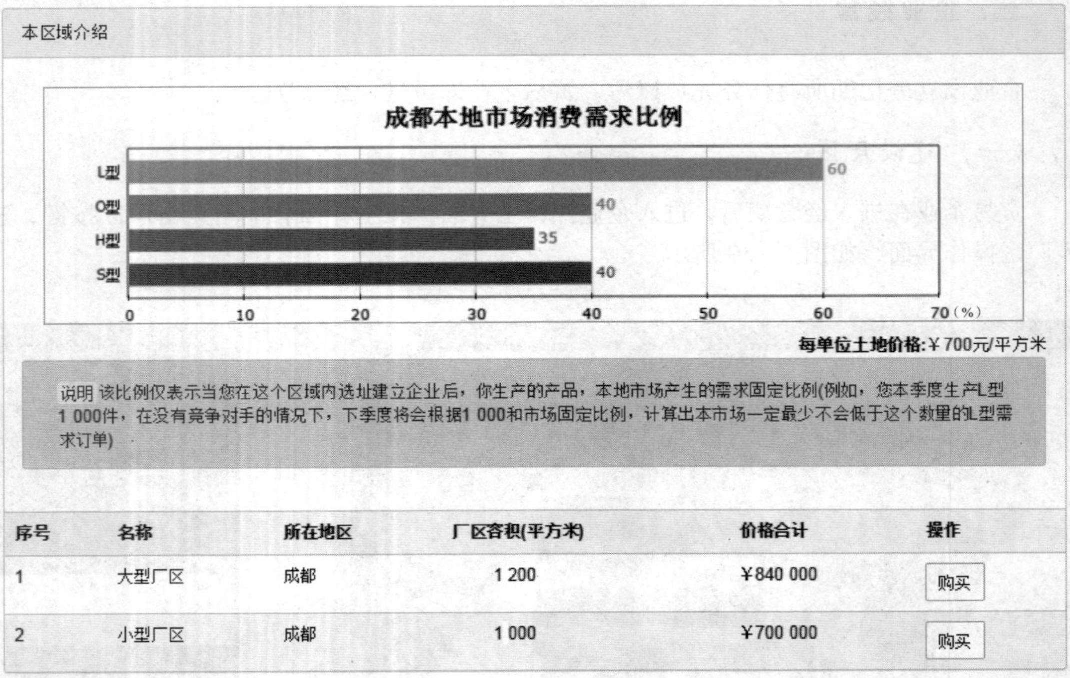

图 5－31　厂区购买界面

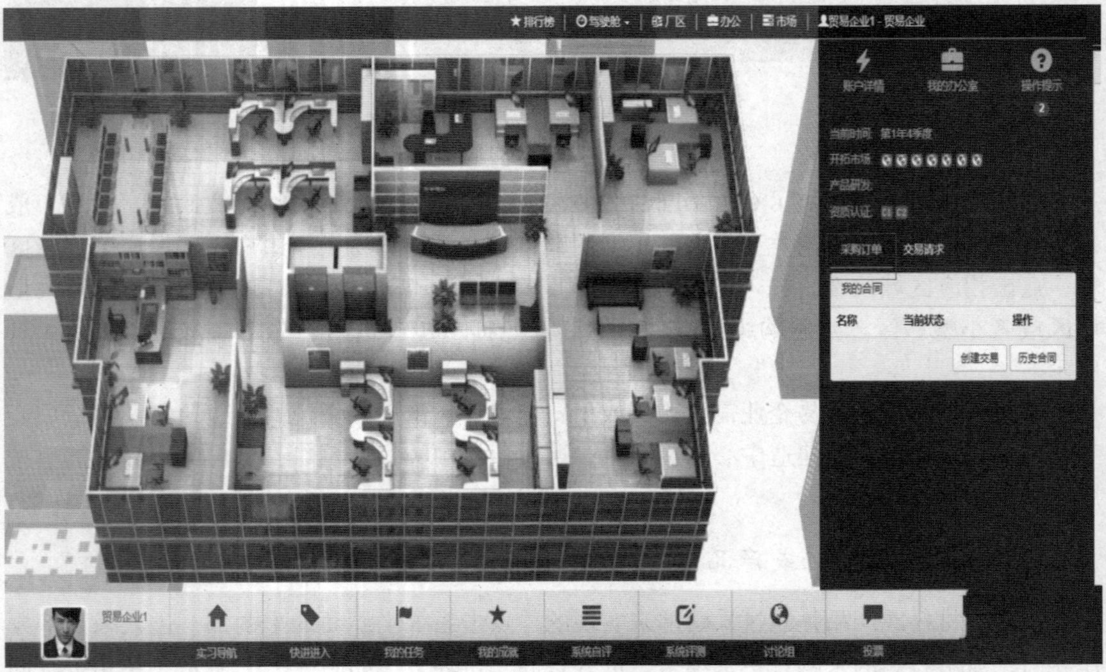

图 5－32　采购订单

图 5 – 33　合同付款

（三）市场开拓

市场开拓业务是由市场部的相关操作来实现的，点击主界面的市场部，进入市场部的操作界面，点击右侧市场情报选项卡，可查看各个区域市场开拓的相关情况，如图 5 – 34 所示。当确定在某个区域进行市场开拓时，点击市场投资选项卡，在需要投资的区域点击投资按键，然后按照相关步骤进行广告投资，开拓市场即可。

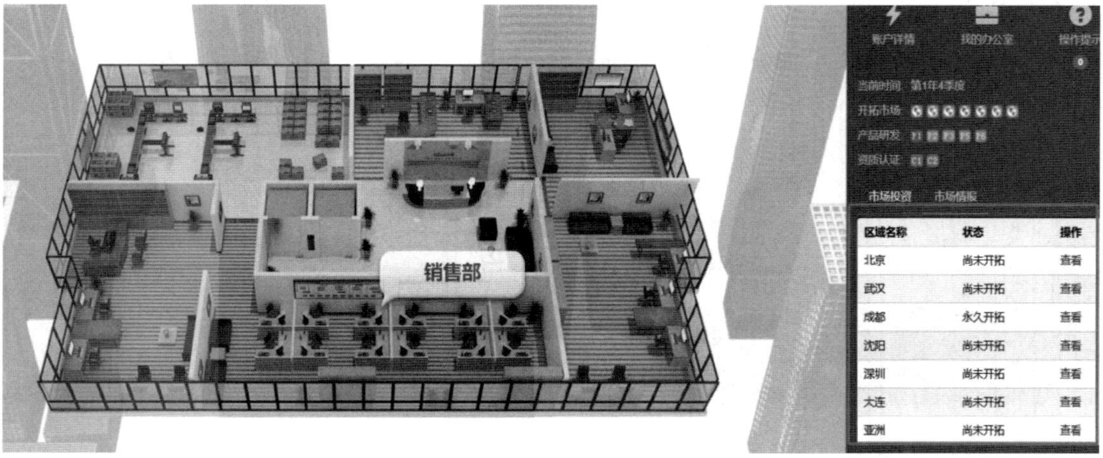

图 5 – 34　市场情报

（四）企业管理

1. 人力资源

无论是在生产线生产过程中还是在产品研发过程中，都需要招聘技术人员和研发人员，招聘人员需要通过企管部的人力资源操作来实现。点击主界面的企业管理部，进入企业管理操作界面，点击右侧“人力资源”选项卡，即可在选项卡中进行相关人员的招聘工作，如图5－35所示。在所招聘人员后面点击“查看”按键，即可查看人员情况。点击选项卡右下角的“招聘人员”按键，即可进入招聘操作界面，如图5－36所示，在所要招聘人员右侧点击“招聘”按键，然后按照相关步骤进行提交招聘人数、付款等操作，即可完成招聘操作。

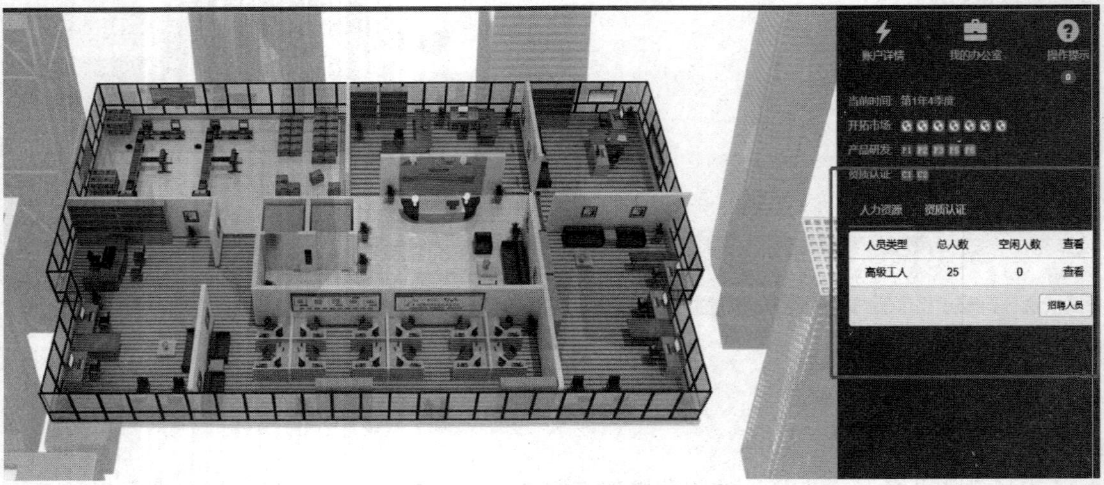

图5－35　人力资源

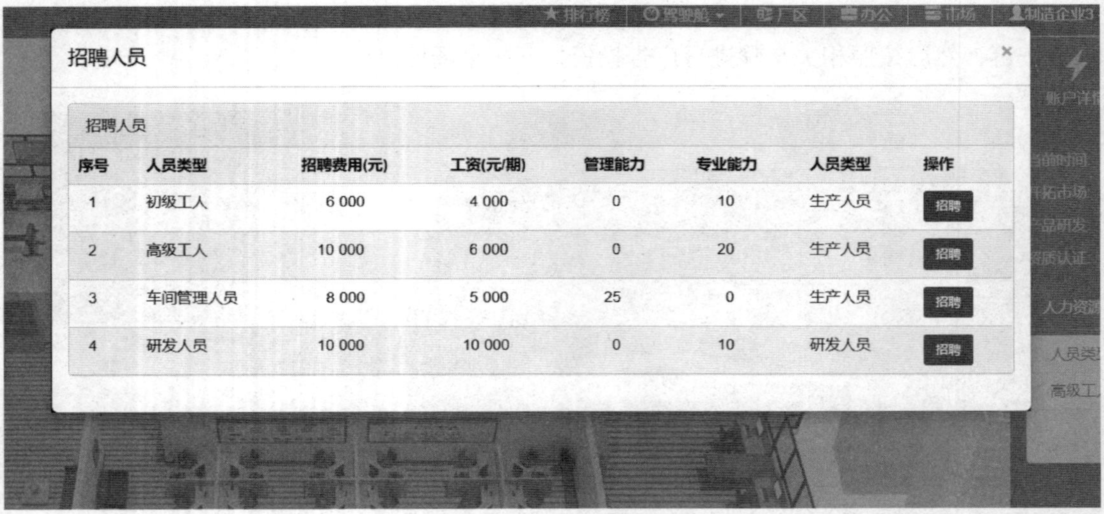

图5－36　招聘人员

2. 资质认证

企业通过资质认证可以降低销售竞单中的竞标扣分，资质认证需要在企业管理部中进行操作。点击主界面的企业管理部，进入企业管理操作界面，点击右侧“资质认证”选项卡，即可在选项卡中进行相关资质认证的工作，如图5－37所示。在选项卡中选择所选中的资质认证种类，点击后方“查看”按键，进入资质认证投资界面，如图5－38所示，填写投资金额，点击“投入资金”即可。

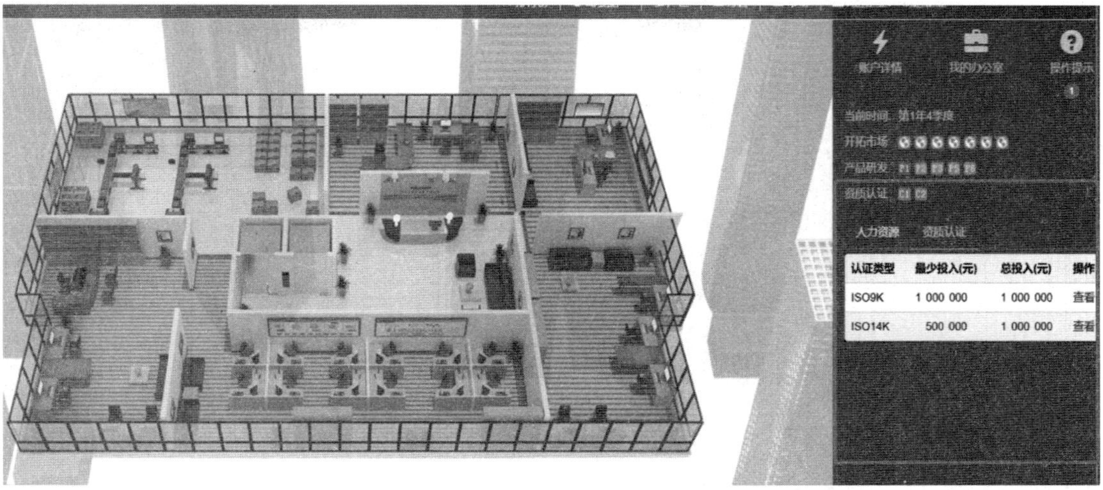

图 5-37 资质认证

图 5-38 资质认证投资

（五）销售产品

贸易企业所生产的产品需要通过销售部进行销售。点击主界面的销售部，进入销售部操作界面，点击右侧“销售订单”选项卡，即可在选项卡中进行相关销售合同签订的工作，如图 5-39 所示。点击相应订单右侧的“查看”按键，进入订单处理操作页面，然后在下方进行相关订单的操作和处理工作，如图 5-40 所示。

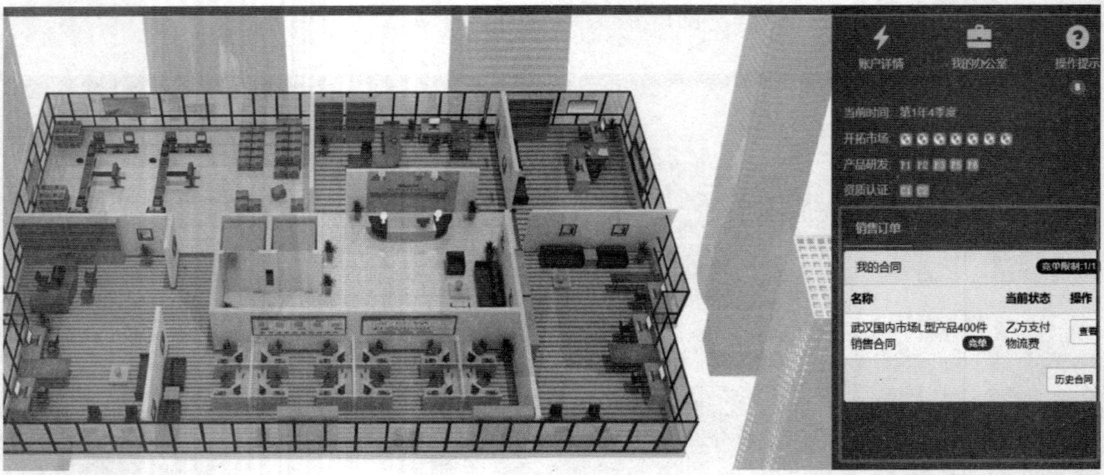

图 5－39　销售订单

图 5－40　订单处理

（六）财务活动

1. 支付业务

贸易企业所产生的付款操作都是由财务部实现的。点击主界面的财务部，进入财务部操作界面，点击右侧“资金申请”选项卡，即可在选项卡中进行相关付款操作，如图 5－41 所示。点击相应订单的“付款”按键，进入付款页面，核对数据点击“付款”，即可完成支付操作。如图 5－42 所示。

2. 贷款业务

贸易企业所进行的贷款操作是由财务部实现的。点击主界面的财务部，进入财务部操作界面，点击右侧“贷款”选项卡，即可在选项卡中进行相关贷款操作，如图 5－43 所示。点击相应贷款项目的“查看”按键，即可查看和操作贷款相关业务。

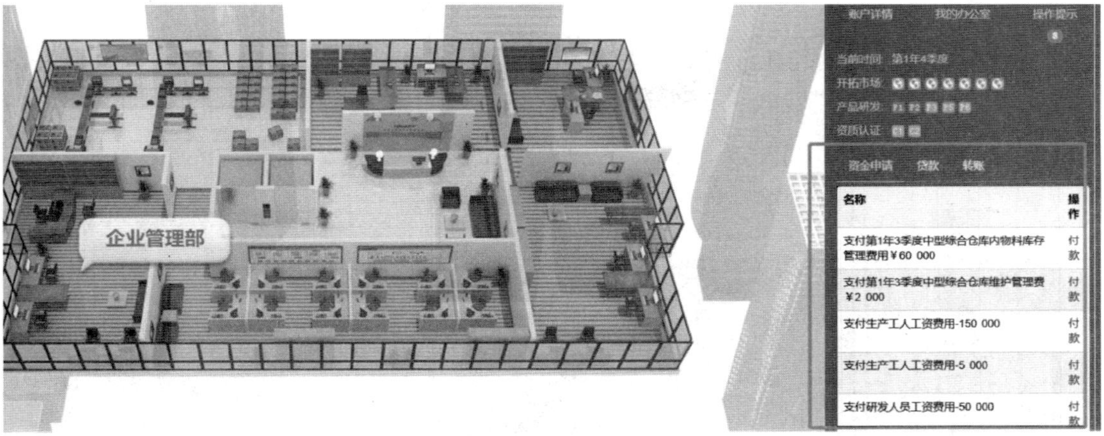

图5－41 资金申请

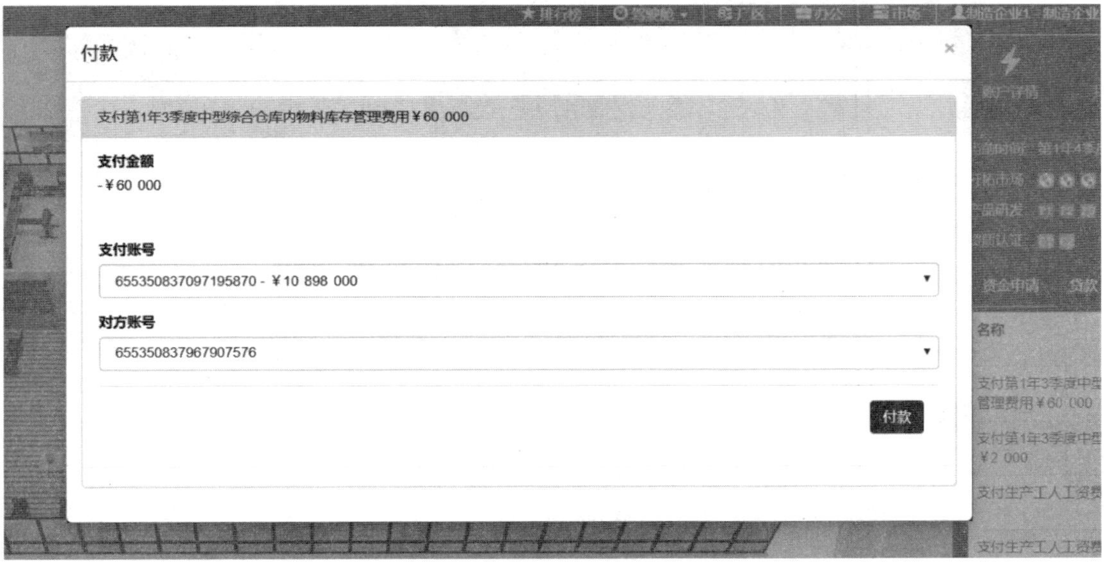

图5－42 付款

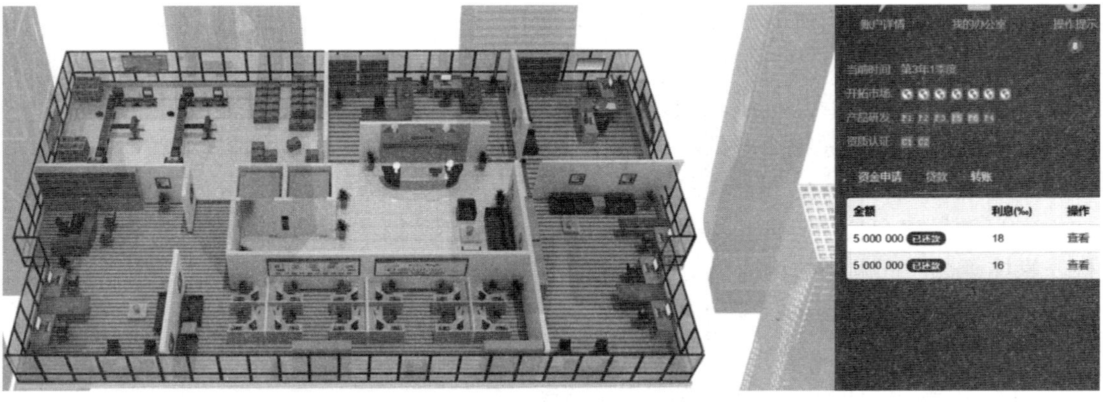

图5－43 贷款

3. 转账业务

贸易企业所进行的转账业务是由财务部实现的。点击主界面的财务部，进入财务部操作界面，点击右侧“转账”选项卡，即可在选项卡中进行相关转账操作，如图 5－44 所示。

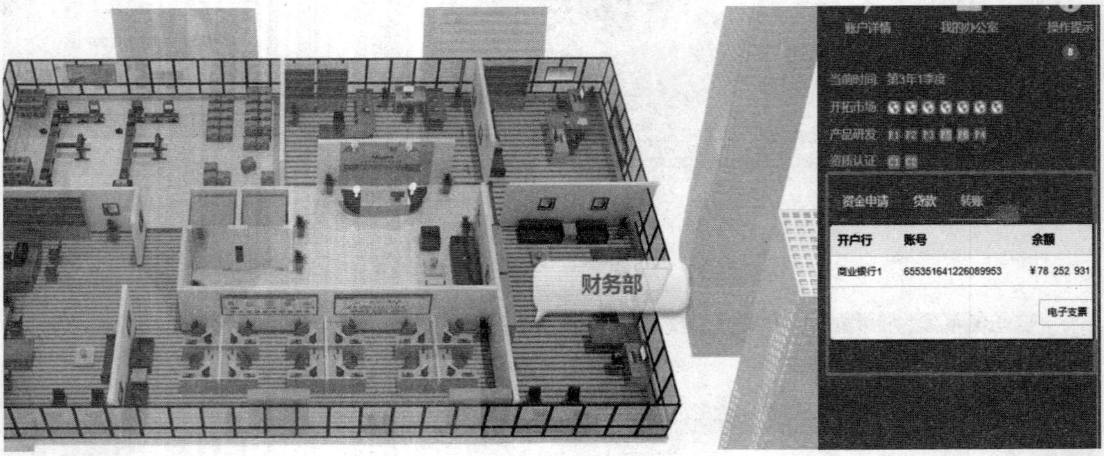

图 5－44　转账

第四节　贸易企业岗位职责及考核

一、岗位职责

（一）首席执行官（CEO）岗位职责

CEO 是在一个企业中负责日常事务的最高行政官员，主司企业行政事务，故又称作司政、行政总裁、总经理或最高执行长，是企业管理部的负责人，在董事会领导下，负责总经理办公室职责范围内所有工作。在商贸企业中，CEO 的具体职责如下：

（1）组织实施企业发展战略，能够分析自身所处竞争格局。

（2）根据年度经营目标组织制订、实施公司年度经营计划。

（3）随时了解和掌握企业的经营战略和计划执行情况、资金运用情况和盈亏情况、机构和人员调配情况及其他重大事宜。

（4）领导建立公司与客户、供应商、合作伙伴、上级主管部门、政府机构、金融机构、媒体等部门间顺畅的沟通渠道。

（5）领导开展公司的社会公共关系活动，树立良好的企业形象、领导建立公司内部良好的沟通渠道。

（6）主持、推动关键管理流程和规章制度，及时进行组织和流程的优化调整、领导营造企业文化氛围、完善企业识别系统，塑造和强化公司价值观。

（7）负责签署日常行政、业务文件、负责处理公司重大突发事件，组织建立公司各部门管理制度。

（8）管理员工的纪律，对员工的考勤及业绩进行考核与评价。

（二）市场经理（CMO）的岗位职责

CMO 是指企业中负责市场运营工作的高级管理人员，又称作市场部经理、营销总监。其主要是负责收集有效的市场信息，主持拟订定价方案、产品采购合同、产品销售合同等，组织开展售后服务工作，为销售提供支持。

在新商科企业运营仿真实训中，市场经理的具体岗位职责如下：

（1）围绕公司的经营目标，拟订项目开发可研报告和开发实施方案。

（2）负责市场信息的收集、整理和分析，定期编制信息分析报告，及时报送公司领导和相关部门；并对各部门信息的及时性和有效性进行考核。

（3）负责对产品供应商质量管理、技术、供应能力和财务评估情况进行汇总，编制供应商评估报告，拟订供应商合作方案和合作协议，组织签订供应商合作协议。

（4）负责对公司采购的产品进行询价，拟订产品采购方案，制定市场标准价格；拟订采购合同并报总经理审批后，组织签订合同。

（5）负责起草产品销售合同，按财务部和总经理提出修改意见修订合同，并通知销售部门执行合同。

（6）协助销售部门开展销售人员技能培训；协助销售部门对未及时收到的款项查找原因进行催款。

（7）负责客户服务标准的确定、实施规范、政策制定和修改，以及服务资源的统一规划和配置。

（8）市场开发：根据公司业务发展战略及销售部门的经营目标，配合市场部门组织实施本区域市场开发计划及具体的实施方案，促进公司及产品品牌的提升；了解客户需求动态，指导下属挖掘潜在客户，并对客户开发情况进行跟踪；以实现公司市场占有率不断增长的目的；通过广告投入的方式进行市场开拓。

（三）销售经理岗位职责

销售经理主要是管理公司的销售运作，带领销售队伍完成公司的销售计划和销售目标；实施采购管理过程，实现公司采购管理目标，其具体工作职责包括：

（1）协助总经理制定和分解年度销售目标和销售成本控制指标，并负责具体落实。

（2）依据公司年度销售指标，明确营销策略，制订营销计划和拓展销售网络，并对任务进行分解，策划组织实施销售工作，确保实现预期目标。

（3）负责收集市场信息，分析市场动向、销售动态、市场竞争发展状况等，并定期将信息报送市场部。

（4）在合同报价管理中，负责了解客户需求，按公司批准的方案向客户报价；协调业务员与客户的谈判，监督谈判签约等销售进程，协助促成交易。

（5）负责按产品销售合同规定收款和催收，并将相关收款情况报送市场部。

（6）定期不定期走访客户，整理和归纳客户资料，掌握客户情况，进行有效的客户管理。

（7）制定并组织填写各类销售统计报表，并将相关数据及时报送市场部。

（8）负责市场物资信息的收集和调查预测，建立起牢固可靠的物资供应网络，不断开辟和优化物资供应渠道。

（9）负责收集产品供应商信息，并对制造商进行质量、技术和供就能力进行评估，根据公司需求计划，编制与之相配套的采购计划，并进行采购谈判和产品采购，保证产品供应及时，确保产品价格合理、质量符合要求。

（10）在闲暇时候，与各个制造企业接触，寻找新订单的机会。

（11）负责办理购进物资到货后相关手续的办理工作，对产品质量进行审检；同供应商就不合格产品进行协商，办理退货及索赔事宜。

（12）建立发运流程，设计最佳运输路线、运输工具，选择合格的运输商，严格按公司下达的发运成本预算进行有效管理，定期分析费用开支，查找超支、节支原因并实施控制。

（13）协助市场部处理市场投诉和相关技术咨询，协调做好客户订货、发货、退货处理。

（14）负责对部门员工进行业务素质、产品知识培训和考核等工作，不断培养、挖掘、引进销售人才，建设高素质的销售队伍。

（四）采购经理岗位职责

采购，是指企业在一定的条件下从供应市场获取产品或服务作为企业资源，以保证企业生产及经营活动正常开展的一项企业经营活动。是指个人或单位在一定的条件下从供应市场获取产品或服务作为自己的资源，为满足自身需要或保证生产、经营活动正常开展的一项经营活动。采购部作为贸易企业实施采购活动的部门，具有十分重要的作用。在仿真实训中，采购经理的岗位职责包括以下几个方面：

（1）根据公司发展战略，制订本部门的工作目标。

（2）根据公司的商品采购计划，制订部门年度、月度计划并分解实施，制定本部门管理制度、工作流程、工作标准。

（3）定期召开部门工作例会，落实工作计划的完成情况。

（4）建立商品询价、比价系统，完善采购数据库。健全采购相关资料的档案管理，做好保密工作。

（5）负责公司物资的采购分单工作，对供应商进行询价、比价、议价，并上报相关信息对所采购的物品全面负责。

（6）有权拒绝未经公司领导同意批准的采购订单。负责保存采购工作的必要原始记录，做好统计，定期上报。

（7）对所采购的物资要有申购单，采购非常规物资上报领导审批。不断进行市场调查、动态资讯收集、整理，及时上报，以便及时调整采购策略。

（8）跟进采购进度，确保订购物料按时、按量、保质无成任务。

（9）及时传递订单变更与撤销、品质要求变更等信息，确保供方满足公司的需求。

（10）及时处理与供应商采购异常、退换货、补偿事宜，确保公司利益。

（11）加强与供应商的沟通与联络，确保货源充足，供货质量稳定，交货时间准确。

（五）企管经理岗位职责

仿真实训中生产制造企业的企管经理岗位是将行政经理和人力资源经理两个岗位合并而成的，主要是负责计划、指导和协调机构的支持性服务，计划、指导和协调机构的人事活动，确保人力资源合理利用，管理理赔、人事策略和招聘；负责建立完善内部运控制度、流程等规章制度，并监督检查，规范公司运营；负责廉政建设和审计工作。其具体的岗位职责如下所示：

（1）负责公司运行、管理制度和流程的建立、完善和修订工作；

（2）根据公司业务发展的需要，制定及优化公司的内部运行控制流程、方法及执行标准；

（3）依据公司管理需要，组织并执行内部运行控制工作，协助各部门规范业务流程及操作规程，降低管理风险；

（4）定期、不定期利用各种统计信息和其他方法（如经济活动分析、专题调查资料等）监督计划执行情况，并对计划完成情况进行考核；

（5）负责监督检查公司运营、财务、人事等业务政策及流程的执行情况；

（6）负责平衡内部控制的要求与实际业务发展的冲突，其他与内部运行控制相关的工作；

（7）制订招聘计划。根据公司要求或生产计划的要求，制定招聘生产人员、技术人员和管理人员数量。

（六）财务经理（CFO）岗位职责

财务部全面负责公司的财务管理、财务监督、会计核算、资金融通、资产管理等工作，保证财务核算合法、及时，经营结果数据真实准确。那么，在贸易企业中，财务经理的主要职责包括：

（1）负责对公司的年度、月度经营指标进行分析、预算，及时向上级领导提供所需财务数据。根据公司领导要求，结合经营计划和运营成本等进行行政人事分析、预测，为公司经营决策提供依据。

（2）组织拟定、改进公司财会方面的管理制度及有关规定，并监督执行。

（3）负责根据公司年度月度经营预算计划，控制公司各项成本及费用开支，监控经营管理过程中各项费用的使用情况，并及时向总经理报告。

（4）按会计制度、公司规定，复核、检查会计核算业务，编制各期会计报表，并保证公司年度、月度编制的会计报表准确无误。同时负责核付、核报、核销各级领导签批的费用单据。

（5）负责对产品供应商的财务状况进行评估，参与审核采供合同，并提出审核意见；在产品采购市场标准价格制定过程中，对产品价格变化趋势及边际成本进行分析。

（6）负责部门内外协调工作，做好与公司内外相关部门（如，银行、工商、税务、审计、统计部门及公司其余部门）的沟通和协调，为工作创造良好的环境。

（7）负责指导、督促各部门做好成本控制，根据业务拓展需求协助筹措资金。

（8）负责进行定期或不定期的财务分析及专项分析，对财务状况、经营成果、现金流量等进行分析后提出各种建议及方案。

（9）负责组织、实施部门工作：安排部门人员工作，不定期督促、指导、培训部门员工，定期考核、评价部门员工工作绩效，保证公司财务管理与核算运行正常。

（10）根据公司财务管理制度对预付款、赊欠款、应付款、应收款和借款进行审核，并报请总经理批准，在规定时限内执行完毕，以保证公司资金和公司财产最大限度的安全。

（11）依据采购部和销售部等部门开具的合同价款结算单，审核后办理合同价款支付。

二、成员考核

（一）岗位工作情况

本项由 CEO 打分，满分 100 分，占总成绩权重 10%（见表 5－5）。

表 5－5　　CEO 评分指标表

指标	工作能力（A）	工作态度（B）	团队意识（C）
分值（分）	50	30	20

（二）企业经营成绩

本项由系统平台在经营完成后自动生成，满分 100 分，占总成绩权重 40%（见表 5－6）。

表 5－6　　企业经营成绩评分标准表

企业名称（姓名）	班级	学号	资产	企业经营成绩

（三）考勤与纪律

本项由指导教师检查，满分 100 分，占总成绩权重 15%（见表 5－7）。

表 5－7　　考勤与纪律评分指标表

指标	出勤（A）	工作纪律（B）
分值（分）	60	40

其中，缺勤 1 天 1 人次扣 1 分；工作纪律主要考察：工作期间玩手机、玩游戏、看视频，以及擅离岗位者视为违纪，每人次扣 2 分。

（四）工作日志

本项由指导教师检查，满分 100 分，占总成绩权重 15%（见表 5－8）。

表 5－8　工作日志评分标准

指标	完整性	真实性	规范性	完成的及时性
权重（%）	30	30	30	10

要求每人每天都要撰写工作日志，及时上交。

（五）团队实训报告

本项由指导教师检查，满分 100 分，占总成绩权重 10%（见表 5－9）。

表 5－9　团队实训报告评分指标表

指标	完整性（D）	规范性（E）	真实性（F）	科学性（G）
权重（%）	30	30	30	10

（六）个人实训报告

本项由指导教师检查，满分 100 分，占总成绩权重 10%（见表 5－10）。

表 5－10　个人实训报告评分指标表

指标	完整性（D）	规范性（E）	真实性（F）	科学性（G）
权重（%）	30	30	30	10

本章小结

1. 新商科企业运营仿真实训中的贸易企业是以 CEO 为核心、以各个岗位进行权责分配的组织，其组织结构一般分设企业管理部门、财务部门、采购部门、营销部门和市场部，各部门根据工作业务量，配置 1～3 名相关专业学生，部门之间各尽其职、彼此协作，共同完成企业仿真运作过程。

2. 贸易企业经营过程中主要以部门进行权责分配和业务划分，主要包括企业的设立与登记、厂区的建设、采购、市场开拓、产品销售、财务管理和企业行政管理等方面的经营业务，贸易企业的实训学员应当在熟练掌握经营业务规则的前提下进行企业运营仿真实训工作。

3. 新商科企业运营仿真实训中，贸易企业对各个岗位的职责进行了科学合理的规划设计，主要由 CEO 负责企业行政管理与主持全面工作，市场经理和销售经理的职责范围以市场开发和产品销售为主，采购经理负责原材料或产品的采购模块，企管经理需要负责资质认证和人力资源管理方面的工作，财务经理则是统筹控制整个企业的资金运作与流向，各岗位间合作互补，相互配合，共同实现企业的生产运作目标。

4. 贸易企业在平台中的运营操作主要通过各部门功能模块的业务操作和沟通协作实现的，通过市场监督管理局、税务局和银行入口实现企业的设立、注册、税收、银行账户等业务流程。采购部的交易清单以及 BOM 等模块可完成原材料采购工作；市场部中市场投资和市场情报模块能够实现市场开发的业务工作；销售部中销售订单功能模块可实现对产品的销售业务；企业管理部中人力资源和资质认证模块能够进行人员招聘和产品资质认证赢得订单得分的工作，财务部可通过资金申请、贷款、转账功能实现对企业资金进行管理和运作任务。

思考与练习

1. 深入学习领会党的二十大精神，谈谈你对“数字贸易”的认识。
2. 在贸易企业的组织结构中，将企业划分为了哪些部门？
3. 贸易企业中，主要是通过哪些服务机构进行企业设立和登记的？
4. 在贸易企业中，CEO 的岗位职责主要包括哪些方面？
5. 在贸易企业中，采购部门主要通过哪些功能模块来实现原材料或产品的采购业务？

第六章　金融服务机构业务规则

［素养目标］

☆深刻理解建设现代中央银行制度是深化金融体制改革的重要部署

［知识目标］

☆理解商业银行的岗位设置及职责

☆理解会计师事务所的岗位设置及职责

［技能目标］

☆掌握商业银行开户、贷款、国际结算等业务的操作流程

☆掌握会计师事务所审计报表等业务的操作流程

引　言

在仿真实习环境中，金融服务机构包含商业银行和会计师事务所。商业银行拥有完整的对公服务体系，能够进行开户、转账、信贷、国际结算等各种商业银行业务。会计师事务所主要负责审核企业的财务报表以及监督和审查企业是否违反业务规则及会计准则。本章将系统介绍商业银行及会计师事务所的岗位职责，重点对商业银行的开户管理、贷款管理、银行转账等业务的操作流程以及会计师事务所验资管理、审计管理等日常业务的操作流程进行系统详尽阐述，以便于熟悉商业银行、会计师事务所的操作规范和操作内容，加深对金融服务机构业务的理解和运用。

第一节　商业银行业务规则

商业银行是金融机构之一，而且是最主要的金融机构，它主要的业务范围有吸收公众存款、发放贷款以及办理票据贴现等。

一、业务总则

根据银行在仿真实习环境中的地位及作用特制定本章程，银行全体人员必须根据本章程的各项规定开展工作。

第一条　银行的宗旨是提供资金支持及服务。

第二条　必须严格遵守国家金融政策及法律规定。

第三条 银行有权监督开户及资金使用情况。

二、业务细则

银行在仿真实习环境中的主要业务及规则如下：

（一）银行为客户提供开户管理

开户业务是指企业开立银行账户，每家企业可开立的账户类型包括基本账户和一般账户两类，每家企业必须申请开立一个基本账户，用于企业日常收支业务以及贷款业务，开户完成后，企业初始资金立即到账。每家企业只能开立一个基本账户，是否申请开立一般账户由企业自行决定，一般账户只能在基本账户开户行之外的其他银行申请开立，可以在不同商业银行申请开立多个一般账户，一般账户只能用来贷款，不能在该账户内部进行日常收支业务，所以一般账户贷款成功后将资金转入基本账户。

商业银行受理单位开户手续时，一定要对开户单位提交的营业执照、税务登记证、组织机构代码证等开户文件原件的真实性进行审核，法人身份证应通过联网核查公民身份信息系统进行查询。对客户单位提供的开户资料进行审查后，各银行机构应在营业执照复印件、税务登记证复印件、组织机构代码证复印件等需要中国人民银行审核、留存的开户资料上加盖“经核对与原件一致”的审查章，在法人身份证的复印件加盖“已核查无误”审核章，凡复印件未加盖上述印章的，中国人民银行在办理账户核准业务时，一律不予受理，同时按照有关规定，自 2007 年起，各银行对存款人提供的开户申请资料的真实性、完整性、合规性进行双人审查并在开户申请书上双人签字予以确认。

（二）银行提供贷款管理

银行贷款是指商业银行作为贷款人，按照一定的贷款原则和政策，以还本付息为条件，将一定数量的货币资金提供给借款人使用的一种信用行为，这种信用行为由贷款的对象、条件、用途、期限、利率和方式等因素构成，而这些因素的不同组合就形成了不同贷款种类。贷款是商业银行主要的营利资产，利润的高低与贷款的价格（贷款利息）有着直接的关系，贷款利率高，利润就高，但对贷款的需求就会减少；贷款利率低，利润就低，但贷款需求就会增加，因此合理确定贷款价格，既能为银行取得满意的利润又能为客户所接受，这是商业银行贷款管理的重要内容。对于银行而言，其用于发放贷款的资金是通过负债业务而获得的，银行必须为此付出代价，而且在信贷资金发放过程中，银行还面临各种风险，对此银行都要求得到回报。银行在发放贷款定价时，要考虑融资成本、基准利率、预期利率、贷款的风险程度及资金的供求关系等。银行贷款采用五级分类进行管理，并对每类贷款的内涵和特征进行了明确的界定。五类贷款包括：正常贷款：是指借款人能够履行合同，没有足够理由怀疑贷款本息不能按时足额偿还的贷款。关注贷款：表示借款人偶尔有未按时还款拖欠逾期的情况出现，借款人按时还款的意识不强，但不是主观原因产生的，需要关注还款记录，需及时通知提醒。次级贷款：借款人的还款能力出现明显问题，完全依靠其正常营业收入无法足额偿还贷款本息，需要通过处分资产或对外融资乃至执行担保来还款付息，即使执行担保也可能会造成一定损失。可疑贷款：借款人无法足额偿还贷款本息，即使执行抵押和担保也肯定要造成较大损失。只是因为存在借款人重组兼并合并抵押物处理和未决诉讼等待定因素，损失金额的多少还不能确定。损失贷款：借款人已无偿还本息的可能，无论采取什么措施和履行什么程序，贷款都注定要损失了，或者虽然能收回极少部分，但其价值也是微乎其微，从银行的角度看，也没有意义和必要，将其作为银行资产在账目上保留下来，对这类贷款在履行了必要的法律程序之后，应立即予以注销。

（三）银行为客户提供询证函，并且为客户提供转账操作

国内转账使用支票进行结算，支票需与进账单同时使用，其中支票和进账单填写内容要严格保持一致，其中支票的填写有以下要求：出票日期（大写）数字必须大写，大写数字的写法为零、壹、贰、叁、肆、伍、陆、柒、捌、玖、拾；出票金额一定要大写，不得有错别字；所有金额要靠最左边写，大小写要一致；用途写清楚，写清楚出票人和收款人；公司盖章要严格盖正，顺序为财务章在左，法人章在右；支票不得涂改，不允许有任何错别字；企业在支票与存根连接处盖“财务专用章”，也称“骑缝章”。进账单的填写要求有以下几个方面：进账单的信息要严格和对应支票信息一致，包括日期、出票人信息、收款人信息、金额、备注用途；所有金额要靠最左边写。大小写要一致，进账单统一用黑色签字笔填写，不得用铅笔；进账单不得涂改，不允许有任何错别字，单据右下角“记账”与“复核”分别是银行经办人员与负责人签章。进账单与支票配套使用，可以一张支票填制一份进账单，也可以多张支票汇总金额后填制一份进账单，即允许办理一收多付（一贷多借）。

（四）为客户提供国际结算

在仿真实训中，进出口业务可采用T/T和L/C两种支付方式，两种支付方式所使用的转账工具都是电汇凭证，电汇凭证的填写要求如下：汇款人收款人信息要填写完整，金额大小要严格一致，靠最左边填写；附加信息和用途写清楚；电汇凭证只需在蓝色联盖章，公司盖财务章和法人章要正，顺序为财务章在左，法人章在右；所有单据统一用黑色签字笔填写，不可以用铅笔，不得修改涂擦，不得有任何错别字。

（五）银行可以查看企业经营状况

借款企业通过提交资产负债表、利润表和现金流量表等财务报表，可供银行查看企业的生产经营状况，并借以做出对企业的判断。

知识专栏6-1

深刻理解现代中央银行制度

习近平总书记在党的二十大报告中指出，“建设现代中央银行制度”。这是深化金融体制改革的重要部署。现代中央银行制度，是中央银行为实现币值稳定、充分就业、金融稳定、国际收支平衡等任务而设计和实施的现代货币政策框架、金融基础设施服务体系、系统性金融风险防控体系和国际金融协调合作治理机制的总和。准确理解建设现代中央银行制度的意义、内涵和任务，有利于在实践层面推进这一重要改革。

第一，建设现代中央银行制度是新时代构建现代金融体系的重要任务。一是建设现代

中央银行制度是现代国家宏观经济治理的重要内容。在现代信用货币体系下，中央银行对货币管理得好，就能够发挥出货币更广范围更大程度上配置资源的积极作用，促进经济持续健康发展。相反，如果管理不好，不是出现货币超发导致通货膨胀和资产泡沫，就是发生信用收缩，甚至造成经济金融危机。二是建设现代中央银行制度助推经济高质量发展。当前我国已转向高质量发展阶段，正处于转变发展方式、优化经济结构、转换增长动力的关键时期，需要以现代中央银行制度作为重要支撑，既支持经济转型升级，又防止发生严重通货膨胀或通货紧缩以及系统性金融风险，确保我国社会主义现代化顺利推进。三是建设现代中央银行制度是应对国际金融体系变化的必然选择。国际上中央银行制度根据形势和实践变化，不断调整和充实新的内容，从向政府融资、管理货币，逐步发展到通过调节货币和利率维护币值稳定、重视充分就业、关注金融稳定和国际协调合作等。在世界百年未有之大变局的背景下，要立足中国国情，加快建设现代中央银行制度，主动应对国际中央银行制度的演变和经济金融形势的变化。

第二，建设现代中央银行制度是实现现代金融政策体系服务功能的需要。一是健全现代货币政策框架。货币政策以币值稳定为首要目标，更加重视充分就业。中央银行要实现币值稳定目标，要以市场化方式对银行体系货币创造行为进行调控，保持资产负债表的健康可持续，必须实行独立的中央银行财务预算管理制度，防止财政赤字货币化。二是建设金融基础设施服务体系。金融基础设施是中央银行实现目标任务的重要支撑，通过统筹规划金融业综合统计、反洗钱以及金融市场登记托管、清算结算、支付、征信等金融基础设施建设，推动境内外各类金融基础设施互联互通。三是构建系统性金融风险防控体系。中央银行必须在事前事中事后全过程切实履行防控系统性金融风险的责任。健全宏观审慎管理体系，强化金融监管协调机制，保护金融消费者合法权益，对重大金融风险的责任进行严肃追究和惩戒。四是完善国际金融协调合作治理机制。推动国际货币体系和金融监管改革，推进金融双向开放。

第三，建设现代中央银行制度的重大任务。一是完善货币供应调控机制。完善中央银行调节银行货币创造的流动性、资本和利率约束的长效机制，保持货币供应量和社会融资规模增速与反映潜在产出的名义国内生产总值增速基本匹配。增强货币政策操作的规则性和透明度，建立制度化的货币政策沟通机制，有效管理和引导预期。二是构建金融有效支持实体经济的体制机制。在宏观层面搞好跨周期政策设计，以现代化的货币管理促进经济高质量发展。在微观层面引入激励相容机制，创新结构性货币政策工具，引导金融机构优化信贷结构，支持国民经济重点领域和薄弱环节，打通金融向实体经济的传导。三是建立现代金融机构体系按照市场化、法治化、国际化原则，健全具有高度适应性、竞争力普惠性的现代金融机构体系。要以强化公司治理为核心，深化国有商业银行改革，更好服务中小微企业。支持中小银行和农村信用社持续健康发展，形成各类银行公平竞争的银行体系结构。改革优化政策性金融。四是推进金融双向开放。提高参与国际金融治理能力，积极参与国际金融规则制定，加强与国际组织合作，推动建立多元、稳定的国际货币体系。五是健全金融风险预防、预警、处置、问责制度体系。维护金融安全，守住不发生系统性风险底线。

（资料来源：《党的二十大报告学习辅导百问》[M]. 北京：党建读物出版社、学习出版社，2022：66－68）

知识专栏6－2

商业银行的职能

商业银行的职能是由商业银行的性质决定的，是商业银行性质的具体体现，商业银行的职能包括：

（1）信用中介职能。信用中介是商业银行最基本的职能，也是最能反映其经营特征的职能。信用中介是指商业银行通过负债业务，把社会上的各种闲散资金动员并集中起来，成为其重要的资金来源，再通过资产业务，将其投放给需要资金的客户。在这里，商业银行，既是借者，又是贷者，在货币资金的初始供给者和资金最终需求者之间充当了中介人，实现资金的融通，并从各项资产业务的收入和各项负债业务的成本的差额中获得利差收入，形成银行的利润。

商业银行在资金融通过程中，资金闲散者和资金短缺者之间并不能形成直接的借贷关系，这是因为：①资金需求与资金供给在供需时间上不一致；②资金需求与资金供给在数量上不对应；③双方互不了解信用状况和经济状况，信贷信用关系也难以确立，而商业银行则能通过自身的信用活动克服上述种种矛盾成为借贷双方信用关系的中介人。一方面，商业银行通过吸收存款的形式将社会各种闲散资金集中起来汇聚成巨额资金以满足不同的借款需求；另一方面，商业银行通过信用形式将小额的分散的资金转换为生产成本等职能资本，在社会资本总量不变的前提下，提高了资本使用效率，扩大了社会资本整体的增值能力。

（2）支付中介职能。支付中介职能，商业银行在经营存款业务的基础上，接受客户的委托代为办理货币收付及其他与货币收付有关的技术性业务时，在收付双方之间充当中介人的角色，发挥支付中介的职能。商业银行支付中介职能的发挥，一方面，可以极大地减少流通者的现金使用量，节约了社会流通费用。加速了结算过程和货币资金周转，促进了社会经济的发展和壮大，也增强了商业银行的社会服务功能；另一方面，支付中介职能的充分发挥还可以吸引客户，进而促进存贷业务的发展，使商业银行的信用中介职能得到更充分的展现。

（3）信用创造职能。商业银行信用创造职能是在信用中介职能和支付中介职能的基础上产生的。商业银行吸收的存款向客户发放贷款或者从事投资业务，在客户的账户中通过办理货币收付转账手续，新增贷款和投资又形成新的存款余额，商业银行可以据此再发放贷款和投资，从而衍生出更多存款，扩大了社会货币供应量，促进了经济发展。信用创造是商业银行的特殊职能，商业银行以信用的形式，以转账结算为手段，完成了货币收付活动，即商业银行通过创造信用流通工具，执行了货币的流通手段和支付手段。更为重要的是，由于信用流通工具的存在，商业银行的贷款可以通过转账方式直接引起存款的增加，从而创造派生存款。

知识专栏6－3

商业银行信用分析的“5C”原则

商业银行的信用分析是指贷款发放前对借款人的借款申请和所有财务报告的评估。由此可以了解借款人履约还款的可靠性程度，从而可以有针对性地加强管理，以防范各种贷款风险的发生。通常信用分析重点关注以下五方面，也成为信用分析的“5C”原则：

（1）品质：主要考察借款人的诚信度，这是决定借款人是否愿意还款的关键因素，它体现了一个人可靠和诚实的内在素质。

（2）能力：包括财务能力和法律能力两方面。财务能力是指借款人是否能够通过成功经营创造足够的现金流或其他资金来源可以偿还到期债务的能力。法律能力涉及对借款人法人资格的认定，以及对保证人担保资格、借款人、保证人等签名、抵押物品合法性、有效性的认定。

（3）资本：是指借款人财产的货币价值，通常由借款人的资产净值来衡量。资本反映了借款人的财力和承受风险的能力，是决定借款人从银行获得借款资金数量的一个决定性因素。

（4）担保：是借款人出现违约时的第二还款来源。当借款人无力还款时，通过处置抵押物、质押物，或要求保证人代为还款，由此可以减少银行的损失，但是担保不能成为银行是否决定放款和放款额度的关键依据。

（5）环境：主要是指借款人自身的经营状况和影响借款人还款能力的外部经济环境。借款人的经营状况包括影响其还款的供给、生产、销售、人员素质、竞争能力等因素，这些因素大多数是借款人可以控制的，而外部环境是一个外生变量，如所处地区的经济条件、行业类型和行业风险、企业的竞争环境等，银行发放贷款时，必须对借款人所处的经济环境以及未来发展前景进行分析，并以之作出正确的判断，保证银行贷款的安全。

第二节　商业银行操作流程

一、实验准备

登录新商科仿真实训平台，点击“金融服务区”可以快速进入商业银行界面，商业银行的初始放贷资金为1亿元人民币，首先要对该笔资金进行签收，确保银行的正常运营。

商业银行在系统中扮演着资金融通的角色，兼具营利性和服务性的双重特征。商业银行在保证一定盈利水平的基础上要不断地提高服务质量和服务效率，公平合理地办理贷款业务，高效地办理转账、国际结算等其他业务。

二、操作流程

银行在仿真实训环境中的作用，主要涉及银行开户、贷款两个主要任务，同时还有询证函和国际结算业务操作。

（一）开户管理

1. 开户介绍

银行开户即投资者开设证券账户和资金账户的行为。企业在领取统一社会信用代码证并刻制公章之后，即可到银行办理开户手续，开立银行结算账户。

办理开户时，银行开户需要提供的资料有统一社会信用代码证及其复印件；法定代表人身份证及复印件；留存印鉴非法定代表人的，需要签署相应的授权书；公章、财务专用章及预留人名章；经办人身份证及复印件；其他需要的证明文件。

2. 银行开户流程

企业首先向银行发送开户申请书，银行对其申请书进行审核，审核通过后企业填写开立银行结算账户申请书，发送申请书到银行，银行对申请书进行审核，审核通过，还需提交到人民银行做最后的审核确认，如果审核通过，则开户成功。

企业在银行办理开户的主要业务流程如图6－1所示：

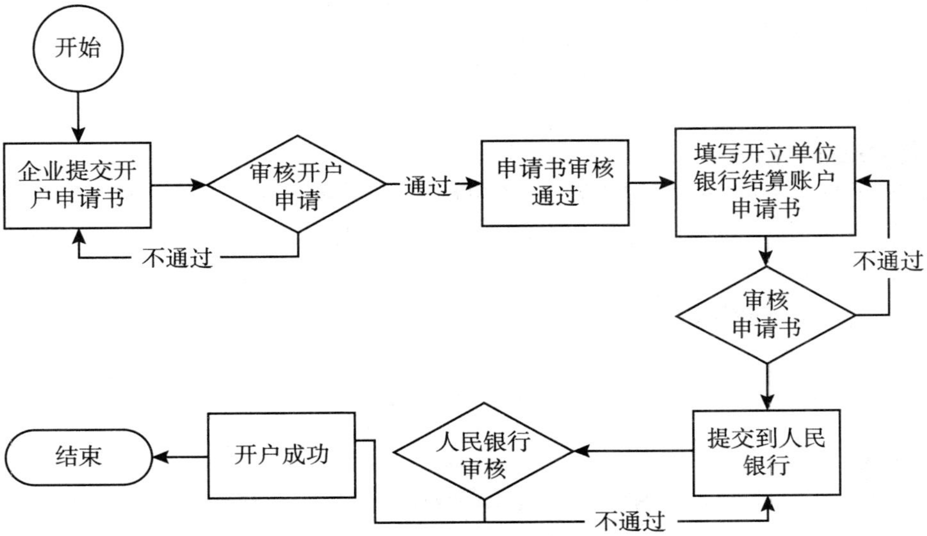

图6－1　银行开户流程图

知识专栏6－4

银行开户的种类介绍

银行账户可以分为四类，分别为：

1. 基本存款账户

基本存款账户是企事业单位的主要存款账户，该账户主要办理日常转账结算和现金收付，存款单位的工资、奖金等现金的支取只能通过该账户办理。基本存款账户的开立须报当地人民银行审批并核发开户许可证，许可证正本由存款单位留存，副本交开户行留存。企事业单位只能选择一家商业银行的一个营业机构开立一个基本存款账户。

2. 一般存款账户

一般存款账户是企事业单位在基本账户以外的银行因借款开立的账户，该账户只能办理转账结算和现金的缴存，不能支取现金。

3. 临时存款账户

临时存款账户是外来临时机构或个体经济户因临时经营活动需要开立的账户，该账户可办理转账结算和符合国家现金管理规定的现金。

4. 专用账户

单把某一项资金拿出来方便管理和使用，所以新开设的账户叫专用账户，但是开设专用账户需要经过人民银行批准。

开户后注意事项

（1）保留好银行月结单及水单等公司各项开支票据，以备后用之需；

（2）银行查册时间一般为一至二个星期，每个银行不同；

（3）自通知日起，账户可以开始运作，如一个月内未能启动账户，该账户将自动取消；

（4）如果要开私人账号，需带身份证正本或护照、地址证明、预存款10 000元；

（5）所有更改股东、更改公司名称、增加注册资本的公司，必须将会议记录及会计师签署的文件一并提交银行（如果在银行有留签字印的，更改公司名称后签字印也一并提交银行）；

（6）超过一年的公司，必须提交年报、会议记录及会计师签署的文件给银行。

（二）贷款管理

1. 贷款业务介绍

银行贷款是指银行根据国家政策以一定的利率将资金贷放给资金需要者，并约定期限归还的一种经济行为。首先企业向银行提出贷款申请书，银行通过调查，填写调查报告，通过则可以进行下一步。银行和企业签订抵押合同，相互确认后签订贷款合同，最后确认发放贷款。银行贷款流程如图6－2所示。

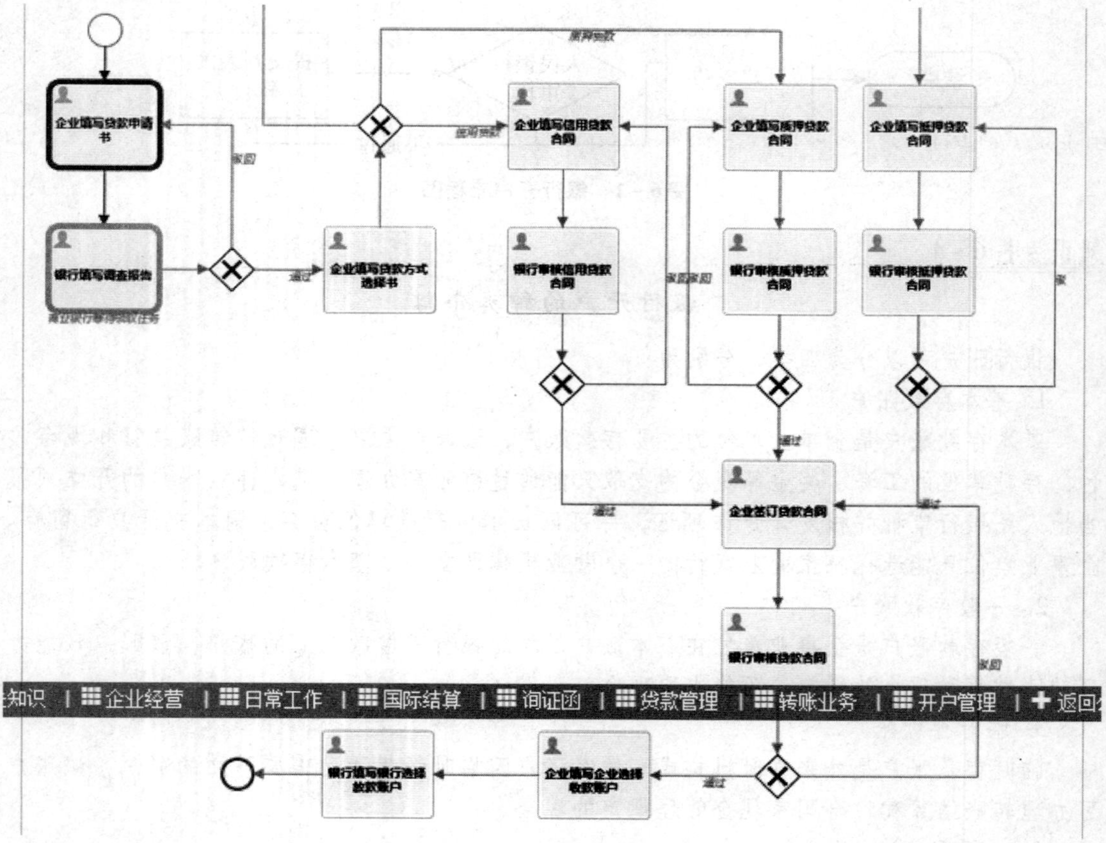

图6－2　贷款流程

2. 具体流程介绍

（1）建立信贷关系。申请建立信贷关系时企业须提交“建立信贷关系申请书”一式两份。银行在接到企业提交的申请书后，要指派信贷员进行调查。调查内容主要包括：企业经营的合法性：企业是否具有法人资格必需的有关条件；企业经营的独立性：企业是否实行独立经济核算，单独计算盈亏，有独立的财务计划、会计报表；企业及其生产的主要产品是否属于国家产业政策发展序列；企业经营的效益性：企业会计决算是否准确，并符合有关规定；财务成果的现状及趋势；企业资金使用的合理性：企业流动资金、固定资金是否分口管理；流动资金占用水平及结构是否合理，有无被挤占、挪用；新建扩建企业扩大能力部分所需流动资金 30% 是否已筹足。如暂时不足，是否已制订在短期内补足的计划。

信贷员对上述情况调查了解后，要写出书面报告，并签署是否建立信贷关系的意见，提交科（股）长、行长（主任）逐级审查批准。经行长（主任）同意与企业建立信贷关系后，银企双方应签订“建立信贷关系契约”。

（2）提出贷款申请。已建立信贷关系的企业，可根据其生产经营过程中合理的流动资金需要，向银行申请流动资金贷款。以工业生产企业为例，申请贷款时必须提交“工业生产企业流动资金借款申请书”。银行依据国家产业政策、信贷政策及有关制度，并结合上级行批准的信贷规模计划和信贷资金来源对企业借款申请进行认真审查。

（3）进行贷款审查。贷款审查贷款审查的主要内容有：

①贷款的直接用途。是否符合国家规定的流动资金贷款支持范围的直接用途。

②企业近期经营状况。主要包括物资购、耗、存及产品供、产、销状况，流动资金占用水平及结构状况；信誉状况；经济效益状况等。

③企业挖潜计划、流动资金周转加速计划、流动资金补充计划的执行情况。

④企业发展前景。主要指企业所属行业的发展前景，企业发展方向，主要产品结构、寿命周期和新产品开发能力，主要领导人实际工作能力，经营决策水平及开拓、创新能力。

⑤企业负债能力。主要指企业自有流动资金实有额及流动资产负债状况，一般可用自有流动资金占全部流动资金比例和企业流动资产负债率两项指标分析。

（4）签订借款合同。借款合同是贷款人将一定数量的货币交付给借款人按约定的用途使用，借款人到期还本付息的协议，是一种经济合同。借款合同有自己的特征，合同标的是货币，贷款方一般是国有银行或其他金融机构，贷款利息按国家规定，当事人不能随意商定。当事人双方依法就借款合同的主要条款经过协商，达成协议。由借款方提出申请，经贷款方审查认可后，即可签订借款合同。

借款合同应具备下列条款：借款种类、借款用途、借款金额、借款利率、借款期限、还款资金来源及还款方式、保证条款、违约责任，当事人双方商定的其他条款。借款合同必须由当事人双方的代表或凭法定代表授权证明的经办人签章，并加盖公章。

（5）发放贷款。企业申请贷款经审查批准后，应由银企双方根据贷款种类签订相关种类的借款合同。签订合同时应注意项目填写准确，文字清楚工整，不能涂改；借、贷、保三方公章及法人代表签章齐全无误。

借款方立借据。借款借据是书面借款凭证，可与借款合同同时签订，也可在合同规定的额度和有效时间内，一次或分次订立。

银行经办人员应认真审查核对借款申请书的各项内容是否无误，是否与借款合同相符。借款申请书审查无误后，填制放款通知单，由信贷员、科（股）长“两签”或行长（主任）“三签”送银行会计部门办理贷款拨入借款方账户的手续。借款申请书及放款放出通知单经会计部门入账后，最后一联返回信贷部门作为登记贷款台账凭证。

（三）询证函业务

银行询证函是指会计师（审计）事务所在执行审计过程中，以被审计企业名义向银行发出的、用以验证该企业的银行存款与借款、投资人（股东）出资情况以及担保、承诺、信用证、保函等其他事项等是否真实、合法、完整的询证性书面文件。

1. 询证方式

（1）会计师事务所、审计师事务所直接向银行邮寄“银行询证函”或直接到柜台办理的，银行询证函上需有被函证单位的公章，被函证单位还需出具授权委托书。

（2）单位直接到银行办理的，需持“企业法人营业执照”（副本）（或如“事业单位登记证”“社会团体登记证书”等）、加盖单位公章有银行询证函、法定代表人或经法定代表人授权委托代理人有效身份证件。

2. 具体流程

首先，企业和会计师事务所签订验资合同，其次，企业向银行发送询证函请求，银行确认成功后，发送询证函给会计师事务所，会计师事务所看到询证函后，给企业发送验资报告，其询证函是给会计师事务所一个企业资产的凭证。

银行询证函的流程如图 6－3 所示：

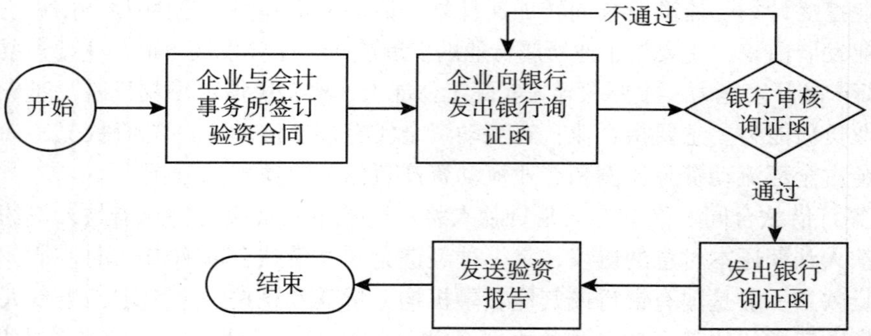

图 6－3　询证函流程

（四）银行转账

转账是指不直接使用现金，而是通过银行将款项从付款单位账户划转到收款单位账户完成货币收付的一种结算方式，它是随着银行业的发展而逐步发展起来的。

1. 业务介绍

转账结算的方式很多，主要可分为同城结算和异地结算两大类。同城结算包括支票结算、付款委托书结算、同城托收承付结算、托收无承付结算和限额支票结算等；异地结算包括异地托收承付结算、异地委托收款结算、汇兑结算、信用证结算和限额结算等。银行办理转账结算和在银行办理转账结算的单位应遵循钱货两清、维护收付双方的正当权益、银行不予垫款的原则。

2. 流程介绍

企业需要办理转账业务时，填写转账支票后去银行办理，银行对支票信息进行审核，审核无误后即可为其办理转账。银行转账流程如图 6－4 所示：

（五）国际结算

国际结算是指国际间由于政治、经济、文化、外交、军事等方面的交往或联系而发生地以货币表示债权债务的清偿行为或资金转移行为。国际结算分为有形贸易和无形贸易类。有形贸易引起的国际结算为国际贸易结算；无形贸易引起的国际结算为非贸易结算。

图 6－4　银行转账流程

1. 结算方式

仿真市场中主要使用的结算方式是信用证结算。信用证（Letter of Credit，L/C），是指开证银行应申请人的要求并按其指示向第三方开立的载有一定金额的，在一定的期限内凭符合规定的单据付款的书面保证文件。信用证是国际贸易中最主要、最常用的支付方式。

2. 结算流程

国际结算时，需满足以下条件：信用证底稿已经准备、出口合同已将签订、信用证和合同相互匹配。国际结算的业务流程如图 6－5 所示：

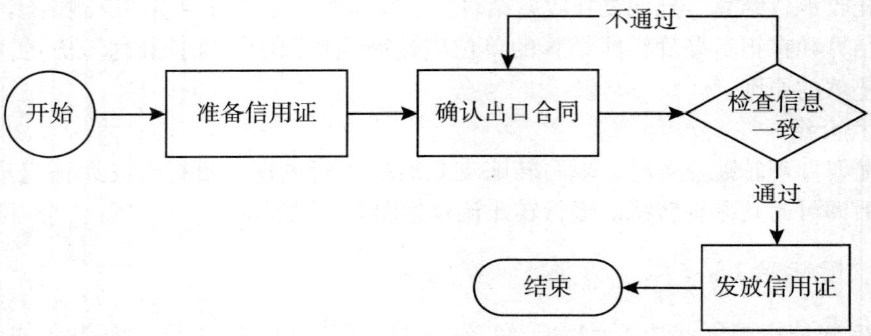

图 6－5　国际结算业务流程

第三节　商业银行岗位职责及考核

在平台中现设有 2 家商业银行，每家商业银行至少应分设 4 个岗位，分别为银行行长、信贷专管员、客户经理和普通柜员。具体操作主要涉及银行开户和银行贷款两个主要业务，同时还涉及询证函和国际结算业务操作等其他业务。

一、机构岗位职责说明

（一）行长职责

（1）运营管理：根据上级行下达的各项业务经营指标与总体计划，组织开展业务经营活动，落实上级行的经营策略并达成年度经营目标。

（2）风险管理：定期对营业现金、库存现金、重要空白凭证等进行安全管理检查，组织业务培训，并对检查整改效果负责。

（3）人员管理：合理配置人力资源，负责对网点员工的任用与评估、考核与激励、培训与指导。

（4）营销管理：组织网点开展日常营销工作，加强对中高端客户的管理，优化网点客户结构，直接参与部分重要客户的营销与维护工作，对网点经营效益负责。

（5）业务授权：按照储蓄业务处理系统的柜员权限，履行授权职责。

（6）文化建设：负责网点组织文化建设和工作氛围营造，树立网点良好形象。

（二）信贷专管员

（1）公布所营销贷款的种类、期限、利率、条件，向借款人提供咨询；了解借款人需求，要求其提供财务报告等基本情况，指导其填写借款申请书，为其办理贷款申请工作。

（2）根据借款人的资金结构等因素，协助有关人员和部门对借款人的信用等级进行评定。

（3）对借款人借款的合法性等因素进行调查，核实抵押物、质物、保证人情况，测定贷款的风险度。

（4）回复借款人的贷款申请，与借款人签订借款合同，并根据需要与保证人签订保证合同或到公证部门进行公证。

（5）向借款人发放贷款，并对借款人执行合同情况及其经营情况进行追踪调查和检查。

（6）根据借款人要求与借款人协商并办理提前还款和贷款展期工作。

（7）对到期借款向借款人发送还本付息通知单，敦促借款人归还借款；对逾期贷款发出催收通知单，催收逾期贷款本息。

（8）收集有关资料，协助有关部门对不能落实还本付息的借款人依法进行起诉。

（9）建立和完善贷款质量保全制度，对不良贷款进行分类，登记、考核和催收。

（三）银行客户经理岗位职责

（1）负责银行客户关系的建立和维护。

（2）负责完成相应银行产品和服务的销售指标。

（3）负责售前和售后的协调工作。

（4）负责与合作银行各相关机构建立并保持良好的合作关系。

（5）负责参与与银行业务有关的会议与谈判以及事务协调。

（6）负责收集用户信息，及时向产品开发部门提供建议。

（7）负责配合银行产品项目的接入和实施。

（8）负责签订合同事宜。

（四）柜员职责

（1）执行个人人民币储蓄业务各项规章制度，掌握储蓄业务处理系统普通柜员权限内容，并在所属权限内进行日常业务操作。

（2）负责本柜员现金，凭证盘点，做好日终轧账，确保账实相符。

（3）了解客户需求，充分利用柜面向客户进行业务宣传和推荐金融产品，将意向客户转介绍给客户经理。

（4）负责本柜员工作区间内的办公物品和环境整洁。

（5）负责本柜台办公设备的开启、关闭和运行维护。

（6）配合支行长开展业务的宣传、推广工作。

（7）与柜员职能相应的其他职责。

二、相关考核说明

（一）团队工作情况

本项由服务对象打分，满分 100 分，占总成绩权重 10%（见表 6－1）。

表 6－1　　服务对象评分指标表

指标	工作效率（A）	服务态度（B）	便民措施（C）
分值（分）	40	40	20

（二）本职工作情况

本项由指导教师抽查，满分 100 分，占总成绩权重 10%（见表 6－2）。

表 6－2 本职工作评分标准表

任务名称	评价标准			
	优（90～100 分）	良（80～89 分）	中（70～79 分）	及格（60～69 分）
贷款调查报告的撰写	调查全面，内容属实	内容基本属实，调查不全面，有 1 项风险点未揭示	内容基本属实，调查不全面，有 2 项及以上风险点未揭示	未进行调查，报告内容虚假
单位开户申请书的填写	填写规范、准确、完整	能规范、完整地填写，仅有 1 处错误	能规范、完整地填写，仅有 2 处错误	能规范、完整地填写，2 处以上错误

（三）团队文化建设与管理水平

本项由指导教师检查，满分 100 分，占总成绩权重 10%（见表 6－3）。

表 6－3 团队文化评分指标表

指标	出勤（A）	工作纪律（B）	企业制度健全（C）
分值（分）	45	45	10

其中，缺勤 1 天 1 人次扣 1 分；工作纪律主要考察：工作期间玩手机、玩游戏、看视频，以及擅离岗位者视为违纪，每人次扣 2 分。

（四）团队实训报告

本项由指导教师检查，满分 100 分，占总成绩权重 50%（见表 6－4）。

表 6－4 团队实训报告评分指标表

指标	完整性（D）	规范性（E）	真实性（F）	科学性（G）
权重（%）	30	30	30	10

（五）个人实训报告

本项由指导教师检查，满分 100 分，占总成绩权重 20%（见表 6－5）。

表 6－5　　　个人实训报告评分指标表

指标	完整性（D）	规范性（E）	真实性（F）	科学性（G）
权重（%）	30	30	30	10

第四节　会计师事务所业务规则

会计师事务所是依法设立并承办注册会计师业务的机构。会计师事务所可以由注册会计师合伙设立。在仿真实习平台中，主要负责审核企业的财务报表以及监督和审查制造商、贸易商企业是否违反平台的业务规则以及在核算中是否违反会计准则。

一、业务总则

根据会计师事务所在仿真实习环境中的地位、作用和功能，总结其主要职能如下：

第一条　会计师事务所是依法建立，并且其一切经营活动应遵守国家法律、法规、规章的规定及本章程的约定。

第二条　会计师事务所的宗旨是：事务所以适应仿真经济市场发展的需要，充分发挥注册会计师等各类专业人员在经济活动和社会活动中的鉴证和服务作用，恪守独立、客观、公正的原则，维护社会公共利益为宗旨。

第三条　会计师事务所的经营范围是：

（1）审计等鉴证业务：审查企业财务报表；验证企业资本；对企业进行审计鉴证。

（2）会计服务业务：对企业进行财报管理。

第四条　事务所对外承接业务，一律以事务所的名义接受委托，任何人不得以个人名义从事业务活动。

第五条　事务所全体股东、注册会计师及其他员工应当遵守下列规定：严格遵守国家的法律法规、维护投资者的合法权益；严格遵守中国注册会计师执业规范以及其他各项工作规定；坚持独立、客观、公正原则；严格保守业务秘密；廉洁诚实、忠于职守、保持良好的职业操守；努力钻研业务、不断提高自身的专业水平、保持优良的工作质量；遵守事务所的各项内部管理制度。

二、业务细则

会计师事务所在仿真实习环境中实现的主要业务及规则如下：

第一条　会计师事务所为制造商、贸易商企业提供验资证明。企业（个人独资企业、合伙企业等工商登记机关不要求提交验资报告）在申请开业或变更注册资本前，必须委托注册会计师对其注册资本的实收或变更情况进行审验。

第二条　会计师事务所对制造商、贸易商企业的报表进行各季度的跟踪审计和年度审计。不同审计项目、审计内容，其审计流程也不尽相同，其中的重点工作是要了解被审计单位，确定是否接单，确定三方关系，签订审计业务约定书。在审计业务开始时，开展初步业务活动，制定总体审计策略，制订审计具体计划。在审计实施前必须实施风险评估程序，以此作为评估财务报表层次和认定重大错报风险的基础，对制造商、贸易商评估的财务报表层次重大错报风险确定总体应对措施，实施进一步审计程序，以将审计风险降至可接受的低水平。在完成了进一步审计程序后，做好审计阶段的完成工作，根据获得审计证据，进行合理的职业判断，形成审计意见。最后对被审计单位的财务报表进行整合，编制工作底稿及存底，最终出具审计报告，同时编写审计所年度总结报告。

第三条　会计师事务所为企业提供财务报表管理。

第四条　仿真企业及其他机构可以对会计师事务所的工作情况进行评价。评价的依据是业务办理的效率、业务的正确率、投诉率、出勤率和实验报告等。

知识专栏6-5

会计师事务所的设立条件和责任

会计师事务所可以由注册会计师合伙设立。合伙设立的会计师事务所的债务，由合伙人按照出资比例或者协议的约定，以各自的财产承担责任。合伙人对会计师事务所的债务承担连带责任。会计师事务所符合下列条件的，可以是负有限责任的法人：不少于30万元的注册资本；有一定数量的专职从业人员，其中至少有5名注册会计师；国务院财政部门规定的业务范围和其他条件。负有限责任的会计师事务所以其全部资产对其债务承担责任。会计师事务所的业务主要包括审计业务、验资业务、税务代理业务、财税业务培训和资产评估等。

第五节　会计师事务所操作流程

一、实验准备

登录实习平台，点击“金融服务区”可以快速进入会计师事务所界面，会计师事务所需要进行注册登记、银行开户业务等相关准备工作。

二、操作流程

会计师事务所在仿真实习环境中的作用，主要涉及验资、审计管理两个业务操作。

（一）验资

1. 业务介绍

验资，是指注册会计师依法接受委托，对被审验单位注册资本的实收情况或注册资本及实收资本的变更情况进行审验，并出具验资报告。验资分为设立验资和变更验资。

验资是注册会计师的法定业务。随着我国社会主义市场经济的发展和改革开放的不断深入，有关法律、法规对注册会计师验资业务的规定与日俱增，如《中华人民共和国公司法》《中华人民共和国中外合资经营企业法》《中华人民共和国中外合作经营企业法》《中华人民共和国外资企业法》《公司登记管理条例》《企业法人登记管理条例》等法律、法规对此均有涉及。《中华人民共和国注册会计师法》明确将验资业务列为注册会计师的法定业务之一。因此，企业（个人独资企业、合伙企业等工商登记机关不要求提交验资报告）在申请开业或变更注册资本前，必须委托注册会计师对其注册资本的实收或变更情况进行审验。

（1）公司设立验资程序及所需资料。

①到市场监督管理局登记分局进行公司名称核准，领取公司名称核准通知书。

②起草公司章程，并由各股东签字（章）确认。公司章程需明确规定各股东的投资金额、所占股权比例及出资方式（现金或实物资产，无形资产）。

③凭市场监督管理部门的公司名称核准通知书及各股东的身份证明文件（身份证）到银行开设公司临时账户。

④各股东全部以现金出资的，应根据公司名称核准通知书及公司章程规定的投资比例及投资金额，分别将投资款缴存公司临时账户，缴存投资款可采用银行转账或直接缴存现金两种方式。需注意的是，股东在缴存投资款时，在银行进账单或现金缴款单的“款项用途”栏应填写“××（股东名称）投资款”。

⑤股东如以实物资产（固定资产、存货等）或无形资产（专利、专有技术）出资，则该部分实物资产或无形资产需经过持有资产评估资格的会计师事务所或资产评估公司评估，并以经评估后的评估价值作为股东的投入额。以实物资产作价投入的，所作价投入的实物资产不得超过公司申请的注册资本额的50%；以无形资产作价投入的，所作价投入的无形资产不得超过公司申请的注册资本额的20%。

⑥与会计师事务所签订验资业务委托书，委托会计师事务所验资。验资时需向会计师事务所提供以下资料：公司名称核准通知书；公司章程；公司租赁合同，如果是自有房产的需提供自有房屋产权证明；股东身份证明，个人股东提供身份证，法人（公司）股东提供营业执照；股东投资款缴存银行的银行进账单（支票头）或现金缴款单；如个人股东是以个人存折转账缴存投资款的，则需提供个人存折；提供以上资料时，会计师事务所需验原件后留存复印件。协助会计师事务所到公司开户银行询证股东投资款实际到位情况；一个工作日后到会计师事务所领取验资报告，并到工商行政管理局登记分局专门登记备案。

（2）企业变更验资所需材料：被审验单位法定代表人签署的变更登记申请书；董事会、股东会或股东大会做出的变更注册资本的决议；政府有关部门对被审验单位注册资本变更等事宜的批准文件；经批准的注册资本增加或减少前后的协议、合同、章程；注册资本变更前的营业执照；外商投资企业注册资本变更后的批准证书；前期的验资报告及相关资料；注册资本增加或减少前最近一期的会计报表；被审验单位提供的有关前期出资已到位、出资者未抽回资本的书面声明；以货币、实物、知识产权、非专利技术、土地使用权等出资增加注册资本的相关资料（同设立验资）；与合并、分立、注销股份有关的协议、方案、资产负债表、财产清单；与减资有关的公告、债务清偿报告或债务担保证明；与合并或分立有关的公告、债务清偿报告或债务担保证明；出资者以其债权转增资本的有关协议；有关股权转让的协议、决议、批准文件，证明股权转让的律师意见书或公证书等法定文件及办理股款交割的凭证；相关会计处理资料；被审验单位确认的注册资本变更情况明细表；国家相关法规规定的其他资料。

2. 验资业务流程

首先会计师事务所和企业签订验资业务约定书，企业向银行索要银行询证函，会计师事务所对询证函进行确认，则可以准备验资底稿。针对不同的企业，验资底稿是不同的。验资底稿完成后，则可以给企业发送验资报告，验资过程结束。

（二）审计管理

1. 业务介绍

审计管理是会计师事务所一项很重要的业务。在仿真实习环境中，主要对各企业生产经营活动过程中的主要业务开展审计工作、出具审计报告。具体审计内容如下：

（1）审核公司的会计核算制度和内部控制制度是否健全，是否与国家现行会计核算制度、会计准则一致，是否与仿真实习业务规则一致。

（2）审核公司的会计账簿设置是否合理、完整，是否符合国家现行会计制度的规定。

（3）审核公司的货币资金使用是否符合财经制度的要求，货币资金有关业务是否及时办理。

（4）审核国内公司的各项收入是否符合收入的确认准则，收入确认手续、单据是否齐全，是否存在虚增收入或者少列收入的情况。

（5）审核公司各项费用开支是否符合相关规定，费用标准是否超标，是否存在多列或者少计费用的情况，摊销或者预提费用是否按照规则规定使用，是否及时计入有关费用。

（6）审核公司各项投资是否符合政府产业政策要求，是否执行仿真实习相关规则的规定。

（7）审核公司各项融资方式是否符合融资规则的各项规定，融资规模是否超过规定的标准。

（8）审核公司所招聘的职工是否符合生产技术要求或者管理者素质要求，公司职工工资与产品合格率、职工类别配比与关系等是否符合规定。

（9）审核公司采购环节的各项工作是否与采购规则及其要求一致，采购批量、采购价格等是否存在弄虚作假。

（10）审核公司新市场开发、新产品研发、ISO 认证等方面所提供的信息是否真实可靠。

（11）审核公司与客户签订合同的真实性、合法性，审核公司的市场行为是否符合相关规则的规定。

（12）审核公司基建项目是否按照相关业务的规定实施审批、验收。

（13）审核公司的各项资产、负债、所有者权益的增减变动是否符合仿真实习相关业务规则的规定。

（14）审核公司各项税金的计算、申报、缴纳是否符合相关规则的规定，是否存在瞒报、虚报、漏报等行为。

（15）审核公司主要业务的会计处理是否正确，是否遵守会计核算制度的要求，会计核算方法是否遵守一贯性原则等。

（16）审核公司的财务报告各项财务信息的真实性、合法性和正确性。

2. 业务流程介绍

审计是会计师事务所一项很重要的业务。其操作的过程：首先由会计师事务所成立审计部门，然后根据不同的审计项目添加符合条件的小组成员。小组创建成功后，根据企业添加不同的审计项目，确认审计的公司和大致内容。同时发送审计约定书给企业，企业对其审计约定书进行确认，会计师事务所可以制订详细的审计计划，准备审计底稿，也可以根据特殊需求，添加自定义的审计底稿，并对审计底稿进行填写确认审核，最后发送审计报告给企业。操作系统中审计具体指每个季度对企业报表的审计，在转季度之后对企业提交的总账科目汇总表、资产负债表、利润表等进行审核，确保各项财务信息的真实、正确。

第六节　会计师事务所岗位职责及考核

在平台中应至少设有一家会计师事务所，至少分设 5 个岗位，分别为所长、总审计师、项目经理、审计员、助理审计员，具体操作主要涉及验资及审计管理业务。

一、机构岗位职责说明

（一）主任会计师（所长）职责

（1）主持本所的日常管理工作，组织实施股东会决议。

（2）定期召开股东大会，总结前期工作，安排后期工作计划。

（3）拟订本所短期发展计划。

（4）定期抽查业务工作底稿，组织研究提高执行质量措施。

（5）定期主持所务会议，协调本所业务联系和执业工作中的问题和矛盾。

（6）制订本所的内部管理制度，如人事管理制度、质量控制管理制度、业务联系制度、档案管理制度、岗位责任制度等。

（7）签发本所业务报告。

（8）签署本所重要文件。

（9）拟订本所管理机构设置方案，确定相关管理部门人员的权利和义务，布置检查和考核各职能部门工作任务和完成情况。

（10）负责本所财务收支的审核工作。

（二）总审计师职责

（1）全面负责总审计室的工作，总审计室是全所的技术、业务的指导中心。

（2）按照业务质量三级复核的程序，负责全所业务报告的审核签发，交付打印，发出。

（3）制订本所员工的业务培训计划和员工的日常培训工作。

（4）制订本所的各项业务规范并指导其实施。

（5）解决本所业务工作中出现的问题，并责成当事人妥善处理。

（6）负责客户对本所审计业务的质询和解答。

（三）项目经理

（1）服从上级的安排，带领项目小组完成业务工作，在没有担任主审时，应协助主审人员完成好项目审计任务。

（2）负责对承担项目审计（评估）计划的撰写，能较准确地测试审计项目的重要性水平和审计风险。

（3）对审计小组人员合理分工、指导，并对其工作底稿进行复核，对其业务能力进行考核。

（4）负责主审的审计项目的审计质量，及时反映审计中出现的业务问题。

（5）负责所主审项目审计报告及时上报部门经理审核，关注部门经理、总审计师审核，及时回复部门经理、总审计师的审核意见。

（6）协助部门经理收取审计费用。

（四）审计员

（1）服从上级的调配，服从项目主审人员的工作安排。

（2）完成项目主审交办的审计工作。

（3）按独立审计准则的要求对分配的审计工作，作出完整的审计工作底稿。

（4）协助主审搜集资料，做好符合性、实质性测试。

（5）负责整理永久性档案、当年档案，保证档案的完整、整洁、规范。

（6）参与或负责编制报告书、已审会计报表、会计报表附注。

（五）助理审计员

（1）服从工作安排，调度。

（2）按独立审计准则的要求开设工作底稿，完成分配的工作。

（3）整理业务档案。

（4）完成项目主审交办的其他工作。

二、相关考核说明

（一）团队工作情况

本项由服务对象打分，满分 100 分，占总成绩权重 10%（见表 6-6）。

表 6-6　　服务对象评分指标表

指标	工作效率（A）	服务态度（B）	便民措施（C）
分值（分）	40	40	20

（二）本职工作情况

本项由指导教师抽查，满分 100 分，占总成绩权重 10%（见表 6-7）。

表 6－7　　评分标准表

任务名称	评价标准			
	优（90～100 分）	良（80～89 分）	中（70～79 分）	及格（60～69 分）
审计报告的填制	审计结果准确、完整、规范	审计结果基本属实，有 1 项风险点未揭示	审计结果基本属实，有 2 项及以上风险点未揭示	审计结果虚假
审计约定书的填写	填写规范、准确、完整	能规范、完整地填写，仅有 1 处错误	能规范、完整地填写，仅有 2 处错误	能规范、完整地填写，2 处以上错误

（三）团队文化建设与管理水平

本项由指导教师检查，满分 100 分，占总成绩权重 10%（见表 6－8）。

表 6－8　　团队文化评分指标表

指标	出勤（A）	工作纪律（B）	企业制度健全（C）
分值（分）	45	45	10

其中，缺勤 1 天 1 人次扣 1 分；工作纪律主要考察：工作期间玩手机、玩游戏、看视频，以及擅离岗位者视为违纪，每人次扣 2 分。

（四）团队实训报告

本项由指导教师检查，满分 100 分，占总成绩权重 50%（见表 6－9）。

表 6－9　　团队实训报告评分指标表

指标	完整性（D）	规范性（E）	真实性（F）	科学性（G）
权重（%）	30	30	30	10

（五）个人实训报告

本项由指导教师检查，满分 100 分，占总成绩权重 20%（见表 6－10）。

表 6－10　　个人实训报告评分指标表

指标	完整性（D）	规范性（E）	真实性（F）	科学性（G）
权重（%）	30	30	30	10

本章小结

通过本章的学习，能够使参与实训的学生深刻理解习近平总书记提出的建设现代中央银行制度的内涵、意义和任务。

1. 通过本章的学习，能够使参与实训的学生熟悉商业银行和会计师事务所的运行规则，能够对商业银行经营管理中的主要业务种类（商业银行的存款贷款和结算业务）有更深刻的认识。

2. 通过学习本章内容，不仅要求学生掌握业务规则，做好实验操作的理论准备，同时应将所学理论基本知识与实验操作结合起来，达到理论联系实际的目的。

3. 本章主要介绍了商业银行的岗位设置，并对银行行长、信贷专管员、客户经理、综合柜员的岗位职责进行了详细说明。

4. 本章重点讲解了商业银行的开户管理、贷款管理、询证函管理、转账结算、国际业务等业务流程，不仅可以让学生了解商业银行的工作机制，也可以强化学生具体操作实验项目的运用能力，便于学生灵活地掌握业务流程，快速地熟悉实验操作。

5. 本章主要介绍了会计师事务所的岗位设置，并对所长、总审计师、项目经理、审计员、助理审计员的职责进行了详细说明。

6. 本章重点讲解了会计师事务所的验资管理、审计管理等业务流程，不仅可以让学生了解会计师事务所的工作机制，也可以强化学生具体操作实验项目的运用能力，便于学生灵活地掌握业务流程，快速地熟悉实验操作。

思考与练习

1. 习近平总书记提出的建设现代中央银行制度的内涵、意义和任务，都包含哪些内容？

2. 商业银行的岗位设置、开户、贷款的规则都包含哪些内容？

3. 商业银行的岗位设置、开户、贷款的具体流程包含哪些内容？

4. 会计师事务所的岗位设置、报表审核的规则都包含哪些内容？

5. 会计师事务所的岗位设置、报表审核的具体流程包含哪些内容？

第七章　政务服务机构业务规则

［**素养目标**］

☆深刻理解建设现代化产业体系是现代化国家的物质支撑，是实现经济现代化的重要标志

［**知识目标**］

☆理解市场监督管理局的岗位设置及职责

☆理解税务局的岗位设置及职责

［**技能目标**］

☆掌握市场监督管理局登记注册、年检等业务的操作流程

☆掌握税务局税务登记、征税等业务的操作流程

引　言

在仿真实习环境中，政务服务机构分为市场监督管理局和税务局，市场监督管理局是对模拟企业进行检查和监督管理，并为企业提供注册服务，同时对其业务提供必要的支持；税务局主要是对模拟企业进行税收管理并对企业纳税情况进行监督。本章将系统介绍市场监督管理局及税务局的岗位职责，重点对市场监督管理局的企业设立登记、企业年检、监督投诉、企业注销等业务的操作流程以及税务局的行政审批和纳税申报等日常业务的操作流程进行系统详尽阐述，以便于熟悉市场监督管理局、税务局的操作规范和操作内容，加深对政务服务机构业务的理解和运用。

第一节　市场监督管理局业务规则

市场监督管理局是国家为了建立和维护市场经济秩序，通过市场监督管理和行政执法等机关，运用行政和法律手段，对市场经营主体及其市场行为进行监督管理。市场监督管理局在实习平台中的主要作用是给企业的成立和生产运营提供良好的市场环境，并对企业的运营进行检查和监督管理。

一、业务总则

根据市场监督管理局在仿真市场环境中的作用、地位，制定市场监督管理局的业务总则如下：

第一条 市场监督管理局是仿真实习环境中的管理机构，监督仿真市场的运行，维护仿真实习环境的经济秩序和工作秩序，促进仿真市场经济的健康发展。

第二条 市场监督管理局是虚拟的职能机构，主管市场监督管理和行政执法。市场监督管理局的基本任务是：确认市场主体资格，规范市场主体行为，维护市场经济秩序，保护商品生产经营者和消费者的合法权益；参与市场体系的规划、培育；负责商标的统一注册和管理；实施对广告活动的监督管理；监督管理仿真市场的正常有序运行。

第三条 市场监督管理局行使职权，坚持依法、公正、效率、廉洁的原则。

第四条 市场监督管理局依法独立行使职权，不受非法干预。

第五条 市场监督管理局实行执法监督制度，并接受仿真实习环境公众的监督。

二、业务细则

根据市场监督管理局的业务总则，同时结合平台，制定市场监督管理局在平台中主要实现的业务以及其规则如下：

第一条 市场监督管理局负责仿真实习环境中商品生产、经营活动的各类企业（以下简称“经营者”）的法人资格或合法经营地位。它受理经营者的设立、变更、分公司和注销登记申请，并依照法律、法规规定的原则和程序，审查是否予以核准登记。

第二条 市场监督管理局受理各个经营者的商标注册申请。

第三条 市场监督管理局负责对已成立公司和其分公司的年度检查任务，对各个经营者的登记注册及其相关活动进行监督管理。

第四条 市场监督管理局具有接受仿真实习环境中任何组织和个人的举报、申诉登记，并对其进行记录、查证、处理，同时负有保护投诉人，保证不泄露投诉内容的义务。

第五条 市场监督管理局可以对各个仿真企业的违法行为进行罚款处理，根据其触犯情况的严重程度，对其进行不同数额的罚款。

知识专栏 7－1

加快高标准市场体系建设

习近平总书记在党的二十大报告中指出，“深化要素市场化改革，建设高标准市场体系”。这一重要论述，为构建高水平社会主义市场经济体制、加快市场体系建设指明了改革方向和目标。深化要素市场化改革，健全要素市场体系，夯实建设高标准市场体系的制度基础，是构建高水平社会主义市场经济体制的内在要求和重要组成部分。

第一，建设高标准市场体系是实现经济高质量发展和建设高水平社会主义市场经济体制的重要基础和支撑。当今世界，市场是最稀缺的资源。建设统一开放、竞争有序、制度完备、治理完善的高标准市场体系是充分发挥我国超大规模市场优势的现实需要和必然选择。一是建设高标准市场体系是构建新发展格局的重要支撑。建设高标准市场体系，破除妨碍生产要素市场化配置和商品服务流通的体制机制障碍，畅通市场循环，疏通堵点卡点，可以充分发挥大国经济规模效应与集聚效应，贯通生产、分配、流通、消费各环节，促进国内供需有效对接，形成强大国内市场和丰富供给能力，畅通国内大循环，促进国内国际双循环。二是建设高标准市场体系是推动高质量发展的重要动力。高质量发展要求推动实现质量变革、效率变革、动力变革，市场体系的基础制度、运行效率、开放程度、监管体制等都要与之相匹配，以提高经济质量效益，并持续增强发展内在动力。三是建设高标准市场体系是构建高水平社会主义市场经济体制的重要基础。建设高标准市场体系，就是要推动实现全国统一大市场，形成高标准的市场化、法治化、国际化营商环境，从而降低全社会交易成本，有力地推动构建高水平社会主义市场经济体制。

第二，客观认识当前我国建设高标准市场体系存在的问题和差距。改革开放以来，我国市场体系建设取得巨大成就，但对照构建高水平社会主义市场经济体制的目标要求，市场体系建设仍存在一些短板，必须尽快补上。一是市场体系基础制度要进一步完善。产权和知识产权保护力度有待增强，市场准入制度的统一性、严肃性、权威性要强化，公平竞争制度刚性约束有待加强，社会信用法律法规和标准体系需健全完善。二是要素市场化改革要进一步深化、科学严格保护和高效合理利用土地的界限需进一步厘清。金融服务实体经济能力要加强，有关数据产权、流通交易、收益分配、安全治理等领域的制度规则有待健全。三是市场环境和质量要进一步优化。部分地方市场分割和地方保护政策阻碍商品和要素自由流动，市场基础设施“硬联通”和信息、标准等“软衔接”不够，影响市场流通效率。四是监管效能要进一步提升。一些领域和地区仍然存在监管责任不落实、监管制度不健全、监管能力不足的问题。

（资料来源：《党的二十大报告学习辅导百问》[M]. 北京：党建读物出版社、学习出版社，2022：62－64）

知识专栏 7－2

公司的设立

一、有限责任公司的设立

有限责任公司设立的条件

根据《中华人民共和国公司法》的规定，设立有限责任公司，应当具备下列条件：

1. 股东符合法定人数。

《中华人民共和国公司法》规定，有限责任公司由50个以下股东出资设立。《中华人民共和国公司法》对有限责任公司股东人数没有规定下限，有限责任公司股东人数可以为1个或50个以下股东，既可以是自然人，也可以是法人。

2. 有符合公司章程规定的全体股东认缴的出资额。

（1）注册资本。有限责任公司的注册资本为在公司登记机关登记的全体股东认缴的出资额。法律、行政法规以及国务院决定对有限责任公司注册资本实缴、注册资本最低限额另有规定的，从其规定。

（2）股东出资方式。股东可以用货币出资，也可以用实物、知识产权、土地使用权等可以用货币估价并可以依法转让的非货币财产作价出资。但是，法律、行政法规规定不得作为出资的财产除外。实物出资是指以房屋、机器设备、工具、原材料、零部件等有形资产的所有权出资。知识产权出资是指以无形资产，包括著作权、专利权商标权、非专利技术等出资。对作为出资的非货币财产应当评估作价，核实财产，不得高估或者低估作价。

根据《中华人民共和国公司法司法解释（三）》的规定，出资人以非货币财产出资，未依法评估作价，公司、其他股东或者公司债权人请求认定出资人未履行出资义务的，人民法院应当委托具有合法资格的评估机构对该财产评估作价。评估确定的价额显著低于公司章程所定价额的，人民法院应当认定出资人未依法全面履行出资义务。但是，出资人以符合法定条件的非货币财产出资后，因市场变化或者其他客观因素导致出资财产贬值，公司、其他股东或者公司债权人请求该出资人承担补足出资责任的，人民法院不予支持。但是，当事人另有约定的除外。

根据《中华人民共和国公司法司法解释（三）》的规定，出资人以划拨土地使用权出资，或者以设定权利负担的土地使用权出资，公司、其他股东或者公司债权人主张认定出资人未履行出资义务的，人民法院应当责令当事人在指定的合理期间内办理土地变更手续或者解除权利负担；逾期未办理或者未解除的，人民法院应当认定出资人未依法全面履行出资义务。

根据《中华人民共和国公司法司法解释（三）》的规定，出资人以房屋、土地使用权或者需要办理权属登记的知识产权等财产出资，已经交付公司使用但未办理权属变更手续，公司其他股东或者公司债权人主张认定出资人未履行出资义务的，人民法院应当责令当事人在指定的合理期间内办理权属变更手续；在前述期间内办理了权属变更手续的，人民法院应当认定其已经履行了出资义务；出资人主张自其实际交付财产给公司使用时享有相应股东权利的，人民法院应予支持。出资人已经就前述财产出资，办理权属变更手续但未交付给公司使用，公司或者其他股东主张其向公司交付，并在实际交付之前不享有相应股东权利的，人民法院应予支持。

3. 股东共同制定公司章程。

公司章程是记载公司组织、活动基本准则的公开性法律文件。设立有限责任公司必须由股东共同依法制定公司章程。股东应当在公司章程上签名、盖章。公司章程对公司、股东、董事、监事、高级管理人员具有约束力。公司章程所记载的事项可以分为必备事项和任意事项。必备事项是法律规定的在公司章程中必须记载的事项，或称绝对必要事项；任意事项是由公司自行决定是否记载的事项，包括公司有自主决定权的一些事项。

根据《中华人民共和国公司法》的规定，有限责任公司章程应当载明下列事项：(1) 公司名住所；(2) 公司经营范围；(3) 公司注册资本；(4) 股东的姓名或者名称；(5) 股东的出资方式、出资额和出资时间；(6) 公司的机构及其产生办法、职权、议则；(7) 公司法定代表人；(8) 股东会会议认为需要规定的其他事项。

4. 有公司名称，建立符合有限责任公司要求的组织机构。

公司的名称是公司的标志。公司设立自已的名称时，必须符合法律、法规的规定。公司应当设立符合有限责任公司要求的组织机构，即股东会、董事会或者执行董监事会或者监事等。

5. 有公司住所。

设立公司必须有住所。没有住所的公司，不得设立。公司以其主要办事机构所在地为住所。

二、股份有限公司的设立

（一）股份有限公司的设立方式

股份有限公司可以采取发起设立或者募集设立的方式设立。发起设立，是指由发起人认购公司应发行的全部股份而设立公司。以发起设立的方式设立股份有限公司的，在设立时其股份全部由该公司的发起人认购，而不向发起人之外的任何社会公众发行股份。因此，以发起设立方式设立的股份有限公司，在其发行新股之前，其全部股份都由发起人持有，公司的全部股东都是设立公司的发起人。募集设立，是指由发起人认购公司应发行股份的一部分，其余股份向社会公开募集或者向特定对象募集而设立公司。以募集设立方式设立股份有限公司的，在公司设立时，认购公司应发行股份的人不仅有发起人，而且还应有发起人以外的人。因此，法律对采用募集设立方式设立公司规定了较为严格的程序，以保护广大投资者的利益，保证正常的经济秩序。

（二）股份有限公司的设立条件

《中华人民共和国公司法》规定，设立股份有限公司，应当具备下列条件：

1. 发起人符合法定人数。

发起人是指依法筹办创立股份有限公司事务的人。为设立公司而签署公司章程向公司认购出资或者股份并履行公司设立职责的人，应当认定为公司的发起人。发起人既可以是自然人，也可以是法人；既可以是中国公民，也可以是外国公民。设立股份有限公司，应当有2人以上200人以下为发起人，其中，须有半数以上的发起人在中国境内有住所。发起人在中国境内有住所，是指中国公民以其户籍所在地为居住地或者其经常居住地在中国境内；外国公民其经常居住地在中国境内；法人其主要办事机构所在地在中国境内。因此，发起人是否在中国有住所，要视其经常居住地或者主要办事机构所在地是否在中国境内。发起人应当签订发起人协议，明确各自在公司设立过程中的权利和义务。

2. 有符合公司章程规定的全体发起人认购的股本总额或者募集的实收股本总额。

股份有限公司采取发起设立方式设立的，注册资本为在公司登记机关登记的全体发起人认购的股本总额。在发起人认购的股份缴足前，不得向他人募集股份。股份有限公司采取募集方式设立的，注册资本为在公司登记机关登记的实收股本总额。法律、行政法规以及国务院决定对股份有限公司注册资本实缴、注册资本最低限额另有规定的，从其规定。发起人可以用货币出资，也可以用实物、知识产权、土地使用权等可以用货币估价并可以依法转让的非货币财产作价出资；但是，法律、行政法规规定不得作为出资的财产除外。对作为出资的非货币财产应当评估作价，核实财产，不得高估或者低估作价。法律、行政法规对评估作价有规定的，从其规定。

3. 股份发行、筹办事项符合法律规定。

发起人为设立股份有限公司发行股份，以及在进行其他的筹办事项时，都必须符合法律规定的条件和程序，不得违反。

4. 发起人制定公司章程，采用募集方式设立的须经创立大会通过。

股份有限公司的章程是指记载有关公司组织和行动基本规则的文件。公司章程对公司、股东、董事、监事、高级管理人员具有约束力。设立公司必须依法制定章程。对于以发起设立方式设立的股份有限公司，由全体发起人共同制定公司章程；对于以募集设立方式设立的股份有限公司，发起人制定的公司章程，还应当召开有其他认股人参加的创立大会，并经出席会议的所持表决权的认股人过半数通过，方为有效。

股份有限公司章程应当载明下列事项：(1) 公司名称和住所；(2) 公司经营范围；(3) 公司设立方式；(4) 公司股份总数、每股金额和注册资本；(5) 发起人的姓名或者名称、认购的股份数、出资方式和出资时间；(6) 董事会的组成、职权、任期和议事规则；(7) 公司法定代表人；(8) 监事会的组成、职权、任期和议事规则；(9) 公司利润分配办法；(10) 公司的解散事由与清算办法；(11) 公司的通知和公告办法；(12) 股东大会会议认为需要规定的其他事项。

5. 有公司名称，建立符合股份有限公司要求的组织机构。

6. 有公司住所。

第二节　市场监督管理局操作流程

一、实验准备

登录实习平台，点击“政务服务区”可以快速进入市场监督管理局界面，市场监督管理局的操作主要以“领取任务”的方式进行。

二、操作流程

市场监督管理局在仿真实习环境中主要负责对仿真市场中的企业注册成立以及对企业的年度检查进行管理，同时接受企业的监督投诉。

（一）企业设立登记

企业设立登记是企业从事经营活动的前提，非经设立登记，并领取营业执照，不得从事商业活动。设立登记后，企业正式宣告成立，从此企业将合法并依法行使法律赋予企业的各种法人权利和法律义务（如税务）等方面，企业的正常生产和经营运转受到法律的保护和支持。企业设立登记的流程分为两步，分别是企业名称预先核准和企业设立登记。

1. 企业名称预先核准

(1) 企业名称预先核准业务介绍。企业名称预先核准主要是对公司申请的名字进行核准对比操作，如果已经存在此名称，则需要重新对公司名称进行设定。需要提交材料的有企业名称预先核准申请书、指定代表或委托代理机构及委托代理人的身份证明和企业法人资格证明及受托资格证明全体投资人的法人资格证明或身份证明。

(2) 企业名称预先核准流程。企业向市场监督管理局递交企业名称预先核准申请书，以及指定代表或者共同委托代理人的证明，等待市场监督管理局进行名称核对，如果有使用的单位，则不予以批准，发放驳回通知书给申请单位。如果审核通过，则发放名称预先核准通知书给申请单位。

2. 企业设立登记——企业设立登记

企业名称预先核准审核通过之后，企业就可以填写企业设立登记申请书，等待市场监督管理局的审核通过，审核通过后则企业才正式成立。企业设立登记包含公司设立登记申请书、企业名称预先核准登记通知书、公司章程、验资证明、股东会决议、营业场所证明六项操作。办理企业设立登记，企业需要提交的材料清单（以股份有限公司为例）如下：

（1）公司法定代表人签署的“公司设立登记申请书”。

（2）董事会签署的“指定代表或者共同委托代理人的证明”（由全体董事签字）及指定代表或委托代理人的身份证件复印件；应标明指定代表或者共同委托代理人的办理事项、权限、授权期限。

（3）由发起人签署或由会议主持人和出席会议的董事签字的股东大会或者创立大会会议记录（募集设立的提交）。

（4）全体发起人签署或者全体董事签字的公司章程。

（5）发起人的主体资格证明或者自然人身份证件复印件；发起人为企业的，提交营业执照副本复印件；发起人为事业法人的，提交事业法人登记证书复印件；发起人股东为社团法人的，提交社团法人登记证复印件；发起人为民办非企业单位的，提交民办非企业单位证书复印件；发起人为自然人的，提交身份证件复印件；其他发起人提交有关法律法规规定的资格证明。

（6）发起人首次出资是非货币财产的，提交已办理财产权转移手续的证明文件。

（7）以股权出资的，提交“股权认缴出资承诺书”。

（8）董事、监事和经理的任职文件及身份证件复印件；依据《中华人民共和国公司法》和公司章程的规定和程序，提交由发起人签署或由会议主持人和出席会议的董事签署的股东大会决议（募集设立的提交创立大会的会议记录）、董事会决议或其他相关材料。股东大会决议（创立大会会议记录）可以与第3项合并提交；董事会决议由董事签字。

（9）法定代表人任职文件及身份证件复印件；依据《中华人民共和国公司法》和公司章程的规定和程序，任职文件提交董事会决议，董事会决议由董事签字。

（10）住所使用证明，自有房产提交房屋产权证复印件；租赁房屋提交租赁协议复印件以及出租方的房屋产权证复印件。有关房屋未取得房屋产权证的，属城镇房屋的，提交房地产管理部门的证明或者竣工验收证明、购房合同及房屋销售许可证复印件；属非城镇房屋的，提交当地政府规定的相关证明。出租方为宾馆、饭店的，提交宾馆、饭店的营业执照复印件。使用军队房产作为住所的，提交“军队房地产租赁许可证”复印件。

将住宅改变为经营性用房的，属城镇房屋的，还应提交《登记附表－住所（经营场所）登记表》及所在地居民委员会（或业主委员会）出具的有利害关系的业主同意将住宅改变为经营性用房的证明文件；属非城镇房屋的，提交当地政府规定的相关证明。

（11）“企业名称预先核准通知书”。

（12）募集设立的股份有限公司公开发行股票的还应提交国务院证券监督管理机构的核准文件。

（13）公司申请登记的经营范围中有法律、行政法规和国务院决定规定必须在登记前报经批准的项目，提交有关的批准文件或者许可证书复印件或许可证明。

（14）法律、行政法规和国务院决定规定设立股份有限公司必须报经批准的，提交有关的批准文件或者许可证书复印件。

对于以上规定，需要注意以下事项：

（1）依照《中华人民共和国公司法》《中华人民共和国公司登记管理条例》设立的股份有限公司申请设立登记适用本规范。

（2）“公司设立登记申请书”“指定代表或者共同委托代理人的证明”“登记附表－股权认缴出资承诺书”“登记附表－住所（经营场所）登记表”可以通过国家市场监督管理总局《中国企业登记网》下载或者到市场监督管理机关领取。

（3）提交的申请书与其他申请材料应当使用 A4 型纸。以上各项未注明提交复印件的，应当提交原件；提交复印件的，应当注明“与原件一致”，并由发起人签署，或者由发起人指定的代表或委托的代理人加盖公章或者签字。

（4）以上涉及发起人签署的，自然人发起人由本人签字，自然人以外的发起人加盖公章。

3. 企业设立登记——企业名称预先核准流程

企业向市场监督管理局递交公司设立登记申请书、指定代表或者共同委托代理人的证明、公司章程、验资证明、股东身份证复印件、股东会决议、营业场所证明、企业名称预先核准通知书等材料，如果市场监督管理局审核通过，则向公司发放营业执照，如果审核不通过，则需要重新申请。

新企业登记流程如图 7－1 所示。

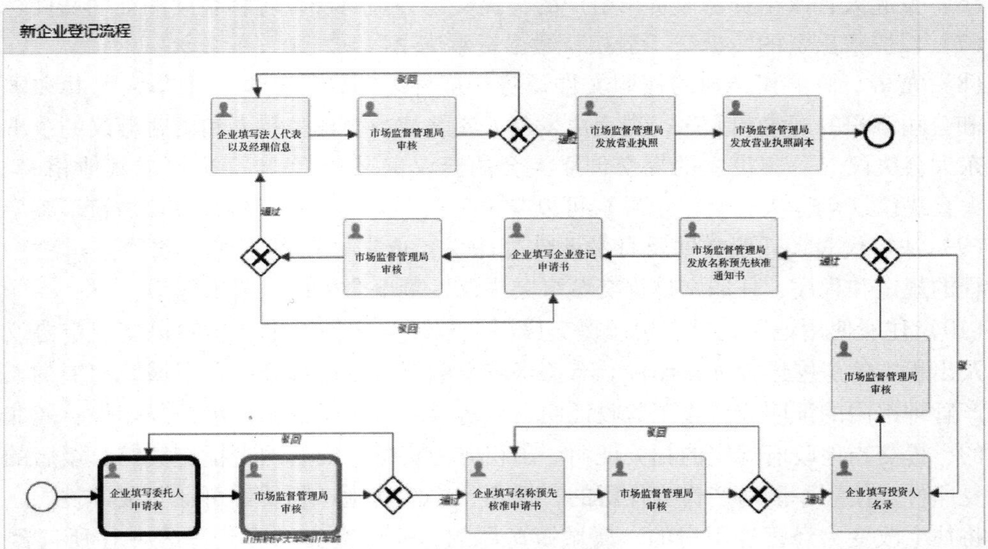

图 7－1 新企业登记流程

（二）企业及其分支机构年检

1. 业务介绍

企业年度检验是指市场监督管理局依法按年度对企业进行检查，确认企业继续经营资格的法定制度。

（1）年检的范围。凡领取“中华人民共和国企业法人营业执照”“中华人民共和国营业执照”“企业法人营业执照”“营业执照”的有限责任公司及其分公司、股份有限公司、非公司企业法人和其他经营单位，均须参加年检。当年设立登记的企业，自下一年起参加年检。

（2）年检的时间。根据《企业年度检验办法》第五条的规定，年检起止日期为每年的3月1日至6月30日。登记主管机关在规定的时间内，对企业上一年度的情况进行检查。企业应当于3月15日前向登记主管机关送报年检材料。

（3）年检的主要内容有企业登记事项执行和变动情况；股东或者出资人的出资或提供合作条件的情况；企业对外投资情况；企业设立分支机构情况；企业生产经营情况。

2. 业务流程介绍

（1）提交材料：

①年检报告书。私营公司及其分公司分别填写“公司年检报告书”（私营）或“分公司年检报告书”（私营）；内资公司及其分公司分别填写“公司年检报告书”或“分公司年检报告书”；非公司制企业及其分支机构分别填写“企业法人年检报告书”或“企业法人分支机构年检报告书”；领取“营业执照”的其他经营单位，填写“企业法人分支机构年检报告书”。年检报告书的填写必须用钢笔、签字笔或打印，不得涂改，如有空项一律填写“无”。报送的年检报告书必须有企业法定代表人（负责人）的签字，并加盖企业公章。

②营业执照正、副本。

③企业法人年度资产负债表和损益表。

④其他应当提交的材料。

非法人分支机构，除提交①、②项所列文件外，还应当提交所属法人营业执照复印件（营业执照复印件应当加盖登记主管机关的公章）。公司和外商投资企业应当提交年度审计报告。不足一个会计年度新设立的企业法人和按照章程或合同规定出资期限到期的外商投资企业，应当提交验资报告。

（2）年检流程。年检的程序如下：

①企业申领、报送年检报告书和其他有关材料。

②登记主管机关受理审核年检材料。

③企业资产负债表和损益表。

④登记主管机关加贴年检标识和加盖年检戳记。

⑤审计报告（如果是外商投资企业）。

⑥登记主管机关发还企业营业执照。

年检流程如图7－2所示。

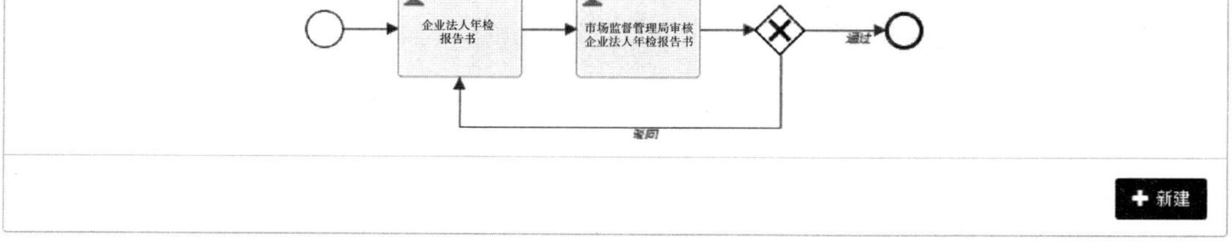

图7－2　年检流程

（三）监督投诉

1. 业务介绍

公民、法人或者其他组织认为市场监督管理机关工作人员在履行职责中违反工作纪律的，可以向市场监督管理局来电、来访或来信投诉。

举报，是指公民或者单位向司法机关或者其他有关国家机关和组织检举、控告违纪违法犯罪、依法行使其民主权利的行为。

申诉，是指公民或者企业事业等单位，认为对某一问题的处理结果不正确，而向国家有关机关申述理由，请求重新处理的行为。这里的申诉指的是非诉讼上的申诉，是指公民或者企业事业等单位，因本身的合法权益问题不服行政部门的处理、处罚或纪律处分，而向该部门或其上级机关提出要求重新处理，予以纠正的行为。

工商罚款，指的是市场监督管理部门对企业单位的违法行为进行罚款处理。

2. 业务流程

举报和申诉的流程是由单位或者个人向市场监督管理局发出举报或者申诉的申请书，然后等待市场监督管理部门的审核，如果经过调查取证，证明其是正确合理的，则审核通过，如果不正确，则进行驳回操作。

市场监督管理局对企业的违法行为可以进行罚款处理，可以对企业发布罚款通知单，并强制其对其违法行为进行负责。

监督投诉流程如图 7－3 所示。

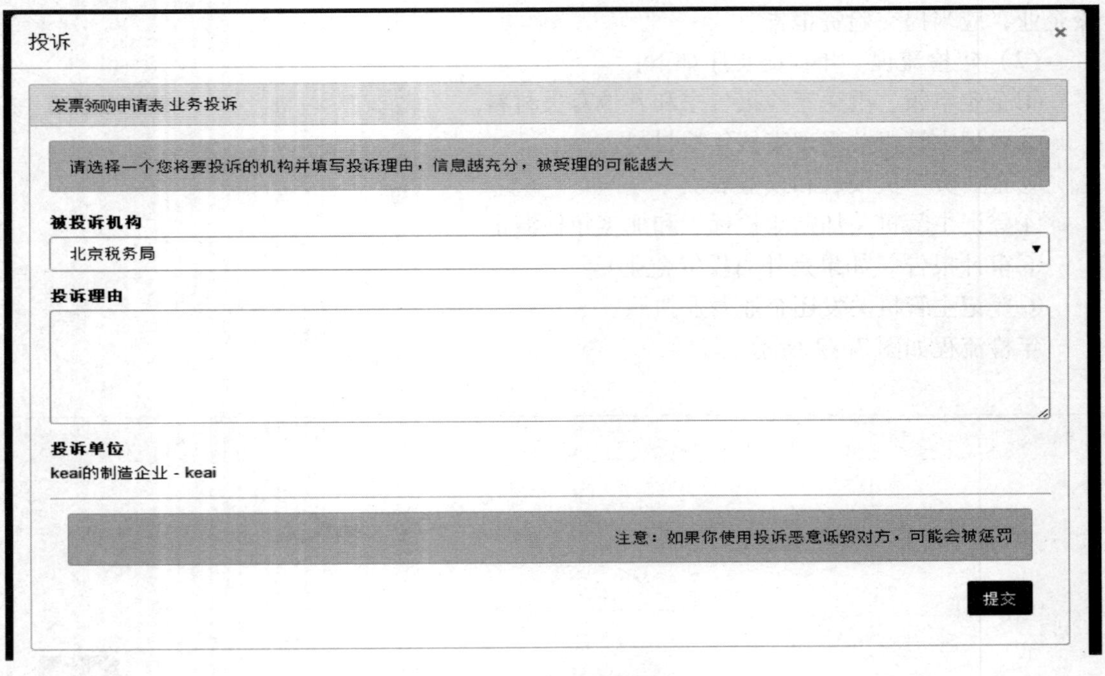

图 7－3　监督投诉流程

（四）企业注销登记

1. 业务介绍

注销登记是指登记机关依法对解散、被撤销、宣告破产、责令关闭或者其他原因终止营业的企业，收缴营业执照，撤销其注册号，取消其企业法人资格或经营权的行政执法行为。公司因下列原因之一的，公司清算组织应当自公司清算结束之日起 30 日内向公司登记机关申请注销登记：公司被依法宣告破产；公司章程规定的营业期限届满或者公司章程规定的其他解散事由出现时；股东会决议解散；公司因合并分立解散；公司被依法责令关闭。

公司申请注销登记，应由公司指定或者委托公司员工或者具有资格的代理机构的代理人作为申请人办理注销登记。经登记主管机关核准后，收缴“企业法人营业执照”及副本，收缴公章，撤销其注册号。

企业法人领取“企业法人营业执照”后，满 6 个月尚未开展经营活动或者停止经营活动一年的，视同歇业。登记主管机关收缴“企业法人营业执照”及副本；收缴公章，撤销注册号，企业法人失去法人资格。

注销登记应提交资料的有：公司清算组负责人签署的“公司注销登记申请书”（公司加盖公章）；公司签署的“指定代表或者共同委托代理人的证明”（公司加盖公章）及指定代表或委托代理人的身份证复印件（本人签字）；应标明具体委托事项、被委托人的权限、委托期限；清算组成员“备案确认通知书”；依照《中华人民共和国公司法》作出的决议或者决定。有限责任公司提交股东会决议，股份有限公司提交股东大会决议。有限责任公司由代表三分之二以上表决权的股东签署，股东为自然人的由本人签字，自然人以外的股东加盖公章；股份有限公司由代表三分之二以上表决权的发起人加盖公章或者股东大会会议主持人及出席会议的董事签字确认，国有独资有限责任公司提交出资人或出资人授权部门的文件。一人有限责任公司提交股东的书面决定（股东为自然人的由本人签字，法人股东加盖公章）。以上材料内容应当包括：公司注销决定、注销原因。法院的裁定解散、破产的，行政机关责令关闭的，应当分别提交法院的裁定文件或行政机关责令关闭的决定。因违反《中华人民共和国公司登记管理条例》有关规定被公司登记机关依法撤销公司设立登记的，提交公司登记机关撤销公司设立登记的决定；经确认的清算报告。有限责任公司提交股东会决议，股份有限公司提交股东大会决议。有限责任公司由代表三分之二以上表决权的股东签署，股东为自然人的由本人签字，自然人以外的股东加盖公章；股份有限公司由代表三分之二以上表决权的发起人加盖公章或者股东大会会议主持人及出席会议的董事签字确认。国有独资有限责任公司提交出资人或出资人授权部门的文件。一人有限责任公司提交股东的书面决定（股东为自然人的由本人签字，法人股东加盖公章）；刊登注销公告的报纸报样；法律、行政法规规定应当提交的其他文件。国有独资公司申请注销登记，还应当提交国有资产监督管理机构的决定，其中，国务院确定的重要的国有独资公司，还应当提交本级人民政府的批准文件。有分公司的公司申请注销登记，还应当提交分公司的注销登记证明；公司的“企业法人营业执照”正、副本。

2. 企业注销登记流程

企业携带企业注销登记申请书、法院破产裁定、公司决议或者决定、政府机关责令关闭的文件、清算报告、营业报告等材料向市场监督管理局进行审核注销，如果审核通过，则填写企业注销登记审核意见表，如果审核不通过，则填写驳回登记通知单。

企业注销登记流程如图 7－4 所示。

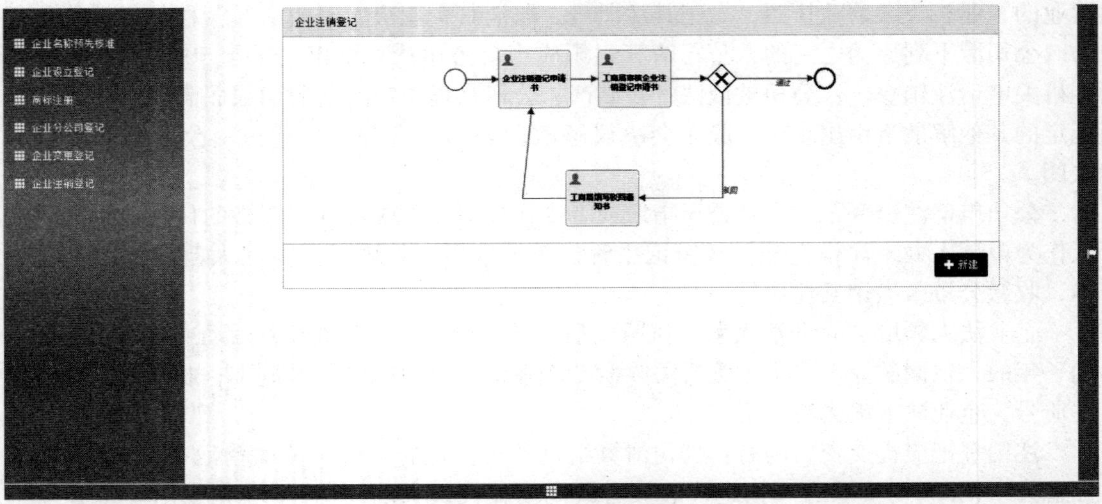

图 7－4　企业注销流程

第三节　市场监督管理局岗位职责及考核

市场监督管理局在仿真实习环境中主要负责对仿真市场中的生产企业注册成立以及对企业的年度检查、企业注销等业务进行管理，同时接受企业的监督投诉。

一、机构岗位职责说明

（一）局长职责

（1）全面掌握市场监督管理局的内部事宜，带领团队成员熟悉工作流程，保证业务顺利进行。

（2）督导下属规范办事、高效服务；培训下属和激励下属，提高职员的工作积极性，确保各项服务达到优质水平。

（3）有效处理企业问题和客户的投诉，并能积极与各部门协调关系、开展工作。

（二）职员职责

（1）进行企业注册的工商登记，收取相关资料，颁发统一社会信用代码证。

（2）根据企业提供的资料，进行企业的工商注册变更、年检等工作。

（3）监督所负责企业的企业违规情况并提出相应处罚意见。

（4）严格执行市场监督管理局的各项制度，服从局长管理，并能够有效配合其他外围机构和企业的有关工作。

二、相关考核说明

（一）团队工作情况

本项由服务对象打分，满分100分，占总成绩权重10%（见表7－1）。

表7－1　　服务对象评分指标表

指标	工作效率（A）	服务态度（B）	便民措施（C）
分值（分）	40	40	20

（二）本职工作情况

本项由指导教师抽查，满分100分，占总成绩权重10%（见表7－2）。

表7－2　　本职工作评分标准表

任务名称	评价标准			
	优（90～100分）	良（80～89分）	中（70～79分）	及格（60～69分）
企业名称预先核准申请书的填写	填写规范、准确、完整	能规范、完整地填写，仅有1处错误	能规范、完整地填写，仅有2处错误	能规范、完整地填写，2处以上错误
企业设立登记申请书的填写	填写规范、准确、完整	能规范、完整地填写，仅有1处错误	能规范、完整地填写，仅有2处错误	能规范、完整地填写，2处以上错误

（三）团队文化建设与管理水平

本项由指导教师检查，满分100分，占总成绩权重10%（见表7－3）。

表7－3　　团队文化评分指标表

指标	出勤（A）	工作纪律（B）	企业制度健全（C）
分值（分）	45	45	10

其中，缺勤1天1人次扣1分；工作纪律主要考察：工作期间玩手机、玩游戏、看视频，以及擅离岗位者视为违纪，每人次扣2分。

（四）团队实训报告

本项由指导教师检查，满分100分，占总成绩权重50%（见表7－4）。

表 7－4　团队实训报告评分指标表

指标	完整性（D）	规范性（E）	真实性（F）	科学性（G）
权重（%）	30	30	30	10

（五）个人实训报告

本项由指导教师检查，满分 100 分，占总成绩权重 20%（见表 7－5）。

表 7－5　个人实训报告评分指标表

指标	完整性（D）	规范性（E）	真实性（F）	科学性（G）
权重（%）	30	30	30	10

第四节　税务局业务规则

税务局是跨专业综合模拟仿真实训平台的一个外围机构，税务局是主管税收工作的直属机构，主要职责是对企业进行税收管理并对企业缴税纳税情况进行监督。

一、业务总则

根据税务局在仿真实习环境中的地位和作用特制定本章程。税务局全体工作人员必须根据本章程的各项规定开展工作。

第一条　税务局是仿真实习环境中办理各项税收业务的虚拟机构，是执行国家、地方有关税收政策的唯一合法组织。

第二条　税务局不分设国家税务局和地方税务局，仿真实习环境所有公司各项涉税业务均由税务部门办理。

第三条　本规则中税务局的内部机构设置及工作流程主要参考当前实际税务机关的做法，并结合仿真实习环境的具体情况而制定，因此一些具体流程及规则与实际不一定完全相符。

第四条　税务部门是仿真实习环境中的管理与服务机构。一方面要行使税收管理职责，完成税收业务；另一方面要体现服务社会的职能，积极为各个公司（即纳税人）服务。

二、业务细则

税务局在仿真实习环境中的主要业务以及其规则如下：

第一条　仿真实习环境中的所有经营者都是纳税义务人，其生产的产品或提供的劳务是税务部门的征税对象，所有的纳税义务人都要到税务部门办理税务登记，依法纳税。同时税务部门还负责处理纳税义务人的税务变更、税务注销、停业登记。纳税人必须如实填写税务登记表，并提供相关证件、资料，税务部门对报送表格、资料于一个月审核完毕（仿真系统中为1～2个小时）。从2015年起实行“三证合一”登记制度，原来分别由工商行政管理部门核发营业执照、质量技术监督部门核发组织机构代码证、税务部门核发税务登记证的登记方式，改为一次申请市场监督管理部门核发一个加载法人和其他社会组织统一社会信用代码的营业执照，企业的组织机构代码证、税务登记证不再发放。

第二条　税务部门对发票进行领购、缴销处理。税务部门要建立纳税人的发票账簿，用于记录、管理、监督纳税人发票使用情况。

第三条　税务部门对纳税征收方式进行申请、审批管理。办理纳税申报时，办税人员主要审核纳税人各税种纳税申报表填制的合理性和合法性，审核无误后为纳税人填开“纳税缴款书”。

第四条　仿真实习环境中的生产企业可以向税务部门提出减免税审批、延期申报申请和延期纳税申请。

第五条　税务部门还具有对生产企业进行税务检查的义务。主要包含违法案件调查报告、税务行政处罚决定书、税务处理决定书、强制执行决定书、罚款记录。税务部门对检查结果以书面形式发给企业。

第六条　生产企业有对税务部门的决定提出异议的权利，可以通过复议申请书和申诉书来行使纳税人的权利。纳税人进行复议申诉时，需先执行处罚决定，在处罚决定送达的两个季度内（实际为60天）向上级税务机关申请复议。过期则视为纳税人服从处罚决定，放弃复议诉讼。

第七条　税务部门可以进行纳税申报，包含增值税、消费税等税种的申报管理，以及根据缴款书进行税款缴纳。申报增值税时，纳税人需另附增值税发票的填开及抵扣的明细及原始凭证，以备对专用发票进行稽核。

知识专栏7－3

国家税务局的职责

国家税务总局是国务院主管税收工作的直属机构，其主要职责是：

（一）具体起草税收法律法规草案及实施细则并提出税收政策建议，与财政部共同上报和下发，制定贯彻落实的措施。负责对税收法律法规执行过程中的征管和一般性税政问题进行解释，事后向财政部备案。

（二）承担组织实施中央税、共享税及法律法规规定的基金（费）的征收管理责任，力争税款应收尽收。

（三）参与研究宏观经济政策、中央与地方的税权划分并提出完善分税制的建议，研究税负总水平并提出运用税收手段进行宏观调控的建议。

（四）负责组织实施税收征收管理体制改革，起草税收征收管理法律法规草案并制定实施细则，制定和监督执行税收业务、征收管理的规章制度，监督检查税收法律法规、政策的贯彻执行，指导和监督地方税务工作。

（五）负责规划和组织实施纳税服务体系建设，制定纳税服务管理制度，规范纳税服务行为，制定和监督执行纳税人权益保障制度，保护纳税人合法权益，履行提供便捷、优质、高效纳税服务的义务，组织实施税收宣传，拟订注册税务师管理政策并监督实施。

（六）组织实施对纳税人进行分类管理和专业化服务，组织实施对大型企业的纳税服务和税源管理。

（七）负责编报税收收入中长期规划和年度计划，开展税源调查，加强税收收入的分析预测，组织办理税收减免等具体事项。

（八）负责制定税收管理信息化制度，拟订税收管理信息化建设中长期规划，组织实施金税工程建设。

（九）开展税收领域的国际交流与合作，参加国家（地区）间税收关系谈判，草签和执行有关的协议、协定。

（十）办理进出口商品的税收及出口退税业务。

（十一）对全国国税系统实行垂直管理，协同省级人民政府对省级地方税务局实行双重领导，对省级地方税务局局长任免提出意见。

（十二）承办国务院交办的其他事项。

第五节　税务局操作流程

一、实验准备

登录实习平台，点击“政务服务区”可以快速进入税务局界面，税务局需要进行注册登记、银行开户业务等相关准备工作。

二、操作流程

税务局在仿真实习环境中主要负责行政审批和纳税申报。

行政审批主要是对税务报到、发票领购、纳税征收方式申请、减免税审批、延期纳税申请、税务检查等业务进行管理。纳税申报主要是对增值税、消费税、企业所得税等税种进行申报管理。

（一）税务登记

税务登记又称纳税登记，它是税务机关对纳税人实施税收管理的首要环节和基础工作，是征纳双方法律关系成立的依据和证明，也是纳税人必须依法履行的义务。税务登记的意义在于有利于税务机关了解纳税人的基本情况，掌握税源，加强征收与管理，防止漏管漏征，建立税务机关与纳税人之间正常的工作联系，强化税收政策和法规的宣传，增强纳税意识等。

1. 提交资料

纳税人持向税务机关提供的证件和资料，到属地的主管税务机关办税服务厅税务登记窗口申报办理税务登记。经审验符合规定的领取税务登记表（一式三份），填全表中项目并签章后，交原窗口办理。同时办理税务登记需提供如下材料：提供营业执照副本或成立批文及其复印件；提供有关合同、章程、协议书及其复印件；提供开户行及账号证明及其复印件；提供法人代表（负责人）、业主居民身份证或其他合法证件及其复印件；提供验资报告及其复印件；提供经营场所证明及其复印件；提供代码证书及其复印件；税务机关要求提供的其他证件、资料。

2. 税务登记流程

税务登记的主要流程是，首先由企业填写税务登记表和纳税人税种登记表，同时准备好进行税务登记的其他文件、资料和证明，提交给税务部门进行审核，如果审核通过，则纳税人申请登记成功，如果审核不通过，则需要重新进行申请。纳税登记流程如图 7－5 所示。

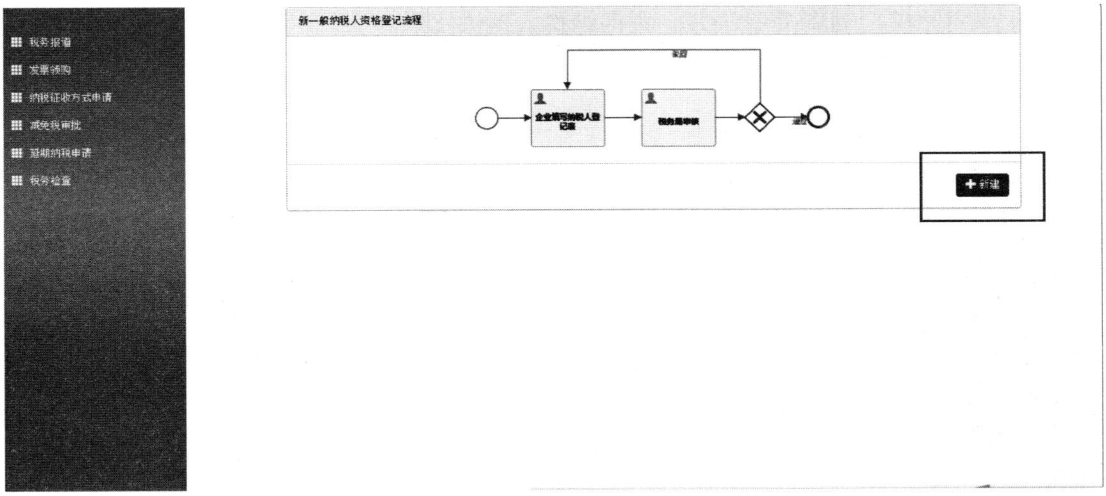

图 7－5　纳税登记流程

（二）发票领购

发票是指一切单位和个人在购销商品、提供劳务或接受劳务、服务以及从事其他经营活动，所提供给对方的收付款的书面证明，是财务收支的法定凭证，是会计核算的原始依据，也是审计机关、税务机关依法检查的重要依据。依法办理税务登记的单位和个人，在领取税务登记证件后，向主管税务机关申请领购发票。

1. 提交资料——初次进行发票领购需要提交的材料

（1）税务登记证（副本）复印件。

（2）购票人员或经办人身份证证明复印件。

（3）加盖有单位“财务专用章”或“发票专用章”印模的“购领发票申请审批表”。

（4）“发票使用责任书”。

（5）“税务行政许可申请表”。

2. 提交资料——再次领购发票需要提交的材料

（1）税务登记证副本。

（2）“发票准购（领）证”。

（3）购票人员或经办人身份证。

（4）已使用过的发票。

（5）“纳税人发票验旧情况登记账”。

3. 发票领购的业务流程

纳税人税务登记成功后，便可以向税务局进行发票领购，进行业务往来。首先要判断是不是首次向税务局领购发票，如果是首次领购，则需要填写发票领购申请书，并且通过税务局的审核。审核通过后，税务局给纳税人发放发票领购簿。纳税人需携带发票领购簿和办税人身份证件去税务局领购发票，如果审核通过，则可以顺利拿到发票，则其流程完毕。如果审核不通过，则需要重新申请。

如果不是首次领购发票，则需要携带上已用发票、发票领购簿和办税人身份证明去税务局进行发票领购，如果审核通过，则向纳税人提供发票。

发票领购流程如图 7－6 所示。

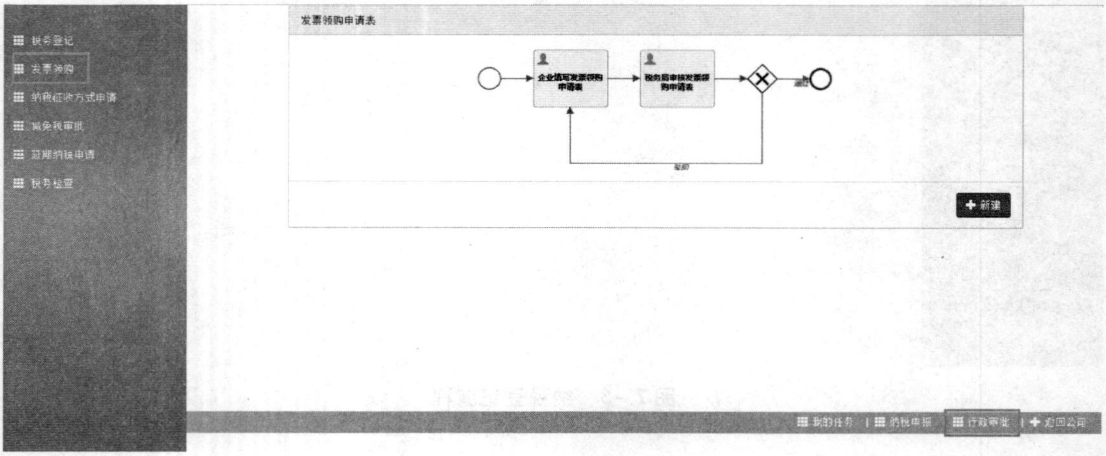

图 7－6　发票领购流程

（三）发票缴销

发票缴销是指将从税务机关领取的发票交回税务机关查验并作废。纳税人办理注销、变更税务登记，取消一般纳税人资格，丢失、被盗、流失发票，改版、换版、次版发票（是指对纳税人已购买的发票），超期限未使用空白发票，霉变、水浸、鼠咬、火烧发票等，需进行发票缴销处理。

1. 日常缴销

用票人需购发票前，须持已使用完的发票存根、在规定期限内未使用或未使用完的发票及“发票领购簿”，向税务机关报验缴销。

（1）缴销登记。用票人领取并填写“发票缴销登记表”，同时须提交以下材料：“发票领购簿”、使用完的发票存根或在规定期限内未用的发票。

（2）审查办理。受理用票人的缴销登记后，应当场审查其提供的资料是否真实、准确、完整。审查无误后，应即时做如下处理：对已整本用完的发票存根，加盖销号章；对在规定期限内未使用的发票进行剪角作废后加盖销号章（对未使用完的发票只需要剪角作废其中未使用的部分发票）；将发票缴销信息录入发票综合管理信息系统，并打印“发票消号受理登记表”，交用票人签字确认后，退还发票存根或剪角作废的发票及“发票消号受理登记表”第二联给用票人。

2. 税务登记变更、注销时发票的缴销

用票人税务登记变更、注销时，须办理发票缴销事宜。

（1）缴销登记。用票人领取并填写“发票缴销登记表”，同时须提交下列资料：“发票领购簿”及“发票领、用、存月报表”；未用完的发票或尚未使用的发票；已开具的发票存根。

（2）审查办理。受理用票人的缴销登记后，应当场审查其提交的资料是否真实、准确、完整，同时向用票人开具“发票业务受理回执单”，并在 3 个工作日内对下列内容进行审查：“发票缴销登记表”填写是否真实；未使用的空白发票及发票存根数量是否与“发票领购簿”和“发票领、用、存月报表”相一致；未使用的空白发票是否缺联、断号；开具的发票是否规范，开具金额是否与“发票领、用、存月报表”相一致；其他需要审查的内容。

在审查过程中发现用票人有发票违法、违规行为的，应在审查期限内按规定的程序和权限进行处理或向发票检查环节移送处理。

（3）缴销处理：

①税务登记变更时的缴销处理收缴用票人旧的“发票领购簿”、发票专用章，对未用完的发票进行剪角作废并加盖消号章。在发票综合管理信息系统中录入剪角作废发票的信息，打印“发票消号登记表”，交用票人签字确认后，退还发票存根或剪角发票及“发票消号登记表”第二联给用票人。在“发票缴销登记表”中签章后交用票人，用票人凭“发票缴销登记表”到发票发售岗重新申请领购发票和“发票领购簿”。

②税务登记注销时的缴销处理收缴用票人的“发票领购簿”、发票专用章；根据用票人提供的“发票领购簿”核对发票存根的保存情况，对未使用完的发票在审查无误后剪角作废并加盖消号章。在发票综合管理信息系统中录入剪角作废的发票信息。打印“发票消号登记表”，交用票人签字确认后，退还发票存根或剪角发票及“发票消号登记表”第二联给用票人。在“发票缴销登记表”（FP028）及“注销税务登记申请决定表”中做出意见，签章后交用票人。

3. 发票改版、换版前旧版发票的缴销用票人在接到税务机关的发票改版、换版通知时，应到税务机关办理旧版发票的缴销事宜

（1）缴销登记。用票人领取并填写“发票缴销登记表”同时须提交下列资料：“发票领购簿”及“发票领、用、存月报表”；未用完或尚未使用的发票；已开具的发票存根。

（2）审查办理。受理用票人的缴销登记后，应当场审查其提交资料是否真实、准确、完整，同时向用票人开具“发票业务受理回执”，并在 3 个工作日内对下列内容进行审查：

①“发票缴销登记表”（FP028）填写是否真实；

②未使用的空白发票及发票存根联数量是否与“发票领购簿”和“发票领、用、存月报表”相一致；

③未使用的空白发票是否缺联、断号；

④开具的发票是否规范，开具的金额是否与“发票领、用、存月报表”相一致；

⑤其他需要审查的内容。

在审查过程中发现用票人有发票违法、违规行为的，应在审查期限内按规定的程序和权限进行处理或向发票检查环节移送处理。

（3）缴销处理。发票管理部门须在规定期限内（3 个工作日）完成审查处理并对收缴的发票或存根做剪角和消号处理，同时将缴销记录登录在“发票领购簿”及发票综合管理信息系统中，打印“发票消号登记表”，交用票人确认签字后，第二联及“发票领购簿”交由用票人。

4. 丢失、被盗发票的缴销

用票人发生发票丢失、被盗的，须到税务机关发票管理部门办理丢失、被盗发票的缴销事宜。

（1）缴销登记。用票人发生发票丢失、被盗的，应在 2 天内到当地新闻媒介公开作废声明，并领取、填写“发票缴销登记表”，同时须提交下列资料：

①发票遗失的证明材料；

②在当地新闻媒介公开作废声明；

③“发票领购簿”；

④其他需要的资料。

（2）审查办理。发票管理部门对用票人提交的以上资料进行初审，符合条件的予以受理，开具“发票业务受理回执”交用票人，并在 3 个工作日内审查用票人的申请资料，审查无误的，制作“税务行政处罚调查审理报告”“税务行政处罚事项告知书”“税务行政处罚决定书”“税务文书送达回证”“限期改正通知书”，按规定程序和权限对用票人给予相应处罚。

（3）缴销处理。发票管理部门在“发票挂失声明决定表”上做出决定意见后，即时在“发票缴销登记表”及“发票领购簿”上签章并登记缴销记录，并在发票综合管理信息系统中登记缴销发票的信息。用票人凭“发票业务受理回执”领取“发票领购簿”。

5. 损毁发票的缴销

用票人的发票发生霉变、水浸、虫咬、火烧等情况时，应及时到税务机关发票管理部门办理损毁发票的缴销事宜。

（1）缴销登记。用票人领取并填写“发票缴销登记表”，同时须提交下列资料：

①“发票领购簿”；

②霉变、水浸、虫咬、火烧残存的发票；

③其他需要的资料、证明。

（2）审查办理。接收用票人提交的材料时，应给纳税人开具“发票业务受理回执单”，在 3 个工作日内对残存发票进行清理核实，并按照“发票管理办法”对用票人的发票违章行为进行处罚。

（3）缴销。经审查无误后，收缴应缴销的残存发票，在发票综合管理信息系统中登记缴销信息。

（四）纳税征收方式申请

税款征收方式是税务机关在组织税款入库过程中对纳税人的应纳税款的计算、征收、缴库等所采取的方法和形式。税款征收方式的确定遵循保证国家税款及时足额入库、方便纳税人、降低税收成本的原则。

1. 税收方式

目前主要有以下几种方式：查账征收、核定征收、定期定额征收、代收代缴、代扣代缴、委托代征、查验征收。

（1）查账征收：查账征收也称“查账计征”或“自报查账”。纳税人在规定的纳税期限内根据自己的财务报表或经营情况，向税务机关申请其营业额和所得额，经税务机关审核后，先开缴款书，由纳税人限期向当地代理金库的银行缴纳税款。这种征收方式适用于账簿、凭证、财务核算制度比较健全，能够据以如实核算，反映生产经营成果，正确计算应纳税款的纳税人。

（2）核定征收：核定征收税款是指由于纳税人的会计账簿不健全，资料残缺难以查账，或者其他原因难以准确确定纳税人应纳税额时，由税务机关采用合理的方法依法核定纳税人应纳税款的一种征收方式，简称核定征收。

（3）定期定额征收：简称“定期定额”，亦称为“双定征收”，是由税务机关对纳税人一定经营时间核定其应纳税收入或所得额和应纳税额，分期征收税款的一种征收方式。它是由纳税人先自行申报，再由税务机关调查核实情况，经民主评议后，由税务机关核定其一定期间内应纳的各项税额，分期征收。对账簿、凭证不健全或者没有记账能力，税务机关无法查实其营业额的小型个体工商户应纳的增值税和所得税等其他税种合并，按期核定，分月预征。在核定期限内税额一般不作变动，如果经营情况有较大变化，定额税款应及时调整。

（4）代收代缴：是指按照税法规定，负有收缴税款的法定义务人，负责对纳税人应纳的税款进行代收代缴。即由与纳税人有经济业务往来的单位和个人在向纳税人收取款项时依法收取税款。这种方式一般是指税收网络覆盖不到或者很难控管的领域，如消费税中的委托加工由受托方代收加工产品的税款。

（5）代扣代缴：是依照税法规定负有代扣代缴义务的单位和个人，从纳税人持有的收入中扣取应纳税款并向税务机关解缴的一种纳税方式。包括：向纳税人支付收入的单位和个人；为纳税人办理汇总存贷业务的单位。在税收法律关系中，扣缴义务人是一种特殊的纳税主体，在征税主体与纳税主体之间。一方面，代扣、代收税款时，它代表国家行使征税权；另一方面，在税款上缴国库时，又在履行纳税主体的义务。

（6）委托代征：是指受托单位按照税务机关核发的代征证书的要求，以税务机关的名义向纳税人征收一些零散税款的一种税款征收方式。

（7）查验征收：是税务机关对某些难以进行源泉控制的征收对象，通过查验证、照和实物，按市场一般销售价格计算其销售收入据以征税而采取的一种征收方式。这种征收方式适用于经营品种比较单一，经营地点、时间和商品来源不固定的纳税单位。

2. 提交材料

纳税人申请不同的税款征收方式需要提交的材料有所不同。申请核定征收需提交的资料：申请核定征收除应提交填写好的“核定征收方式申请表”外，还应当出示、提供以下证件资料，所提供资料原件用于税务机关审核，复印件留存税务机关。除以下所列资料外，纳税人应提供其他材料、成本、费用单据等有助于税务机关准确核定的资料。

申请定期定额核定需提供资料有纳税人生产经营场所自有房产证明、租赁房产房屋租赁合同或其他证明的原件和复印件；从业人员工资表原件和复印件；最近月份电费的原始单据和复印件；最近月份水费的原始单据和复印件；缴纳增值税纳税人的国税局核定决定（通知）书原件及复印件（缴纳增值税纳税人必须提供）；电话费的原始单据和复印件。

申请定期定率核定需提供资料：准确核算收入方式方法的书面说明或其他证明材料原件和复印件；纳税人生产经营场所自有房产证明、租赁房产房屋租赁合同或其他证明的原件和复印件；从业人员工资表原件和复印件；最近月份电费的原始单据和复印件；最近月份水费的原始单据和复印件；电话费的原始单据和复印件。

申请核定应税所得率需提供资料：准确核算收入或费用方式方法的书面说明或其他证明材料原件和复印件；纳税人生产经营场所自有房产证明、租赁房产房屋租赁合同或其他证明的原件和复印件；从业人员工资表原件和复印件；最近月份电费的原始单据和复印件；最近月份水费的原始单据和复印件；电话费的原始单据和复印件。

3. 纳税征收方式申请流程

首先由各个纳税人向税务局递交其纳税征收方式申请审批单，然后税务局根据其实际情况进行调查研究确认，最后确定纳税人适合的征收方式。

（五）减免税审批

减免税是指税务机关依据税收法律、法规以及国家有关税收规定给予纳税人的减税、免税。减税免税主要是对某些纳税人和征税对象采取减少征税或者免予征税的特殊规定。减税是对应纳税额少征一部分税款；免税是对应纳税额全部免征。

减税免税是对某些纳税人和征税对象给予鼓励和照顾的一种措施。减免税政策是国家财税政策的组成部分和税式支出的重要形式，是国家出于社会稳定和经济发展的需要，对一定时期特定行业或纳税人给予的一种税收优惠，是国家调控经济、调节分配的重要方式。我国现行减免税的类型，按照税收减免方式来分，可以分为税基式减免、税率式减免、税额式减免三种基本形式。

1. 减税免税的形式

（1）税基式减免。即通过直接缩小计税依据的方式来实现的减税免税。具体包括起征点、免征额等；其中起征点是税法规定的征税对象开始征税的数额起点。征税对象数额未达到起征点的不征税，达到或超过起征点的，就其全部数额征税。免征额是税法规定的征税对象全部数额中免于征税的数额。

（2）税率式减免。即通过直接减低税率的方式来实现减税免税。

（3）税额式减免。即通过直接减少应纳税额的方式来实现的减税免税，具体包括全部免征、减半征收等。

2. 提交材料

符合减免税条件的纳税人应向主管税务机关提出书面申请，领取并填写“减免税审批表”并附报与减免税相关的资料。税务机关接到上级批准的减免文件后 2 日内将“减免税批准通知书”送达纳税人。企业减免税所需资料为：

（1）营业执照副本复印件 3 份。

（2）税务登记副本复印件 3 份。

（3）“现有服务型企业吸纳下岗失业人员认定证明”3 份。

（4）下岗失业人员“再就业优惠证”和身份证复印件 3 份。

（5）企业财务报表 3 份。

（6）企业工资支付凭证 3 份。

（7）减免税申请报告（打字）3 份。

（8）减免税申请表 3 份。

3. 减免税审批流程

纳税人进行减免税审批的过程是，首先由纳税人携带税务登记证、营业执照、减免税项目相关资料向税务局进行提交，如果审核通过，则纳税人到税务局领取减免税申请审批表，提交到税务局审核，审核通过后则税务局会通知纳税人领取批复文件和减免税通知书。

（六）延期纳税申请

延期纳税包含两方面的延期：一是延期申报申请；二是延期缴纳税款。

1. 业务介绍

（1）延期申报申请。

纳税人、扣缴义务人不能按期办理纳税申报或者报送代扣代缴、代收代缴税款报告表的，经税务机关核准，可以延期申报。经核准延期办理前款规定的申报、报送事项的，应当在纳税期内按照上期实际缴纳的税额或者税务机关核定的税额预缴税款，并在核准的延期内办理税款结算。

（2）延期缴纳税款。

纳税人因下列情形之一导致资金困难，不能按期缴纳税款的，可以向税务机关申请延期缴纳税款，并在申请延期缴纳的同时向税务机关提供相关证明资料：水、火、风、雷、海潮、地震等人力不可抗拒的自然灾害，应提供灾情报告；可供纳税的现金、支票以及其他财产等遭遇偷盗、抢劫等意外事故，应提供有关公安机关出具的事故证明；国家调整经济政策的直接影响，应提供有关政策调整的依据；短期货款拖欠，应提供货款拖欠情况证明和货款拖欠方不能按期付款的证明材料；市局根据税收征管实际规定的其他情形。

2. 业务流程介绍

（1）延期申报申请提供资料。延期申报申请提供的材料主要有延期申报申请核准表；“税务登记证”副本原件。

（2）延期申报申请办理流程。纳税人首先向税务局提交延期申报申请表，然后经过税务局的审核，如果审核通过，则纳税人可以享受延期申报申请此项规定，如果审核不通过，则纳税人依然要按时进行申报申请。

（3）延期纳税申请提供资料。延期缴纳税款提供的材料主要有延期缴纳税款申请表；当期货币资金余额情况；上月“资产负债表”和全部开户银行对账单原件和复印件；应付未付职工工资和社会保险费等支出预算；灾情报告或公安机关出具的事故证明；政策调整依据，货款拖欠情况说明；地税机关需要的其他资料。

（4）延期纳税申请办理流程。纳税人需要携带资产负债表和延期缴纳税款申请表向税务局进行申报，如果税务局审核通过，则可以延期缴纳税款；如果审核不通过，则要按时缴纳税款。

（七）税务检查

税务检查制度是税务机关根据国家税法和财务会计制度的规定，对纳税人履行纳税义务的情况进行的监督、审查制度。税务检查是税收征收管理的重要内容，也是税务监督的重要组成部分。搞好税务检查，对于加强依法治税，保证国家财政收入，有着十分重要的意义。

1. 业务介绍

通过税务检查，既有利于全面贯彻国家的税收政策，严肃税收法纪，加强纳税监督，查处偷税、漏税和逃骗税等违法行为，确保税收收入足额入库，也有利于帮助纳税人端正经营方向，促使其加强经济核算，提高经济效益。

2. 流程介绍

税务局进行税务检查，首先查看纳税人有无脱逃税款，如果有则发放相关决定书，同时企业进行决定书的审阅，审阅通过后，补交税款，则此次检查结束，如果审核不通过，则纳税人向税务局提交申述书，税务局审核，如果审核通过，则继续进行下一项检查。税务局的历次检查都是相同的流程，这里不再赘述，只是不同的检查，侧重方向有所不同。

（八）增值税申报

1. 业务介绍

增值税是对销售货物或者提供加工、修理修配劳务以及进口货物的单位和个人就其实现的增值额征收的一个税种。从计税原理上说，增值税是以（含应税劳务）在流转过程中产生的增值额作为计税依据而征收的一种流转税。增值税实行价外税，也即由消费者负担，有增值才征税没增值不征税，但在实际当中，商品新增价值或附加值在生产和流通过程中是很难准确计算的。因此，我国也采用国际上普遍采用的税款抵扣的办法，即根据销售商品或劳务的销售额，按规定的税率计算出销项税额，然后扣除取得该商品或劳务时所支付的增值税款，也就是进项税额，其差额就是增值部分应交的税额，这种计算方法体现了按增值因素计税的原则。

2. 流程介绍

首先由纳税人自行计算本单位的增值税，计算完成后，向税务局提交相关资料，并且填写增值税申报表，税务局对其进行审核，如果审核通过，则其增值税申报成功，企业填写完缴款书后，银行根据缴款书填写金额对其增值税金额进行扣除；如果不通过，则需要重新申报。增值税纳税申报流程如图 7－7 所示。

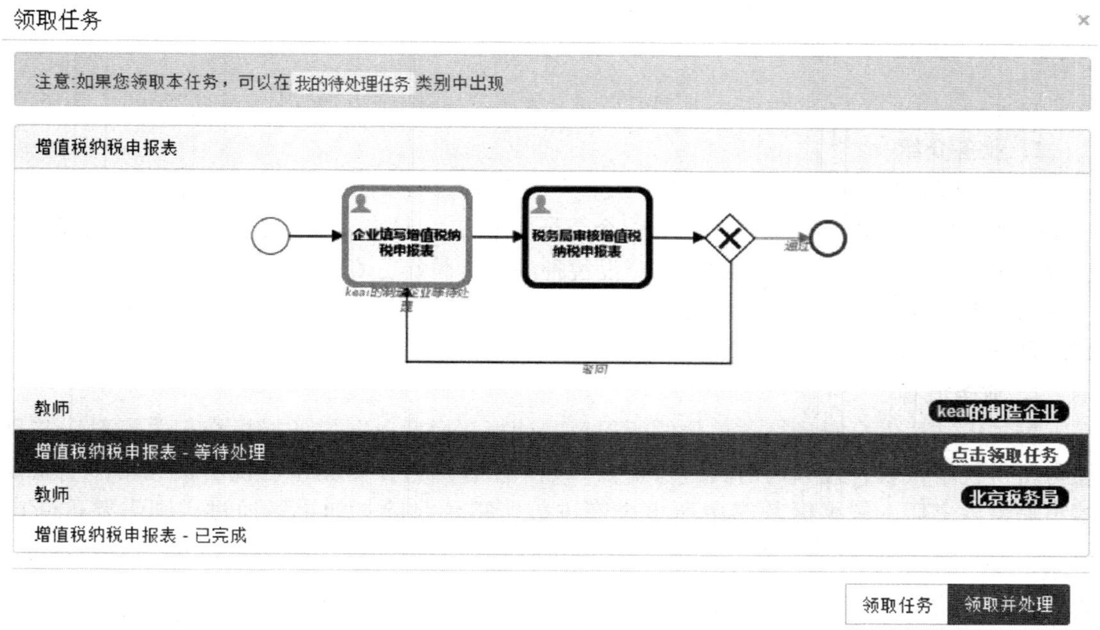

图 7 –7　增值税纳税申报流程

知识专栏 7 –4

增　值　税

1. 增值税的特点。

（1）实行价外税；

（2）划分纳税人：一般纳税人和小规模纳税人两种；

（3）简化征收率一般纳税人：13%、19%、6%；小规模纳税人：3%；出口货物，适用零税率。

2. 增值税的纳税人。

在中华人民共和国境内销售货物或者提供加工、修理修配劳务以及进口货物的单位和个人，为增值税的纳税义务人。有两种类别：

（1）小规模纳税人：年应征增值税销售额（以下简称“年应税销售额”）在规定标准以下，会计核算不健全，不能准确核算增值税的销项税额、进项税额和应纳税额的纳税人。

（2）一般纳税人：达到一定的生产经营规模（即超过小规模纳税人标准），并且是会计核算健全，能按照税法的规定，分别核算销项税额、进项税额和应纳税额的单位。

（3）判定标准：

①从事批发零售的纳税人，年应税销售额 <180 万元，一律不认定为一般纳税人。

②而生产性企业和提供劳务企业，或兼营批发零售的，年销售额 <100 万元，但≥30 万元，有会计、有账、能正确计算进项、销项和应纳税额，可认定为一般纳税人。

③个人、非企业单位、不经常发生应税行为的企业，无论销售额，视同小规模纳税人。

④从 2002 年 1 月 1 日起，对从事成品油销售的加油站，一律按一般纳税人征税。

⑤销售免税货物纳税人不办理一般纳税人认定手续。

（九）企业所得税申报

企业所得税是对我国内资企业和经营单位的生产经营所得和其他所得征收的一种税。

1. 业务介绍

《中华人民共和国企业所得税暂行条例》是1994年工商税制改革后实行的，它把原国营企业所得税、集体企业所得税和私营企业所得税统一起来，形成了现行的企业所得税。它克服了原来按企业经济性质的不同分设税种的种种弊端，真正地贯彻了“公平税负、促进竞争”的原则，实现了税制的简化和高效，并为进一步统一内外资企业所得税打下了良好的基础。

2. 业务流程

首先由纳税人自行计算本单位的所得税，计算完成后，向税务局提交相关资料，并且填写所得税申报表，税务局对其进行审核，如果审核通过，则其所得税申报成功，企业在填写完缴款书后，根据缴款书中所填金额进行所得税扣除；如果不通过，则需要重新申报。

知识专栏 7-5

企业所得税

1. 纳税人。

即所有实行独立经济核算的中华人民共和国境内的内资企业或其他组织，包括以下6类：

（1）国有企业；

（2）集体企业；

（3）私营企业；

（4）联营企业；

（5）股份制企业；

（6）有生产经营所得和其他所得的其他组织。

企业是指按国家规定注册、登记的企业。有生产经营所得和其他所得的其他组织，是指经国家有关部门批准，依法注册、登记的，有生产经营所得和其他所得的事业单位、社会团体等组织。独立经济核算是指同时具备在银行开设结算账户；独立建立账簿，编制财务会计报表；独立计算盈亏等条件。特别需要说明的是，个人独资企业、合伙企业不使用本法，这两类企业征收个人所得税即可，这样能消除重复征税。

2. 征税对象。

企业所得税的征税对象是纳税人取得的所得。包括销售货物所得、提供劳务所得、转让财产所得、股息红利所得、利息所得、租金所得、特许权使用费所得、接受捐赠所得和其他所得。居民企业应当就其来源于中国境内、境外的所得缴纳企业所得税；非居民企业在中国境内设立机构、场所的，应当就其所设机构、场所取得的来源于中国境内的所得，以及发生在中国境外但与其所设机构、场所有实际联系的所得，缴纳企业所得税；对非居民企业在中国境内未设立机构、场所的，或者虽设立机构、场所但取得的所得与其所设机构、场所没有实际联系的，应当就其来源于中国境内的所得缴纳企业所得税。

第六节　税务局岗位职责及考核

税务局的主要职责是为国家征收各种税收，并且办理各种税务服务的相关业务。实习平台中税务部门主要涉及的业务包括行政审批和纳税申报。

一、机构岗位职责说明

（一）局长职责

（1）全面掌握税务局的内部事宜，带领团队成员熟悉工作流程，保证业务顺利进行。
（2）督导下属规范办事、高效服务；培训下属和激励下属，提高职员的工作积极性。
（3）有效处理企业问题和客户的投诉，并能积极与各部门协调关系、开展工作。

（二）职员职责

（1）严格执行税务局的各项制度，服从局长管理，并能够有效配合其他外围机构和企业的有关工作。

（2）根据企业提供的资料，进行税务报到、发票领购、纳税征收方式申请、减免税审批、延期纳税申请、纳税征收、税务检查等业务等工作。

二、相关考核说明

（一）团队工作情况

本项由服务对象打分，满分 100 分，占总成绩权重 10%（见表 7－6）。

表 7－6　服务对象评分指标表

指标	工作效率（A）	服务态度（B）	便民措施（C）
分值（分）	40	40	20

（二）本职工作情况

本项由指导教师抽查，满分 100 分，占总成绩权重 10%（见表 7－7）。

表7-7 本职工作评分标准表

任务名称	评价标准			
	优（90~100分）	良（80~89分）	中（70~79分）	及格（60~69分）
税务违法调查报告的填制	调查报告准确、完整、规范	调查结果基本属实，仅有1项违规点未揭示	审计结果基本属实，仅有2项及以上违规点未揭示	
税务处理决定书的填写	填写规范、准确、完整	能规范、完整地填写，仅有1处错误	能规范、完整地填写，仅有2处错误	能规范、完整地填写，2处以上错误

（三）团队文化建设与管理水平

本项由指导教师检查，满分100分，占总成绩权重10%（见表7-8）。

表7-8 团队文化评分指标表

指标	出勤（A）	工作纪律（B）	企业制度健全（C）
分值（分）	45	45	10

其中，缺勤1天1人次扣1分；工作纪律主要考察：工作期间玩手机、玩游戏、看视频，以及擅离岗位者视为违纪，每人次扣2分。

（四）团队实训报告

本项由指导教师检查，满分100分，占总成绩权重50%（见表7-9）。

表7-9 团队实训报告评分指标表

指标	完整性（D）	规范性（E）	真实性（F）	科学性（G）
权重（%）	30	30	30	10

（五）个人实训报告

本项由指导教师检查，满分100分，占总成绩权重20%（见表7-10）。

表7-10 个人实训报告评分指标表

指标	完整性（D）	规范性（E）	真实性（F）	科学性（G）
权重（%）	30	30	30	10

本章小结

1. 通过本章的学习，能够使参与实训的学生深刻理解习近平总书记在党的二十大报告中指出，“深化要素市场化改革，建设高标准市场体系”的内涵、定义及包含的内容，能够使参与实训的学生熟悉市场监督管理局和税务局的运行规则，能够对市场监督管理局的企业设立、注册；税务局的征税管理等职责有更深刻的认识。

2. 通过学习本章内容，不仅要求学生掌握业务规则，做好实验操作的理论准备，同时应将所学理论基本知识与实验操作结合起来，达到理论联系实际的目的。

3. 本章主要介绍了市场监督管理局的岗位设置，并对局长、职员的岗位职责进行了详细说明。

4. 本章重点讲解了市场监督管理局的企业名称预先核准、企业设立登记、企业年检、监督投诉、注销登记等业务流程，不仅可以让学生了解市场监督管理局的工作机制，也可以强化学生具体操作实验项目的运用能力，便于学生灵活地掌握业务流程，快速地熟悉实验操作。

5. 本章主要介绍了税务局的岗位设置及职责，并对局长、职员的岗位职责进行了详细说明。

6. 本章重点讲解了税务局的税务登记、发票领购、纳税征税方式申请、减免税审批、延期纳税申请、税务检查、增值税申报、企业所得税申报等业务流程。不仅可以让学生了解税务局的工作机制，也可以强化学生具体操作实验项目的运用能力，便于学生灵活地掌握业务流程，快速地熟悉实验操作。

思考与练习

1. 习近平总书记提出的建设高标准市场体系的内涵、意义和任务都包含哪些内容？
2. 市场监督管理局的岗位设置、登记注册、年审的规则都包含哪些内容？
3. 市场监督管理局的岗位设置、登记注册、年审的具体流程包含哪些内容？
4. 税务局的岗位设置、税务登记、征税的规则都包含哪些内容？
5. 税务局的岗位设置、税务登记、征税的具体流程包含哪些内容？

第八章　国际货代业务规则

[**素养目标**]

☆理解建设贸易强国的内涵

☆理解新形势下高质量发展我国贸易、高水平推进对外开放的前进方向

[**知识目标**]

☆理解国际货代的内涵

☆了解国际货代的类型

[**技能目标**]

☆掌握国际货代的系统操作

☆掌握国际货代的单证缮制

引　言

党的二十大报告提出“加快建设贸易强国”的战略部署，在仿真实训中，国际货代业务运用数字技术模拟仿真商品的国际运输流程，巩固国际货代相关知识的同时，锻炼实践技能。生产制造企业和贸易企业可以通过向“亚洲市场”投放广告，进行国际贸易。在下一季度广告生效后，由国际货代公司办理国际商品运输并收取服务报酬。本章学习国际货代公司的业务规则。

第一节　国际货代的内涵、类型及业务范围

一、国际货代的含义

国际货代全称为国际货运代理，是“国际货运代理业”“国际货运代理人”或“国际货运代理企业”的简称，由于国际货运代理人或国际货运代理企业是国际货运代理行业的主体，一般情况下，国际货运代理均指国际货运代理人或国际货运代理企业，以下均用“国际货代”代替。

狭义的国际货代是指接受进出口发货人、收货人的委托，以中间人、代理人的身份，为委托人办理国际货物运输及其相关业务并收取服务报酬的人，包括中间人和代理人。不论中间人或是代理人，都以收取佣金或代理费为营业收入来源。

广义的国际货代是指接受进出口发货人、收货人的委托，既可以中间人、代理人的身份，也可以独立经营人的身份，为委托人办理国际货物运输及其相关业务并收取服务报酬的人。这类国际货运代理通常称为当事人型，也称委托人型、独立经营人型[①]。

根据定义可以明确，国际货代的特点是其经营收入的来源为运费或仓储费差价，即已突破传统货运代理的界线，成为独立经营人，具有承运人或场站经营人的功能。这种类型的国际货运代理既有仅局限于单一运输领域的，如海运中的无船承运人和空运中的契约承运人，也有处于多种运输领域的国际多式联运经营人，以及提供包括货物的运输、保管、装卸、包装、流通所需的加工、分拨、配送、包装物和废品回收等及与之相关的信息服务的物流经营人。国际货代的主要业务包括海上、陆路、航空货运的揽货、订舱、中转、集装箱拼装拆箱、结算运杂费、报关、报检、保险以及铁路、公路、水路的接转业务和仓储业务。

仿真实训中，国际货代是指国际货运代理组织接受进出口货物收货人、发货人的委托，以委托人或自己的名义，为委托人办理国际货物运输及相关业务，并收取劳务报酬的经济活动。

二、国际货代的类型

基于不同的角度，比如按法律地位不同，可将国际货代分为代理人型和当事人型两大类。常见分类有按运输方式划分、按业务内容划分两类。

按运输方式划分，可将国际货代分为国际海上货运代理、国际陆运（铁路、公路）货运代理、国际空运货运代理。目前，随着客户需求的多样化和运输管制的放开，越来越多的货运代理企业在提供单一运输方式下的代理服务的基础上，正力图提供集海、陆、空为一体的综合性服务，如国际多式联运代理业务和物流服务。

按业务内容划分，可将国际货代分为集装箱货运代理和非集装箱货运代理。前者是指国际货运代理企业主要提供国际集装箱运输的代理服务，后者是指国际货运代理企业主要提供散杂货等非集装箱运输的代理服务。

在仿真实训环境中的国际货代企业的主要功能是为生产、贸易企业提供国际订单的运输管理等物流业务，为生产、贸易企业与国际市场的链接提供支持。

三、国际货代的业务范围

国际货代的业务范围包括但不限于揽货、订舱（含租船、包机、包板、包舱）、托运、配载、换单、缮制单证、仓储、分拨、中转、集装箱的装拆箱；海上货物运输、陆上货物运输、航空货物运输、管道运输、江河货物运输及相关的短途运输；国际多式联运、集运（含集装箱拼箱）、国际铁路联运、国际快递（私人信函除外）；代理报关、报检、报验、保险；运费、杂费收付及结算；国际展品、私人物品及过境货物运输代理；物流服务以及

---

① 孙家庆. 国际货运代理实务（第二版）［M］. 北京：中国人民大学出版社，2019.

包装、装卸、信息和咨询等有偿服务[①]。

在实际业务中，有些国际货代向专业化方向发展，专注于某一领域的服务；有些国际货代则向多元化方向发展，力争成为现代物流服务的组织者、供应链的管理者。因此，国际货代的业务范围包括以下几个方面：

（1）以外贸代理、保险兼业代理、报关代理、报验代理等身份开展相关的代理服务。

（2）以经纪人、代理人等身份从事租船、订舱、拆装箱等海、陆、空货运代理业务。

（3）以无船承运人、多式联运经营人等身份从事无船承运与多式联运业务。

（4）以代理人或当事人身份从事国际快递、国际展品运输、危险品运输、冷藏品运输、过境运输等特殊货运服务。

（5）以第三方物流经营人身份从事国际物流业务。

仿真实训环境中的国际货代是根据客户的指示，并为客户的利益而揽取货物运输的人，其本人并不是承运人，也可以依据这些条件，从事与运送合同有关的活动，如储货、报关、验收、收款等。

知识拓展 8－1

国际货运代理协会联合会（FIATA）

国际货运代理协会联合会（International Federation of Freight Forwarders Associations），法文缩写为 FIATA，成立于 1926 年 5 月 31 日，目前的总部设在瑞士苏黎世。FIATA 是一个非营利性的国际货运代理行业组织，目的是保障和提高国际货运代理在全球的利益。FIATA 的组织机构为大会和执行委员会。大会是最高权力机构，通常每两年举行一次大会；执行委员会是由大会选举产生的，任期 4 年，每年召开两次会议，下设公共关系、运输和研究中心、法律单据和保险、铁路运输、公路运输、航空运输、海运和多种运输、海关、职业训练以及统计 10 个技术委员会。目前，FIATA 的成员主要来自世界各国的国际货运代理协会，包括 4 万个国际货运代理公司、800 万～1 000 万雇员的代表。现在，FIATA 在 86 个国家和地区有 96 个一般会员，2 400 个联系会员。其中，亚洲地区有 30 个国家和地区的货运代理协会是 FIATA 的一般会员，165 个货运代理组织是联系会员。中国国际货运代理协会已代表中国的货运代理业加入了 FIATA。

目前，FIATA 是世界运输领域最大的非政府组织和非营利组织，具有广泛的国际影响，在联合国经济与社会理事会、联合国贸易与发展会议、联合国欧洲经济委员会及联合国亚洲及太平洋经济社会委员会中均扮演了顾问咨询的角色。同时，FIATA 也被许多政府组织、权威机构和非政府的国际组织（如国际商会、国际航空运输协会、国际铁路联盟、国际公路运输联合会、世界海关组织等）一致确认为国际货运代理业的代表。

FIATA 出版的刊物有《FIATA 新闻》和《FIATA 通讯》。FIATA 取得的令人瞩目的成就有：FIATA 推荐的国际货运代理标准交易条件范本、FIATA 国际货运代理业示范法及制定的各种单证。FIATA 制定的几种统一格式的单证已被世界各国的国际货运代理广为采用，近年来已签发了数百万份，获得了一致的赞赏与信任，同时也得到了

① 国际货物运输代理业管理规定及实施细则，2004 年。

世界各国银行及有关机构的认可，享有极好的声誉。这些单证对国际交换做出了很大的贡献，今后将继续作为一种工具在世界贸易服务方面发挥更大的作用。现已制定出的单证有八种，即 FIATA 运送指示（FIATA FFI）、FIATA 货运代理运输凭证（FIATA FCT）、FIATA 货运代理收货凭证（FIATA FCR）、FIATA 托运人危险品运输声明（FIATA SDT）、FIA－TA 仓库收据（FIATA FWR）、FIATA 可转让联运提单（FIATA FBL），FIATA 不可转让联运货运单及 FIATA 发货人联运重量证明。其中，可转让联运提单是唯一得到国际商会批准的运输单证，根据《国际商会跟单信用证统一惯例》（UCP）第 26 条规定，它还可以作为海运提单签发，目前已被许多国家的货运代理协会所采用。FIATA 单证因其颜色不同，且有 FIATA 的明显标志，因而极易辨别。进入电子时代后，FIATA 一直致力于确保其单证能够以电子形式存在。所有单证都是根据联合国设计标准设计的，符合联合国电子数据交换自动生成技术标准，它们最终可由打字机以纸张形式签发、计算机打印或通过电子传输。

随着空运业务日趋复杂化，为促进空运代理业的专业化，FIATA 与国际航空运输协会（International Air Transportation Association，IATA）合作，在 11 个国家中推行空运培训计划。其培训课程分为入门课程和高等课程，经考试合格后，由 IATA/FIATA 授予毕业文凭和证书，比如 IATA/FIATA 的高级证书包括国际空运货物定价证书以及国际危险品和特殊货物运输代理证书。

第二节　国际货代业务实训主要任务

在充分理解加快建设贸易强国的基本内涵的基础上，结合专业实际，通过团队协作，注册成立国际货代公司，完成银行开户业务、税务报到等基本企业设立操作。

如果有生产制造企业和贸易企业向“亚洲市场”投放广告，在下一季度广告生效后，即可在“市场”—“亚洲市场”参与竞单。竞单成功后，系统操作提示“出库”，商品出库后，系统操作提示“国际货代”，出口企业便可按照操作提示，开展商品出口业务，具体业务流程如图 8－1 所示。

在实训课程中，出口企业应与国际货代公司洽谈业务，达成初步合作意向，系统操作提示“国际货代”后，由出口企业联系合作的国际货代公司，辅导出口企业填写购销合同、发票、装箱单，单据填写完成后，由出口企业开户行发放信用证。出口企业发放货代协议、填写订舱委托书后，选择合作的国际货代公司来签订货代协议。

至此以后，货代公司根据企业之前所填写的具体信息，办理相关货代业务，缮制托运单、投保单、报检单、报关单，完成流程后与出口企业确认物流费用，系统进行货物运输。

国际货代公司在业务办理过程中，应坚持共商共建共享原则，积极辅导出口企业缮制单据，用耐心细致的服务，打造货代服务新品牌。

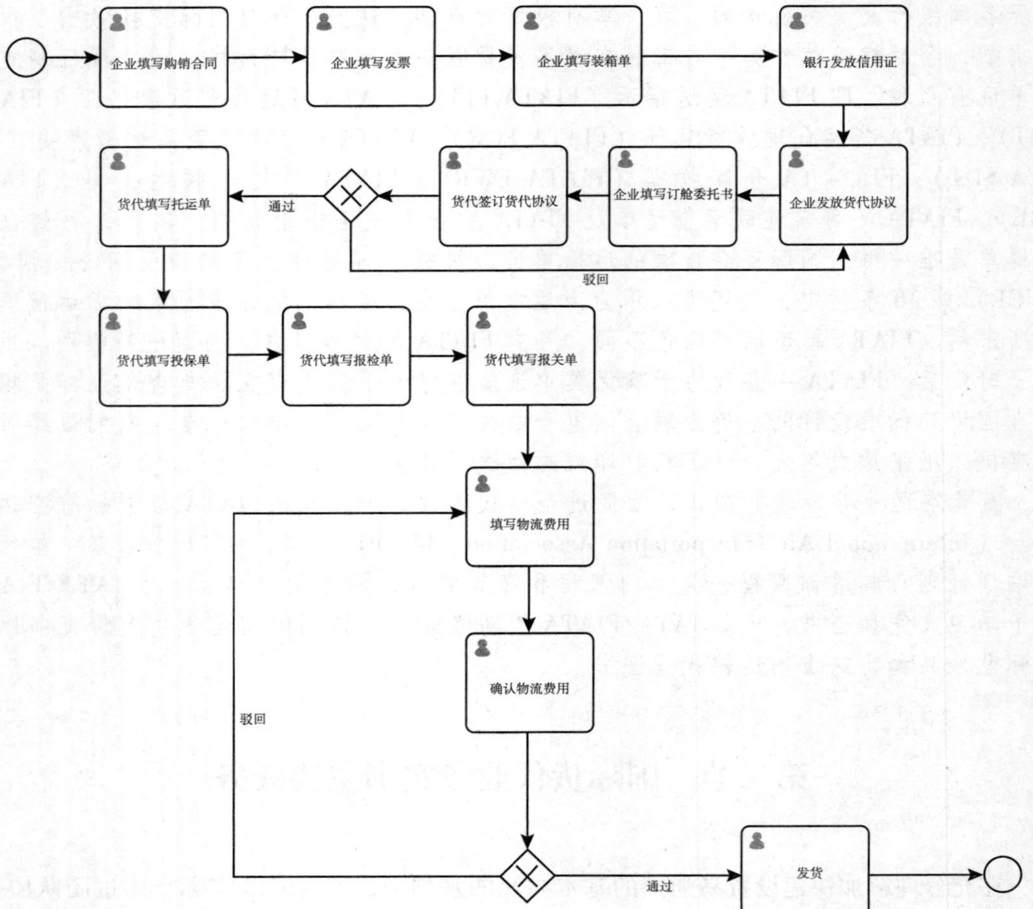

图8－1 企业出口业务流程

知识拓展8－2

加快建设贸易强国

习近平总书记在党的二十大报告中指出："推动货物贸易优化升级，创新服务贸易发展机制，发展数字贸易，加快建设贸易强国。"这是以习近平同志为核心的党中央站在新的历史起点上，统筹中华民族伟大复兴战略全局和世界百年未有之大变局作出的重大战略部署。

一、推动货物贸易优化升级，优化贸易结构

促进贸易创新发展，夯实贸易发展的产业基础，增强贸易创新能力，推动外贸质量变革、效率变革、动力变革，增强对外贸易综合竞争力。优化贸易结构。加快推动智能制造发展，逐步向研发设计、营销服务、品牌经营等环节攀升，稳步提高出口附加值。做强一般贸易，加强品牌、质量和渠道建设，提高效益和规模。提升加工贸易，推动产业链升级。构建绿色贸易体系，优化国际市场和国内区域布局，促进内外贸一体化。鼓励企业加强研发，打造"中国商品"品牌。促进跨境电商健康持续创新发展，推进跨境电商综合试验区建设，鼓励引导多元主体建设海外仓，优化跨境电商零售进口监管。

二、促进服务贸易创新发展，优化服务进出口结构

扩大研发设计、节能降碳、环境服务、医疗等服务进口。扩大旅游、运输等传统服务出口，推动知识密集型服务出口，鼓励成熟产业化技术出口，推动知识产权、法律等专业服务走出去。拓展国家特色服务出口基地，扩大文化服务、中医药服务等出口，打造“中国服务”品牌。加快服务外包转型升级。推进服务外包创新发展，培育云外包、众包、平台分包等新模式，积极发展研发、设计、维修、检验检测等生产性服务外包。鼓励对外发包，助力构建稳定的国际产业链供应链。推动服务外包与制造业融合发展，利用5G等新兴技术发展数字制造外包。高标准建设服务外包示范城市。

三、发展数字贸易，培育数字贸易新业态新模式

抓住数字经济发展机遇，加快发展数字贸易，建立健全促进政策，积极参与国际规则与标准制定，打造建设贸易强国的“新引擎”。培育数字贸易新业态新模式。加快贸易全链条数字化赋能，提升贸易数字化水平。积极支持数字产品贸易，持续优化数字服务贸易，促进专业服务、社交媒体等业态创新发展。稳步推进数字技术贸易，提升云计算服务、通信技术服务等业态的关键核心技术自主权和创新能力。积极探索数据贸易，逐步形成较为成熟的数据贸易模式。加快培育数字贸易主体，建设国家数字服务出口基地，打造数字贸易示范区。加强数字经济领域国际合作，积极推动加入《数字经济伙伴关系协定》进程。

四、深化国际经贸合作，推进双边、区域和多边合作

坚定不移扩大对外开放，坚持真正的多边主义，全方位扩大国际经贸合作，深度参与全球产业分工和合作，维护多元稳定的国际经济格局和经贸关系，为建设贸易强国营造良好外部环境。推动共建“一带一路”高质量发展。支持中欧班列发展，打造国际陆海贸易新通道。积极推进数字丝绸之路建设，拓展丝路电商全球布局，建设“一带一路”电子商务大市场。

（资料来源：人民日报，2022年12月20日，经整理而成）

第三节　国际货代业务操作

一、国际货代公司注册成立

（一）国内设立国际货代企业的条件与程序

《国务院关于第三批取消和调整行政审批项目的决定》取消了国际货运代理企业经营资格审批，因此企业申请从事国际货物运输代理业务，商务主管部门不再对其进行资格审批，申请人可直接向所在地市场监督管理局办理登记注册，未经登记注册不得从事相关业务。

市场监督管理局在登记注册时，仍严格执行《中华人民共和国国际货物运输代理业管理规定》。

根据《国际货运代理企业备案（暂行）办法》，凡经国家市场监督管理局依法注册登记的国际货物运输代理企业及其分支机构（以下简称“国际货运代理企业”），应当向商务部或商务部委托的机构办理备案。

商务部委托符合条件的地方商务主管部门（以下简称“备案机关”）负责办理本地区国际货运代理企业备案手续；受委托的备案机关不得自行委托其他机构进行备案。

（二）仿真实训中国际货代企业注册的相关要求

1. 对企业名称、标志的要求。企业名称应由行政区划名称、字号或商号、行业或经营特点、组织形式4部分构成。企业的名称、标志除了应当符合《公司法》和《公司登记管理条例》等有关规定外，还应与货运代理的业务相符合，并能表明行业特点，其名称应当含有“货运代理”“运输服务”“集运”或“物流”等相关字样。

2. 对企业组织形式的要求。国际货运代理企业的组织形式只能是具有法人资格的有限责任公司或股份有限公司，而不允许是独资企业或合伙企业。

3. 对注册资本最低限额的要求。仿真实训中模拟经营海上国际货物运输代理业务，注册资本最低限额为500万元人民币。

二、国际货代协议

[案例分析8-1]

隐不了“身份”，免不掉“板子”

1996年10月，原告两公司委托被告美商Y公司将一批机翼壁板由美国长滩运至中国上海。实际承运人M公司签发给被告的提单上载明“货装舱面，风险和费用由托运人承担”。而被告向原告签发的自己抬头的提单上则无此项记载，同时签单处显示被告代理实际承运人M公司签单。货抵上海港后，商检结果确认部分货物遭受不同程度的损坏及水湿。

原告遂向法院提起诉讼，请求判令被告赔偿货损68.2万美元，并承担诉讼费。被告辩称，其身份是货运代理，不应承担承运人的义务。原告遭受货损系由其未购买足额保险产生，且货损发生与货装甲板无因果关系，据此请求法院驳回原告诉讼请求。

显然，在实际业务中，货运代理企业既收取代理佣金，又赚取运费差价，一旦涉讼就极力掩饰承运人身份而逃避责任。因此，利用国际货代协议正确识别货运代理的身份显得越来越重要，这样既有利于防范、规避货运代理企业的商业风险，又可充分保障国际海运市场上各方当事人的合法权益。

（资料来源：国际海事信息网）

（一）国际货代协议概述

国际货运代理协议是指委托人和受托人约定，由受托人为委托人处理货物运输及相关业务的协议。其中，委托人包括进出口货物的发货人、收货人（以下简称“货主”），在转委托中，还包括接受发货人、收货人委托的货运代理；受托人一般为货运代理；货物运输及相关业务包括订舱、仓储、监装、监卸、集装箱拼装拆箱、包装、分拨、中转、短途运输、报关、报验、报检、保险、缮制单证、交付运费、结算交付杂费等货运代理所从事的具体业务。

从不同的角度出发，国际货运代理协议可有不同的种类。根据代理的内容不同，可分为专门处理一项货运事务的代理协议和处理数项甚至概括处理一切货运事务的代理协议；依据委托人的不同，可分为货运代理协议、互为代理协议、揽货/销售代理协议；依据代理时间的长短不同，可分为长期代理协议和航次代理协议。

（二）国际货代的系统操作

出口企业需要与货代公司签订“出口货物装运代理服务合同”，并准备相关的发票、装箱单、出口合同。

1. 领取任务

方式一：进入系统，进入“业务操作”界面，点击“货代协议”，点击“领取任务”，如图 8－2 所示。

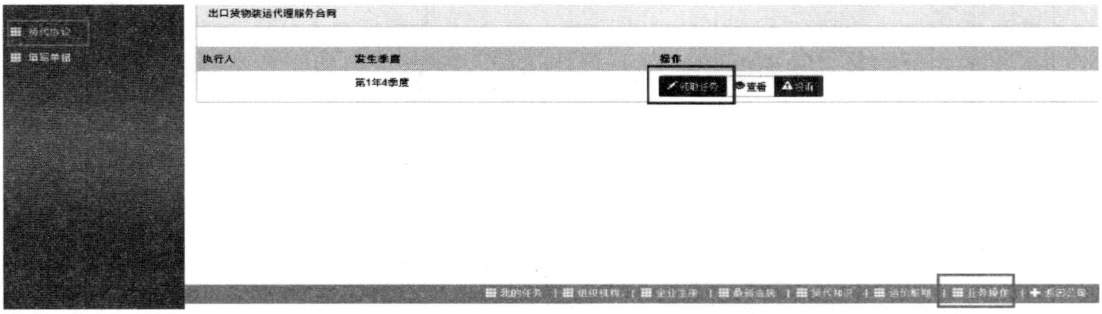

图 8－2　方式一操作

方式二：进入系统，在“操作提示”中，“领取任务”。

2. 确认协议

确认协议时，查看企业签订的“出口货物装运代理服务合同”，同时审核企业带来的纸质版单据（购销合同、发票、装箱单）。

审核时注意：

（1）甲方是委托人，即出口企业，乙方是代理人，即国际货代公司。

（2）公司名称须加盖企业公章，授权代表姓名、职务填写完整，日期为当季度任意一工作日。

确认无误后，货代公司签订协议。公司名称同样须加盖公司公章，合同负责人在“授权代表”处签姓名、职务、日期。

三、托运单

知识拓展 8－3

中国国际货运代理协会（CIFA）

中国国际货运代理协会（China International Freight Forwarders Association，简称中货

协，英文缩写CIFA）是我国国际货运代理行业的全国性社会组织，2000年在北京成立，会员涵盖全国各省市国际货运代理行业组织、国际货代物流企业以及与货代物流相关的企事业单位，亦吸纳在中国货代物流领域有较高威望和影响的个人会员。目前，协会拥有会员近600家，其中理事及以上单位95家，各省市货运代理行业组织21家。全国国际货运代理企业在会数量达6 000多家。

协会的业务指导部门是国家商务部。作为联系政府与会员之间的纽带和桥梁，协会本着"反映诉求、提供服务、规范行为"的主旨，立志"依法办会、专业立会、务实兴会、创新强会"，积极开展各项工作：协助政府部门加强对我国国际货代物流行业的管理；维护国际货代物流业的经营秩序；推动会员企业的交流合作；依法维护本行业利益；保护会员企业的合法权益；促进对外贸易和国际货代物流业健康发展；为行业培训现代货代物流人才，提升行业人员素质，增强行业企业的国际竞争力；以民间形式代表中国货代物流业参与国际经贸运输事务并开展国际商务往来。

协会是国际货运代理协会联合会（Federation of International Freight Forwarders Associations，FIATA）的协会级会员，代表我国国际货代物流行业权益在国际组织发声，协会副会长兼秘书长为现任FIATA亚太区域副主席，协会多名领导曾在FIATA担任重要管理职务，积极参与FIATA行业管理事务。同时，协会广泛与各国行业组织开展合作，为我国国际货代物流企业"走出去"争取更多发展机遇。

协会成立20多年来，在发挥政府和企业之间的纽带和桥梁作用方面，在倾听、反映货代物流企业呼声，坚决维护其合法权益方面做了大量工作，得到了政府部门、货代物流企业及国际同业的肯定和认同，为促进货代物流行业发展做出了开创性的贡献。展望未来，协会将继续围绕促进行业发展、加强会员服务中心任务，秉承"务实、协作、创新、担当"的工作方针，大力发展服务贸易，促进贸易增长方式的转变，加强行业自律与协调管理，营造公平竞争的市场环境，推动我国国际货代物流业标准化、规范化、现代化建设，实现我国国际货代物流行业健康发展。

（资料来源：中国国际货运代理协会网站）

（一）海上集装箱出口货代概述

现实中货代业务涉及海运、陆运、空运，仿真实训中国际货代经营业务主要为海上集装箱出口货代，故以海上集装箱出口货代为主要学习内容。

1. 揽货接单

揽货接单是指货运代理接受货主委托订舱的过程，实质上是货主与货运代理签署货运代理合同的过程。一方面，货主根据贸易合同和信用证有关条款的规定，在办理货物托运前，向货运代理申请订舱，提交订舱委托书和其他有关单证；另一方面，货运代理根据货主的订舱申请，考虑航线、运输工具、装卸地条件、运输时间以及运输条件等因素，经审核，接受订舱要求，并以签署订舱委托书及接受有关报关资料作为订舱确认。

在仿真实训中，货主（即出口公司）是在咨询货运代理并经多次协商后才达成委托关系。一般的揽货与接受委托大多要经过货主电话简单询问→货运代理予以报价→货主填写订舱委托书以示确认→货运代理接单表示确认等步骤。

2. 订舱

订舱是指货运代理代表货主向承运人或其代理提出托运申请，承运人或其代理对这种托运申请予以承诺的行为，包括托运、受理托运两大环节。在实践中，无论承托双方是否已签署运输合同，货主或其代理都必须办理订舱手续。如果承托双方订舱前已签署了运输合同，订舱就是履行运输合同的过程；如果承托双方订舱前并未签署运输合同，订舱就构成承托双方签署运输合同的过程。

最常见的订舱单证是场站收据（dock's receipt），通常制成联单形式，包括托运单（booking note）、装货单（shipping order）、收货单及其副本等各联。因此，由于这套单证的第一联为托运单，所以有时也称托运单，图 8－3 为仿真实训系统内简化的托运单。

仿真实训中，承运人是平台系统，货代是托运人，托运单须全英文填写。

出口货物托运单

<table>
<tr><td colspan="3">shipper（发货人）</td><td colspan="3">D/R No.（编号）</td></tr>
<tr><td colspan="3">Vessel（船名）
Voy. No（航次）</td><td colspan="3">Port of Loading（装货港）</td></tr>
<tr><td colspan="2">Port of Discharge（卸货港）</td><td colspan="2">Place of Delivery（交货地点）</td><td colspan="2">Final Destination for the merchant's Reference（目的地）</td></tr>
<tr><td>Container No.
（集装箱号）</td><td>Marks & Nos.
（标志与号码）</td><td>Nos. & Kinds of Packages（包装件数与种类）</td><td>Description of Goods（货名）</td><td>Gross Weight（kg）（毛重）（公斤）</td><td>Measurements（m^3）（尺码）（立方米）</td></tr>
<tr><td></td><td></td><td></td><td></td><td></td><td></td></tr>
<tr><td></td><td></td><td></td><td></td><td></td><td></td></tr>
<tr><td></td><td></td><td></td><td></td><td></td><td></td></tr>
<tr><td colspan="6">Total Number of Containers or Packages（In Words）集装箱数或件数合计（大写）</td></tr>
<tr><td>Freight & Charges（运费与附加费）</td><td>Revenue Tons（运费吨）</td><td>Rate（运费率）</td><td>Per（每）</td><td>Prepaid（预付）</td><td>Collect（到付）</td></tr>
<tr><td rowspan="2">Ex. Rate:
（兑换率）</td><td colspan="2">Prepaid at（预付地点）</td><td>Payable at
（到付地点）</td><td colspan="2">Place of Issue（签发地点）</td></tr>
<tr><td colspan="3">Total Prepaid（预付总额）</td><td colspan="2">No. of Original B(s)/L（正本提单份数）</td></tr>
<tr><td colspan="2">Service Type on Receiving CY</td><td colspan="2">Service Type on Delivery CY</td><td colspan="2" rowspan="5">国际货运代理公司

（签章）</td></tr>
<tr><td colspan="2">可否转船：</td><td colspan="2">可否分批：</td></tr>
<tr><td colspan="2">装期：</td><td colspan="2">效期：</td></tr>
<tr><td colspan="4">金额：</td></tr>
<tr><td colspan="4">制单日期：</td></tr>
</table>

图 8－3 托运单示例

（二）托运单的系统操作

1. 系统操作

进入“业务操作”界面，点击“填写单据”，填写“托运单”，如图 8－4 所示。

图 8－4　托运单缮制系统操作

2. 托运单缮制要点

托运单是运货人和托运人之间对托运货物的合约，填写托运单，提交并处理企业带来的纸质版。此处应注意托运单内容填写的正确性。

（1）发货人（shipper）：托运人、或货主、或信用证上的卖方、或无船承运人等。仿真实训中为货代公司。

（2）编号（D/R No.）：或称为关单号，为货代接受订舱时提供的号码或作为提单号码。仿真实训中采用银行信用证编号。

（3）船名/航次（Ocean Vessel/Voy. No.）：货代在接收订舱时按照配船要求确定。仿真实训中采用虚拟名称和班次，货代公司自定即可。

（4）装货港（Port of Loading）：填写实际货物被装船所在的港口全称，必要时加上港口所在国家（地区）的名称。在信用证项下，必须按照信用证规定的发运港填制。对于从内陆点送货到沿海港口，发货地不一定是装运港。

（5）卸货港（Port of Discharge）：填写实际货物被最后卸离船舶的所在港口全称。对于信用证方式结算的交易，按信用证中规定的卸货港填制。

（6）交货地（Place of Delivery）：承运人将货物实际交付的地点（可以是船舶班轮航线上的港口，也可以是通过其他船舶转运过去的交货港口或通过铁路、公路运输方式转运过去的内陆交货地点）。仿真实训中采用虚拟地名，货代公司自定即可。

（7）目的地（Final Destination for Merchant's Reference）：客户或应贸易文件要求需要在提单上显示的货物交付的最终目的地显示的货物交付的最终目的地。因为承运人是以交货地作为联运的交货点，所以承运人一般在出具的提单上并不显示此项内容。经承运人的同意承运人或其签单代理人可以在提单的“包装种类与货名”栏中的包装、货名下空白处显示该项内容。仿真实训中采用虚拟地名，货代公司自定即可。

（8）集装箱号（Container No.）：标准集装箱箱号（采用 ISO6346（1995））由 11 位编码组成，包括三个部分：第一部分由 4 位英文字母组成。前三位代码（Owner Code）主要说明箱主、经营人，第四位代码说明集装箱的类型①，仿真实训中采用“U”。例如

① 远东集装箱网。

CBHU 开头的标准集装箱是表明箱主和经营人为中远集运。第二部分由 6 位数字组成，是箱体注册码（Registration Code），用于一个集装箱箱体持有的唯一标识。第三部分为校验码（Check Digit）由前 4 位字母和 6 位数字经过校验规则运算得到，用于识别在校验时是否发生错误，即第 11 位数字。仿真实训中要求国际货代公司以企业名称简写为前三位代码，第四位代码为 G（代表通用集装箱），箱体注册码、校验码国际货代公司自定。

（9）标记与号码（Seal No./Marks Nos.）：贸易合同上、发票上、装箱单上标明的、信用证等文件规定的货物标记与号码。严格做到品名、包装、数量等“单单一致、单证一致、单货一致”。

（10）包装件数与种类（Nos. & Kind of Packages）：贸易合同上、发票上、装箱单上标明的、信用证等文件规定的货物的包装件数、种类等。

（11）货名（Description of Goods）：贸易合同上、发票上、装箱单上标明的、信用证等文件规定的货物的名称。

（12）毛重（Gross Weight）：毛重应与发货单一致，并且应填货物的总毛重。货物的毛重以 kg 为计量单位，并取整数。

（13）尺码（Measurement）：体积一般以 m^3 为计量单位，并且保留小数点后 3 位，但信用证另有规定的除外。

（14）集装箱数或件数大写：贸易合同上、发票上、装箱单上标明的、信用证等文件规定的货物件数。通常用英文大写字母而不是阿拉伯数字来填写集装箱的总箱数或货物的总件数，总箱数或总件数是指本提单项下的总箱数或货物总件数，而件数则以最终多少件以及什么样的包装来填写。在件数前，须加上“SAY”字样，相当于“合计”；在件数后加上“ONLY”，相当于“整”。例如，25 carton cotton yard 与 36 bales cotton piece goods，总数为 61packages，完整的表达式应为“SAY SIXTY ONE PACKAGES ONLY”。

（15）运费与附加费（Freight & Charges）：与集装箱海运有关的海运运费和海运附加费的结算金额。

（16）运费吨（Revenue Ton）与运费率（Rate）：根据信用证，二者选一。

（17）每（Per）：根据（16），这里是每运费吨价格或每运费率价格。

（18）预付（Prepaid）与到付（Collect）：根据信用证，二者选一。

（19）兑换率（Ex. Rate）：合同约定的支付运费的货币兑换率要求。

（20）预付地点（Prepaid at）和预付总额（Total Prepaid）：若信用证要求预付，此处按实际情况填写。

（21）到付地点（Payable at）：若信用证要求到付，此处按实际情况填写。

（22）签发地点（Place of Issue）：一般为装运港地点，当然也可以是承运人公司所在地或其他地点。

（23）正本提单份数（No. of Original B（s）/L）：此栏应按信用证规定的份数出具，一般正本提单为 3 份。若信用证无特别规定，仅要求出具全套正本提单，也可出具 1 份。根据国际商会《跟单信用证统一惯例》，即国际商会第 600 号出版物（以下简称“UCP60”）的规定：标有副本字样的、没有标明正本字样的、无签署的均属于副本提单。副本提单不具有法律效力，不能凭此单提货或转让。

（24）可否转船：填 N/Y 或可/否，注意前后一致。

（25）可否分批：填 N/Y 或可/否，如为“Y”，则在备注栏内加以具体说明。

（26）装期：装运期严格按照信用证或合同规定填写，最好用英文书写。例如，不迟于2001年7月8日，应写成 Not later than July 8，2001。装运期可表示为一段时间，例 Month of Shipment：May，2001；也可表示为不早于××日，不迟于××日，例如，Shipment Not earlier than… and not later than，Latest shipment be…。

（27）效期：在信用证支付条件下，有效期与运期有着较密切的关系。一般规定信用证至运输单据签发日后21天内有效。这一栏填写要参照信用证规定。如果装运期空白不填的话，这一栏也可空白。

（28）金额：货值金额。

（29）制单日期：制单日期必须早于最迟装运期和有效期，可以是开立发票的日期，也可以早于发票日期。

填写托运单完成后，提交并处理企业带来的纸质版。

四、投保单

（一）国际货物运输保险概述

出口货物在长途运送和装卸过程中，有可能会因自然灾害、意外事故或其他外来因素而导致受损。为了保障收货人在货物受损后获得经济补偿，一般在货物出运前，货主都向保险公司办理有关投保事宜并按合同或信用证要求仔细、认真地填写货物运输险投保单交给保险公司；保险公司若接受了投保，就签发给投保人一份承保凭证即保险单（Insurance Policy）。有时，出口方也可以用出口货物明细单或出口发票副本来代替投保单，但必须加注如运输工具、开航日期、承保险别、投保金额或投保加成、赔款地、保单份数等内容。当被保险货物遭受到保险凭证责任范围内的损失时，保险单是索赔和理赔的依据；在 CIF 合同中，保险单同时又是卖方向买方提供的出口结汇单据之一。

保险人承保的风险一般包括海上风险、外来风险，外来风险又分为一般外来风险和特殊外来风险两种。承保人承保的损失一般有海上损失（Average），具体包括：全部损失（Total Loss）和部分损失（Partial Loss）。

全部损失包括实际全损（Actual Total Loss）、推定全损（Constructive Total Loss）；部分损失包括共同海损（General Average）、单独海损（Particular Average）。

承保人也承保外来风险的损失和费用。前者是指海上风险以外的外来风险造成的被保险货物的损失，包括一般外来风险损失和特殊外来风险损失。前者如偷窃、雨淋、短量等风险造成的货物的损失。后者如战争、罢工等风险造成的损失。费用包括施救费用（Sue and Labour Expenses）和救助费用（Salvage Charges）。

我国现行的保险条款是中国人民保险公司（PICC）制定的，其货物运输保险分为基本险和附加险两大类。基本险为平安险、水渍险和一切险，可以单独投保其中一种；附加险不能单独投保。目前我国的出口业务中，一般多选用费用较高，但责任范围大的一切险。

（二）投保单系统操作

国际货物运输保险投保单是发货人或被保险人在货物发运前确定装运工具并缮制发票以后，向保险公司（保险人）办理投保手续所填制和提交的单据。投保单的内容应按合同或信用证要求仔细、认真填写不能有错，保险公司根据投保单的内容来缮制和签发保险单。各保险公司的投保单格式不尽相同，但内容基本一致，如图 8－5 所示。

中国人民保险公司北京市分公司投保单

运输险投保单 Application for Transportation Insurance	地址：中国北京市朝阳区朝外市场街 20 号 邮编：100020 电话：010－65264195/65264211 传真：010－65264205/65264186
被保险人： Insured's Name： ________ 兹有下列物品向中国人民保险公司投保 Insurance is required on the following commodities	保单号： Policy No. ________ 发票号： Invoice No. ________ 合同号： Contract No. ________ 信用证号： L/C No. RF－GF0491 ________

标记 Marks & Nos.	包装及数量 Quantity & Packing	保险货物项目 Description of goods	发票金额 mount Invoice ______ 加成 Value Plus about ______ 保险金额 Amount Insured ______ 费率 Rate ______ 保险费 Premium ______

启运日期： Date of Commencement ________	装载运输工具 Per conveyance ________
自（From）______ 经（Via）______	到（To）________
提单号： B/L NO.：/MAWB NO.：/HAWB NO.：______	赔付地点： Claims Payable at ________
承保险别：（Please Indicate The Conditions & or Special Coverages：）________	
请如实告知下列情况（如"是"在 [ ] 中打√，"不是"打×）If any，please mark √ or ×	

1. 货物种类： Goods：	Nude Cargo	Bag	In Bulk	Reefer	Liquid	Dangerous Goods
2. 转运工具： Transshipment：	Ship	Plane	Barge	Train	Truck	Parcel Post

特别提示：	1. 投保人及被保险人确认对本保险单条款内容，特别是责任免除条款已经完全了解。 2. 如投保标的为旧物品，或装载于舱面或重复保险，必须特别声明。 3. 投保人同意保险人按所交保费币种赔付。

投保人签章　　　　　　　　　　　　　　　　中国人民保险公司北京市分公司

Applicant's Signature ____________　People's Insurance Co. of China Beijing Branch

投保人：______　投保日期：______　核保人：______　核保日期：______

图 8－5　投保单示例

1. 系统操作

进入“业务操作”界面，点击“填写单据”，填写“投保单”，如图 8 -6 所示。

图 8 -6　投保单缮制系统操作

2. 投保单缮制要点

（1）被保险人（Insured's Name）：除非信用证有特别规定，一般应为信用证的受益人或合同的卖方即发货人。若信用证另有要求，按信用证填写；若来证指定以××公司为被保险人，则应在此栏填“××CO.，LTD.”，出口公司不要背书；若来证规定需转让给开证行或第三方时，如“TO THE ORDER OF×××BANK/×××”则在此栏先填上受益人名称再填上“HOLD TO THE ORDER OF××BANK/×××”。

（2）保单号（Policy No.）、发票号（Invoice No.）、合同号（Contract No.）和信用证号（L/C No.）：本栏目要根据投保编号、商业发票、合同以及信用证信息进行填写。

（3）标记（Marks & Nos.）：按信用证规定，或与发票等其他单据上的唛头一致。若来证无特殊规定，一般可填成“AS PER INVOICE NO. ×××”。

（4）包装及数量（Quantity & Packing）：数量是出口货物的总数量。有包装的填写最大包装件数；裸装货物要注明本身件数。

（5）保险货物项目（Description of goods）：保险货物是货物的品名或规格，一般按提单的填法，填大类名称或货物的统称，不必详细列明各种规格等细节。

（6）保险金额（Amount Insured）：保险金额是指保险人承担赔偿或者给付保险金责任的最高限额（已包括贸易方利润），这是计收保险费的基础。保险金额按照合同和信用证上的要求填制，以发票金额（Mount Invoice）加成（Value Plus about）10%（即 110% 的发票金额）填写。采用信用证时，按信用证中关于发票额加成比例投保，信用证对投保金额的规定，视作最低投保金额的要求。当保险加成超过 20% 时，须事先征得保险人同意。如所计算出的保险金额有小数，必须采用进一法（出现小数时无论多少一律向上进位）而不是四舍五入法。

（7）费率（Rate）：此栏由保险公司填制或填“AS ARRANGED”字样。

（8）保险费（Premium）：此栏一般由保险公司填制或填 AS ARRANGED，除非信用证另有规定，如“INSURANCE POLICY ENDORSED IN BLANK FULL INVOICE VALUE PLUS 10% MARKED PREMIUM PAID”时，此栏就填入“PAID”。

（9）启运日期（Date of Commencement）：应按 B/L 中的签发日期填写，可以简单地填作“AS PER B/L”。

（10）装载运输工具（Per conveyance）：海运方式下填写船名，最好再加航次。若整个运输由两次完成时，应分别填写一程船名及二程船名，中间用“/”隔开。与托运单一致。

（11）自（From）经（Via）到（To）：货物实际装运的起运港口和目的港口名称，货物如转船，也应把转船地点填上如 FROM SHANGHAI，CHINA TO NEW YORK，USA VIA HONGKONG（OR W/T HONG KONG）。如海运至目的港，保险承保到内陆城市，应在目的港后注明该内陆城市。

（12）提单号（B/L No.）：填写提单号。

（13）赔付地点（Claims Payable at）：严格按照信用证规定打制；若来证未规定，则应打目的港。如信用证规定不止一个目的港或赔付地，则应全部照打。通常将运输目的地作为赔偿地点，《UCP600》注明了“当信用证规定投保一切险时，如果保险单载有一切险无论是否有一切险标题均被接受”。保险单可以援引任何除外责任条款。赔款货币为投保金额相同的货币。当信用证或合同另有规定时，则依照填写如来证要求“INSURANCE CLAIMS PAYABLE AT A THIRD COUNTRY JAPAN”。此时，应把第三国“JAPAN”填入此栏。

（14）承保险别（Please Indicate The Conditions & or Special Coverages）：根据信用证或合同中的保险条款要求填制，并注明保险条款名称。

（15）货物种类（Goods）：裸装（Nude cargo）、袋装（Bag）、散装（In bulk）、冷藏（Reefer）、液体（Liquid）、危险品（Dangerous goods）。根据托运单如实填写。

（16）转运工具（Transshipment）：海轮（Ship）、飞机（Plane）、驳船（Barge）、火车（Train）、汽车（Trunk）、邮包（Parcel Post）。根据托运单如实填写。

（17）投保人签章：上述内容填完后投保人须签字盖章才能生效。除上述的投保单外有时出口企业也可用出口货物明细单或发票副本来代替投保单，但必须加注有关的保险项目，如运输工具、开航日期、承保险别、投保金额或投保加成、赔款地、保单份数等要求。

填写投保单完成后，提交并处理企业带来的纸质版。

[案例分析 8-2]

保险公司拒绝理赔，有道理吗？①

A 货运代理公司（以下简称“A 公司”）于 2008 年 2 月 28 日投保了国际货运代理人责任保险，保险截止日为 2009 年 2 月 27 日 24 时。该公司受西门子公司委托提供漆类货物进口运输服务，与西门子公司签订了集装箱全程运输合同，并向西门子公司签发了编号为 7720013332201 的海运提单。2009 年 2 月 1 日货物抵达西门子库房，在开箱检验时发现部分包装桶破损、桶内货物渗漏。2009 年 2 月 12 日，西门子公司向 A 公司发出出险通知书

① 孙家庆. 国际货运代理实务（第二版）[M]. 北京：中国人民大学出版社，2019.

和索赔清单，受损货物5 500 欧元、关税4 600 元人民币、运费7 560 元人民币，合计索赔67 000 元人民币。

A公司迅速向保险公司提出索赔申请，并提供如下证明材料：

（1）事故情况说明。

（2）编号 7720013332201 的提单。

（3）与西门子公司的运输服务合同。

（4）西门子公司向A公司提交的出险通知书和索赔清单。

（5）11 张包装破损、货物渗漏的照片。

经保险公司认定，案情无误，但A公司投保的国际货运代理人责任保险的赔偿范围不包含货物渗漏损失，保险公司给出不予赔偿的意见。

本案的保险公司核赔方法如下：

（1）业务属实。其依据是：A公司与西门子公司的运输合同、海运提单、报关单等资料。

（2）案情无误。其依据是：保险公司到西门子公司勘查现场和货物损失照片。

（3）责任认定：A公司责任。其依据是：运输合同。合同中约定A公司负责全程运输（国际多式联运），A公司负责包装（本案的海运提单不能作为索赔的关键性依据。因7720013332201 为清洁提单，无海运区段事故证明，A公司承担全程责任，无权向保险公司追偿）。

（4）赔偿金额——根据责任限制赔偿。其依据是：本案发生在国际多式联运的非海运区段，但无法找到事故的实际发生区段，根据《海商法》第一百零六条的规定：货物的灭失或者损坏发生的运输区段不能确定的，国际多式联运经营人应当依照关于承运人赔偿责任和责任限额的规定负赔偿责任。虽然西门子公司提供的货物发票和损失金额对应无误，但应重新计算A公司的责任赔偿金额，按每件或者每个货运单位666.67 特别提款权，或按货物毛重每公斤2 特别提款权，以两者中的高者确认责任赔偿金额。

（5）是否属于保险赔偿范围——不属于。其理由是：A公司投保的国际货运代理人责任保险不保货物渗漏损失。若A公司投保的是提单责任险，则保险公司赔偿按责任限制计算的全部损失。

【案例评述】

选择投保国际货运代理人责任保险还是提单责任保险，这是货运代理公司在投保前必须认真研究的基本问题。很多货运代理公司过分关注保费价格，只选择便宜的险种，却忽略了保险范围，误认为只要投了责任险，任何责任事故都可以得到赔偿。这种用一张保单换来所有事故安全无忧的想法在任何时候都是不正确的。货运代理公司最好在投保前咨询专业的保险经纪人，以免发生险种选择错误而得不到赔偿的遗憾。

在司法实务中，类似本案的情形，有可能用排他的方式认定为事故发生在内陆运输段，因而A公司将无法享受责任限制，并承担67 000 元人民币的全额责任。

五、报检单

（一）报检概述

出入境检验检疫是指检验检疫部门和检验检疫机构依照法律、行政法规和国际惯例等的要求，对出入境的货物、交通运输工具、人员等进行检验检疫、认证及签发官方检验检疫证明等监督管理工作。

在国际贸易中，检验检疫机构一般分为三大类型：官方，如我国的“中华人民共和国质量监督检验检疫总局”；半官方，如我国的“中国进出口商品检验总公司”；民间，如我国的“上海化工研究院检测中心”。

进出口商品报检是指进出口商品的收发货人或其代理人，根据《商检法》等有关法律、法规，对法定检验的进出口商品，在检验检疫机构规定的时间和地点，向检验检疫机构办理申请检验、配合检验、付费、取得商检单证等手续的全过程。被列入《法检目录》的货物，虽未被列入《法检目录》，但相关法律、行政法规规定必须经检验检疫机构实施检验检疫的其他进出境货物、进口国家规定必须凭我国检验检疫机构出具品质检验证书、卫生/消毒证书等证明文件方准入境的货物、出入境检验检疫机构的抽查货物等均必须报检。

出入境检验检疫报检单位有两大类，分别是自理报检单位与代理报检单位，报检单如图 8－7 所示。

中华人民共和国出入境检验检疫出境货物报检单

报检单位（加盖公章）：　　　　　　　　　　　　　　　　*编号：________

报检单位登记号：　　　　联系人：　　　　电话：　　　　报检日期：　　年　月　日

发货人	（中文）				
	（外文）				
收货人	（中文）				
	（外文）SYDNEY INTERNATIONAL TRADE CO.				
货物名称（中/外文）	H. S. 编码	产地	数/重量	货物总值	包装种类及数量
运输工具名称号码		贸易方式		货物存放地点	
合同号		信用证号		用途	
发货日期		输往国家（地区）		许可证/审批号	
启运地		到达口岸		生产单位注册号	
集装箱规格、数量及号码					
合同、信用证订立的检验检疫条款或特殊要求	标记及号码		随附交单据（画“√”或补填）		

<table>
<tr><td colspan="2">需要证单名称（画“√”或补填）</td><td colspan="2">*检验检疫费</td></tr>
<tr><td rowspan="3">___正 ___副
___正 ___副
___正 ___副
___正 ___副
___正 ___副
___正 ___副
___正 ___副</td><td rowspan="3">___正 ___副
___正 ___副</td><td>总金额（人民币元）</td><td></td></tr>
<tr><td>计费人</td><td></td></tr>
<tr><td>收费人</td><td></td></tr>
<tr><td colspan="2" rowspan="3">报检人郑重声明：
1. 本人被授权报检。
2. 上列填写内容正确属实，货物无伪造或冒用他人的厂名、标志、认证标志，并承担货物质量责任。
签名：</td><td colspan="2">领取单证</td></tr>
<tr><td>日期</td><td></td></tr>
<tr><td>签名</td><td></td></tr>
<tr><td colspan="2">注：“*”号栏由出入境检验检疫机关填写</td><td colspan="2">国家出入境检验检疫局制［1-2（2000.1.1）］</td></tr>
</table>

图 8-7 报检单示例

（二）报检单系统操作

1. 系统操作

进入“业务操作”界面，点击“填写单据”，填写“报检单”，如图 8-8 所示。

图 8-8 报检单缮制系统操作

2. 报检单缮制要点

（1）编号：该编号由检验检疫机构报检受理人员填写，前 6 位为检验检疫机关代码①，第 7 位为报检类代码②，第 8、9 位为年代码，第 10 至第 15 位为流水号。

① 此处采用货物离岸海关检验检疫机构代码。

② 仿真实训中为 N。

（2）报检单位：报检单位指经国家市场监督管理局审核获得许可、登记并取得其颁发的“自理报检单位备案登记证明书”或“代理报检单位备案登记证明书”的企业。本栏目填报报检单位的中文名称并加盖与名称一致的公章。

（3）报检单位登记号：报检单位登记号指报检单位在国家市场监督管理局登记的登记证号码。本栏目填十位数登记证号码，填报检人员姓名和报检人员的联系电话。

（4）报检日期：它指检验检疫机构实际受理的日期。本栏目填制的报检日期统一用阿拉伯数字来表示。

（5）发货人：它指本批货物贸易合同中的卖方名称或信用证中的受益人名称。本栏目分别用中文、英文分行填报发货人名称。

（6）收货人：它指本批出境货物贸易合同中的或信用证中的买方名称。本栏目分别用中文、英文分行填报收货人名称。

（7）货物名称：按贸易合同或发票所列的货物名称根据需要可填写型号、规格或牌号。货物名称不得填写笼统的商品类，“陶资”“玩具”等。货物名称必须填写具体的类别名称，如“日用陶瓷”“塑料玩具”。

（8）H. S. 编码：它指海关《协调商品名称及编码制度》中所列编码，以当年海关公布的商品税则编码为准。本栏填报八位商品编码。有些商品有最后两位补充编码时，应填报十位编码。

（9）产地：本栏目填制货物的生产（加工）地，填写省、市、县的中文名称。

（10）数/重量：按实际申请检验检疫数/重量填写。重量还应填写毛/净重，填写时应注意计量单位。

（11）货物总值：本栏目填写申报货物总值及币种应与外贸合同、发票所列货物总值一致。

（12）包装种类及数量：它指申报货物实际运输包装材料的种类及数量。本栏应按实际运输外包装的种类及相应的数量填报，若有托盘集中包装，除了填报托盘种类及数量以外，还应填报托盘上小包装数量和包装种类。

（13）运输工具名称号码：本栏目填写装运本批货物的运输工具类型、名称及号码，如船舶填写船名、航次，飞机填写航班号等。

（14）合同号：合同号指对外贸易合同、订单、形式发票等的号码。本栏目填报的合同号应与随附合同、订单等的号码一致。

（15）贸易方式：贸易方式指该批货物的贸易性质即买卖双方将商品所有权通过什么方式转让。本栏填报与实际情况一致的海关规范贸易方式。常见的贸易方式有：一般贸易、来料加工贸易、易货贸易、补偿贸易等。

（16）货物存放地点：货物存放地点指出口货物的生产企业所存放出口货物的地点。本栏按实际填报具体地点、仓库。

（17）发货日期：发货日期指货物实际出境的日期，按实际开船日或起飞日等填报发货日期，以年、月、日的顺序填报。

（18）输往国家和地区：它指外贸合同中买方（进口方）所在国家或地区，或合同中注明的最终输往国家或地区。本栏目填报输往国家（地区）的中文名称。

（19）许可证/审批号：凡申领进出口许可证或其他审批文件的货物本栏应填报有关许

可证号或审批号。无须许可证或审批文件的出境货物本栏免报。

（20）生产单位注册号：本栏目填报出入境检验检疫机构签发给生产单位的卫生注册证书号或加工厂的注册号码等。

（21）起运地：本栏目填写货物的报关出运口岸，即货物最后离境的口岸及所在地。

（22）到达口岸：它指出境货物运往境外的最终目的港。最终目的港可预知的，本栏目按实际到达口岸的中文名称填报；最终到达口岸不可预知的，可按尽可能预知的到达口岸填报。

（23）集装箱规格、数量及号码：集装箱规格指国际标准的集装箱规格尺寸。集装箱的数量指实际集装箱数量，不需要换算标准箱。集装箱号码指集装箱的识别号码，与托运单一致。本栏目填报实际集装箱“数量”×“规格”/“箱号”。拼箱时无须填写。

（24）合同、信用证订立的特殊条款以及其他要求在合同中订阅的有关检验检疫的特殊条款及其他要求应填入此栏。

（25）标记及号码：货物的标记号码，即唛头，应与合同、发票等有关外贸单据保持一致。对散装、裸装货物或没有标记号码货物应填写“N/M”。

（26）用途：从以下9个选项中选择符合实际出境货物用途来填报：①种用或繁殖。②食用。③奶用。④观赏或演艺。⑤伴侣动物。⑥试验。⑦药用。⑧饲用。⑨其他。

（27）随附单据：按实际情况向检验检疫机构提供的单据。在随附的单据种类中画“√”或补填。

（28）签名：本栏目由持有“报检员证”的报检员签名。

（29）检验检疫费：本栏目由检验检疫机构计费人员核定费用后填写，如熏蒸费、消毒费等。

（30）领取证单报检人在领取证单时填写领证日期及领证人姓名。

填写报检单完成后，提交并处理企业带来的纸质版。

六、报关单

（一）报关单概述

进出口货物报关单是指进出口货物收发货人或其代理人按照海关规定的格式，对进出口货物的实际情况做出书面申明，以此要求海关对其货物按适用的海关制度办理通关手续的法律文书，如图8-9所示。

按货物的流转状态、贸易性质和海关监管方式的不同，进出口货物报关单可以分为以下几种类型：

按进出口状态分：进口货物报关单、出口货物报关单。

按表现形式分：纸质报关单、电子数据报关单。

按使用性质分：进料加工进出口货物报关单、来料加工及补偿贸易进出口货物报关单、一般贸易及其他贸易进出口货物报关单。

按用途分：报关单录入凭单、预录入报关单、报关单证明联。

<table>
<tr><td colspan="20">中华人民共和国海关出口货物报关单</td></tr>
<tr><td colspan="12">预录入编号：</td><td colspan="8">海关编号：</td></tr>
<tr><td colspan="5">出口口岸</td><td colspan="5">备案号</td><td colspan="5">出口日期</td><td colspan="5">申报日期</td></tr>
<tr><td colspan="5">经营单位</td><td colspan="5">运输方式</td><td colspan="5">运输工具名称</td><td colspan="5">提运单号</td></tr>
<tr><td colspan="5">发货单位</td><td colspan="5">贸易方式</td><td colspan="5">征免性质</td><td colspan="5">结汇方式</td></tr>
<tr><td colspan="5">许可证号</td><td colspan="5">运抵国（地区）</td><td colspan="5">指运港</td><td colspan="5">境内货源地</td></tr>
<tr><td colspan="4">批准文号</td><td colspan="4">成交方式</td><td colspan="4">运费</td><td colspan="4">保费</td><td colspan="4">杂费</td></tr>
<tr><td colspan="4">合同协议号</td><td colspan="4">件数</td><td colspan="4">包装种类</td><td colspan="4">毛重（公斤）</td><td colspan="4">净重（公斤）</td></tr>
<tr><td colspan="4">集装箱号</td><td colspan="12">随附单据</td><td colspan="4">生产厂家</td></tr>
<tr><td colspan="20">标记唛码及备注</td></tr>
<tr><td colspan="20">项号 商品编号 商品名称、规格型号 数量及单位 最终目的国（地区）单价 总价 币制
征免</td></tr>
<tr><td colspan="20"></td></tr>
<tr><td colspan="20"></td></tr>
<tr><td colspan="20"></td></tr>
<tr><td colspan="20">税费征收情况</td></tr>
<tr><td colspan="12" rowspan="3">录入员 录入单位 兹声明以上申报无讹并承担法律责任

报关员
申报单位

（签章）
单位地址
邮编 电话 填制日期</td><td colspan="8">海关审单批注及放行日期（签章）
审单 审价</td></tr>
<tr><td colspan="8">征税 统计</td></tr>
<tr><td colspan="8">查验 放行</td></tr>
</table>

图 8－9 报关单示例图

（二）报关单系统操作

1. 系统操作

进入“业务操作”界面，点击“填写单据”，填写“报关单”，如图 8－10 所示。

2. 报关单缮制要点

（1）预录入编号：预录入编号规则由接受申报的海关决定。

图8－10　报关单缮制系统操作

（2）海关编号：海关接受申报时给予报关单的编号，一份报关单对应一个海关编号。报关单海关编号为18位，其中第14位为接受申报海关的编号（海关规定的《关区代码表》中的相应海关代码），第58位为海关接受申报的公历年份，第9位为进出口标志（“1”为进口，“0”为出口；集中申报清单“I”为进口，“E”为出口），后9位为顺序编号。

（3）出口口岸：根据货物实际进出境的口岸海关，填报海关规定的《关区代码表》中相应口岸海关的名称及代码。

（4）备案号：指进出口货物收发货人、消费使用单位、生产销售单位在海关办理加工贸易合同备案或征、减、免税备案审批等手续时，海关核发的《加工贸易手册》《征免税证明》或其他备案审批文件的编号。一份报关单只允许填报一个备案号。无备案审批文件的报关单，本栏目免予填报。

（5）出口日期：指运载所申报出口货物的运输工具办结出境手续的日期。日期均为8位数字，顺序为年（4位）、月（2位）、日（2位）。例如，2017年3月10日申报进口一批货物运输工具申报进境日期为3月8日“进口日期”栏填报为“20170308”。

（6）申报日期：申报日期指海关接受进出口货物收发货人、受委托的报关企业申报数据的日期。以电子数据报关单方式申报的申报日期为海关计算机系统接受申报数据时记录的日期。以纸质报关单方式申报的，申报日期为海关接受纸质报关单并对报关单进行登记处理的日期。申报日期为8位数字，顺序为年（4位）、月（2位）、日（2位）。本栏目在申报时免予填报。

（7）经营单位：填报出口货物在境内的销售单位的名称。

（8）运输方式：应根据货物实际进出境的运输方式或货物在境内流向的类别，按照海关规定的《运输方式代码表》选择填报相应的运输方式。

（9）运输工具名称：水路运输填报船舶英文名称（来往港澳小型船舶为监管簿编号）或者船舶编号＋“/”＋航次号，即运输工具名称＋“/”＋航次号。例如，“MAY FLOWER”号轮HV330W航次，在“运输工具名称”栏填报为“MAY FLOWER/HV330W”。

（10）提运单号：填报进出口提单号。

（11）发货单位：填国际货代公司的统一社会信用代码。

（12）贸易方式：代码由4位数字构成，前两位是按照海关监管要求和计算机管理需要划分的分类代码，后两位是参照国际标准编制的贸易方式代码。比如，一般贸易（0110）、易货贸易（0130）、来料加工（0214）、来料料件内销（0245）、补偿贸易（0513）、进料深加工（0654）等。仿真实训课中采用“一般贸易”即可。

（13）征免性质：征免性质是指海关根据《海关法》《关税条例》及国家有关政策对进出口货物实施的征、减、免税管理的性质类别。征免性质共有40种，常见的有：一般征税（101）、加工设备（501）、来料加工（502）、进料加工（503）、中外合资（601）、中外合作（602）、外资企业（603）、鼓励项目（789）、自有资金（799）等。仿真实训中采用“一般征税”即可。

（14）结汇方式：与发票中结汇方式相同，按海关《结汇方式代码表》填写。

（15）许可证号：指商务部配额许可证事务局及其授权的部门签发的进出口许可证编号。一份报关单只允许填报一个许可证号，只能填报进（出）口许可证、两用物项和技术进（出）口许可证、两用物项和技术出口许可证（定向）、纺织品临时出口许可证、出口许可证（加工贸易）、出口许可证（边境小额贸易）的编号。

（16）运抵国（地区）：指出口货物离开我国关境直接运抵的国家或地区，或者在运输中转国（地区）未发生任何商业性交易的情况下最后运抵的国家或地区。按海关规定的“国别（地区）代码表”选择填报相应国别（地区）的中文名称及代码。

（17）指运港：亦称目的港，指最终卸货的港口。报关单上的“指运港”栏专指出口货物运往境外的最终目的港。根据实际情况按海关规定的《港口代码表》选择填报相应的港口中文名称及代码。装货港/指运港在《港口代码表》中无港口中文名称及代码的，可选择填报相应的国家中文名称或代码。

（18）境内货源地：指出口货物在我国关境内的生产地或原始发货地（包括供货地点）。仿真实训中为贸易公司注册地，应按“国内地区代码表”选择国内地区名称及代码填报。

（19）批准文号：2016年海关总署调整报关单，此项已取消，无须填写。

（20）成交方式：指在进出口贸易中进出口商品的价格构成和买卖双方各自应承担的责任、费用和风险，以及货物所有权转移的界限。成交方式在国际贸易中称为贸易术语，又称价格术语，在我国习惯称为价格条件。成交方式包括两方面的内容：一方面表示交货条件，另一方面表示成交价格的构成因素。仿真实训中采用“FOB”即可。

（21）运费：指进出口货物从始发地至目的地的国际运输所需要的各种费用。出口货物运至我国境内输出地点装载后的运输费用。在不同成交方式下运费栏填报要求不同。应根据具体情况选择运费率、运费单价或运费总价三种方式之一填报，同时注明运费标记，并按海关规定的“货币代码表”选择填报相应的币种代码。运费标记“1”表示运费率，“2”表示每吨货物的运费单价，“3”表示运费总价。

（22）保费：指被保险人允予承保某种损失、风险而支付给保险人的对价或报酬。进出口货物报关单所列的保费专指进出口货物在国际运输过程中由被保险人付给保险人的保险费用。出口货物运至我国境内输出地点装载后的保险费用。在不同成交方式下运费栏填报要求不同。应根据具体情况选择保险费率或保险费总价两种方式之一填报，同时注明保险费标记，并按海关规定的“货币代码表”选择填报相应的币种代码。保险费标记“1”表示保险费率，“3”表示保险费总价。

（23）杂费：指成交价格以外的，应计入货物价格或应从货物价格中扣除的费用，如手续费、佣金、折扣等。应根据具体情况选择杂费率或杂费总价两种方式之一填报，同时注明杂费标记，并按海关规定的“货币代码表”选择填报相应的币种代码。杂费标记“1”表示杂费率，“3”表示杂费总价。无杂费时，本栏免填。

（24）合同协议号：指在进出口贸易中买卖双方或数方当事人根据国际贸易惯例或国家的法律、法规，自愿按照一定的条件买卖某种商品所签署的合同或协议的编号。填报进出口货物合同（包括协议或订单）的编号。例如，原始单据（发票）上合同号一般表示为“Contract No.：××××××”，现有“Contract No.：ABC－456”则此栏应填报为“ABC－456”。

（25）件数：指有外包装的单件进出口货物的实际件数，货物可以单独计数的一个包装称为一件。“件数”栏填报有外包装的进出口货物的实际件数。

（26）包装种类：指进出口货物在运输过程中外表所呈现的状态，包括包装材料、包装方式等。根据进出口货物的实际外包装种类，如木箱、纸箱、铁桶、散装、裸装、托盘、包、捆、袋等，按海关规定的《包装种类代码表》选择填报相应的包装种类代码。

（27）毛重：指进出口货物重量加上其外包装材料的重量。以合同、发票、提（运）单、装箱单等有关单证所显示的重量确定进出口货物的毛重填报。填报进出口货物及其包装材料的重量之和，计量单位为千克，不足1千克的填报为“1”。

（28）净重：指货物的毛重扣除外包装材料后所表示出来的纯商品重量。部分商品的净重还包括直接接触商品的销售包装物料的重量（如罐头装食品等）。填报进出口货物的毛重减去外包装材料后的重量，即货物本身的实际重量，计量单位为千克，不足1千克的填报为“1”。进出口货物的净重依据合同、发票、装箱单等有关单证确定填报。

（29）集装箱号：与托运单、报检单一致。

（30）随附单据：指随进出口货物报关单一并向海关递交的在“许可证号”栏填报的进出口许可证以外的其他进出口许可证件或监管证件。无单据时，本栏免填。

（31）生产厂家：境内生产厂家全称。

（32）标记唛码及备注：标记唛码是运输标志的俗称。进出口货物报关单上的标记唛码专指货物的运输标志。标记唛码英文表示为：Marks、Marking、MKS、Marks & No.、Shipping Marks 等。它通常由一个简单的几何图形和一些字母、数字及简单的文字组成，一般分列为收货人代号、合同号和发票号、目的地、原产国、最终目的国、目的港或中转港、件数号码等项。

备注是指填制报关单时需要备注的事项，包括关联备案号、关联报关单号，以及其他需要补充或特别说明的事项。

此处填报：①标记唛码中除图形以外的文字、数字。②与本报关单有关联关系的，同时在业务管理规范方面又要求填报的备案号，无关联备案号时，免填。

（33）项号：填报报关单中的商品顺序编号。

（34）商品编号：由10位数字组成。前8位为《中华人民共和国进出口税则》确定的进出口货物的税则号列，同时也是《中华人民共和国海关统计商品目录》确定的商品编码，后 2 位为符合海关监管要求的附加编号。

（35）商品名称、规格型号：商品名称及规格型号应据实填报，并与进出口货物收发货人或受委托的报关企业所提交的合同、发票等相关单证相符。第一行填报商品名称，第二行填报规格型号。

（36）数量及单位：按进出口货物的法定第一计量单位填报数量及单位，法定计量单位以《中华人民共和国海关统计商品目录》中的计量单位为准。

（37）最终目的国（地区）：按“国别（地区）代码表”选择填报相应的国家（地区）中文名称及代码。

（38）单价：填报同一项号下进出口货物实际成交的商品单位价格，保留 4 位小数。

（39）总价：填报同一项号下进出口货物实际成交的商品总价格，保留 4 位小数。

（40）币制：指进出口货物实际成交价格的计价货币的名称。按海关规定的“货币代码表”选择相应的货币名称及代码填报。

（41）征免：按照海关核发的“征免税证明”或有关政策规定，对报关单所列每项商品选择海关规定的“征减免税方式代码表”中相应的征减免税方式填报。无征免的，本项免填。

（42）税费征收情况：本栏海关填写。

（43）报关员、申报单位、地址、邮编、电话：据实填写即可。

（44）填制日期：申报单位填制报关单的日期，填报 8 位数字，4 位年，2 位月，2 位日。

填写报关单完成后，提交并处理企业带来的纸质版。

七、确认物流费用

货代公司完成上述所有单据缮制，如图 8－11 所示。

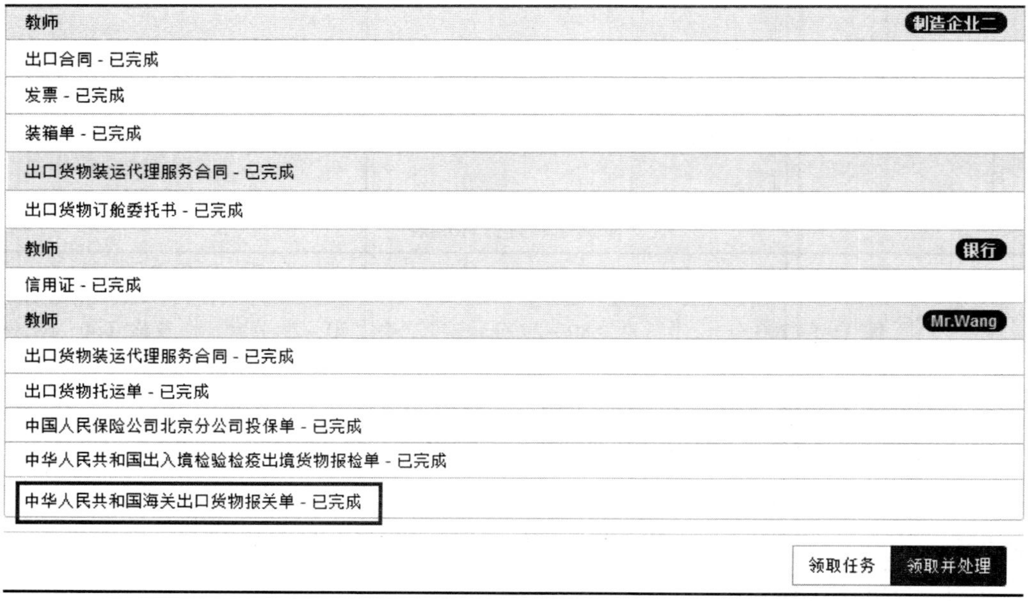

图 8－11　单据缮制完成系统显示

国际货代公司需要和企业商议价钱，在系统平台点击“货代协议”→领取任务并处理。最终由出口企业确认物流费用后，系统发货。

第四节　岗位职责及考核

一、岗位职责

国际货代公司岗位由总经理、运输业务经理、报关报检经理构成。总经理负责统筹规划，明确分工，建立制度，签订协议，商议价格，保障执行；运输业务经理负责缮制托运单、投保单；报关报检经理负责缮制报检单、报关单。各岗位各司其职，相互配合完成国际货代公司业务。

二、成员考核

（一）团队工作情况

本项由服务对象打分，满分100分，占总成绩权重10%（见表8－1）。

表8－1　服务对象评分指标表

指标	工作效率（A）	服务态度（B）	便民措施（C）
分值（分）	40	40	20

（二）本职工作情况

本项由指导教师抽查，满分100分，占总成绩权重10%（见表8－2）。

表8－2　单据缮制评分标准表

任务名称	评价标准			
	优（90～100分）	良（80～89分）	中（70～79分）	及格（60～69分）
货代协议	协议填写正确，能够发现企业错误并及时驳回，令其改正	协议内容基本正确，允许1个错误	协议内容基本正确，允许2个错误	错误率不超过50%
托运单	能够根据信用证、商业发票、销售合同正确填写托运单，允许有1个错误	内容基本正确，允许2～4个错误	内容基本正确，允许4～6个错误	错误率不超过50%

续表

任务名称	评价标准			
	优（90～100分）	良（80～89分）	中（70～79分）	及格（60～69分）
投保单	能够根据信用证、商业发票、销售合同正确填写投保单，允许有1个错误	内容基本正确，允许2～4个错误	内容基本正确，允许4～6个错误	错误率不超过50%
报检单	能规范、准确、完整地进行报检单的缮制，允许有1～2个错误	能准确、完整地进行报检单的缮制，允许有3～4个错误	能准确、完整地进行报检单的缮制，允许有5～6个错误	错误率不超过50%
报关单	能规范、准确、完整地进行报关单的缮制，允许有1～2个错误	能准确、完整地进行报关单的缮制，允许有3～4个错误	能准确、完整地进行报关单的缮制，允许有5～6个错误	错误率不超过50%

（三）团队文化建设与管理水平

本项由指导教师检查，满分100分，占总成绩权重10%（见表8－3）。

表8－3　　团队文化评分指标表

指标	出勤（A）	工作纪律（B）	企业制度健全（C）
分值（分）	45	45	10

其中，缺勤1天1人次扣1分；工作纪律主要考察：工作期间玩手机、玩游戏、看视频，以及擅离岗位者视为违纪，每人次扣2分。

（四）团队实训报告

本项由指导教师检查，满分100分，占总成绩权重50%（见表8－4）。

表8－4　　团队实训报告评分指标表

指标	完整性（D）	规范性（E）	真实性（F）	科学性（G）
权重（%）	30	30	30	10

（五）个人实训报告

本项由指导教师检查，满分100分，占总成绩权重20%（见表8－5）。

表 8－5　　个人实训报告评分指标表

指标	完整性（D）	规范性（E）	真实性（F）	科学性（G）
权重（%）	30	30	30	10

本章小结

1. 仿真实训中，国际货代是指国际货运代理组织接受进出口货物收货人、发货人的委托，以委托人或自己的名义，为委托人办理国际货物运输及相关业务，并收取劳务报酬的经济活动。国际货代企业的主要功能是为生产企业提供国际订单的运输管理等物流业务，为生产企业与国际市场的链接提供支持。

2. 国际货代公司注册时须注意企业名称、标志的要求。企业名称应由行政区划名称、字号或商号、行业或经营特点、组织形式 4 部分构成。企业的名称、标志除了应当符合我国《公司法》和《公司登记管理条例》等有关规定外，还应与货运代理、物流运输的业务相符合，并能表明行业特点，其名称应当含有“货运代理”“运输服务”“集运”或“物流”等相关字样。

3. 国际货代的业务操作中，除必须掌握系统操作，还应掌握货代协议、托运单、投保单、报检单、报关单等单据的缮制要点，经过实训，单据缮制时正确率在 90% 以上。国际货代公司岗位由总经理、运输业务经理、报关报检经理构成。总经理负责统筹规划，明确分工，建立制度，签订协议，商议价格，保障执行；运输业务经理负责缮制托运单、投保单；报关报检经理负责缮制报检单、报关单。各岗位各司其职，相互配合完成国际货代公司业务。

思考与练习

1. 运用所学过的知识，谈谈你对“建设贸易强国”的理解。

2. 简述国际货运代理的概念。

3. 简述国际货代的类型。

4. 简述国际货运代理企业的主要业务。

5. 简述在仿真实训中，国际货代公司的作用和地位，以及如何更好地为各类企业服务。

6. 国际货代公司的岗位职责如何划分？

第九章　物流中心业务规则

［**素养目标**］

☆理解流通体系是现代化产业体系的重要组成部分

☆理解建设高效顺畅的流通体系是构建新发展格局的必然要求，也是实现社会主义现代化的应有之义

［**知识目标**］

☆理解物流的内涵

☆了解物流的功能

［**技能目标**］

☆掌握物流的系统操作

☆掌握物流的单证缮制

引　言

党的二十大报告提出“建设高效顺畅的流通体系”，在仿真实训中，物流公司运用数字技术模拟仿真商品的国内运输流程，巩固物流、供应链等相关知识的同时，锻炼实践技能。国际货代公司和物流中心同属流通服务业，流通服务业是指商品交换和金融领域内的服务行业，具有物质性的原因，主要是这个行业距离物质生产最近。本章学习物流中心的业务规则。

第一节　物流的内涵、类型及功能

一、物流的内涵

（一）物流的定义

“物流”一词源于美国，最早出现在第二次世界大战时期，是美国军事部门为解决军需品的供应问题，运用当时新兴的运筹学方法与电子计算机技术对军需品供应、运输线路、库存量进行科学规划而形成的系统管理科学，称之为logistics，我国最早译为后勤学。

中华人民共和国国家标准《物流术语》2007年5月1日正式实施。在充分吸收国内

外物流研究成果的基础上，《物流术语》中将物流定义为：物品从供应地向接收地的实体流动过程。根据实际需要，对运输、储存、装卸、搬运、包装、流通加工、配送、回收、信息处理等基本功能实施有机结合。

（二）物流企业的定义

物流企业（logistics enterprise）是指至少从事运输（含运输代理、货运快递）或仓储一种经营业务，并能够按照客户物流需求对运输、储存、装卸、包装、流通加工、配送等基本组织和管理，具有与自身业务相适应的信息管理系统，实行独立核算、独立承担民事责任的经济组织，非法人物流经济组织可比照适用。

物流管理（logistics management）：为了以合适的物流成本达到用户满意的服务水平，对正向及反向的物流活动过程及相关信息进行的计划、组织、协调与控制。

仿真实训中的物流中心通过物流管理，为原材料制造商、制造商、贸易商提供物流服务。在平台内，物流公司从事物流活动且具有完善信息网络的场所或组织，物流功能健全，集聚辐射范围大，存储、吞吐能力强，能为转运和多式联运提供物流支持，对产业链上各个客户提供物流服务。

二、物流的类型

物流按照活动的空间范围可以划分为地区物流、国内物流和国际物流等。地区物流的地区可按行政区域、经济圈和地理位置等来划分。国内物流作为国民经济的一个重要方面，纳入国家的总体规划。国际物流是相对国内物流而言的，是不同国家之间的物流。

按照物流系统的性质对物流进行分类，可以将物流分为社会物流、行业物流和企业物流三大类。社会物流是"企业外部的物流活动的总称"。社会物流是全社会物流的整体，所以也称宏观物流。在一个行业内部发生的物流活动被称为是行业物流。在一般情况下，同一个行业的各个企业往往在经营上是竞争对手，但为了共同的利益，在物流领域中却又常常互相协作，共同促进行业物流系统的合理化。在企业经营范围内由生产或服务活动所形成的物流系统称为企业物流。

按照经营主体的不同，物流可以分为自营物流、营业物流和第三方物流。自营物流主要是指各类企业自己经营的物流，这些企业自设物流机构，自备物流设施、经营场地，以自给自足方式从事自身经营活动中涉及的物流业务。营业物流是专业物流中心利用自有人员和设施为用户提供的物流业务或物流活动。第三方物流是指独立于供需双方，为客户提供专项或全面的物流系统设计以及系统运营的物流服务模式。这里的"第三方"指的是提供向物流的供方或需方提供物流服务的一方。

三、物流的功能

物流的基本功能包括运输、储存、配送、包装、装卸搬运、流通加工。

1. 运输

运输功能是借助运输工具，通过一定的线路，实现货物空间移动，克服生产和需要的空间分离，创造空间效用的活动。运输是物流的两大支柱之一。物流过程中的其他活动，如包装、装卸搬运、物流信息情报等都是围绕着运输和储存来进行的。

2. 储存

储存又称物品的储备，库存是指在社会再生产过程中，离开直接生产过程和消费过程而处于暂时停滞状态的那一部分物品。物品的储备是生产社会化、专业化不断提高的必然结果，是保证社会再生产过程连续不断进行的物质技术条件。它与社会再生产过程相适应，既存在于流通领域，又存在于生产领域和消费领域。

3. 配送

按客户的要求，进行货物配备送交客户的活动。配送是一种直接面向客户的终端运输活动，客户的要求是配送活动的出发点。配送的实质是送货，但它以分拣、配货等理货活动为基础，是配货和送货的有机结合形式。

4. 包装

包装是生产的终点，同时又是物流的起点，是为了维持产品状态、方便储运、促进销售，采用适当的材料、容器等，使用一定的技术方法，对物品包封并予以适当的装潢和标志的操作活动。包装层次包括个装、内装和外装三种状态。个装是到达作用者手中的最小单位包装，是对产品的直接保护状态；内装是把一个或数个个装集中于一个中间容器的保护状态；外装是为了方便储运，采取必要的缓冲、固定、防潮、防水等措施，对产品的保护状态。它在很大程度上制约物流系统的运行状况。对产品按一定数量、形状、重量、尺寸大小配套进行包装，并且按产品的性质采用适当的材料和容器，不仅制约着装卸搬运、堆码存放、计量清点是否方便高效，而且关系着运动工具和仓库的利用效率。

5. 装卸搬运

装卸搬运是指在同一地域范围进行的，以改变物品的存放状态和空间位置为主要内容和目的的活动。装卸搬运的是整个物流活动不可缺少的组成部分，它作为各个环节的结合部，是物流运行的纽带。

6. 流通加工

流通加工是流通中的一种特殊形式，其目的是为了克服生产加工的产品在形式上与客户要求之间的差异，或者是为了方便物流、提高物流效率。

知识拓展9-1

中国物流与采购联合会（CFLP）

中国物流与采购联合会（China Federation of Logistics & Purchasing，CFLP），是国务院政府机构改革过程中，经国务院批准设立的中国唯一一家物流与采购行业综合性社团组织，总部设在北京。联合会的主要任务是推动中国物流业的发展，推动政府与企业采购事业的发展，推动生产资料流通领域的改革与发展，完成政府委托交办事项。政府授予联合会外事、科技、行业统计和标准制修订等项职能。中国物流与采购联合会是全国现代物流工作部际联席会议成员单位，是亚太物流联盟和国际采购联盟的中国代表，并与许多国家的同行有着广泛的联系与合作。

根据《中国物流与采购联合会章程》的规定，联合会的业务范围和主要工作职能是：向政府反映企业的意见和要求，维护企业合法权益；组织实施行业调查和统计，提出行业发展规划、产业政策及经济立法建议；开展市场调查，分析市场形势，提供信息咨询服务；组织经验交流，表彰先进；组织行业理论研究，举办学术讨论会；参与商品流通与物流方面国家标准和行业标准的制修订；推动物流教育，培训专业人员；提供法律咨询服务；促进对外合作与交流；组织展览和交易活动，开展行业科技信息工作；组织发展行业的公益事业；编辑出版发行会刊、年鉴、资料和其他出版物；承担政府有关部门委托的工作任务。

第二节　物流业务实训主要任务

在充分理解建设高效顺畅的流通体系基本内涵的基础上，结合专业实际，通过团队协作，注册成立物流公司，完成银行开户业务、税务报到等基本企业设立操作。

物流公司是仿真市场中的营利性物流服务提供商，其宗旨是为仿真市场中生产制造企业和贸易企业提供有偿性的物流服务。物流公司应严格执行国家流通政策和有关法律法规的规定，坚守行业自律，不得随意泄露客户信息，物流公司同样受到仿真实训环境中市场监督管理部门的监督。

物流公司对生产企业签订的合同和订单、运输业务进行管理，如果物流企业未按时将货物运输给收货方，则需要对委托方进行相应的赔偿。

生产制造企业和贸易企业签订合同成功后，或在“市场”竞单成功后，系统操作提示“出库”，商品出库后，系统操作提示“国内物流”，企业便可按照操作提示，开展商品运输业务，具体业务流程如图 9－1 所示。

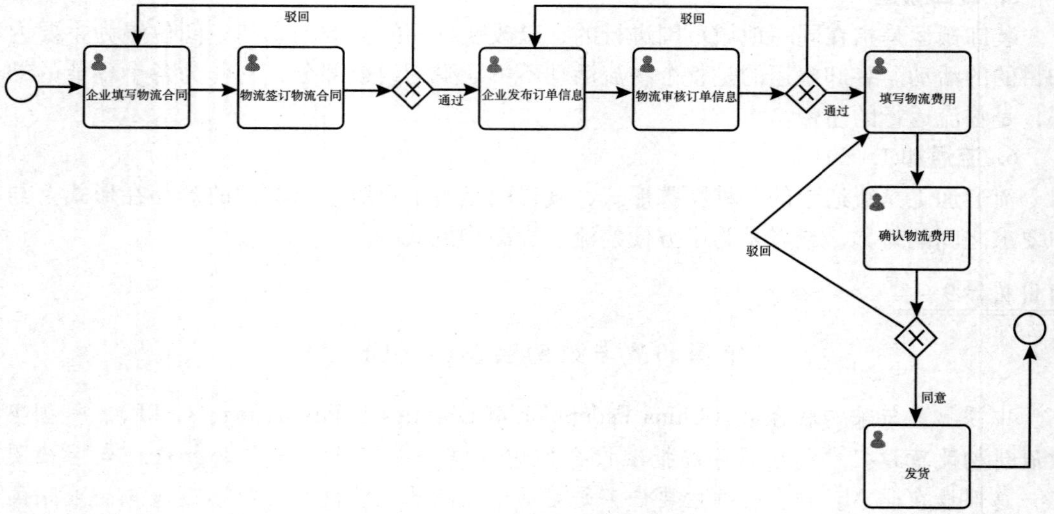

图 9－1　企业物流业务流程

在实训课程中，企业应与物流公司积极洽谈业务，达成初步合作意向，系统操作提示“国内物流”后，企业选择合作的物流公司来签订国内货物运输协议。物流公司也签订合同后，企业发布订单信息，物流公司根据企业发布的订单信息详情确定物流费用，系统进行货物运输。

物流公司在业务办理过程中，应积极发展流通新技术新业态新模式，完善流通领域制度规范和标准，争做具有国际竞争力的现代物流企业。

知识拓展9-2

为何要建设高效顺畅的现代流通体系

习近平总书记在党的二十大报告中指出，“建设高效顺畅的流通体系”。流通体系是现代化产业体系的重要组成部分，建设高效顺畅的流通体系是构建新发展格局的必然要求。现代市场经济是动态的、有内在规律的社会再生产循环过程，生产、分配、流通、消费是这个过程的不同环节。高效顺畅的流通体系能够在更大范围把生产和消费联系起来，扩大交易范围，推动分工深化，提高生产效率，促进财富创造。

一、坚持“三个聚焦”

建设高效顺畅的现代流通体系，必须坚持“三个聚焦”。其一，聚焦增强国内大循环内生动力和可靠性、提升国际循环质量和水平。加快推动现代流通体系建设，提升数字化、组织化、绿色化、国际化发展水平，促进商品要素资源畅通流动，更好发挥大国经济纵深优势，加速释放超大规模内需潜能；积极拓展全球流通网络，更好统筹国内国际两个市场两种资源，增强全球资源配置能力。其二，聚焦现代化经济体系建设、产业链供应链韧性和安全水平提升。着力提升资源要素流转效率，降低流通成本，在更大范围将生产和消费联系起来，推动上下游、产供销、内外贸一体衔接，充分发挥出我国完整产业体系优势，提高全要素生产率，在提升产业链现代化水平的同时进一步增强战略安全保障能力。其三，聚焦城乡融合和区域协调发展。服务商品和资源要素跨区域、大规模流通，优化商贸、物流、交通等设施空间布局，构建现代流通骨干网络和现代流通战略支点城市，助力城乡区域协调发展。

二、统筹要素融合联动

建设高效顺畅的现代流通体系，要统筹好相关要素，推进商贸、物流、交通、金融、信用等融合联动。在商贸体系建设方面，加快完善现代商贸流通体系，着力健全现代商贸流通网络，构建商贸流通企业发展生态，促进内外贸一体化发展。在交通物流发展方面，着力增强交通运输流通承载能力，提升综合立体交通网流通功能，提高交通运输组织和服务水平，推进交通运输智能化低碳化发展；加快构建现代物流基础设施网络，拓展物流服务新业态新领域新模式，培育充满活力的现代物流企业，提升多元化国际物流竞争力，建设高效应急物流体系。在金融服务和信用建设方面，强化现代金融服务流通功能，完善流通金融保障体系，规范发展供应链金融；积极推进流通领域信用体系建设，加快完善重要产品追溯系统，健全以信用为基础的新型监管机制。

三、建设全国统一大市场

建设高效顺畅的现代流通体系，要以建设商品和要素自由流动的全国统一大市场为基础。为此，要着眼商品和资源低成本、高效率自由流动，深化现代流通市场化改革，打破商品和资源要素自由流动面临的隐性壁垒，以成本、效率、质量为导向进一步健全市场机制，健全统一的市场规则和制度体系，完善流通市场准入和公平竞争制度，构建高水平现代流通市场，营造良好营商环境，推进商品和要素高效流通和配置。

（资料来源：经济日报，2023年3月2日，经整理而成）

第三节　物流业务操作

物流公司名称应由行政区划名称、字号或商号、行业或经营特点、组织形式4部分构成。企业的名称、标志除了应当符合我国《公司法》和《公司登记管理条例》等有关规定外，还应与物流中心的业务相符合，并能表明行业特点，其名称应当含有“物流中心”“运输服务”“集运”或“物流”等相关字样。

一、合同管理

合同管理主要是指从企业和物流中心签订物流合同开始，即此次物流业务的开始。首先由企业和物流中心根据业务运输需求签订物流合同，同时物流中心需要查看企业填写的订单信息，主要查看运输的物品、数量、地区、到货时间等，然后根据各个订单信息，进行集货调度。集货是指将分散的或小批量的物品集中起来，以便进行运输配送的作业。

（一）合同签订

1. 领取任务

企业需要与物流公司签订“国内货物运输协议”，并准备纸质版合同。

方式一：进入系统，进“合同管理”界面，点击“合同签订”，点击“领取任务”。如图9-2所示。

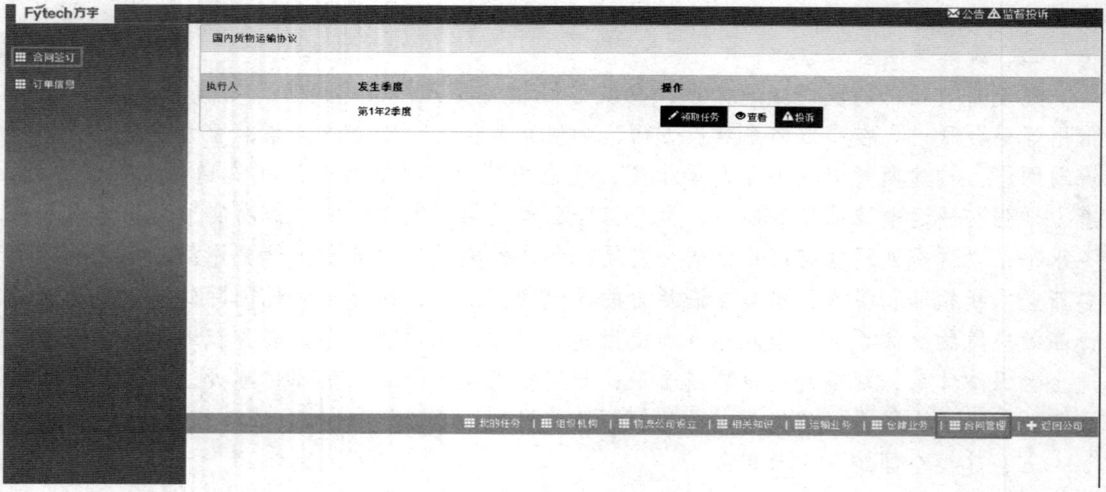

图9-2　方式一：操作

方式二：进入系统，在“操作提示”中，“领取任务”。

2. 审核国内货物运输协议

审核协议时，查看企业签订的“国内货物运输协议”，同时审核企业带来的纸质版合同，如图9-3所示。

国内货物运输协议

编号：____________

甲方：____________________

法定代表人：____________________

地址：____________________

电话：____________________

乙方：____________________

法定代表人：____________________

地址：____________________

电话：____________________

依照有关法律规定，甲乙双方本着平等互惠的原则，就甲方委托乙方办理货物运输事宜达成如下协议：

1. 委托代理事项

1.1. 甲方委托乙方托运品为：__________，运输方式为以下第______项运输服务业务；

A. 航空货物运输业务（国内各航空公司）；

B. 省际汽运业务（含国内汽运门对门业务）；

C. 铁路货物运输业务（含行包、行邮、专列、中铁快运等）；

1.2. 甲方委托乙方托运货物事宜时，应准确真实填写发货（提货）清单并盖章（签名）确认或如实填写［并签名（盖章）］乙方所提供的《货物托运书》并由乙方签收。

1.3. 甲方委托乙方代理取货事宜时，应当明确告知乙方待取货物的名称、数量（件数），取货地点，并提供取货所需的单证。

1.4. 甲方不得以隐瞒的形式委托乙方托运限运、禁运物品，否则由此产生的责任由甲方承担。

1.5. 乙方指派______为办理甲方货运事宜的联系代表，代表乙方处理为甲方办理货物托运的相关事宜，该代表变更时乙方必须以书面形式通知甲方，非乙方指定人员处理接货、对账、结算等事宜，甲方又不提出异议，而产生的甲方货物被冒领、货款被他人代领等不正常事件，其责任及损失应由甲方全部承担。

2. 保密条款

2.1. 为完成本合同委托事项，甲乙双方从对方获取的资料和相关的商业秘密，双方负有保密的义务，并且应采取一切合理的措施以使其所接受的资料免于被无关人员接触。

2.2. 双方应以适当的方式告知并要求其参与本合同工作之雇员遵守本条款。

3. 委托费用及结算方式

3.1. 委托费用包括货物从起运地运至目的地（国内各城市）的运输费、送货费，货物的再包装费用和提货产生的费用由乙方向甲方居实收取。

3.2. 委托费用的核算以双方约定的《国内物流服务报价表》收费标准为依据，如甲方指定付款人拒绝支付费用时，甲方承担甲方指定付款人应支付的相关费用。

3.3. 乙方以书面的委托书确定的结算代理人，依照乙方开具的货运单“客户结算联”为结算依据。乙方出具的结算依据交甲方核对时甲方应给予签名签收确认，无我司指定结算代表和结算依据，甲方可拒付运费，否则乙方对甲方的货运款随意支付不予承认。

3.4. 甲方按照以下______类方式与乙方结算委托费用：

3.4.1. 周期结算（结算周期自协议生效之日起计算）

双方约定以一月为结算周期，乙方在结算周期到期后 5 天内向甲方出具结算清单，甲方在收到结算清单后在 5 个工作日内审核完毕，提供审核无误的结算金额向乙方索取运输发票，乙方在 2 个工作日内提供结算发票给甲方财务负责人；

3.4.2. 付款日期：甲方财务结算部收到乙方提供当期结算发票后 3 个工作日内付清上周期应付款项。

4. 甲方权利义务

4.1. 有权获知货物在运输途中的情况和预计到货时间。

4.2. 在货物送达收货人之前，有权随时改变到货地点及收货人，但应当支付因此所增加的运输费用及其他费用。

4.3. 甲方有权对乙方及乙方代表和相关工作人员的工作提出意见、要求改进。

4.4. 及时通知乙方装货，告知乙方货物名称和数量（件数）、装货时间、地点。

4.5. 准确真实填写《货物托运书》并应按货物实际价值足额保险。

4.6. 委托乙方代理取货事宜，提供代取货物所必需的相关文件或凭据。

4.7. 甲方保证交接前货物内外包装完好，有条件可加封标志清晰之封条。

4.8. 按照约定支付费用。

5. 乙方的义务和权利

5.1. 乙方负责从甲方指定地点提货并以甲方名义办理相关委托事宜。

5.2. 乙方应在甲方通知提货时及时到达甲方指定地点提货并办理托运。

5.3. 乙方不得擅自改动甲方的包装标准，对于零散货物，乙方应负责协助甲方进行发货前的打包、装箱等必要工作，乙方有权要求甲方支付相应的材料费、人工费等。

5.4. 乙方应当按照甲方指定的运输方式托运，未经甲方书面同意，乙方不得擅自改变运输方式。

5.5. 对于国内余数货物，如无交通意外事故或是甲方收货人的原因，乙方保证自甲方交付货物后按协议时间到达甲方指定目的地。

5.6. 若因为天气或是交通意外及收货人的原因导致快件货物无法按约定时间到达时，乙方应于获知确切信息的 1 小时内通知甲方并积极处理。

5.7. 货物到达指定目的地后，乙方应当及时派送至收货人处。

5.8. 收货人验货前，乙方保证甲方货物外包装完好，则视该票货物安全抵达。

5.9. 乙方有责任要求收货人以书面形式签收货物。

6. 违约责任和赔偿

6.1. 甲方无理由不按照约定期限结算委托费用的，每逾期一日，按照应付款额的______‰的比例向乙方支付逾期付款的违约金。

6.2. 属乙方过错将货物运错目的地或收货人，乙方应无偿运至合同规定地点或收货人，并给以延期交付货物处罚（见上条款）。

6.3. 运输过程中，发生货物丢失、破损，依《保险法》或是国家相关运输条例按下列条款赔偿。

6.3.1. 甲方委托乙方办理货物运输保险，甲方必须按照货物的实际价值进行投保，乙方按照______‰的保险费率向甲方收取保险费，甲方委托乙方承运货物未足额投保，货物出险后由乙方负责向保险公司索赔，但赔偿金额依照保险公司的赔偿原则进行核定。

6.3.2. 甲方未将交乙方承运之货物办理保险，货物出险后，乙方有义务协助甲方向责任方追偿，乙方视己方应承担的责任而作相关的赔偿，一般以应收运费的 3 倍予以赔偿，但每票货物最高赔偿金额为人民币 800 元。

6.3.3. 乙方不承运光碟、管制枪械、刀具及走私、限运物品，甲方因虚报品名偷运国家禁运、限运物品所产生的法律责任，由甲方承担，且乙方保留追诉的权力。

6.4. 因下列原因造成的损失，乙方不承担赔偿责任：

6.4.1. 属于政府征用或罚没的；

6.4.2. 不可抗力；

6.4.3. 货物本身的性质所引起的变质、减量、破坏或毁灭；

6.4.4. 包装方式或容器不良，但从外部无法发现；

6.4.5. 包装完整、标志无异状，而内件短少；

6.4.6. 货物的合理损耗；

6.4.7. 托运人或收货人的过错。

6.5. 合同一方由于自然灾害、战争和其他由双方事后认可的不可抗力事件影响到本合同履行时，应采取电话、电报或传真等形式通知另一方，当不可抗力事故停止或消除后，双方应立即恢复合同正常履行。

7. 合同的解除

7.1. 任何一方解除合同，都必须以书面形式提前______日通知对方。

7.2. 当协议要求解除时如尚有待结算费用，乙方须在______日内向甲方发出《结算通知书》并附有效单证，甲方须按照本协议有关结算约定核对付款。

8. 争议解决

甲、乙双方在履行本协议过程中发生任何争议，应及时协商解决，不能协商解决的，可向当地人民法院起诉。

9. 本协议自双方签订日起生效，有效期为一年。

10. 本协议一式二份，甲、乙双方各执一份，具有同等法律效力。

11. 本协议有附件《国内物流服务报价表》一份。

12. 其他补充内容：

如在此协议商定到期之日甲方仍有余款未结清，此协议依然生效至所有款项结清时起正式解除。

甲方：（盖章）　　　　乙方：（盖章）

甲方代表签字：______________　　　　乙方代表签字：______________

甲方开户行：______________　　　　乙方开户行：______________

账号：______________　　　　账号：______________

年　月　日　　　　年　月　日

图9－3　国内货物运输协议示例

审核时注意：

（1）甲方是委托人，即需物流运送货物的企业，乙方是代理人，即物流中心。法定代表人、地址、电话根据在市场监督管理局注册信息如实填写。

（2）托运品为销售合同中所签订的物品，比如L型。

（3）运输方式任选，一般选择汽车服务，此处填写序号A/B/C。

（4）物流公司指派人员，根据总经理安排如实填写员工姓名。

（5）结算时间由双方协商后二选一填写。

（6）违约金支付比例双方协商后填写，注意单位是1‰。

（7）保险费率一般是货物价值的1‰~3‰，可协商后填写。

（8）合同解除通知日，根据双方协定填写，例如3天，5天等。

（9）甲方公司名称须加盖企业公章，代表姓名、开户行、账号等信息填写完整，日期为当季度任意一工作日。

3. 签订合同

审核信息确认无误后，物流中心签订协议。

（1）按照合同日期+流水号填写编号，如202005060001，表示此合同是2020年5月6日签订的第一份合约。

（2）公司名称同样须加盖公司公章，合同负责人在“乙方代表”处签姓名，填写开户行、账号。

（二）订单管理

1. 领取任务

在“合同管理”中打开“订单信息”界面，点击“领取任务”，如图9-4所示。

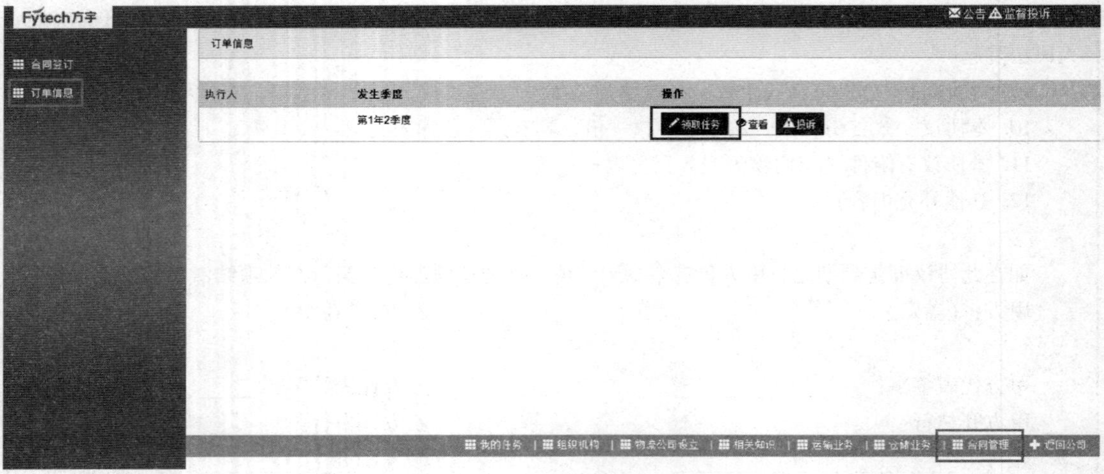

图9-4 订单管理操作

2. 审核订单的详细信息

审核电子版和企业带来的纸质版订单信息，订单详细内容如图9-5所示。

审核时注意：

（1）订单标题：采用日期+名称形式，如“20200708L型产品300件”。

（2）订单号：系统自动生成，不用修改。

（3）货物名称：根据销售合同据实填写运输产品名称。

（4）生产商：生产商企业名称根据市场监督管理局注册名称填写。

（5）生产地：生产商注册地。

（6）销售地：根据销售合同据实填写。

（7）重量：填写产品重量。

订单标题：
订单号：
货物名称：
生产商：
生产地：
销售地：
重量： 克/件
规格：
货量：
运输单价： 元/件
竞单价格（单价）：
生产库房信息：

图9－5 订单

（8）规格：填写产品体积数据。

（9）货量：根据销售合同据实填写成交产品数。

（10）运输单价：物流中心自定，且需要公开价目表。此处价格为正整数，且无单位，中间不能有空格英文及非法数字。

（11）竞单价格（单价）：根据销售合同据实填写。

（12）生产库房信息：据实填写产品出库的库房情况，如中型仓库。

审核订单信息无误后，点击“通过”，点击“集货调度”。之后，企业需要确认物流总费用，点击发货并付款。

［**案例分析9－1**］

物流运输合同中需要不可抗力条款吗?

2017年8月11日某县水轮机厂向该县汽车运输公司托运一批产品，双方签订了运输合同，约定了双方的权利和义务。8月18日，该厂接到汽车站通知，汽车运输队行进到武宁县一带时，由于天下暴雨，河水陡涨，水势过猛引起道路阻滞，汽车无法前行。汽车队向水轮机厂征求意见，是就近卸存或运回起运站，还是绕道运输。水轮机厂厂长表示，还是把产品运回来。8月23日，运输公司将产品运回水轮机厂，并索取3 800元运费。水轮机厂则认为，汽车公司非但未将货物送达到站，交付收货人，而且耽误交货期近1个月，自己不向运输公司追收罚款就很礼让了，因而拒不交付运费，双方发生纠纷。

本案在一个典型的因不可抗力引起的运输合同变更后，导致了双方的法律责任纠纷。

法院经审理认为：运输公司变更合同是由于不可抗力所致，因而不承担违约责任。按照《公路运输合同实施细则》的规定，运输公司仍然有权收取运输费用，判决水轮机厂支付运费3 800元。

运输合同的订立是指承运人和托运人经过要约、承诺，确定运输关系中双方当事人权利和义务的过程。运输合同中一般由托运人提出运送货物的要约，承运人作出承诺，在此期间当事人还可能会经过多次反复的要约与反要约。但《中华人民共和国民法典》第八百一十条对从事公共运输的承运人作出了较为严格的规定：“从事公共运输的承运人不得拒绝旅客、托运人通常、合理的运输要求。”因此，对于公共运输的承运人而言，运输合同订立通常为托运人提出要约，公共运输的承运人即应承诺，除非托运人提出的不是通常的、合理的要求。

（资料来源：根据网站报道整理编写）

二、仓储管理

仓储管理就是对仓库及仓库内的物资所进行的管理，是物流中心为了充分利用所具有的仓储资源提供高效的仓储服务所进行的计划、组织、控制和协调过程。企业和物流中心签订完物流合同并填写完订单信息后，其他工作将由物流中心完成，集货调度后，将完成仓储业务管理。首先安排货物入库，入库后，按照订单信息来进行调度安排，线路货物相同的订单可以同车运输等。再者根据其时间安排货物出库，货物出库后需要对库存信息进行盘点。此时，物流中心的仓储管理业务完成。

（一）货物入库

1. 系统操作

进入“仓储业务”界面，点击“仓储管理”，点击“入库明细”，如图 9－6 所示。

图 9－6　入库明细操作

在入库明细功能点击“新增”按钮，如图 9－7 所示。

图 9－7　新增入库明细操作

填写纸质版和电子版的“入库明细单”，如表 9－1 所示。

表 9－1 入库明细单示例

入库客户		入库库房		入库日期	
委托单号		入库单号		受理人	
运单号码		交接库管员		到库时间	
运送单位		车牌号码		司机	
备注					

2. 填写要点

（1）入库客户：签订物流合同的企业。

（2）入库库房：物流中心自拟，如“中型仓库 1”。

（3）入库日期：订单标题日期，采用 8 为数字填写，按上例有“20200708”。

（4）委托单号：采用物流合同编号。

（5）入库单号：填 8 位入库流水号即可，如“00000001”。

（6）受理人：物流公司仓储负责人员姓名。

（7）运单号码：此处是入库运单号，采用订单号。

（8）交接库管员：物流中心自拟。

（9）到库时间：入库日期后 1 日＋北京时间，接上例有“20200709－15：00”

（10）运送单位：物流公司市场监督管理局注册名称。

（11）车牌号码、司机：按照系统中“运输资源”（见表 9－2）填写。

表 9－2 运输资源

车牌号	京 A34432	京 H32558	京 H03988
车辆类型	敞篷	半挂	敞篷
行驶证号	330323550120001	654321321543546	410859784234798
主司机名称	应兰贞	童跃锋	杨庆福
副司机名称	池珍儿	马进理	钱文新
载重	10 吨	13 吨	10 吨
车架号	LVVDB12A15D062603	LVVDB12A15D065288	LVVDB12A15D066960
颜色	红色	绿色	蓝色
车辆性质	自有	自有	自有
车主	时代物流	时代物流	时代物流
编号	000001	000002	000003

续表

车牌号	京 A34432	京 H32558	京 H03988
购买价格	90 000	120 000	90 000
购置日期	2005－05－05	2004－05－06	2005－06－07
购置税	13 770	18 360	13 770
发动机号	111.944/945/975	111.943/946/973	111.944/945/976
厂牌型号	华通 JN	柳特神力 LZT	华通 JN
年度审核情况	已审	已审	已审
保险情况	全险	全险	全险

（二）货物出库

1. 系统操作

进入“仓储业务”界面，点击“仓储管理”，点击“出库单明细”，如图 9－8 所示。

图 9－8　出库单明细操作

点击“新增”按钮（见图 9－9）。

图 9－9　新增出库单明细操作

填写纸质版和电子版“出库单明细”（见表 9－3）。

表 9-3　出库单明细示例

出库客户		出库库房		出库日期	
委托单号		出库单号		受理人	
提单号码		交接库管员		到库时间	
收货单位		联系人		电话	
地址		运单号码		运送单位	
车牌号码		司机			
备注					

2. 填写要点

（1）出库客户、出库库房：与入库单“入库客户”“入库库房”一致。

（2）出库日期：到库日期后 1 日，接上例“20200710”。

（3）委托单号：与入库单一致，采用物流合同编号。

（4）出库单号：填 8 位出库流水号即可，如“00000001”。

（5）受理人：物流中心仓储负责人员姓名。

（6）提单号码：采用订单号。

（7）交接库管员：与入库单一致，物流中心自拟。

（8）到库时间：与入库单一致。

（9）收货单位：销售合同中载明的货物买方。

（10）联系人、电话、地址：买方相关负责人员姓名、电话、地址。

（11）运单号码：17 位组成，企业代码 + 业务种类标识码 + 流水号 + 校验码，企业代码 3 位，可由数字、大写字母组成，由物流中心自定。业务种类标识码 3 位，第 1 位区域码，国内物流为“1”，国际物流“2”。实训中物流中心负责国内物流，此处为 1；第 2 位是业务种类代码，标准业务为 1，代收货款 2，签单返还 3，限时快递 4，专差快递 5，不区分 0。实训中，物流中心进行标准业务，此处为 1；第 3 位是企业自设业务码，不区分为 0，标准业务可采用数字或字母，自定即可。流水号 10 位，校验码 1 位，物流中心根据情况生成。

（12）运送单位：物流中心市场监督管理局注册名称。

（13）车牌号码、司机：按照系统中“运输资源”（见表 9-2）填写。

三、运输业务

运输是物流的主要功能，离开了运输，就不可能实现“物的流通”。物流中心对货物进行出库后，需要对此货物进行运输操作。首先物流中心填写运输路单，线路相同的订单货物可以安排同批次运输，运输到目的地后，则需要收货方进行签收，签收并不代表运输的完成，物流中心还需要对其运输费用进行结算。

（一）运单

1. 系统操作

进入“运输业务”界面，点击“国内运输”，点击“运单”，如图 9－10 所示。

图 9－10　运单操作

点击“新增”，填写纸质版和电子版运单，如表 9－4 所示。

表 9－4　　运单示例

运单信息	系统运单号		交接运单号		系统订单号	
	起运地		目的地		距离	
	中转		中转联系人		中转联系电话	
	特约事项		其他			
承运信息	承运商		承运商电话		车牌号	
	司机		司机电话			
费用信息	应付运费		应付配送费		应付提货费	
	其他费用		应付合计			
	运费付款方式		代收货款			
货物信息	货物名称		数量		重量	
	体积		单价		计价单位	
	总价					

2. 填写要求

（1）系统运单号：与出库明细单中运单号一致。

（2）交接运单号：作业流水号即可。

（3）系统订单号：与订单一致。

（4）起运地：发货商工厂地区。

（5）目的地：销售合同载明的购买商地区。

（6）距离：两地实际距离，单位是公里。

（7）中转、中转人、中转联系电话：若存在中转则如实填写，若无此项不填。

（8）特约事项、其他：依据运输合同、发货商要求如实填写，若无此项不填。

（9）承运信息部分：由于仿真实训设置物流中心拥有调配物流企业的权限，故此处运送可以是物流中心的自建物流，也可以不是。若是，此处填写物流中心相关运输资源（见表9－5）；若不是，可以物流中心自拟填写。

（10）费用信息：应付运费＋应付配送费＋应付提货费＋其他费用＝应付合计，应付合计与物流合同签订价格一致。

（11）运费付款方式：仿真实训中统一是“预付”。

（12）代收货款：依据运输合同、发货商要求如实填写，若无此项不填。

（13）货物信息：与物流合同、订单信息保持一致。

（二）路单

1. 系统操作

进入“运输业务”界面，点击“国内运输”，点击“路单”，如图9－11所示。

图9－11　路单操作

点击“新增”，填写纸质版和电子版路单，如表9－5所示。

表9－5　　路单信息管理

路单编号	起运地	目的地	起运时间	承运商	车牌号	状态

2. 填写要求

（1）路单编号：作业流水号。

（2）起运地、目的地：根据销售合同/运单如实填写。

（3）起运时间：出库当日，按上例“20200710”。

（4）承运商、车牌号：根据运单如实填写。

（5）状态：若无特殊情况，“正常”即可。

[案例分析9-2]

“数字化+智能化”助力物流降本增效

近年来，随着电子商务的快速发展，物流、供应链行业面对新挑战。如何突破传统园区物流严重依赖人力，运营成本高、效率低下并难以个性化的“瓶颈”，实现全链条智能化转型？物流企业正携手数字云科技企业打造智能化综合管理平台系统“数智门”，实现供应链“端到端”可视化，满足园区物流多场景需求。

顺丰供应链CIO王昇表示，相对于美国或者世界的平均水平，目前中国物流成本占GDP的比重偏高。如何降本增效？需要依靠科技的力量：通过数字化、自动化的方式。王昇认为，世界发展走到了数字化阶段，物流数智化是趋势。不仅要对运营和客户数据进行分析，还要将AI或者其他的先进技术运用到物流场景中，实现智能化改变。

与顺丰供应链共同打造“数智门”的亚马逊云科技中国行业业务拓展总监叶明表示：复杂和协调的能力和规划，都建立在数字化基础之上。借由算法决策，物流园区可以实现仓储自动化创新，从而提高库存吞吐量，减少运费支出，提高劳动生产力，总体上是减少了相应的履约成本。

以前很多to B的模式要转向to C，以前物流可能从仓库到仓库，从仓库到企业最后到门店，现在物流要从仓库到企业、到家庭，这些都对toC能力建设和模式提出了新的挑战，在分销和运输方面都提出了不同的要求。“供应链变得越来越复杂，从以前的线状变成了网状，‘可视可鉴’变成了挑战，必须用新的物联网技术和数字化技术才能满足相关要求。”叶明直言。

在叶明看来，可持续发展、数字化转型、自动驾驶和仓储的自动化，都是供应链发展方向。云计算变成了很多企业，包括供应链企业、物流企业打造供应链物流解决方案的重要基础和必选项。据了解，“数智门”的解决方案，利用了IoT（物联网）、数据分析、人工智能等技术，探索集成化和模组化的创新。

王昇表示，基于园区智能硬件的人工智能算法，“数智门”解决了场外运输和园区内运输断点的问题，在多个园区的物流运营等实际运作中，大幅提升了物流园区的运营效率。据悉，为了提升化工园区的安全情况，一家德国化工企业采用数智门解决方案：通过定位、自动引导技术引导车辆到指定的位置，并控制车辆的行驶速度，大大降低了整体事故的发生率，整个园区车辆的运转能力大幅提高。

据悉，在实际运用中，标准化、模块化和数字化的管理方案，能够实现园区内的“人、车、货、场、设备、环境”等生产要素的顺滑管理；同时关注相关作业场景，支撑精细化运营，与此同时，可视化运营、自动化运营、安全管理巡查等业务痛点亦得到解决。

如今，中国企业国际化和“出海”的浪潮方兴未艾。中国企业“出海”在供应链运营等方面面临多个挑战，包括：缺少数字化供应链平台打通制造、采购和流通环节；难以有效地去应对不可预测事件和环境造成的断供、停产，给企业带来的损失等。顺丰供应链打造的“数智门”不仅完善了物流解决方案，还具有供应链企业分析及预警能力，可为中国企业顺利“出海”护航。

在中国企业的数字化转型方面，叶明指出，上“云”正成为中国企业数字化的新常态。在建设“数字中国”的过程中，云计算为千行百业的数字化插上了腾飞的翅膀。但中国企业的上“云”率仍大大低于美国和欧盟。因此，在中国，上“云”利用云计算进行数字化具有很大的成长发展空间。不过这位外企高管坦言，企业数字化建设的难度也在增长，原因在于新技术不断地涌现，热点不断切换。这也给企业数字化带来了一些困难，需要去克服。亚马逊云科技方面希望更多赋能中国企业的数字化转型。

（资料来源：中国新闻网，2023 年 2 月 27 日，经整理而成）

第四节　岗位职责及考核

一、岗位职责

物流中心岗位由总经理、仓储经理、运输经理构成。总经理负责统筹规划，明确分工，建立制度，签订合同，商议价格，确认订单，费用结算，保障执行；仓储经理负责缮制入库单、出库单；运输经理负责缮制运单、路单。各岗位各司其职，相互配合完成物流中心业务。

二、成员考核

（一）团队工作情况

本项由服务对象打分，满分 100 分，占总成绩权重 10%（见表 9-6）。

表 9-6　服务对象评分指标

指标	工作效率（A）	服务态度（B）	便民措施（C）
分值（分）	40	40	20

（二）本职工作情况

本项由指导教师抽查，满分 100 分，占总成绩权重 10%（见表 9-7）。

表9－7　　单据缮制评分标准

任务名称	评价标准			
	优（90～100分）	良（80～89分）	中（70～79分）	及格（60～69分）
物流协议	协议填写正确，能够发现企业错误并及时驳回，令其改正	协议内容基本正确，允许1个错误	协议内容基本正确，允许2个错误	错误率不超过50%
订单	能够根据销售合同、物流协议正确填写订单，允许有1个错误	内容基本正确，允许2～4个错误	内容基本正确，允许4～6个错误	错误率不超过50%
入库单、出库单	能够根据销售合同、物流协议、订单信息正确填写仓储相关单据，允许有1个错误	内容基本正确，允许2～3个错误	内容基本正确，允许4～5个错误	错误率不超过50%
运单、路单	能够根据销售合同、物流协议、订单信息、仓储信息正确填写运输相关单据，允许有1个错误	能准确、完整地进行报检单的缮制，允许有2～3个错误	能准确、完整地进行报检单的缮制，允许有4～5个错误	错误率不超过50%

（三）团队文化建设与管理水平

本项由指导教师检查，满分100分，占总成绩权重10%（见表9－8）。

表9－8　　团队文化评分指标

指标	出勤（A）	工作纪律（B）	企业制度健全（C）
分值（分）	45	45	10

其中，缺勤1天1人次扣1分；工作纪律主要考察：工作期间玩手机、玩游戏、看视频，以及擅离岗位者视为违纪，每人次扣2分。

（四）团队实训报告

本项由指导教师检查，满分100分，占总成绩权重50%（见表9－9）。

表9－9　　团队实训报告评分指标

指标	完整性（D）	规范性（E）	真实性（F）	科学性（G）
权重（%）	30	30	30	10

（五）个人实训报告

本项由指导教师检查，满分 100 分，占总成绩权重 20%（见表 9－10）。

表 9－10　　个人实训报告评分指标

指标	完整性（D）	规范性（E）	真实性（F）	科学性（G）
权重（%）	30	30	30	10

本章小结

1. 物流是指物品从供应地向接收地的实体流动过程。仿真实训中的物流中心通过物流管理，为原材料制造商、制造商、贸易商提供物流服务。在平台内，物流公司从事物流活动且具有完善信息网络的场所或组织，物流功能健全，集聚辐射范围大，存储、吞吐能力强，能为转运和多式联运提供物流支持，对产业链上各个客户提供物流服务。

2. 物流公司注册时须注意企业名称、标志的要求。企业名称应由行政区划名称、字号或商号、行业或经营特点、组织形式 4 部分构成。企业的名称、标志除了应当符合我国《公司法》和《公司登记管理条例》等有关规定外，还应与物流中心的业务相符合，并能表明行业特点，其名称应当含有“物流中心”“运输服务”“集运”或“物流”等相关字样。

3. 物流中心的业务操作中，除必须掌握系统操作，还应掌握物流协议、订单、入库单、出库单、运单、路单等单据的缮制要点，经过实训，单据缮制时正确率在 90% 以上。物流中心岗位由总经理、仓储经理、运输经理构成。总经理负责统筹规划，明确分工，建立制度，签订合同，商议价格，确认订单，费用结算，保障执行；仓储经理负责缮制入库单、出库单；运输经理负责缮制运单、路单。各岗位各司其职，相互配合完成物流中心业务。

思考与练习

1. 运用所学过的知识，谈谈如何建设高效顺畅的流通体系？
2. 简述物流的概念。
3. 简述物流的功能。
4. 简述在仿真实训中，物流中心的作用和地位，以及如何更好地为各类企业服务。
5. 简述运输业务的操作流程。
6. 你了解物流公司的岗位职责吗？成绩考核是怎样的？

第十章 仿真实训的活动与管理

[**素养目标**]

☆掌握二十大报告中的基本理论知识

[**知识目标**]

☆了解实验室管理制度

[**技能目标**]

☆掌握大学生求职技巧及礼仪

☆掌握无领导小组讨论的基本流程

☆提升海报设计、视频制作等职业技能

引 言

党的二十大报告提出培养造就大批德才兼备的高素质人才，是国家和民族的长远发展大计。新商科企业运营仿真实训是一门旨在培养高素质、有全局观的经济管理实务型人才的课程，对学生的综合能力和综合素质要求较高。希望通过实训课程的学习，学生能够主动总结反思，使自己成长为一个德才兼备的高素质人才。

第一节 实训专题活动

实训专题活动开设在企业经营周期过程中，通过学生组织、参与、评选的方式，使同学们自由、自主地拓展素质，更好地全面提高学生的各项综合能力，满足现代企业对学生的专业性、复合型、创新性的要求，以培养学生应用能力、协同能力、决策判断能力、设计创意能力、创新能力、创业能力等能力为核心，实现人才培养由知识教育向能力教育、素质教育的全面转变。

一、党的二十大知识竞赛专题活动

为深入贯彻党的二十大精神，积极引导学生深刻领会和把握大会的精神实质和丰富内涵，切实把行动和思想统一到党的二十大精神上来，更好地搭建学习型课堂，培养国家战略人才，特组织党的二十大知识精神专题活动，掀起全体同学的学习热潮。

（一）比赛规则

（1）参加者自由组队，2人一组，可有自己的队名与口号。

（2）比赛分为预赛、初赛和决赛三场。从所有参加预赛的队伍中选取前15名进入初赛，初赛从15支参赛队伍中取前6名进入决赛，决赛诞生一等奖（1队）、二等奖（2队）、三等奖（3队）。

（3）预赛采取闭卷答题形式，试卷分为选择题（30题，每题2分），判断题（40题，每题1分）两部分，按成绩取前15名进入初赛。

（4）初赛采取闭卷答题形式，试卷分为选择题（20题，每题2分），判断题（20题，每题1分），填空题（10题，每题2分），简答题（1题，每题20分）四部分，按成绩取前6名进入决赛。

（5）决赛采取现场答题形式，设置必答题、抢答题和汉字录入环节。必答题（10题，每题10分），答对加分，答错不得分；抢答题（30题，每题10分），答对加10分，答错减10分；汉字录入题（1题，每题50分），按得分计入总成绩。必答题为各队伍必答题目；抢答题每题只能有一支队伍抢到答题机会；汉字录入每队一段二十大报告文字，每队自由推举一位参赛选手，采取“限时不限量”的方式比赛，录入时间5分钟，按个人打字平均速度和准确度计算得分，得分 = 每分钟平均速度 × 正确率% × 分值。

（二）赛程安排

1. 预赛安排

（1）准备宣传海报，介绍本次活动；

（2）动员各教室学生找助教报名；

（3）印刷预赛的笔试试卷，通知参赛队伍参加比赛的时间及地点；

（4）参赛队伍按时参加答题比赛；

（5）批阅试卷，根据成绩选出前15支队伍参加初赛。

2. 初赛安排

（1）准备宣传海报，发布初赛通知；

（2）印刷初赛笔试试卷，通知参赛队伍参加比赛的时间及地点；

（3）参赛队伍按时参加答题比赛；

（4）批阅试卷，根据成绩选出前6支队伍参加决赛。

3. 决赛安排

（1）准备宣传海报，发布决赛通知，邀请所有学生现场观摩；

（2）准备题目，通知参赛队伍及观摩学生比赛的时间及地点；

（3）活动开始，支持人致辞并邀请参赛队伍进行自我介绍；

（4）主持人介绍比赛规则，宣布比赛开始；

（5）进行第一轮必答题环节，操作员以多媒体展示题目，参赛队伍在展示板上展示答案，操作员公布答案，记分员在黑板上统计得分；

（6）进行第二轮抢答题环节，操作员以多媒体展示题目，宣布开始答题后，参赛选手举手示意，主持人邀请率先举手的队伍起立口头回答问题（若有同时举手队伍，由领队猜拳决定哪支队伍答题），操作员公布答案，记分员在黑板上统计得分；

（7）进行第三轮汉字录入环节，每支队伍先自由推举一位参赛选手上机测试，主持人下发需要录入的二十大报告内容并宣布比赛开始，选手可随意选取自己最擅长的输入法。当主持人宣布比赛结束时，选手停止电脑录入，操作员计算并公布每支队伍的成绩，记分员在黑板上统计得分；

（8）记分员统计各环节分数，并得出总分；

（9）由主持人宣布一、二、三等奖得主，并进行颁奖；

（10）主持人宣布活动结束。

二、模拟招聘会专题活动

模拟招聘会采用多公司多聘者模式和单公司多聘者模式相结合，首先广泛招聘各公司（或机构，以下简称“公司”）负责人，然后由负责人招聘本公司员工。模拟招聘会在实训动员会后进行，旨在让同学们通过“实战演习”，能够让广大同学亲身体验求职的实况和气氛，锻炼自我推销的能力，积累应聘经验，做好双向选择的知识与能力两方面的准备，并让毕业生提高就业意识、增强就业危机感、意识到提前进行职业规划的重要性；并通过活动增强自信心和全面认识自我。同时，通过校内专职指导就业的老师及领导进行交流与沟通，能够更好地定位自己，并结合自身能力为自己尽早地规划就业方向与目标，更加现实地认识自己的前程发展和就业形势，从而获得更多的面试就业技巧及工作能力去面对将来的就业。

（一）机构负责人竞聘会

机构负责人竞聘采用多公司多应聘者模式，由校内专职指导就业的老师及领导、实验实训教学中心专任教师担任评委，从实训学生中选拔制造企业、贸易企业、市场监督管理局、税务局、银行、国际货代公司、物流中心等实训公司（或机构，以下统称“机构”）负责人。

1. 举办培训讲座

实训课程开始前，通知有意向的学生填写《模拟机构负责人报名表》。各班上交报名表后，对选手进行与大学生应聘求职相关的培训讲座，邀请人力及就业方面的专家进行现场讲解，对应届大学生进行就业指导，具体阐述求职应聘技巧、基本礼仪，并现场教授如何制作个人简历，以及其他针对求职就业的准备情况，提高选手素质。

2. 预选拔及初步面试

（1）征收个人简历，并请实验实训教学中心专任教师担任评委，进行初步审查，选拔优秀选手进入招聘会，此阶段将会评选出“最佳个人简历设计奖”。

（2）根据简历按机构分类，并把简历的名次写在每个机构之前，根据简历评比结果，每个机构选出 4 ~ 6 名同学进入初面。

（3）初次面试由实验实训教学中心专任教师担任评委，根据学生现场表现，每个机构选出 2 ~ 3 名同学进入最终面试。公布入围选手，校内宣传栏内张贴入围名单并以短信方式通知本人。

注意：本轮选拔模式及设定人数应根据实际情况灵活增减。

3. 最终面试

最终面试由校内专职指导就业的老师及领导、实验实训教学中心专任教师担任评委，由企业仿真实训新闻媒体中心主持，主要包括四个环节：自我展示、无领导小组讨论、职场问答、评委点评。

（1）选手进行2分钟的自我介绍，并说出对职位的认识和今后的工作思路。

（2）无领导小组讨论环节共12分钟。由一名评委宣读指导语及题目，小组开始5分钟自由讨论，成员可以自由发言。5分钟后，小组成员进行交叉辩论（5分钟），小组统一意见，选出一名代表陈述自己小组的意见（2分钟）。

（3）职场问答环节由评委现场提问，提问内容包含但不限于职业规划，每一位选手现场抽出一道题（职场案例题），并作出回答（时间3分钟）。

（4）由评委对选手的表现进行点评，点评方向包括但不限于：面试礼仪、倾听技巧、语言表达技巧、问答技巧、着装技巧等，最后根据评委评分，选出各机构负责人。

知识专栏10-1

无领导小组讨论

无领导小组讨论指由一组应试者组成一个临时工作小组，讨论给定的问题，并做出决策。由于这个小组是临时组成的，并不指定谁是负责人，目的就在于考察应试者的表现，尤其是看谁会从中脱颖而出，但并不是一定要成为领导者，因为那不仅需要真正的能力与信心，还需要有十足的把握。

无领导小组讨论是评价中心技术中经常使用的一种测评技术。评价者或者不给考生指定特别的角色（不定角色的无领导小组讨论），或者只给每个考生指定一个彼此平等的角色（定角色的无领导小组讨论），但都不指定谁是领导，也不指定每个考生应该坐在哪个位置，而是让所有考生自行排位、自行组织。面试官不参与讨论，只是对每个受测者在讨论中的表现进行观察（可以通过专门的摄像设备），对受测者的各个考察要素进行评分，从而对其能力、素质水平做出判断。

小组讨论一般每组4~8人不等，参与者得到相同的信息，但是都未被分配角色，大家地位平等，要求他们分析有关信息并提出一个最终的解决方案，检测考生的组织协调能力、口头表达能力、辩论能力、说服能力、情绪稳定性、处理人际关系的技巧、非言语沟通能力（如面部表情、身体姿势、语调、语速和手势等）等各个方面的能力，以及自信程度、进取心、责任心、灵活性、情绪控制等个性特点和行为风格。

无领导小组讨论适用于挑选具有领导潜质的人或某些特殊类型的人群（如营销人员），如今无领导小组讨论的适用对象越来越广，不仅局限于“中高层员工”，例如大企业的校园招聘、公务员考试，都在使用无领导小组讨论的形式，大致原则是适用于那些经常跟“人”打交道的岗位，如中高层管理人员、人力资源管理人员、行政管理人员、营销人员等，对于IT人员、生产类员工是不适用的。

无领导小组讨论具有评价和诊断功能，既可以作为领导人才选拔的测评工具，也可作为领导人才培训的诊断工具。作为选拔工具时，对于通过初步筛选并需要继续具体考核的应聘者使用这种测评手段，了解应聘者的领导技能和品质，从所有应聘者中择优录取。

作为培训诊断工具时，一般在培训前对在职领导人才的领导技能和品质进行无领导小组讨论，了解在职领导者的实际领导技能水平和品质表现，结合他们的岗位特征和职务要求，从中发现需要接受针对性培训和改善的地方，然后针对这些弱项进行培训，提高工作技能和水平。

（二）人才市场招聘会

人才市场招聘会是各机构负责人招聘本机构员工的环节，采用单公司多聘者模式，形式类似于企业入驻人才市场进行现场招聘，由机构负责人直接担任评委，从实训学生中选拔本公司员工。各机构所需员工及素质要求参见各相关章节“岗位职责及考核”内容。

1. 就业准备

实验实训教学中心教师通知上课学生招聘会会场的位置，各机构负责人提前到会场张贴招聘广告，布置招聘会场，教师提前把打印的求职申请表（如表 10－1 所示）发给机构负责人，应聘者现场到心仪机构填写并进行面试。

在人才市场招聘会开始前，实验实训教学中心专任教师须通过就业培训会告知各机构负责人本机构允许招聘人数、招聘岗位要求等内容。

2. 招聘企业准备

（1）制订招聘计划。计划是管理的首要职能，没有计划工作可能会像无头苍蝇，到处乱撞。招聘计划是根据企业人力资源规划制订的，在制订招聘计划前，要明确各部门的用人需求。一个完整的招聘计划包括人员需要信息、招聘信息发布时间及渠道、初步确定的面试官及各自职责（面试官应考虑成员之间的互补性）、招聘预算、招聘工作时间进度表、考核方案等。中小企业招聘计划一般为 3～5 年，为了确保招聘计划得到有效实施，还应制订年度、季度或月度招聘计划。

表 10－1　　求职申请表

姓名		性别		照片
年龄		身高		
籍贯		民族		
政治面貌		毕业院校		
学历		专业		
联系电话		应聘岗位		
邮编		地址		
个人简介				
爱好特长				
相关证书				
社会实践				

机构负责人应根据本机构岗位及各岗位职责，合理制定招聘计划。

（2）招聘信息拟订。招聘信息一般包括企业简介（突出产品优势及发展前景）、企业文化、企业福利待遇、岗位任职标准、职位发展方向等，使招聘信息具有吸引力，须注意的是招聘信息一定要求真务实，有条件的可以准备企业宣传片、面试官名片、求职申请表等，使求职者对企业有很直观的认识，留下良好的印象。

(3) 准备招聘海报。机构负责人应在海报上写清楚公司名称，招聘岗位，人数及岗位要求。要注意公司团队中尽量避免同班同学或宿舍同学，按岗位需求招聘，以制造企业为例，财务经理首选会计专业的应聘者，市场经理首选市场营销专业的应聘者等。

(4) 筛选应聘人的简历。机构负责人要根据现场招聘分析简历结构，审察简历的客观内容，判断是否符合岗位技术和经验要求，通过阅读简历，问问自己是否留下了好的印象。另外，标出简历中感觉不可信的地方，以及感兴趣的地方，面试时可询问应聘者。

3. 应聘个人准备

(1) 制订明确的目标。通过现场观看机构负责人招聘会，结合自身专业、特长选择应聘的专业和岗位，岗位以专业为主要参考，如金融专业可应聘银行，也可以应聘企业的市场部经理等。

(2) 应保持仪容整洁，着装得体大方，即着装应与应聘职位保持一致。如应聘银行、文秘等工作，应着正装这类传统正规的服饰；而应聘公关、广告等工作，可适当地在着装上展现自己的时尚品位。此外，还应该保持良好的精神面貌，给用人单位留下一个好的印象。

(3) 比较有效的求职简历应该是这样的：实事求是、语言精练地将自己的学历情况、工作经历、考取的相关证书、专业特长、获得的奖励、求职意向、联系方式浓缩到一页A4 幅面纸上。填写工作经历时，应把与企业相关度最高的经历放在前面，与之无关的经历略去，这样可以贴合企业要求，让 HR 感受到你对他们企业的兴趣。这样，在第一印象上你就能超越一稿多投的求职者了。

(4) 建议求职者事先准备好自我介绍。要求条理清晰、重点突出，尽量在 2～3 分钟内表达出自己与岗位相符的优点，适当地“包装”自己以及对获得岗位的强烈意愿，必要的时候突出自己的团队意识和服务精神。另外语速和音量也要适宜。交流中切记一定不能表现出傲慢，炫耀，这是求职中的大忌。

经过机构负责人招聘会和人才市场招聘会，各机构经营团队初步形成，如果有企业招聘人员不够、学生无用人单位等情况，由实验实训教学中心的教师进行协调。

知识专栏 10－2

大学生求职技巧及礼仪

在大学生毕业就业时，面试是一个非常重要的过程，有些大学生在这个过程中感到不知所措，或者做得不好，使自己在求职中舍本逐末，达不到目标。应该在求职过程中做到以下大学生就业面试应注意的基本礼仪和技巧，才能达到事半功倍，增强面试的有效性。

1. 面试中的求职面试基本礼仪

(1) 一旦和用人单位约好面试时间后，一定要提前 5～10 分钟到达面试地点，以表示求职者的诚意，给对方以信任感，同时也可调整自己的心态，作一些简单的仪表准备，以免仓促上阵，手忙脚乱。为了做到这一点，一定要牢记面试的时间地点，有条件的同学最好能提前去一趟，以免因一时找不到地方或途中耽搁而迟到。假如迟到了，肯定会给招聘者留下不好的印象，甚至会错失面试的机会。

（2）进入面试场合时不要紧张。如门关着，应先敲门，得到允许后再进去。开关门动作要轻，以沉着、自然为好。见面时要向招聘者主动打招呼问好致意，称呼应当得体。在用人单位没有请你坐下时，切勿急于落座。用人单位请你坐下时，应道声“谢谢”。坐下后保持良好体态，切忌大大咧咧，左顾右盼，满不在乎，以免引起反感。离去时应询问“还有什么要问的吗”，得到允许后应微笑起立，道谢并说“再见”。

（3）对用人单位的问题要逐一答复。对方给你介绍情况时，要认真聆听。为了表示你已听懂并感兴趣，可以在适当的时候点头或适当发问、答话。答复主试者的问题时，口齿要清晰，声音要适度，答话要简练、完整。一般情况下不要打断用人单位的问话或抢问抢答，否则会给人急躁、鲁莽、不礼貌的印象。问话完毕，听不懂时可要求反复。当不能答复某一问题时，应照实告诉用人单位，含糊其词和胡吹乱侃会导致面试失败。对反复的问题也要有耐心，不要表现出不耐烦的情绪。

（4）在整个面试过程中，在保持举止文雅大方，谈吐谦虚慎重，态度积极热情。假如用人单位有两位以上主试人时，答复谁的问题，你的目光就应凝视谁，并应适时地环顾其他主试人以表示你对他们的尊重。谈话时，眼睛要适时地注意对方，不要左顾右盼，显得不以为意，也不要眼皮低望，显得缺乏自信，激动地与用人单位争辩某个问题也是不明智的举动，冷静地保持不骄不躁的风度是有益的。有的用人单位专门提一些无理的问题试探你的反应，假如处理不好，容易乱了分寸，面试的效果显然不会理想。

2. 应试者语言运用的面试技巧

面试场上你的语言表达艺术标志着你的成熟程度和综合素养。对求职应试者来说，掌握语言表达的技巧无疑是重要的。那么，面试中怎样才能得当地运用谈话的技巧呢？

（1）口齿清晰，语言流利，文雅大方。交谈时要注意发音准确，吐字清晰。还要注意控制说话的速度，以免磕磕绊绊，影响语言的流畅。为了增添语言的魅力，应注意修辞美好，忌用口头禅，更不能有不文明的语言。

（2）语气平和，语调得当，音量适中。面试时要注意语言、语调、语气的正确运用。打招呼时宜用上语调，加重语气并带拖音，以引起对方的注意。自我介绍时，最好多用平缓的陈述语气，不宜使用感慨语气或祈使句。声音过大令人腻烦，声音过小则难以听清。音量的大小要根据面试现场情况而定。两人面谈且距离较近时声音不宜过大，群体面试而且场地开阔时声音不宜过小，以每个用人单位都能听清你的讲话为原则。

（3）语言要含蓄、机智、幽默。说话时除了表达清晰以外，适当的时候可以插进幽默的语言，使谈话增加轻松愉快的气氛，也会展示自己的优秀气质和沉着风度。尤其是当遇到难以答复的问题时，机智幽默的语言会显示自己的聪明智慧，有助于转危为安，并给人以良好的印象。

（4）注意听者的反应。求职面试不同于演讲，而是更接近于一般的交谈。交谈中，应随时注意听者的反应。比如，听者心不在焉，可能表示他对自己这段话没有兴趣，你得设法转移话题；侧耳倾听，可能说明由于自己声音过小使对方难于听清；皱眉、摆头可能表示自己言语有不当之处。根据对方的这些反应，就要适时地调整自己的语言、语调、语气、音量、修辞，包括陈述内容。这样才能获得良好的面试效果。

3. 应试者手势运用的技巧

其实，在日常生活交际中，人们都在自觉或不自觉地运用手势帮助自己表达意愿。那么，在面试中应怎样正确地运用手势呢？

（1）表示关注的手势。在与别人交谈中，一定要对对方的谈话表示关注，要表示出你在专心致志地听。对方在感到自己的谈话被人关注和理解后，才能愉快专心地听取你的谈话，并对你产生好感。面试时尤其如此。一般表示关注的手势是：双手交合放在嘴前，或把手指搁在耳下；或把双手穿插，身体前倾。

（2）表示开放的手势。这种手势表示你愿意与听者接近并建立联络。它使人感到你的热情与自信，并让人觉得你对所谈问题已是胸有成竹。这种手势的做法是手心向上，两手向前伸出，手要与腹部等高。

（3）表示有把握的手势。假如你想表现出对所述主题的把握，可先将一只手伸向前，掌心向下，然后从左向右做一个大的环绕动作，就仿佛用手“覆盖”着所要表达的主题。

（4）表示强调的手势。假如想吸引听者的注意力或强调很重要的一点，可把食指和大拇指捏在一起，以示强调。

以上介绍的是面试中常见的手势，但要到达预期的目的，还应注意因时、因地、因人灵敏运用。

4. 应试者答复问题的技巧

（1）把握重点，简洁明了，层次清楚，有理有据。一般情况下答复问题要结论在先，议论在后，先将自己的中心意思表达清晰，然后再做叙述和论证。否则，长篇大论会让人不得要领。面试时间有限，神经有些紧张，多余的话太多，容易走题，反倒会将主题冲淡或漏掉。

（2）讲清原委，避免抽象。用人单位发问总是想了解一些应试者的详细情况，切不可简单地仅以“是”和“否”作答。应针对所发问问题的不同，有的需要解释原因，有的需要说明程度。不讲原委，过于抽象的答复，往往不会给主试者留下详细的印象。

（3）确认发问内容，切忌答非所问。面试中，假如对用人单位提出的问题，一时摸不到边际，以致不知从何答起或难以理解对方问题的含义时，可将问题复述一遍，并先谈自己对这一问题的理解，请教对方以确认内容。对不太明确的问题，一定要搞清楚，这样才会有的放矢，不致答非所问。

（4）有个人见解，有个人特色。用人单位有时接待应试者若干名，相同的问题问若干遍，类似的答复也要听若干遍。因此，用人单位会有乏味、枯燥之感。只有具有独到的个人见解和个人特色的答复，才会引起对方的兴趣和注意。

（5）知之为知之，不知为不知。面试遇到自己不知、不懂、不会的问题时，回避闪躲，默不作声，牵强附会，不懂装懂的做法均不可取，诚恳坦率地承认自己的不足之处，反倒会赢得主试者的信任和好感。

5. 应试者消除紧张的技巧

由于面试成功与否关系到求职者的前途，所以大学生面试时往往容易产生紧张情绪。有些大学生可能由于过度紧张而导致面试失败。因此必须设法消除过度的紧张情绪。这里介绍几种消除过度紧张的技巧，供同学们参考。

（1）面试前可翻阅一本轻松活泼、有趣的杂志书籍。这时阅读书刊可以转移注意力，调整情绪，克制面试时的怯场心理。避免等待时紧张、焦虑情绪的产生。

（2）面试过程中注意控制谈话节奏。进入面试场致礼落座后，若感到紧张先不要急于讲话，而应集中精力听完发问，再沉着应答。一般来说，人们精神紧张的时候讲话速度会不自觉地加快，讲话速度过快，既不利于对方听清讲话内容，又会给人一种慌张的感觉。讲话速度过快，还往往容易出错，甚至张口结舌，进而强化自己的紧张情绪，导致思维混乱。当然，讲话速度过慢，缺乏激情，气氛沉闷，也会使人生厌。为了避免这一点，一般开始谈话时可以有意识地放慢讲话速度，等自己进入状态后再适当增加语气和语速。这样，既可以稳定自己的紧张情绪，又可以扭转面试的沉闷气氛。

（3）答复问题时，目光可以对准发问者的额头。有的人在答复问题时眼睛不知道往哪儿看。经验证明，魂不守舍，目光不定的人，使人感到不诚实；眼睛下垂的人，给人一种缺乏自信的印象；两眼直盯着发问者，会被误解为向他挑战，给人以桀骜不驯的感觉。假如面试时把目光集中在对方的额头上，既可以给对方以诚恳、自信的印象，也可以鼓起自己的勇气，消除自己的紧张情绪。

最后，还应正确对待面试中的失误和失败。面试交谈中难免因紧张而出现失误，也不可能面试一次就一定成功。此时，切不可因此而心灰意冷。要记住，一时失误不等于面试失败，重要的是要战胜自己，不要轻易地放弃时机。即便一次面试没有成功，也要分析详细原因，总结归纳经验教训，以新的姿态迎接下一次的面试。

三、企业海报大赛专题活动

企业海报的制作锻炼团队的协作能力、创新能力、执行力等各方面的综合能力，使学生在第一个团队的小活动中体验团队意识。企业海报评选活动要求各公司在规定时间、规定地点内使用实验实训教学中心提供的规定用品完成海报，并最终通过评委打分、现场投票和官方公众号投票选出优胜企业。

（一）活动内容

企业海报大赛专题活动在企业经营周期中进行，由实验实训教学中心发起，实训环境中制造企业、贸易企业、市场监督管理局、税务局、银行、国际货代公司、物流中心等企业（或机构）全员参与。

1. 作品要求

（1）企业海报（平面设计类，粘贴画等），须手绘，尺寸大小以实验实训教学中心发放纸张为准。

（2）要求海报有本企业 Logo，有自己突出的宣传特点，要创新又不失鲜明。

（3）各企业须推出自己的宣传代表做作品讲解。

2. 参赛形式

（1）以企业为单位参与，报名时提交负责人的有效联系方式，姓名及专业班级。

（2）企业海报制作要求各公司在规定时间、规定地点内使用实验实训教学中心提供的规定用品完成海报。

（3）海报作品评分由三部分构成：教师及各企业负责人打分、同学现场投票评选和微信公众号投票。其中，教师及各企业负责人根据评分表要求打分（禁止投本企业），以体现足够的公正性；同学现场投票评选和微信公众号投票，体现作品人气。

（二）赛程安排

1. 微信公众号投票

本环节在企业制作海报结束后立刻进行，由企业仿真实训新闻媒体中心在公众号发布，各参赛机构通过微信转发等方式获取选票，最终统计结果截至现场比赛前一日。

2. 大赛当日

赛事由艺术类专任教师、实验实训教学中心专任教师、各企业负责人担任评委，由企业仿真实训新闻媒体中心主持，主要包括四个环节：海报展示、作品答辩、现场投票和评委点评。

（1）企业推选的讲解员进行2分钟的作品介绍，可涵盖创作思路、作品主题、海报寓意等内容，讲解后，全体企业成员须一起进行团队风貌展示（时间3分钟）。

（2）作品答辩环节由评委现场提问，讲解员作出回答（时间2分钟）。

（3）通过微信扫码等方式，收集现场观众投票，并由媒体中心统计结果。

（4）由评委对选手的表现进行点评，点评方向包括但不限于：版面整洁程度、色彩调配程度、字体设计、海报设计理念创新程度、切题程度、艺术气息等，最后根据现场所有评委评分，选出优胜机构。

知识专栏10－3

海　　报

海报设计是视觉传达的表现形式之一，通过版面的构成在第一时间内将人们的目光吸引，并获得瞬间的刺激，这要求设计者要将图片、文字、色彩、空间等要素进行完美的结合，以恰当的形式向人们展示出宣传信息。

海报这一名称，最早起源于上海。海报一词演变到2013年，范围已不仅仅是职业性戏剧演出的专用张贴物了，同广告一样，它具有向群众介绍某一物体、事件的特性，所以又是一种广告。海报是极为常见的一种招贴形式，其语言要求简明扼要，形式要做到新颖美观。

我国最早的海报出现于北宋时期，那时主要以商业海报为主，20世纪30年代的月份牌、60年代的宣传画，无疑也是特定时期中国海报的一种特殊形式。随着社会的发展和改革开放的推进，到20世纪八九十年代，随着香港设计师和内地设计师海报设计作品的问世，中国海报作品才真正被世人所关注。

海报构图的技巧，除了在色彩运用的对比技巧需要借鉴掌握以外，还需考虑几种对比关系。

1. 构图技巧的粗细对比

所谓粗细对比，是指在构图的过程中所使用的色彩以及由色彩组成图案而形成的一种风格而言，在书画作品中我们知道有工笔和写意之说，或工笔与写意同出现在一个画面上（如同国画大师齐白石的白菜与蝈蝈的画一般），这种风格在包装构图中是一些包装时常利用的表现手法。对于这种粗细对比有些是主体图案与陪衬图案对比；有些是中心图案与背景图案的对比；有的是一边粗犷如风扫残云，而另一边则精美得细若游丝；有些以狂草的书法取代图案，这在一些酒类和食品类包装中都能随时随地见到。如思念牌水饺和飘柔牌的洗发露就是这样的。

2. 构图技巧的远近对比

在国画山水的构图中讲究近景中景远景，而在包装图案的设计中，以同样的原理，也应分别为近中远几种画面的构图层次。所谓近，就是一个画面中最抢眼的那部分图案，也叫第一视觉冲击力，这个最抢眼的也是该包装图案中要表达的最重要的内容，如双汇最早使用过的方便面包装，第一个闯进人们视线中的是空白背景中的双汇商标和深红色方块背景中托出的白色综艺硕大的双汇二字（即近景），依次才是小一点的“红烧牛肉面”行书几个主体字（应该说第二视线，也叫中景），再次是表述包装内容物的产品照片（也叫第三视线，界于中景），再往后的便是辅助性的企业吉祥物广告语、性能说明、企业标志等，这种明显的层次感也叫视觉的三步法则，它在兼顾人们审视一个静物画面习惯从上至下，从右至左的同时依次凸显出了其中最想要表达的主题部分。作为设计人在创作画面之始，就先应该弄明白所诉求的主题，营造一个众星拱月、鹤立鸡群的氛围，从而使设计的画面像强大的磁力紧紧地把营销者的视线拉过来。

3. 构图技巧的疏密对比

说起构图技巧的疏密对比，这和色彩使用的繁简对比很相似，也和国画中的飞白很相近，即图案中该集中的地方就须有扩散的陪衬，不宜都集中或都扩散。体现一种疏密协调，节奏分明，有张有弛，显示空灵。同时也不失突出主题。笔者见到不少包装图案的设计中，整个画面密密麻麻、花花绿绿，从背景图案到主题图案全是很沉重的颜色表现，让人感到压抑和透不过气来，这样不仅起不到美化产品、促进销售的目的，反而让人产生厌倦，这就是没把握住疏密对比造成的。

4. 构图技巧中的静动对比

在一种图案中，我们往往会发现这种现象，也就是在一种包装主题名称处的背景或周边表现出的爆炸性图案或是看似漫不经心，实则是故意涂抹的几笔疯狂的粗线条，或飘带形的英文或图案等，无不表现出一种“动态”的感觉，而主题名称则端庄稳重而大背景是轻淡平静，这种场面便是静和动的对比。这种对比，避免了喧嚣的花哨和沉静的死板，所以视觉效果就感到舒服，符合人们的正常审美心理。

5. 构图技巧中的中西对比

这种对比往往在于外包装设计的画面中利用西洋画的卡通手法和中国传统手法的结合或中国汉学艺术和英文的结合。以及画面上直接以写实的手法把西方人的照片或某个画面突出表现包装图案上，这种表现形式，也是一种常见的借鉴方法，这在儿童用品上、女式袜上、服装上或化妆品包装上常常出现。

6. 构图技巧的古今对比

既有洋为中用又有古为今用，特别是人们为了体现一种文化品位，表现包装设计构图上常常把古代的经典的纹饰、书法、人物、图案用在当前的包装上，这在酒的包装上体现得最为明显。如：红楼梦十二金钗仕女图的酒和太白酒以及食品方面的中秋月饼、黑老包花生同等都是从这些方面体现和挖掘内涵的。另外，还有一些化妆品及生活用品的高级礼品盒其纹饰与图案也是从古典文化中寻找嫁接手法的。这样能给人一种古色古香、典雅内蕴的追寻或某一方面的慰藉。所以很受消费者欢迎。

四、经营印象视频大赛专题活动

新商科企业仿真实训集模拟企业日常经营和企业间对抗为一体，通过视频制作大赛既可以主动记录下来学习过程、团队磨合、并肩作战的点点滴滴，又可以让学生学到知识，能力得到锻炼，科学文化素质得到提高，符合当今国家对大学生科学文化素质的培养和社会对科技人才的需求。

（一）活动内容

由实验实训教学中心教师会同企业仿真实训新闻媒体中心举办视频制作大赛宣讲会，分享视频拍摄技巧，分析活动主题，鼓励学生开始制作视频。视频制作虽然是技术活，但是在表达情感方面确实有其他手段难以达到的效果，声音、影像的完美组合，在表达出了制作者真实的感受的同时，也给予了观看者视觉的冲击和听觉的震撼。经营印象视频大赛优秀获奖作品还将在实训总结大会上展播。

1. 作品内容

（1）微电影类：有明显的故事剧情、矛盾冲突，能够反映企业经营过程中的问题和学生的解决的方案。

（2）影集类：反映实训过程中企业经营的真实风貌，包括实验室风景、人物、经营片段等。

（3）短片类：主要形式为小品、相声、话剧等视频。

2. 作品要求

（1）拍摄画面清晰连贯，有一定的拍摄和剪辑技巧。视频像素不得低于500w，视频格式不限。

（2）原创性、观念独特，形式新颖，勇于挑战表演和拍摄有较大难度的表现方式。可幽默、诙谐，可严肃、紧张等。取景范围：不限，最好选没有人的地方，以免影响拍摄。如有拍摄需要，可增加参与人数，但不算在参赛队伍人数中。

（3）时间长度：微电影、短片类4～10分钟；影集类3～5分钟。

3. 作品提交

（1）作品投稿：建立公共邮箱，选手将报名信息（公司＋姓名＋联系方式）和稿件发送至指定邮箱，必须注明参赛形式（个人或组队）；也可用U盘拷贝上交给企业仿真实训新闻媒体中心，填写纸质报名表。企业仿真实训新闻媒体中心关注投稿情况，并注意在投作品截止日期关闭邮箱。

（2）作品整理收集：收集参赛者作品，认真核对和记录参赛者的详细信息。按照上交的主题不同，对参赛作品进行分类，并将比赛作品上传到公众号主页。

（3）作品评选：初赛分为网上评选和部门内部打分评选，各占50%。网上评选主要形式是在微信公众号上发起投票等其他形式。部门内部打分根据评分细则（见表10－2）进行评判，秉承公正、公平的原则，不容许徇私而给高分的情况发生。综合两个方面的分数，评出进入决赛的作品。

表 10 -2　　评分细则

作品评比	单项标准	标准	分值	得分
内容 40 分	原创性	参赛作品须为原创	10 分	
	主题定位	参赛作品内容须符合比赛主题，作品主题明确、突出	10 分	
	完整性	情节完整、充实	10 分	
	逻辑性	视频安排合理，制作有逻辑	10 分	
美观 30 分	整体风格	音乐与图片相适应，总体和谐，富有美感，选用清晰素材，一目了然	15 分	
	剪辑效果	片段之间转场自然，细节处理能表现视频特色	15 分	
创意 30 分	创意程度	有一定创新意识，想法新颖，具有个人特色	30 分	

（二）赛程安排

赛事由艺术类专任教师、实验实训教学中心专任教师、各企业负责人担任评委，由企业仿真实训新闻媒体中心主持，主要包括四个环节：作品展示、视频讲解、现场投票和评委点评。

（1）各参赛选手抽签决定视频播放顺序，按抽签结果播放作品。

（2）参赛选手进行 2 分钟的作品介绍，可涵盖创作思路、作品主题等内容。

（3）通过微信扫码等方式，收集现场观众投票，并由媒体中心统计结果。

（4）由评委对选手的表现进行点评，点评方向包括但不限于：原创性、主题定位、完整性、逻辑性、整体风格、剪辑效果、创意新颖程度等，最后根据现场所有评委评分，选出优胜作品，优胜作品将在实训总结大会当天播放。

［案例 10 -1］

往届视频片段

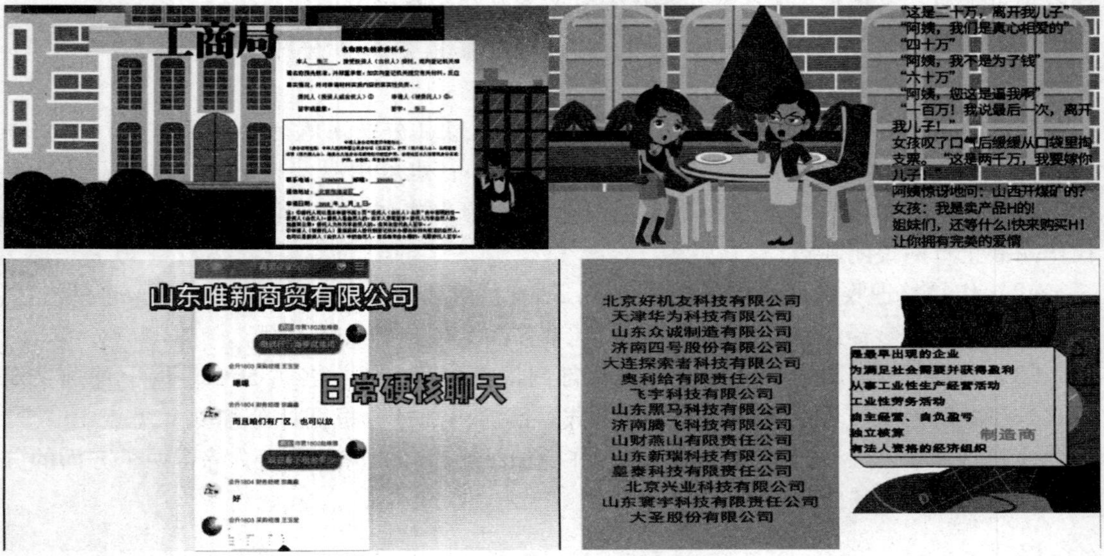

第二节　实训表彰工作

总结表彰大会的目的在于让学生和老师重温整个实训过程，让学生总结实训过程中的感受，分享自己的收获。通过表彰在开展跨专业实训课程中表现突出的优秀机构和优秀个人，让参加实训和即将参加实训的各专业同学以他们为榜样，在整个实验实训过程中充分展示大学生的全面素质和特长，提高跨专业实训课程在学校的影响力和声誉，为校方在实验实训方面的工作发展做出应有的贡献。

一、总结汇报

新商科企业运营仿真实训通过让学生在不同的市场主体中扮演不同的职业角色，锻炼学生在现代商业社会环境中从事经营管理所需的综合执行能力、决策能力和创新能力，感悟复杂市场环境下的企业经营，学会工作、学会思考，从而培养自身的全局意识和综合职业素养。实训过程既是理论联系实际的过程，也是应用、巩固和创新所学专业知识的过程。通过实训，学生能够了解经济生活中某一具体业务岗位的工作职责和要求，能够结合实训内容理解企业发展策略和相应的管理学理论，帮助其打下坚实的职业能力基础。如何检查学生的参与程度及实训效果，总结汇报就是较好的途径之一。总结汇报可以分为大会开场、播放视频和经验分享。经过仿真实训课程，授课教师团队的整体素质也能得到提升。

（一）大会开场

主讲教师做简单的总结表彰大会开场白，讲一下组织本次总结汇报开展的目的、总结汇报的流程安排以及总结汇报的参与人员，将参加实验实训学生的思绪带入到大会的气氛中来，提升同学们的参与积极性。

（二）播放视频

首先播放经营印象视频大赛的优秀获奖作品，然后由媒体公司将整个实训过程的经典环节、搞笑对话、激烈讨论以及对学院领导、实训指导老师的采访等内容以视频的方式进行展示，作为本次实训课程的整体概括和记录，帮助同学回顾整个短暂的实训生活，并将视频发送给每一位参与实训的同学和老师，以留作纪念。

（三）经验分享

通过综合测评，在本次实训课程中表现优秀的机构代表进行经验分享，分享以团队为单位进行，每个团队限定 15 ~ 20 分钟。经验分享的形式可以多样化，具体由团队内自行商定；可推荐团队代表发言，也可让团队所有成员自行发挥；可以使用 PPT 汇报，也可采用即兴演讲、小品、视频等形式进行。这一经验分享过程主要是为学生提供一个发挥自身特长、展现自身风貌、提高应变能力的平台，提升学生的团队合作能力。分享的内容可围绕以下四个方面展开：

1. 阐述企业发展策略

主要介绍在模拟实训开始之前，企业制定的发展策略、经营策略、生产线安排等问题，以及在实训进行过程中，对于发展策略的及时调整方法。

2. 分享实训认知和心得

主要介绍团队成员在实训过程中的收获和体会，经验和教训。

3. 发现自我，展望未来

主要介绍团队成员在业务操作与团队协作中对自我的再认知，发现自己的优势，确定今后自己的发展和努力方向。

4. 对实训课程的建议

通过实训课程的学习和体验，同学可对实训课程的设计，软件硬件的系统优化，绩效考核体系的改进等问题提出意见和建议，以便实训课程的后期开展能够越来越顺利。

[案例 10 – 2]

学生实训感悟篇

1. 柳同学——制造企业市场经理

通过这次跨专业综合实训，我深深体会到企业从注册开始所经过的重重流程的复杂性。经营是一门很深的学问，虽然积累了几年的专业课知识，但到实践中依然感到有很多困难和疑问，要想真正将所学用于所用还有一个漫长实习的过程，需要及时在发现的问题中找到所要衔接的知识点，通过回顾、运用、再反思的过程，才能真正在实践中所面对的问题中找出合理的解决办法。

2. 李同学——供应商企业销售经理

本次实训给到我们的，其实不仅仅是对整个商业贸易流程大致框架的了解，还使我们对处理人际关系、谈判能力、为人处世能力、解决问题能力等方面都有了新的认识。也把我们之前所学到的会计方面，如成本核算、利润核算等的知识都用上了，相应的企业管理能力也有了提高。实训之后，如果现在出去工作，我能够对企业基本的运营思路有着深刻的理解，并不会像之前一样心里没底了，反而充满了一种胸有成竹的自豪感。

3. 曹同学——商贸企业总经理

在这次实训中，我深刻体会到企业运作流程的复杂性，采购、生产、营销、财务环环相扣，息息相关，任何一步都不能出差错。通过本次课程，不仅培养了我的实际动手能力，而且增强了对课本知识的理解，我认为在大学过程中实训是每一个学生必须拥有的一段经历，它使我们在实践中了解社会，开阔了视野，增长了见识，为我们以后走向社会打下坚实的基础。在这段实训的日子里，欢笑与辛苦并存，我着实受益匪浅。

4. 张同学——商业银行大堂经理

本次实训课程主要是对公司各项业务操作流程的训练，为以后从事相关工作打下坚实的基础。学校安排的实训使我们增加了两个方面的经验：一方面，我们可以学以致用，把平时书本上的知识和实际操作结合在一起，提升自己的专业知识。另一方面，我们可以更好地了解真正的工作流程，不至于以后进入公司不知所措。总之，这是一次实践与理论很好的互相应用的机会，我非常珍惜。

5. 胡同学——市场监督管理局局长

通过这次综合实训，感觉到自己成长了不少，这几天学到了不少其他专业的知识，让我知道了自己仍有很多不足的地方，我们应该增加对自己非专业知识的学习。经过十天的实训，同学们已经适应了这种各种企业之间相互竞争的局面，大家都很努力，当然我也不能落后，要向优秀的同学们学习，将这种精神发扬到日后的工作与学习中。面对众多难题，我应该一马当先，主动解决问题。总而言之，通过这次实训，我深刻地认识到团队合作的重要性，自行解决问题的能力也得到了提升，这次模拟实训给我们提供了一个很好的平台锻炼自己，虽然实训很累，但确实很受用。

6. 张同学——税务局局长

税务局工作是一项认真而严谨的工作，容不得一丝一毫的马虎。这虽然是一次模拟实训课，但相似于真正的社会，在实训中我认识到：首先要团结。一个人的强大不是真正的强大，只有真正的团队强大才是力量的体现，集体利益大于个人利益；其次要勤学善问。一个人无论在工作中还是在生活中都要勤劳，勤奋的人是时间的主人，懒惰的人是时间的奴隶，在生活中遇到不懂的问题要善问，善问会使人少走很多的弯路；最后在税务局实训中认识到，无论什么时候都要学习，在税务局中工作就要学习税务知识和各个计算公式，在其他的工作岗位上也要积极地去学习专业知识，只有不断地学习去完善自己，才能更好地去工作。

7. 王同学——物流公司员工

在为期10天的实训中，我是物流公司的一名普通员工。工作之初本以为会比较容易，但事实并没有想象中那么简单，看似容易的事情，做起来经常会让我焦头烂额。虽然实训的时间是短暂的，但实训期间的收获是丰富的：商务礼仪的实践运用，例如待人接物的方式、讨论价格的态度等；合同条款的商议与确定，例如职责风险的划分、纠纷问题的解决、付款时间与方式、合同的有效期等；让我懂得了人与人之间是平等的，是应该相互尊重的。以上在实训期间学习到的知识是无法从学校获得的，因此我很珍惜来之不易的工作，不管将来如何，我都会以此为荣、以此为戒，教育自我，做工作要诚实守信、敢作敢当。

8. 刘同学——国际货代公司员工

在第一天正式上课前，内心是既激动又紧张，激动的是可以跟很多同学合作，紧张的是我会不会做，能不能将这次实训课做好。但从第一天上课开始我那颗悬着的心就放了下来，一方面由于老师那温柔的声音吸引着我将我带入角色，另一方面是老师们耐心又仔细的讲解，让我发现这次的实训课并没有想象中的那么枯燥乏味。作为市场上唯一一家国际货代公司，我们并没有很轻松，每天都能接到很多的单据。刚开始这么多的任务使我们手忙脚乱，因为每一个任务要处理五六个单据，如装箱单，保险单，报关单等等，每一个都不能有差错。但是我们并没有就此退缩，也没有感到非常焦急，因为我们的成员非常团结，分工明确，业务越来越熟练。虽然这次的实训只是一次模拟实训，但对于我来说意义深远，它让我明白了工作既艰辛又充实，有时痛苦有时反而很快乐，也教会了我在以后的生活中要严谨认真，不能马虎，其实工作与生活是一样的，你用心去对待它，它一定不会辜负你。

（四）教师感悟

新商科企业运营仿真实训课程，是一门跨专业综合实训课，因每一期上课学生人数较多，所以课程是以教学团队形式开展的。教学团队由教学中心主任、中心专任教师、教学秘书、实验室管理员组成。由于本门实训课程是针对毕业生开设的最后一门实践必修课，所以教师团队自觉承担着“上好学生最后一门课”的责任，积极备课，研究方案、制定计划、编写教案、演练模拟，为此付出了很多，也收获了满满的感动。

[案例10-3]

教师实训感悟篇

1. 王老师

实践教学是高校大学生人才培养的重要环节，学院历来高度重视实践教学。新商科企业运营仿真实训课程是通过以真实的商业社会环境为原型仿真现代企业与现代服务业运营环境的经营模拟学习平台，以企业经营与管理为主体，建立虚拟商务环境、政务环境、公共服务环境进行虚拟仿真经营和业务运作。本次线上实训课程的顺利开出，体现了两个鲜明的特点：一是强调“基本知识实用性”；二是突出“实践技能职业化”。在教学过程中，老师和同学们表现出的热情、敬业、专注让我感动，相信我们都能在课程学习中收获自信和成功。

2. 吴老师

本次仿真实训课绝大多数同学在学习完成后表示意犹未尽、还想再学习一次。实训课要求每一个同学必须认真听课，才能开展企业经营，企业经营中遇到诸多的问题又必须通过请教老师、小组讨论来解决，这样的一个“链式”反应，推进了学生自主学习的积极性。因为实训，不同专业的同学聚在一起，有争执也有欢乐；因为实训，切身体会到了“未雨绸缪”“居安思危”这样的词语的意义；因为实训，第一次感到“双休日”对于一个上班族原来如此珍贵。企业经营模式到底是寡头垄断，还是互利共赢？到底是价格联盟，还是薄利多销？不论是公司CEO还是企业其他主管经理，大家肯定都思考过这些问题，曾经学过也是陌生的经济学名词，现在得到了深刻理解，对此，你心中有答案了吗？

3. 付老师

一天一季，一周一年，一开始从刚进入实训工作时的迷茫和彷徨，到现在的劳碌奔波、走路靠飞，不知不觉中，同学们的日常生活已变得充实和繁忙，加班加点的滋味让深夜的睡意变成了累赘，生活作息也早已习惯了早起和晚睡，其实，工作本就如此！本以为手握一家企业就会风光无限，没想到四处奔波费劲拉拢也找不到理想的交易商，卑微地去找“甲方爸爸”就为了冲个订单量，时时刻刻担心的都是积压得快挤爆的仓。在实训过程中整个画面似乎描绘的都是酸甜和苦涩，其实，经营本就不简单！

转眼之间，仿真实训课程已经结束，我们坚信梦想无界、未来无限，汗水终将铸就荣耀，努力终将绽放光芒！

4. 李老师

美好的时光总是短暂的，不知不觉中，我们的实训课程已经结束了。从陌生到熟悉，从不安到从容，从习惯到依恋，我们一路走来，收获满满。我们见证了一个企业从成立到壮大的崎岖历程，我们见证了一个团队从陌生到默契的神奇转变，我们也见证了每个同学的忘我投入，花样百出的营销话术，表情包打油诗信手拈来，月亮不睡，我不睡，我是实训的好宝贝！我们真切感受到了不同管理者所承担的责任以及每个个体在经营决策中应发挥的作用。市场的变幻莫测倒逼我们必须重拾知识来武装头脑，才能解决企业现实存在的种种问题，从建厂选址到购料生产，从投放广告到产品研发，从系统竞单到销售出库，企业运营的知识被有效地串联！我们感受到了社会的人情冷暖，市场的风云变幻，职场的情境都在实训的舞台上预演。我们努力向上，点点滴滴的进步都已汇聚成一股暖流，在潜移默化中助力我们成长！我们不说再见，同学们全心全意的付出，都已写入实训的画卷，用知识武装头脑，用实训启迪人生，载着满满的收获与祝福，开启新的征程！

5. 吕老师

就像有些同学所说，经过几天的实训课程，我们已经习惯了每天早上按时上课的节奏，再也不需要刺耳的闹铃声把我们从梦中叫醒，是赚钱的信念驱动着我们早早地坐在电脑前，等待着新一轮的对抗。

经过这些天的课程，我们同学的态度越来越端正，情绪越来越稳定，每个企业、每位同学的成长大家都有目共睹。希望大家能从课程中体会到企业运营的真正意义，竞争是必要的，但合作才是企业制胜的关键，正所谓多个朋友多条路，朋友越多，越能更好地抵御风险，一路高歌猛进，相信同学们在实训的经营中也深有体会。今天，实训课程已经结束，我们不求在这短短的几天内同学们的理论知识有一个质的飞跃，但求在本科的最后一堂课上同学们都学有所获、劳有所得，课程中的点滴感悟能成为你们未来步入社会的一层铠甲。

6. 亓老师

经过实训课程的学习，大家已经熟悉了整个实训系统的运营体系，彼此之间从陌生变得越来越熟悉，配合得也越来越有默契。通过实训大家也体会到了到企业运营的苦，学会接纳市场并且融入市场的大环境去求生去发展，学会了如何跟别人有效地沟通。经过这段时间的“工作”，大家都乐在其中不能自拔。其实，老师想跟大家说：实训是一场游戏，全力以赴，用心对待，不论输赢，只有这样，才能体会到实训课程的意义，才能从中发现实训课程的乐趣，才能在实训课中积累到足够多的经验，才能最终取得自己想要的结果，才能给自己的大学生活留下一段最美好的回忆。

二、学校领导讲话

（一）宣布实训课程圆满结束

由学校领导或本次实训课程的负责人宣布此次新商科企业跨专业综合实训课程到此结束，同学们圆满完成了实训任务，取得了优异的成绩，感谢方宇博业的技术支持，感谢校领导、授课老师及同学们的付出与配合。

（二）再次介绍课程特点

为了让同学们对本次实训课程有更深的体会和感悟，可从方宇博业的实训平台入手，再次介绍本次课程的特点：

1. 强调“基础知识的实用性”

本次实训课程，非常注重企业运营过程中知识内容的介绍，方便了不同专业的学生在实训过程中对知识内容的理解与运用，实现了同学们对所学知识和实际需求的零距离，减少了在实际工作中知识运用时的错位现象。在知识实用性的把握上，不求面面俱到，坚持以够用、能用、会用为标准，保证学生学有所得。

2. 突出“实践技能职业化”

此次课程是在方宇博业开发的实训平台上进行操作的，该平台基于虚拟的商业社会环境，设置了完善的虚拟企业生产链及外围辅助机构、员工岗位、操作流程及业务内容，具有较高的专业化和实用性，使此次仿真实习更符合对当前大学生的职业能力培养的需求。在此次实训过程中，同学们在教师指导下进行仿真实验训练，可以深化同学们对基础理论知识的理解，并形成符合实际企业岗位需求的职业能力和职业素养。

（三）表扬与指正

同学们在实训过程中肯定会遇到困难，也有坚持不懈的努力，但最终都圆满完成了实训任务，这是值得肯定的和表扬的。但是在模拟运营过程中也会出现各种问题：首先，同学们之间可能会在价格谈判等方面出现摩擦，导致消极情绪出现；其次，有一部分同学团队意识、团队荣誉感不强，在实训过程中滥竽充数，应付了事；最后，有些同学对实训课程不够重视，习惯性地认为实训课程就是选修课。遇到这些问题，需要及时调整心态，时刻以饱满的热情投入到实训课中来。

（四）毕业生寄语

同学们作为即将毕业的学生，已经经过了多年的理论知识的学习，也有了深厚的理论功底。而此次实训课程正是连接理论知识和实践能力的桥梁，在理论转为实践的过程中，若同学对实训课程有较好的领悟和把握，在以后的工作中能够学以致用，那么最终将会得到升华，就会拥有一个成功的人生。

三、表彰优秀个人及企业

（一）对优秀个人表彰奖励

为了鼓励在实训课中表现优秀的学生，也为了激励其他同学在日后的工作学习中更加努力，通过学生经营成绩，学生提交的工作日志和个人总结，以及平时的课堂表现、出勤率，机构 CEO 给小组成员的打分等综合指标来评判，选出在实训过程中表现优秀的个人予以表彰奖励。优秀学生的评选比例可控制在 5% ~10%，奖励可采用奖状、物质奖励等形式。

（二）对优秀企业表彰奖励

通过实训平台的测定，可分机构类型对在实训课程中表现优秀或服务较好的团队予以表彰奖励。总的获奖机构数量可控制在 30% 左右，奖项可设为一、二、三等奖及优秀奖等，主要采取奖状的形式颁发给各个团队。

［案例 10－4］

优秀团队奖状

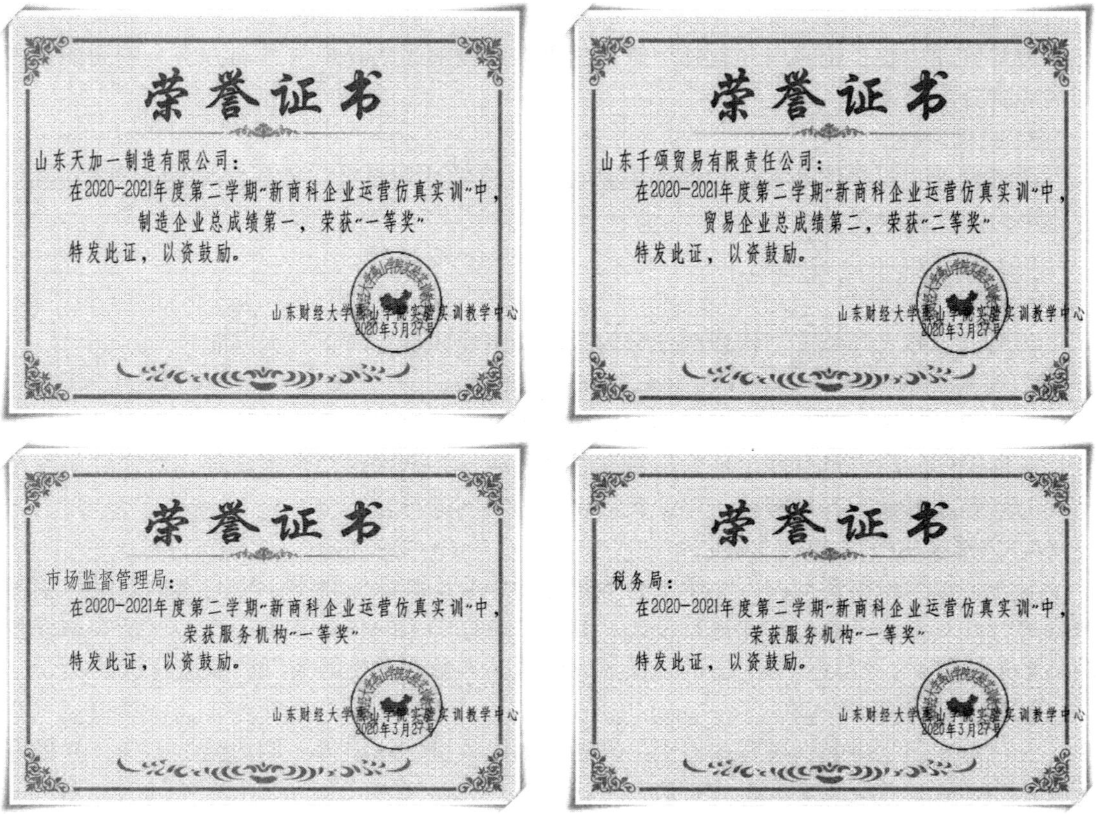

第三节　实训管理工作

由于实训课程每一期的开课人数较多，有效的管理能够提高课堂效率、维持课堂秩序、优化实训操作环境，提升同学们的课堂体验感，更好地呈现出实训的效果。企业仿真实训的管理工作主要分为教师团队人员管理和实验室管理。

一、教师团队人员管理

教师团队分为课程主要负责人、各岗位指导老师、教学秘书、实验室管理员，整个教师团队在实验实训教学中心主任的领导下开展工作。具体工作职责如下：

（一）课程负责人

课程负责人主要负责统筹安排企业实训的全部事宜。主要分为以下三个方面：

1. 学生管理

学生管理主要是统筹指导实训课程的前期准备工作、学生团队构建方案、学生团队管理和考评方案等工作。

2. 教师管理

教师管理主要是统筹指导教师团队构建方案、教师团队管理与培训方案、不同岗位教师的职责分工等工作。

3. 课程设计

课程设计主要是统筹平台的课程体系设计、教学计划设计、操作规则的完善与升级、促进平台教学成果转化等工作。

（二）各岗位指导老师

各岗位指导老师是实训课程的中坚力量，其主要职责有以下三个方面：

1. 讲解实训内容

各岗位指导老师需要对整个实训的操作过程进行讲解，对实际操作过程中涉及的知识点、实训操作的要点及可能出现的易错点着重强调，并全程跟踪学生实训，对实训中学生出现的问题及时进行答疑解惑，保证实训课程的顺利进行。

2. 负责学生考评

首先，每天根据实训内容给学生布置相应的作业，结课安排学生撰写实训总结、实习报告等，并对学生上交的作业进行批改；其次，做好学生的日常签到工作，保证实训课程的出勤率；最后，制订一套完善的成绩考评体系，方便对学生的实训成绩进行统计。

3. 撰写操作手册

总结每一期学生实训过程中遇到的问题并加以改进，总结每一期的教学工作，并做好资料归档，撰写并完善实训操作手册。

（三）教学秘书

教学秘书主要是上传下达的工作，其职责主要有以下两个方面：

1. 协助课程负责人工作

教学秘书主要协助课程负责人完成实训项目的各项事宜，主要包括学生团队构建、指导教师团队构建和课程设计等。

2. 外联沟通

教学秘书定期向专任教师了解实训课程的进展情况，及时把教学成果及教学中的问题反馈给课程负责人，做好课程负责人与专任教师之间的沟通。

（四）实验室管理员

实验室管理员主要负责虚拟仿真实验室硬件设备和软件设备的管理与维护。

1. 硬件设备的管理与维护

虚拟仿真实验室内的硬件维护主要是针对计算机硬件，实验室管理人员定期对计算机进行检查和维护时，主要包括：键盘和鼠标是否能正常使用，显示器是否能正常显示，主机电源线是否有松动，定期打开主机箱进行除尘等。对于一些无法正常开机的计算机，管理人员可以进行简单的维修，可以打开主机箱，检查主板上的配件是否松动，将重要配件如电源、显卡、内存条、硬盘等拔下重新插上。

2. 软件设备的管理与维护

为防止系统文件被误删、系统设置被修改以及下载带有病毒软件等问题导致的计算机和软件不能正常使用，给每台计算机安装硬盘还原卡。除此之外，还要做好硬盘数据的备份，把硬盘数据做成一个映像文件，将此文件存储于U盘内，每当系统崩溃或者更换新的硬盘，需要重新安装系统时，只需映像文件恢复到相应的分区或硬盘内即可。

二、实验室管理

实验室是高等学校进行实验教学、人才培养、科学研究的重要场所，承担教学和科研的双重任务。随着本科教学改革的深化发展，实验室呈现出的数量和种类不断增加，功能渐次提升，科研和教学活动更是趋于频繁，人员流动性越来越大，对实验室的合理有序利用显得尤为重要。

企业跨专业综合实训实验室在装修和家具方面参考目前企业流行的样式进行了设计，通过实验室实习环境的仿真，使学生充分感受到在企业实习的氛围。综合实验室的设备、设施比较先进，建有实验教学专用局域网，实验管理中心能随时监控到实验室网络的使用情况，确保实验室教学网络的安全性和可靠性，可远程监视和监听到实验室的实时情况，实现了实验教学质量和教学设备安全远程监控，为学生提供了高质量、高水平的实验平台。因此，需要加强对实验室的管理，确保实验室秩序井然，能够被正常合理的使用。

（一）实训指导教师工作规范

（1）实训指导教师每次上课前需提前到达实验室，检查实验室设备能否正常使用。

（2）自觉维护并教育学生维护实验室卫生和安全。严禁乱丢垃圾；严禁在实验室做吸烟、吃零食等与实验教学无关的事情；禁止在实验室对非教学用的各类电子产品进行充电，保证实验室安全。

（3）熟悉实训课程的教学大纲、实验教材或实验指导书，熟悉教学设备使用的注意事项，熟练掌握教学设备的安全操作规范。

（4）实训开始前向学生讲解实验室各项规章制度，对学生进行实训前的安全纪律教育。

（5）具有妥善处理突发事故的能力，保护事故现场，协助事故调查。

（6）每天实训课程结束前组织清场整理，搞好实验室的日常清洁卫生，并做好实验室仪器设备的整理、清点工作。

（二）实验室课后加班制度

（1）实验室课后加班，仅限于进行本实训课程的教师或学生课后继续使用本实验室。

（2）加班申请人事先向所在实验室负责教师提出申请，教师认真审核学生的加班信息，并根据实际的实训课程需求适当批准学生的加班申请，做好加班学生的备案。

（3）课后加班期间严格遵守实验室管理制度，保证实验室卫生，严禁在实验室内进食。

（4）课后加班期间也应听从教师或实验室管理人员的管理，不做与实训课程无关的操作，确保自身安全和实验室设备安全。

（5）加班时间完毕，不得在实验室逗留，并协助实验室管理员关好实验设备、实验室门、窗等，有序离开实验室。

（三）实验室卫生管理制度

（1）实训期间，实验指导老师为本实验室卫生管理负责人，负责维护实验室的卫生整洁。

（2）实训课指导老师必须安排学生值日，进行卫生清洁，每天一小扫，每周一大扫。

（3）若没有按要求搞好实验室清洁卫生，将根据实际情况追究责任。

（4）在实验室没课或其他特殊情况下，实验室卫生由实验室管理员负责。

（四）学生实验室守则

（1）遵守实验室管理制度，营造和保持安全、卫生的实训环境。

（2）严禁携带任何食品、雨具等有损实验室卫生和安全的物品进入实验室。

（3）请勿设置计算机密码，请勿随意删除、移动文件或修改系统设置。

（4）节约用电、节约实验室材料，自觉维护实验设施，不得野蛮操作，若设备因人为原因损坏、丢失，将追究使用人的责任。

（5）请勿携带实验设备、用品材料出实验室；请勿使用与实训内容无关的设备、设施。

（6）提前5分钟进入实验室，检查自己所需的实验设备，若发现异常，及时报告实训教师或实验室管理员，不得擅自处理。

（7）请按照实验步骤和操作指导书进行实训，注意安全，不得违规操作。

（8）听从实验指导老师和实验室管理人员的指挥，服从座位分配，不准串位，未经允许不得私自调换实验器材。

（9）每天下课后，按操作顺序关好设备电源，并做好整理工作。

知识专栏10-4

高校实验室管理中存在的问题及改善建议

随着科技的发展，互联网技术日益成熟。高校作为培养复合型人才的重要场所，为更好地满足学生需求，一般都会设有专门的实验室。不过在实验室管理过程中，受到系统设备自身因素、上机人员操作、管理人员管理方式等的限制，有时会出现一些实验室管理上的问题。下面就来简单分析一下高校实验室管理现状。

1. 管理制度不完善

为了确保实验室设备的正常使用，往往需要约束上机学生与管理人员的部分操作，这就需要完善的实验室管理制度。虽然很多高校都会制定一套管理制度，但制度的模糊性较大，没有实际性的操作意义。同时，很多高校在制度推行的过程中，对制度的执行缺乏监督，导致很多学生都不会按照要求进行操作，造成部分制度无法顺利推行，从而影响到整个实验室管理活动的顺利开展。

2. 实验室管理人员问题突出

首先，在实验室管理过程中，很多高校为了节省管理成本，除了配备必要的核心管理人员外，大部分工作都交给勤工俭学的学生来完成。相比于专业的实验室管理员，学生的流动性较大，专业性不足；其次，对于规模较大的综合实训中心来说，管理人员数量不足的后果便是管理工作较为繁重，管理服务很难执行到位，同时也增加了许多问题的发生概率，进而导致了管理人员工作量的增加，影响实验室的正常使用；最后，很多高校的实验室管理人员在个人职称晋升及福利待遇方面与专任教师相差较大，且管理员没有参与教学、科研及对外交流、培训的机会，致使优秀的实验人员转往其他职位，实验室难以留住优秀的人才，也阻碍了实验室管理水平的发展。

3. 实验室开放及共享程度不足

现代科学技术的发展使得不同学科之间交叉和渗透性大大提高，为满足社会对综合型人才的需求，高校实验室应保持高度开放状态。但是目前来看，很多高校实验室只针对有课程安排的学生限时开放，对有其他有实验需求的学生比较苛刻，需要复杂的申请流程。这就使得实验室使用效率降低，实验室资源不能得到合理的利用，影响了学生创新能力和综合能力的培养，阻碍了高校教学、科研水平的提高及一流学科、一流大学的发展。

4. 实验室信息化建设迟缓

目前我国的高校实验室信息化还处在一个初步发展的阶段，虽然很多高校已经响应国家的号召，以满足人才发展和自身建设为目的，积极开展实验室的信息化管理。但国内许多普通大学，受经济实力和政策支持等的限制，再加上本身没有对实验室进行统一的规划管理，又不能对实验室无限制地开放。不仅如此，传统实验室的管理水平较纸质化，信息化的水平不够高，实验室中各项系统的维护、应用软件的更新、教学过程中的各项硬件设施等都需要实验室工作人员一项一项地逐个进行调试，以满足老师教学环境的需求和校内科研的需求。

5. 计算机病毒的侵扰

高校实验室面向全校学生开放使用，在不同班级学生交替使用的过程中，若某一台机器硬盘或者U盘中携带病毒，那么在使用过程中就会导致实验室电脑病毒的交叉感染。尤其是在科学技术快速发展的当下，病毒的传播速度与隐蔽性也在不断提高，某一台机器出现问题，很可能通过局域网导致整个实验室的电脑不能正常使用，影响正常教学工作。

针对当前高校实验室出现的一系列弊端，如何最大化发挥资源效益，保障科研和教学工作合理有序进行，是目前实验室管理和建设需要解决的首要问题。

1. 建设规范、完善的管理制度

为保障实验室工作的高效有序进行，构建科学分配、运行高效的实验室管理模式，必须制定完善的管理制度。首先，人员管理。随着科研要求的不断提高，应相应提高实验室管理、技术人员的学历背景，并对实验室人员进行严格的专业培训，考核合格者才可允许上岗。其次，仪器设备管理。实验室仪器设备的管理维护，直接关系到实验室的工作效率及水平。对仪器设备的购置，必须进行充分调研，首要考虑性能指标，从而保障仪器设备对本学科实验室各尽其用，并能够最大化发挥自身效益。

2. 做好实验室日常管理

通过做好实验室日常管理，可以提高问题的解决效率，提高计算机中心实验室运行的可靠性。在具体操作过程中，管理人员需要制定详细的日常维护计划，在计划中明确指出每天的记录要求、故障问题、故障原因、故障解决办法等内容，定期对其进行汇总整理。

并且在月底临近时，管理人员也需要做好清单整理工作，根据相关资料制定采购清单，同时记录更换零件的具体位置，以季度为单位进行总结，确定损耗度较高零件的具体原因，做好相应的应对措施，减少维护成本的支出。

3. 建立信息化管理系统

信息管理系统利用计算机网络，采取相对科学的管理理念对实验室内部的数据库等各种信息进行全面而完整的管理。每个高校都不能完全简单地将其他学校的信息化管理系统搬运过来为自己所用，一定要结合自己学校的实际情况，在对其他学校或实验室的信息化管理系统有所借鉴的基础上，不断地开发与创新，发展出一个适合自己学校，贴近自己学校实际的信息化管理系统，可从信号采集系统、数据通信软件、数据库管理软件、实验室内部管理等方面入手不断地开发与创新，发展出一个适合自己学校，贴近自己学校实际的信息化管理系统。

4. 加强计算机安全管理

通过加强计算机安全管理，可以减少病毒对于实验室运行过程的负面影响，提高计算机运行过程的安全性。计算机管理员需要做好防火墙加强工作，在全天的课程结束之后，需要对所有机器进行统一的病毒查杀，从而提升系统运行的可靠性。同时高校还需要做好相应的安全教育工作，提高学生对于病毒的认知能力，在利用存储介质对资料进行拷贝时，需要先进行病毒查杀后再进行使用，降低病毒侵扰系统的可能性。

本章小结

1. 积极参加实训中准备的各项活动，与优秀的同学相互学习，取长补短，提升综合素质。

2. 通过评选，获得优秀机构的CEO代表以PPT的形式进行经验分享，详细讲解他们的经营策略、谈判技巧、生产线安排等问题，总结在实训过程中得到的感悟和收获。

3. 学校领导对本次实训课程进行总结，对实训过程中的表现予以肯定并指出不足，并给予学生毕业寄语。

4. 对实训过程中表现优秀的个人和团队予以表彰。

5. 教师团队分为课程负责人、各岗位指导老师、教学秘书、实验室管理员四个岗位，分别对不同岗位的教师职责予以明确。

6. 分别从实训指导教师工作规范、实验室课后加班制度、实验室卫生管理制度和学生实验室守则四个方面对实验室管理制度予以详细说明。

思考与练习

1. 熟读二十大报告的全部内容，并谈谈你对“人才强国战略”的理解。

2. 实训课程结束后，每位同学都制作一份PPT，详细分析此次实训课中的收获和感悟、不足和教训，以便后期更好地提升自己的能力。

3. 以小组为单位制作一份纪实训视频，记录实训过程中的有趣画面。

附　　录

附录1：企业名称预先核准申请书

编号：0001（市场监督管理局填写）　　　　　　受理日期：2013/11/27（市场监督管理局填写）

企业名称预先核准申请书

敬　　告

1. 在签署文件和填表前，申请人应当阅读《企业名称登记管理规定》及其实施办法和其他相关法律法规及本申请书，并确知其享有的权利和应承担的义务。

2. 申请人对其所提交的文件、证件的真实性、有效性和合法性承担责任。

3. 申请人提交的文件、证件应当是原件，确有特殊情况不能提交原件的，应当提交加盖公章的文件、证件复印件。

4. 申请人应当使用钢笔、毛笔或签字笔工整地填写申请书或签字。

5. 申请人提交的文件、证件应当规整、洁净。

北京市海淀区（注册企业填写）市场监督管理局：

根据法律、法规等相关规定，现申请企业名称预先核准，请予核准。同时承诺：所提交的文件、证件和有关附件真实、合法、有效，复印文本与原件一致，并对因提交虚假文件、证件所引发的一切后果承担相应的法律责任。

申请企业名称	北京友谊科技有限责任公司 （注册企业填写，备选是为防止企业名称已被注册使用）
备选企业名称（1）	北京友爱科技有限责任公司
备选企业名称（2）	北京优秀科技有限责任公司
备选企业名称（3）	
拟申报的住所辖区	北京市　海淀　区
企业类型	● 有限责任公司　○ 有限责任公司（国有独资） ○ 股份有限公司　○ 股份有限公司（上市） ○ 中外合资企业　○ 中外合作企业 ○ 外商独资企业　○ 非公司企业 ○ 合伙企业　○ 个人独资企业

续表

拟申报注册资本	金额（小写）1 000（万元）　币种 人民币		
拟申请从事的行业或经营范围	手机生产制造、销售、研发（填写企业一般经营范围）		
投资者的名称或姓名	证照号码	投资额（万元）或股份（万股）	投资或认股比例（%）
龙跃（如是股份制企业，必须将出资全部人员填写）	222987837652678 身份证号	1 000	100

注：①“企业类型”为必选项；

②拟申请从事的行业或经营范围应当与企业名称的行业特点一致，法律、行政法规规定经营范围中有必须报经审批项目的，公司设立时须提交有关的批准文件；

③“备选企业名称”最好选用不同的字号；

④本表不够填时，可复印续填，粘贴于后。

附录2：企业名称预先核准驳回通知书

企业名称驳回通知书

（地区简称＋市场监督管理局名称）名驳回内字〔2020〕第001号

北京友谊科技有限责任公司：

申请预先核准/变更核准的 北京友谊科技有限责任公司 企业名称，经审查，决定不予核准，现予以驳回，特此通知。

驳回理由如下：

1. 公司类别错误

2. 注册资金错误

3. ……

对本不予核准决定不服的，可在收到本通知后15日内依法向相应机关申请行政复议或提起行政诉讼。

市场监督管理局公章

2020年4月7日

附录3：企业名称预先核准登记通知书

企业名称预先核准登记通知书

（地址简称＋市场监督管理局）名称预核字〔2020〕第101号

根据《企业名称登记管理规定》和《企业名称登记管理实施办法》，同意预先核准下列1个投资人出资，注册资本（金）1 000（制造）2 000（商贸）500（供应商）万元（币种 人民币 ），住所设在 北京市海淀区 的企业名称为： 北京友谊科技有限责任公司

该预先核准的企业名称保留至2040年4月7日。在保留期内，不得用于经营活动，不得转让。

投资人名单及投资额、投资比例：

张三　1 000　100%

市场监督管理局公章

2020年4月7日

注：①本通知书在保留期满后自动失效。有正当理由，在保留期内未完成企业设立登记，需延长保留期的，全体投资人应在保留期届满前1个月内申请延期。延长的保留期不超过6个月。

②企业设立登记时，应将本通知书提交登记机关，存入企业档案。

③企业设立登记时，有关事项与本通知书不一致的，登记机关不得以本通知书预先核准的企业名称登记。

④企业名称涉及法律、行政法规规定必须报经审批，未能提交审批文件的，登记机关不得以本通知书预先核准的企业名称登记。

⑤企业名称核准与企业登记不在同一机关办理的，登记机关应当自企业登记之日起30日内，将加盖登记机关印章的该营业执照复印件，报送名称预先核准机关备案。未备案的，企业名称不受保护。

附录4：企业设立登记申请书

企业名称：__北京友谊科技有限责任公司__

敬　告
1. 申请人在填表前，应认真阅读本表内容和有关注解事项。 2. 在申办登记过程中，申请人应认真阅读《一次性告知单》和本申请书后附的《一次性告知记录》。如有疑问，请登录 www. BAIC. gov. cn 网站，查询相关内容。 3. 申请人应了解相关的法律、法规，并确知其享有的权利和应承担的义务。 4. 申请人应如实向企业登记机关提交有关材料和反映真实情况，并对申请材料实质内容的真实性负责。 5. 提交的申请文件、证件应当是原件，确有特殊情况只能提交复印件的，应当在复印件注明与原件一致，并由申请人或被委托人签字。 6. 提交的申请文件、证件应当使用 A4 纸。 7. 填写申请书应字迹工整，不得涂改，应使用蓝黑或黑色墨水。

市场监督管理局

（2011 年第一版）

请认真阅读本页内容并填写申请书根据有关法律、法规的规定，现向市场监督管理机关申请 1（选择注册类型）的设立登记。（以下企业类型供选择，将所选择企业的序号填在横线上，并按照标注的页码填写后面的申请表）

序号	企业类型	需填写的页
1	有限责任公司	1、2、4、5、6、7、8、9、11、12、13、18、19
2	有限责任公司（国有独资）	1、2、4、6、7、8、9、11、12、13、18、19
3	有限责任公司（自然人独资）	1、2、5、6、7、8、9、11、12、13、18、19
4	有限责任公司（法人独资）	1、2、4、6、7、8、9、11、12、13、18、19
5	股份有限公司	1、2、4、5、6、7、8、9、11、12、13、18、19
6	股份有限公司（上市）	1、2、4、5、6、7、8、9、11、12、13、18、19
7	有限责任公司分公司	1、2、7、8、12、13、18、19
8	股份有限公司分公司	1、2、7、8、12、13、18、19
9	集体所有制（股份合作）企业	1、2、4、5、6、7、8、9、11、12、13、18、19
10	集体所有制（股份合作）企业设立的非法人分支机构	1、2、4、6、7、8、12、13、18、19
11	集体所有制（股份合作）企业设立的法人分支机构	1、2、4、6、7、8、12、13、18、19

续表

序号	企业类型	需填写的页
12	集体所有制（股份合作）企业设立的法人分支机构的营业登记单位	1、2、4、6、7、8、12、13、18、19
13	全民所有制企业	1、2、4、6、7、8、12、13、18、19
14	全民所有制企业的营业单位	1、2、4、6、7、8、12、13、18、19
15	集体所有制企业	1、2、4、6、7、8、12、13、18、19
16	集体所有制企业的营业单位	1、2、4、6、7、8、12、13、18、19
17	合伙企业（普通合伙、特殊普通合伙、有限合伙）	1、2、5、6、7、8、12、13、18、19
18	合伙企业的分支机构	1、2、4、7、8、12、13、18、19
19	个人独资企业	1、2、5、6、7、8、12、13、18、19
20	个人独资企业的分支机构	1、2、4、7、8、12、13、18、19

签字　张三（投资人签字并加盖人名章）

年　月　日

注：①设立有限责任公司、股份有限公司、集体所有制（股份合作）、全民所有制或集体所有制企业，由拟任法定代表人签字。

②设立个人独资企业或个人独资企业分支机构的，由个人独资企业投资人签字。

③设立合伙企业或合伙企业分支机构的，由合伙企业的全体合伙人签字。

④设立营业单位、分支机构或分公司的，由隶属企业的法定代表人签字。

附录5：企业设立登记申请表

企业设立登记申请表

<table>
<tr><td>（1）企业名称</td><td colspan="3">北京友谊科技有限责任公司</td></tr>
<tr><td>（2）住所（经营场所）</td><td colspan="3">北京　市　海淀　区（县）　000　（门牌号）</td></tr>
<tr><td rowspan="2">（3）法定代表人姓名（负责人、投资人、执行事务合伙人）</td><td rowspan="2">张三</td><td>（4）注册资本（注册资金、出资数额、资金数额）</td><td>供应商500万元
制造公司1 000万元
贸易公司2 000万元</td></tr>
<tr><td>（5）实收资本（金）实际缴付的出资数额</td><td>供应商500万元
制造公司1 000万元
贸易公司2 000万元</td></tr>
<tr><td rowspan="2">（6）经营范围</td><td>许可经营项目</td><td colspan="2">经有关部门授权生产、经营的项目可填写</td></tr>
<tr><td>一般经营项目</td><td colspan="2">手机生产、销售、研发</td></tr>
<tr><td>（7）营业期限（合伙期限）</td><td>20年</td><td>（8）副本数</td><td>2（一般为2份）份</td></tr>
<tr><td>（9）隶属企业名称</td><td colspan="3">某一企业的子公司，可填写</td></tr>
</table>

注：①本表第（1）~（6）、（8）项各类企业均应填写，设立分公司、个人独资企业分支机构和合伙企业分支机构不填第（4）、（5）项。其他项目根据不同企业类型选择填写，具体项目如下：

a. 申请设立有限公司、股份有限公司、合伙企业约定合伙期限的还须填写第（7）项；

b. 申请设立各类企业的分支机构还须填写（9）项。

②本表第（2）项的填写说明：

填写住所（经营场所）时要具体表述所在位置，明确到门牌号或房间号。如无门牌号或房间号的，要明确参照物。

③本表第（3）项的填写说明：

a.“法定代表人”指代表企业法人行使职权的主要负责人，公司为依据章程确定的董事长（执行董事或经理）；全民、集体企业的厂长（经理）；集体所有制（股份合作）企业的董（理）事长（执行董事）。

b. “负责人”指各类企业分支机构的负责人。

c. “投资人”指个人独资企业的投资人。

d. “执行事务合伙人”指合伙企业的执行事务合伙人。

④本表第（4）项的填写说明：

a. “注册资本”有限责任公司为在公司登记机关登记的全体股东认缴的出资额；发起设立的股份有限公司为在公司登记机关登记的全体发起人认购的股本总额；募集设立的股份有限公司为在公司登记机关登记的实收股本总额。

b. “注册资金”指集体所有制（股份合作）企业的股东实际缴付的出资数额；全民所有制、集体所有制企业法人经营管理的财产或者全部财产的货币表现。

c. “出资数额”指合伙企业的合伙人认缴的出资或个人独资企业申报的出资。

d. “资金数额”指全民所有制、集体所有制、集体所有制（股份合作）企业为所设立的营业登记单位拨付的资金数量。

⑤本表第（5）项“实收资本（金）、实际缴付的出资数额”的填写说明：

全民所有制、集体所有制、集体所有制（股份合作）、公司制企业法人、合伙企业应按照章程、合伙协议规定的内容填写设立时实际缴付的出资额。

⑥本表第（8）项的填写说明：

按照规定，企业根据业务需要可以向登记机关申请核发若干执照副本，请将申领份数填写清楚。

附录6：法人代表登记表

法定代表人（分支机构负责人、个人独资企业投资人、执行事务合伙人）登记表

<table>
<tr><td>企业名称</td><td colspan="3">北京友谊科技有限责任公司</td><td rowspan="6">一寸免冠
近　照
粘贴处</td></tr>
<tr><td>姓名</td><td>张三</td><td>性别</td><td>男</td></tr>
<tr><td>证件名称及号码</td><td>12213144123</td><td>国籍</td><td>中国</td></tr>
<tr><td>户籍登记住址</td><td>北京市海淀区</td><td>民族</td><td>汉</td></tr>
<tr><td>文化程度</td><td>本科</td><td>政治面貌</td><td>群众</td></tr>
<tr><td>出生日期</td><td>11233</td><td>联系电话</td><td>13131</td></tr>
<tr><td>公务员标识</td><td>□ 是　□ 否</td><td>工会会员标识</td><td colspan="2">☑ 是　□ 否</td></tr>
<tr><td colspan="5">个人简历</td></tr>
<tr><td rowspan="5">注：应自具有完全民事行为能力之日填起至今，并不得间断。</td><td>起止年月</td><td colspan="2">单位</td><td>职务</td></tr>
<tr><td>1995—2000</td><td colspan="2">某大型公司</td><td>副总经理</td></tr>
<tr><td>2001—2020</td><td colspan="2">某大型公司</td><td>副总经理</td></tr>
<tr><td></td><td colspan="2"></td><td></td></tr>
<tr><td></td><td colspan="2"></td><td></td></tr>
<tr><td colspan="3">身份证复印件粘贴处
（身份证正反面粘贴）</td><td colspan="2">兹证明该任职人具有完全民事行为能力，产生程序符合有关法律、法规和章程的规定，经任命（委派）出任企业的法定代表人（负责人）。

盖章（签字）法定代表人签字并加盖人名章

2020年4月7日</td></tr>
</table>

注：①全民所有制、集体所有制企业及其分支机构、集体所有制（股份合作）企业的分支机构应在“盖章（签字）”处加盖任命单位公章；个人独资企业分支机构应在“盖章（签字）”处由投资人签字；分公司应在“盖章（签字）”处加盖公司公章，其他类型企业无须盖章、签字。

②合伙企业委托执行事务合伙人或委派执行分支机构事务负责人的，应由全体合伙人在“盖章（签字）”处签字；但全体合伙人均为执行事务合伙人的，无须全体合伙人签字。合伙企业执行事务合伙人是法人或其他组织的，本表填写其委派代表的情况。

③外籍人员无须填写政治面貌、民族。

④本表不够填的，可复印续填。

附录 7：企业设立登记驳回通知书

企业设立登记驳回通知书

（当地简称 + 市场监督管理局）登记内驳字〔2020〕第 201（与企业名称预先核准分开）号

北京友谊科技有限责任公司：

提交的 北京友谊科技有限公司 设立（变更、注销、撤销）登记申请，我局决定不予登记。

不予登记理由如下： 设立类型错误，设立年限错误等

如对本不予受理决定持有异议的，可以自收到本通知后 60 日内依据《中华人民共和国行政复议法》的规定，向上级行政机关申请行政复议，也可以自收到本通知后三个月内依据《中华人民共和国行政诉讼法》的规定，直接向人民法院提起行政诉讼。

市场监督管理局公章

2020 年 4 月 7 日

附录8：准予企业设立登记通知书

准予设立登记通知书

（地区简称＋市场监督管理局）登记内集字〔2020〕第001号

北京友谊科技有限责任公司：

经审查，提交的 北京友谊科技有限责任公司 设立登记申请，申请材料齐全，符合法定形式，我局决定准予设立登记。我局将于10日内通知你单位领取企业集团证书。

市场监督管理局公章

2020年4月7日

附录9：企业住所（经营场所）证明

拟设立企业名称	北京友谊科技有限责任公司
住所（经营场所）	北京　市　海淀　区（县）　000　（门牌号）
产权人证明	同意将位于上述地址 1 000（自由编写） m^2 的房屋以 租赁或购买 方式提供给该企业使用，使用期限 20 年，经营用途为 电子产品 。 产权单位盖章：北京友谊科技有限责任公司 产权为个人的，由本人签字： 2013年11月11日
需要证明情况	上述住所（经营场所）产权人为 北京友谊科技有限责任公司 ，房屋用途为 （与经营项目一致） ，该住所（经营场所）建设审批手续齐全，不属于违法建设。 特此证明。 证明单位公章：北京友谊科技有限责任公司 （由于无房管局，自己证明自己） 证明单位负责人签字：无须填写 2013年11月11日

注：（1）“住所（经营场所）”栏应填写详细地址，如“北京市××区××路（街）××号××房间”。

（2）房屋提供方式根据不同情况可以填写：自有、租赁、无偿使用或其他提供方式。

（3）产权人应在“产权人证明”栏内签字、盖章。产权人为单位的加盖单位公章，产权人为自然人的由本人签字，同时提交由产权单位盖章或产权人签字的《房屋所有权证》复印件，《房屋所有权证》应载明“房屋用途”，未记载“房屋用途”的，还应提交《建设工程规划许可证》或《土地使用权证》复印件。

（4）使用未取得《房屋所有权证》的房产作为住所（经营场所）的，除填写本表外，还应提交房屋建设行政管理部门出具的证明文件。不能提供证明文件的，提交规划行政主管部门出具的《建设工程规划验收合格通知书》和房屋建设行政管理部门出具的《竣工验收备案表》。《通知书》《备案表》中记载的建设单位与产权单位不一致的，还应提交房屋建设行政管理部门出具的有关证明文件。

不能出具《建设工程规划验收合格通知书》和《竣工验收备案表》的，住所（经营场所）位于城镇地区的，应提交区县人民政府或区县规划行政主管部门出具的证明文件，证明文件应记载房屋权属、房屋用途等内容，并应明确该住所（经营场所）不属于违法建设。住所（经营场所）位于农村地区的，应提交乡、镇人民政府出具的证明文件，证明文件应记载房屋权属、房屋用途等内容，并应明确该住所（经营场所）不属于违法建设。

（5）以中央、各部委等部门管理的房产作为住所（经营场所），不能提供《房屋所有权证》的，按以下规定提交证明文件：

①使用中央各直属机构的房屋作为住所的，由中央各直属机构的房屋管理部门出具住所证明文件，证明文件应明确该住所不属于违法建设以及房屋用途。

②使用国务院各部委的房屋作为住所的，由国务院机关事务管理局的房屋管理部门出具住所证明文件，证明文件应明确该住所不属于违法建设以及房屋用途。

③使用中央所属企业的房屋作为住所的，由该企业的房屋管理部门出具住所证明文件，证明文件应明确该住所不属于违法建设以及房屋用途。

④使用铁路系统的房屋作为住所的，由北京铁路局的房屋管理部门出具住所证明文件，证明文件应明确房屋用途、不属于违法建设，同时应明确不在铁路两侧 100 米范围内。

⑤使用未来科技城内的房屋，以及经国务院、市政府批准建设的开发区（科技园区、保税区）内的房屋作为住所的，由各园区管委会出具住所证明文件，证明文件应明确该住所不属于违法建设以及房屋用途。

(6) 使用以下特殊房产作为住所（经营场所）的，应当提交相应的证明文件。

①使用军队房产作为住所（经营场所）的，提交《军队房地产租赁许可证》副本原件及复印件。

②使用武警部队房产作为住所（经营场所）的，提交驻京各大单位房地产管理部门出具的《房屋所有权证》复印件，有效《武警部队房地产租赁许可证》或加盖武警部队后勤部基建营房部公章的复印件。

③使用宾馆、饭店（酒店）作为住所的，提交加盖公章的宾馆、饭店（酒店）的营业执照复印件作为住所（经营场所）使用证明。

④房屋提供者系经工商行政管理机关核准的具有出租房屋经营项目的，即经营范围含有“出租商业用房”“出租办公用房”“出租商业设施”项目的，由该企业提交加盖公章的营业执照复印件及房屋产权证明复印件作为住所使用证明。

⑤经市商务局确认申请登记为社区便民菜店的，由所在街道办事处或社区综合服务中心出具同意使用该场所作为住所从事经营的证明，证明文件应明确该住所（经营场所）不属于违法建设。

⑥申请从事报刊零售亭经营的，《企业住所（经营场所）证明》页中“产权人证明”栏应由市邮政管理局盖章，并提交市或区县市政市容委出具的备案证明复印件，证明文件应明确该住所（经营场所）不属于违法建设。

⑦在已经登记注册的商品交易市场内设立企业或个体工商户，住所证明由市场服务管理机构出具，并提交加盖该市场服务管理机构公章的营业执照复印件。

(7) 将住宅楼内的房屋改变为经营性用房作为住所（经营场所）的，应当符合国家法律、法规、管理规约的规定，并按以下要求提交有关文件：

①将住宅楼内的居住用房屋改变为经营性用房的，还应填写下页《住所（经营场所）登记表》及《关于同意将住宅改变为经营性用房的证明》。

②将平房中的居住用房屋改变为经营性用房的，还应提交房屋建设行政管理部门出具的同意改变为经营性用房的证明文件。属于宅基地上建设的房屋，应提交乡、镇政府出具的同意改变为经营性用房的证明文件。

住宅及住宅楼底层规划为商业用途的房屋不得从事餐饮服务、歌舞娱乐、提供互联网上网服务场所、生产加工和制造、经营危险化学品等涉及国家安全、存在严重安全生产隐患、影响人民身体健康、污染环境、影响人民生命财产安全的生产经营活动。

(8) 根据建设部等部门制定的《关于规范房地产市场外资准入和管理的意见》，使用境外机构和个人购买的房屋作为住所（经营场所）从事经营活动的，该境外机构和个人应当按照外商投资房地产的有关规定，设立外商投资企业，通过外商投资企业开展出租等相关业务。但出租的房屋属于在《关于规范房地产市场外资准入和管理的意见》(2006 年 7 月 11 日）实施之前境外机构或个人在我市购买的，如出租面积在 500 平方米以下，承租方持《企业住所（经营场所）证明》、房屋所有权证复印件办理登记注册；出租面积在 500 平方米（含）以上的，境外机构和个人应成立相应的物业经营企业，并委托该物业经营企业负责出租等业务，承租方持《企业住所（经营场所）证明》、加盖印章的物业经营企业执照复印件、房屋所有权证复印件及境外机构或个人委托该物业经营企业负责出租业务的委托书复印件办理登记注册。

境外机构和个人出租其购买的住宅的，除应参照上述规定办理有关手续外，还应填写下页《住所（经营场所）登记表》及《关于同意将住宅改变为经营性用房的证明》。

(9)“需要证明情况”栏属于各级房屋管理部门应出具住所（经营场所）证明文件的，可直接在《企业住所（经营场所）证明》“需要证明情况”栏出证，也可单独出具证明文件，证明文件内容应与“需要证明情况”栏所述内容一致。

违法建设包括城镇违法建设和乡村违法建设。城镇违法建设是指未取得建设工程规划许可证、临时建设工程规划许可证或者未按照许可内容进行建设的城镇建设工程，以及逾期未拆除的城镇临时建设工程。乡村违法建设是指应当取得而未取得乡村建设规划许可证、临时乡村建设规划许可证或者未按照许可内容进行建设的乡村建设工程。

附录 10：税务登记表

税务登记表

（适用单位纳税人）

纳税人名称	北京友谊科技有限责任公司			纳税人识别号		填写获取的纳税识别码	
登记注册类型	有限责任公司			批准设立机关		北京市海淀区市场监督管理局	
组织机构代码	市场监督管理局发放的组织机构代码编号			批准设立证明或文件号		市场监督管理局发放的准予企业设立登记号	
开业（设立）日期	2020 年 4 月 7 日	生产经营期限	2020 年 4 月 7 日至 2040 年 4 月 6 日	证照名称	营业执照	证照号码	营业执照编号
注册地址	北京市海淀区			邮政编码	注册地邮编	联系电话	010 - 24241241
生产经营地址	北京市海淀区			邮政编码	生产地邮编	联系电话	010 - 42423440
核算方式	请选择对应项目打"√" □ 独立核算 □ 非独立核算				从业人数	322 其中外籍人数 0	
单位性质	请选择对应项目打"√" □ 企业 □ 事业单位 □ 社会团体 □ 民办非企业单位 □ 其他						
网站网址				国标行业	40 □□ □□ □□		
适用会计制度	请选择对应项目打"√" □ 企业会计制度 □ 小企业会计制度 □ 金融企业会计制度 □ 行政事业单位会计制度						
经营范围 电子产品生产、销售、研发	请将法定代表人（负责人）身份证件复印件粘贴在此处。						

项目 内容 联系人	姓名	身份证件		固定电话	移动电话	电子邮箱
		种类	号码			
法定代表人	张三	身份证或学号	3242424xxxxxxxxxxx	010 - 75757xxx	139xxxxxxxx	xxx@xx.com
财务负责人	李四		4241418xxxxxxxxxxx	010 - 46464xxx	139xxxxxxxx	xxx@xx.com
办税人	王五		5252352xxxxxxxxxxx	010 - 64644xxx	139xxxxxxxx	xxx@xx.com

税务代理人名称	纳税人识别号	联系电话	电子邮箱
是否找代理公司，如没有可不填			

续表

<table>
<tr><td>注册资本或投资总额</td><td>币种</td><td>金额</td><td>币种</td><td>金额</td><td>币种</td><td>金额</td></tr>
<tr><td>1 000 万</td><td>人民币</td><td></td><td></td><td></td><td></td><td></td></tr>
<tr><td>投资方名称</td><td colspan="2">投资方经济性质</td><td>投资比例</td><td>证件种类</td><td>证件号码</td><td>国籍或地址</td></tr>
<tr><td>张三</td><td colspan="2">自然人</td><td>100</td><td>身份证</td><td>414141414451</td><td>中国北京海淀</td></tr>
<tr><td></td><td colspan="2"></td><td></td><td></td><td></td><td></td></tr>
<tr><td></td><td colspan="2"></td><td></td><td></td><td></td><td></td></tr>
<tr><td colspan="2">自然人投资比例</td><td></td><td>外资投资比例</td><td></td><td>国有投资比例</td><td></td></tr>
<tr><td>分支机构名称</td><td colspan="4">注册地址</td><td colspan="2">纳税人识别号</td></tr>
<tr><td>有就写，没有就不写</td><td colspan="4"></td><td colspan="2"></td></tr>
<tr><td></td><td colspan="4"></td><td colspan="2"></td></tr>
<tr><td>总机构名称</td><td colspan="3">有就写，没有就不写</td><td>纳税人识别号</td><td colspan="2"></td></tr>
<tr><td>注册地址</td><td colspan="3"></td><td>经营范围</td><td colspan="2"></td></tr>
<tr><td>法定代表人姓名</td><td colspan="2"></td><td>联系电话</td><td></td><td>注册地址邮政编码</td><td></td></tr>
<tr><td rowspan="4">代扣代缴
代收代缴
税款业务
情况</td><td colspan="4">代扣代缴、代收代缴税款业务内容</td><td colspan="2">代扣代缴、代收代缴税种</td></tr>
<tr><td colspan="4">有就写，没有就不写</td><td colspan="2"></td></tr>
<tr><td colspan="4"></td><td colspan="2"></td></tr>
<tr><td colspan="4"></td><td colspan="2"></td></tr>
<tr><td colspan="7">附报资料：</td></tr>
<tr><td colspan="2">经办人签章：
李四
2020 年 4 月 7 日</td><td colspan="3">法定代表人（负责人）签章：
张三
2020 年 4 月 7 日</td><td colspan="2">纳税人公章：
北京友谊科技有限责任公司
2020 年 4 月 7 日</td></tr>
</table>

以下由税务机关填写：

<table>
<tr><td>纳税人所处街乡</td><td colspan="3">北京市海淀区</td><td>隶属关系</td><td>直属</td></tr>
<tr><td>国税主管税务局</td><td>北京市税务局</td><td>国税主管税务所（科）</td><td>国税科</td><td rowspan="2">是否属于国税、地税共管户</td><td>否</td></tr>
<tr><td>地税主管税务局</td><td>北京市税务局</td><td>地税主管税务所（科）</td><td>地税科</td><td>否</td></tr>
</table>

续表

经办人（签章）： 国税经办人：　王七 地税经办人：　刘二 受理日期： 2020 年 4 月 7 日	国家税务登记机关 （税务登记专用章）： 核准日期： 2020 年 4 月 7 日 国税主管税务机关：	地方税务登记机关 （税务登记专用章）： 核准日期： 2020 年 4 月 7 日 地税主管税务机关：
国税核发《税务登记证副本》数量：　　本　　发证日期：2020 年 4 月 7 日		
地税核发《税务登记证副本》数量：　　本　　发证日期：2020 年 4 月 7 日		

注：填表说明如下

1. 本表适用于各类单位纳税人填用。

2. 从事生产、经营的纳税人应当自领取营业执照，或者自有关部门批准设立之日起 30 日内，或者自纳税义务发生之日起 30 日内，到税务机关领取税务登记表，填写完整后提交税务机关，办理税务登记。

3. 办理税务登记应当出示、提供以下证件资料（所提供资料原件用于税务机关审核，复印件留存税务机关）：

①营业执照副本或其他核准执业证件原件及其复印件；

②组织机构代码证书副本原件及其复印件；

③注册地址及生产、经营地址证明（产权证、租赁协议）原件及其复印件；如为自有房产，请提供产权证或买卖契约等合法的产权证明原件及其复印件；如为租赁的场所，请提供租赁协议原件及其复印件，出租人为自然人的还须提供产权证明的复印件；如生产、经营地址与注册地址不一致，请分别提供相应证明；

④公司章程复印件；

⑤有权机关出具的验资报告或评估报告原件及其复印件；

⑥法定代表人（负责人）居民身份证、护照或其他证明身份的合法证件原件及其复印件；复印件分别粘贴在税务登记表的相应位置上；

⑦纳税人跨县（市）设立的分支机构办理税务登记时，还须提供总机构的税务登记证（国、地税）副本复印件；

⑧改组改制企业还须提供有关改组改制的批文原件及其复印件；

⑨税务机关要求提供的其他证件资料。

4. 纳税人应向税务机关申报办理税务登记。完整、真实、准确、按时地填写此表。

5. 使用碳素或蓝墨水的钢笔填写本表。

6. 本表一式二份（国地税联办税务登记的本表一式三份）。税务机关留存一份，退回纳税人一份（纳税人应妥善保管，验换证时需携带查验）。

7. 纳税人在新办或者换发税务登记时应报送房产、土地和车船有关证件，包括：房屋产权证、土地使用证、机动车行驶证等证件的复印件。

8. 表中有关栏目的填写说明：

①“纳税人名称”栏：指《企业法人营业执照》或《营业执照》或有关核准执业证书上的“名称”；

②“身份证件名称”栏：一般填写“居民身份证”，如无身份证，则填写“军官证”“士兵证”“护照”等有效身份证件；

③“注册地址”栏：指工商营业执照或其他有关核准开业证照上的地址；

④“生产经营地址”栏：填办理税务登记的机构生产经营地地址；

⑤“国籍或地址”栏：外国投资者填国籍，中国投资者填地址；

⑥“登记注册类型”栏：即经济类型，按营业执照的内容填写；不需要领取营业执照的，选择“非企业单位”或者“港、澳、台商企业常驻代表机构及其他”“外国企业”；如为分支机构，按总机构的经济类型填写。

分类标准：

110 国有企业
120 集体企业
130 股份合作企业
141 国有联营企业
142 集体联营企业
143 国有与集体联营企业
149 其他联营企业
151 国有独资公司
159 其他有限责任公司
160 股份有限公司
171 私营独资企业
172 私营合伙企业
173 私营有限责任公司
174 私营股份有限公司
190 其他企业
210 合资经营企业（港或澳、台资）
220 合作经营企业（港或澳、台资）
230 港、澳、台商独资经营企业
240 港、澳、台商独资股份有限公司
310 中外合资经营企业
320 中外合作经营企业
330 外资企业
340 外商投资股份有限公司
400 港、澳、台商企业常驻代表机构及其他
500 外国企业
600 非企业单位

⑦“投资方经济性质”栏：单位投资的，按其登记注册类型填写；个人投资的，填写自然人。

⑧“证件种类”栏：单位投资的，填写其组织机构代码证；个人投资的，填写其身份证件名称。

⑨“国标行业”栏：按纳税人从事生产经营行业的主次顺序填写，其中第一个行业填写纳税人的主行业。

国民经济行业分类标准（GB/T 4754—2002）。

A－农、林、牧、渔业
01－农业
02－林业
03－畜牧业
04－渔业
05－农、林、牧、渔服务业

B－采矿业
06－煤炭开采和洗选业
07－石油和天然气开采业
08－黑色金属矿采选业
09－有色金属矿采选业
10－非金属矿采选业
11－其他采矿业

C－制造业
13－农副食品加工业
14－食品制造业
15－饮料制造业
16－烟草制品业
17－纺织业
18－纺织服装、鞋、帽制造业
19－皮革、毛皮、羽毛（绒）及其制品业
20－木材加工及木、竹、藤、棕、草制品业
21－家具制造业
22－造纸及纸制品业
23－印刷业和记录媒介的复制
24－文教体育用品制造业
25－石油加工、炼焦及核燃料加工业
26－化学原料及化学制品制造业
27－医药制造业
28－化学纤维制造业
29－橡胶制品业
30－塑料制品业
31－非金属矿物制品业
32－黑色金属冶炼及压延加工业
33－有色金属冶炼及压延加工业
34－金属制品业
35－普通机械制造业
36－专用设备制造业
37－交通运输设备制造业
39－电气机械及器材制造业
40－通信设备、计算机及其他电子设备制造业
41－仪器仪表及文化、办公用机械制造业
42－工艺品及其他制造业
43－废弃资源和废旧材料回收加工业

D－电力、燃气及水的生产和供应业
44－电力、燃气及水的生产和供应业
45－燃气生产和供应业
46－水的生产和供应

E－建筑业
47－房屋和土木工程建筑业
48－建筑安装业
49－建筑装饰业
50－其他建筑业

F－交通运输、仓储和邮政业
51－铁路运输业
52－道路运输业
53－城市公共交通业
54－水上运输业
55－航空运输业
56－管道运输业

57 – 装卸搬运及其他运输服务业　　58 – 仓储业
59 – 邮政业
G – 信息传输、计算机服务和软件业
60 – 电信和其他信息传输服务业　　61 – 计算机服务业
62 – 软件业
H – 批发和零售业
63 – 批发业　　65 – 零售业
I – 住宿和餐饮业
66 – 住宿业　　67 – 餐饮业
J – 金融业
68 – 银行业　　69 – 证券业
70 – 保险业　　71 – 其他金融活动
K – 房地产业
72 – 房地产业
L – 租赁和商务服务业
73 – 租赁业　　74 – 商务服务业
M – 科学研究、技术服务和地质勘查业
75 – 研究与试验发展　　76 – 专业技术服务业
77 – 科技交流和推广服务业　　78 – 地质勘查业
N – 水利、环境和公共设施管理业
79 – 水利管理业　　80 – 环境管理业
81 – 公共设施管理业
O – 居民服务和其他服务业
82 – 居民服务业　　83 – 其他服务业
P – 教育
84 – 教育
Q – 卫生、社会保障和社会福利业
85 – 卫生　　86 – 社会保障业
87 – 社会福利业
R – 文化、体育和娱乐业
88 – 新闻出版业　　89 – 广播、电视、电影和音像业
90 – 文化艺术业　　91 – 体育
92 – 娱乐业
S – 公共管理与社会组织
93 – 中国共产党机关　　94 – 国家机构
95 – 人民政协和民主党派　　96 – 群众社团、社会团体和宗教组织
97 – 基层群众自治组织
T – 国际组织
98 – 国际组织

附录11：纳税人税种登记表

纳税人税种登记表

纳税人识别号：企业纳税人识别号

纳税人名称：北京友谊科技有限责任公司　　法定代表人：张三

<table>
<tr><td colspan="5">一、增值税：</td></tr>
<tr><td rowspan="2">类别</td><td rowspan="2">1. 销售货物 □
2. 加工 □
3. 修理修配 □
4. 其他 □</td><td rowspan="2">货物或项目名称</td><td>主营</td><td>电子产品制造、销售</td></tr>
<tr><td>兼营</td><td></td></tr>
<tr><td colspan="2">纳税人认定情况</td><td colspan="3">1. 增值税一般纳税人 □　2. 小规模纳税人 □　3. 暂认定增值税一般纳税人 □</td></tr>
<tr><td colspan="2">经营方式</td><td colspan="3">1. 境内经营货物 □　2. 境内加工修理 □　3. 自营出口 □　4. 间接出口 □
5. 收购出口 □　6. 加工出口 □</td></tr>
<tr><td colspan="5">备注：</td></tr>
<tr><td colspan="5">二、消费税：</td></tr>
<tr><td>类别</td><td>1. 生产 □
2. 委托加工 □
3. 零售 □</td><td colspan="2">应税消费品名称</td><td>1. 烟 □　2. 酒及酒精 □　3. 化妆品 □　4. 护肤、护发品 □　5. 贵重首饰及珠宝玉石 □　6. 鞭炮、烟火 □　7. 汽油 □　8. 柴油 □　9. 汽车轮胎 □　10. 摩托车 □　11. 小汽车 □</td></tr>
<tr><td colspan="2">经营方式</td><td colspan="3">1. 境内销售 □　2. 委托加工出口 □　3. 自营出口 □　4. 境内委托加工 □</td></tr>
<tr><td colspan="5">备注：</td></tr>
<tr><td colspan="5">三、营业税：</td></tr>
<tr><td colspan="2" rowspan="2">经营项目</td><td>主营</td><td colspan="2">电子产品销售</td></tr>
<tr><td>兼营</td><td colspan="2"></td></tr>
<tr><td colspan="5">备注：</td></tr>
<tr><td colspan="5">四、企业所得税、外商投资企业和外国企业所得税：</td></tr>
<tr><td colspan="2">法定或申请纳税方式</td><td colspan="3">1. 按实纳税 □　2. 核定利润率计算纳税 □　3. 按经费支出换算收入计算纳税 □
4. 按佣金率换算收入纳税 □　5. 航空、海运企业纳税方式 □　6. 其他纳税方式 □</td></tr>
<tr><td colspan="2">非生产性收入占总收入的比例（%）</td><td colspan="3"></td></tr>
<tr><td colspan="5">备注：季度预缴方式：1. 按上年度四分之一 □　2. 按每季度实际所得 □</td></tr>
<tr><td colspan="5">五、城市维护建设税：1. 市区 □　2. 县城镇 □　3. 其他 □</td></tr>
<tr><td colspan="5">六、教育费附加：</td></tr>
</table>

续表

七、其他费用：			
鉴定人	税务局办理人员	鉴定日期	2020 年 4 月 7 日
录入人	税务局办理人员	录入日期	2020 年 4 月 7 日

以上内容纳税人必须如实填写，如内容发生变化，应及时办理变更登记。

附录12：开立单位银行结算账户申请书

开立单位银行结算账户申请书

<table>
<tr><td>存款人</td><td colspan="2">北京友谊科技有限责任公司</td><td>电话</td><td>010－241312313</td></tr>
<tr><td>地址</td><td colspan="2">北京市海淀区</td><td>邮编</td><td>311312312</td></tr>
<tr><td>存款人类别</td><td>有限责任公司</td><td>组织机构代码</td><td colspan="2">企业组织机构代码</td></tr>
<tr><td rowspan="2">法定代表人（ ）
单位负责人（ ）</td><td>姓名</td><td colspan="3">张三</td></tr>
<tr><td>证件种类</td><td>身份证或学号</td><td>证件号码</td><td>41312312312312</td></tr>
<tr><td>行业分类</td><td colspan="4">A（ ）B（ ）C（ ）D（ ）E（ ）F（ ）G（√）H（ ）I（ ）
J（ ）K（ ）L（ ）M（ ）N（ ）O（ ）P（ ）Q（ ）R（ ）
S（ ）T（ ）</td></tr>
<tr><td>注册资金</td><td>独资</td><td>地区代码</td><td colspan="2">31312312</td></tr>
<tr><td>经营范围</td><td colspan="4">手机生产制造、销售、研发</td></tr>
<tr><td>证明文件种类</td><td>营业执照</td><td>证明文件编号</td><td colspan="2">3131212412414</td></tr>
<tr><td>税务登记证编号
（国税或地税）</td><td colspan="4">税务登记证编号</td></tr>
<tr><td>关联企业</td><td colspan="4">关联企业信息填列在“关联企业登记表”上</td></tr>
<tr><td>账户性质</td><td colspan="4">基本（√）一般（ ）专用（ ）临时（ ）</td></tr>
<tr><td>资金性质</td><td>日常经营</td><td>有效日期至</td><td colspan="2">2020年4月7日</td></tr>
</table>

以下栏目由开户银行审核后填写：

<table>
<tr><td>开户银行名称</td><td colspan="2">北京市商业银行</td><td>开户银行机构代码</td><td>百度搜索</td></tr>
<tr><td>账户名称</td><td colspan="2">北京××科技有限责任公司</td><td>账号</td><td>131312</td></tr>
<tr><td colspan="2">基本存款账户开户许可证核准号</td><td>××××</td><td>开户日期</td><td>2020－4－7</td></tr>
<tr><td colspan="2">本存款人申请开立单位银行结算账户，并承诺所提供的开户资料真实、有效。

存款人（公章）
北京友谊科技有限责任公司
2020年4月7日</td><td colspan="2">开户银行审核意见：
同意
经办人（签章）商业银行
存款人（签章）北京友谊科技有限责任公司
2020年4月7日</td><td>中国人民银行审核意见：
同意
经办人（签章）商业银行
人民银行（签章）人民银行
2020年4月7日</td></tr>
</table>

注：①申请开立临时存款账户，必须填列有效日期；申请开立专用存款账户，必须填列资金性质。

②该行业标准由银行在营业场所公告，“行业分类”中各字母代表的行业种类如下：A：农、林、牧、渔业；B：采矿业；C：制造业；D：电力、燃气及水的生产供应业；E：建筑业；F：交通运输、仓储和邮政业；G：信息传输、计算机服务及软件业；H：批发和零售业；I：住宿和餐饮业；J：金融业；K：房地产业；L：租赁和商务服务业；M：科学研究、技术服务和地质勘查业；N：水利、环境和公共设施管理；O：居民服务和其他服务业；P：教育业；Q：卫生、社会保障和社会福利业；R：文化、教育和娱乐业；S：公共管理和社会组织；T：其他行业。

③带括号的选项填“√”。

附录 13：银行询证函

银行询证函

编号：2222　第 222 号（银行填写）

　北京市商业银行　（银行）：

本公司（筹）聘请的　北京市嘉华　会计师事务所有限公司正在对公司实收资本（股本）进行审验。按照中国注册会计师独立审计准则的要求和国家工商行政管理局的有关规定，应当询证本公司投资者（股东）　张三　向贵行缴存的出资额。下列数据出自本公司账簿纪录，如与贵行记录相符，请在本函下端“数据证明无误”处签章证明，如有不符，请在“数据不符”处列明不符金额。有关询证费用可直接从本公司（筹）　北京市商业银行　存款账户中收取。回函请直接寄至　北京市嘉华　会计师事务所有限公司。

通信地址：　北京市海淀区（事务所地址）　　　联系人：　周三

邮编：　100087　　电话：　010－252424　　传真：

至 2020 年 4 月 7 日止，本公司投资者（股东）缴入的出资额列示如下：

缴款人	缴入日期	银行账号	币种	金额	款项用途	备注
张三	2020－4－7	6222898782763××××	人民币	1 000 万	企业成立	
合计（大写）	壹仟万元整					

北京友谊科技有限责任公司公司（筹）

法定代表人或委托代理人：（签名并盖章）

2020 年 4 月 7 日

以下由银行填写：

结论 1. 数据及事项证明无误。 符合证明文件填写此栏 2020 年 4 月 7 日　　经办人：　银行人员　　银行签章：银行公章
2. 如果不符，请列明不符事项。 不符合证明文件填写此栏 年　月　日　　经办人：　　　　银行签章：

参考文献

[1] 胡云峰．企业运营管理体系建设 [M]．武汉：华中科技大学出版社，2019.

[2] 崔艳辉．经管类跨专业综合实训教程 [M]．北京：中国金融出版社，2013.

[3] 张莉，章刘成．企业运营模拟与竞争实训教程 [M]．北京：科学出版社，2018.

[4] 郭银华，贺嫦珍，魏攀．企业经营仿真实习教程 [M]．北京：经济管理出版社，2018.

[5] 郭宏，张斌．企业运营综合实训（第二版）[M]．北京：高等教育出版社，2018.

[6] 贺雪荣．跨专业企业运营仿真实验教程 [M]．大连：东北财经大学出版社，2018.

[7] 刘利兰，朱远程，李永平．贸易统计及其分析 [M]．当代世界出版社，1998.

[8] 易法海．贸易经济学（第二版）[M]．中国农业出版社，2008.

[9] 王俊籽．商业银行综合业务实验 [M]．北京：经济科学出版社，2018.

[10] 毕继东．创业设计与实验——企业经营仿真综合实验 [M]．北京：清华大学出版社，2016.

[11] 财政部会计资格评价中心．经济法 [M]．北京：经济科学出版社，2020.

[12] 徐惺锋等．现代信息化物流及实务 [M]．上海：上海交通大学出版社，2009.

[13] 储旭明，周群．仓储物流实务 [M]．北京：电子科技大学出版社，2014.

[14] 孙家庆．国际货运代理实务（第二版）[M]．北京：中国人民大学出版社，2019.

[15] 李嘉倩．外贸单证实务 [M]．北京：北京理工大学出版社，2018.

[16] 陈宝丹．物流管理教学中的课程改革与实践——评《物流实践教学》[J]．中国教育学刊，2017.

[17] 姜宇星．信息化管理的高校实验室教学管理模式改革 [J]．当代教育实践与教学研究，2019（24）.

[18] 张思琦，靳辰飞，凌凯隆．建设高校实验室全开放管理体系　促进大型仪器设备良性运营 [J]．实验室研究与探索，2017，36（6）.

[19] 铁晓华．经管类 VBSE 跨专业综合实训课程教学设计及实施探究 [J]．财富时代，2019（11）：95－96.

[20] 孟昱彤，张莹莹，陈缘金等．经管类学生实践能力培养情况调查 [J]．合作经济与科技，2017（11）：178－180.

[21] 尹舸，吴岩．经管类学生创新应用型人才培养模式的探索与实践——以北华大学为例 [J]．教育现代化，2019（58）：13－15.

[22] 李欢．本科院校经管类创新创业实训课教学模式的实践探索 [J]．太原城市职业技术学院报，2016（6）：28－29.

[23] 孙乃娟. 地方高校经管类实训课教学模式改革的推进路径 [J]. 黑龙江教育, 2016 (4): 14-15.

[24] 周杏. 大学生求职简历指导——基于优化就业课程模式的探讨 [J]. 智库时代, 2019 (31): 261-263.

[25] 周付安. ARE企业虚拟仿真综合实训 [M]. 北京: 知识产权出版社, 2018.